日露戦争、資金調達の戦い

高橋是清と欧米バンカーたち

板谷敏彦

新潮選書

序文

一九三七年（昭和一二年）二月二八日、帝都を震撼させた二・二六事件の翌年のことである。この事件で青年将校達によって暗殺された元大蔵大臣高橋是清の追悼会が、帝国ホテルで開催された。それは暗殺から既に一年も経過した後のことであった。

追悼会のスピーチには、第五代日銀総裁で元大蔵大臣の山本達雄、日銀出身でこの時、大蔵大臣になったばかりの結城豊太郎らとともに、会の直前の二月九日まで第一三代日銀総裁職を務めていた深井英五が壇上に立つことになっていた。深井は日露戦争中に高橋是清に随行して軍資金となる日本の外国公債募集に携わっていたので、発起人達からは「ぜひ高橋の公債募集談を聞かせてくれ」と、頼まれていたのである。

高橋是清は、総理大臣まで務めたにもかかわらず、国難に際しては幾度となく格下である大蔵大臣に返り咲き、昭和金融恐慌を収め、その後の金輸出再開による恐慌から日本経済を脱出させるなど数々の功績があった。深井もまた、日銀にあって高橋の仕事に常に関わり続けていたので、スピーチをするのであれば、他にいくらでもテーマはあったはずである。しかし、それでも発起人達からすれば、高橋が国賊として青年将校達に殺害されたことは口惜しくて仕方が無かったのだろう、華々しく尚且つ、高橋是清がいかに日本国家の為につくしたのかが解り易い公債募集談こそが追悼の席にふさわしい物語だと考えたようである。それが、彼らをしてあえて深井に強くスピーチを頼んだ理由だった。

また、高橋是清は暗殺される直前の昭和一一年二月に、千倉書房から『高橋是清自伝』を発刊しており、その中で公債募集談は高橋の生涯を彩る数多くのエピソードと比べても大変に面白く書かれていた。日露戦争において、国家の命運をかけて大国ロシアと戦う日本が戦費調達に絶望的になりかけた時、晩餐会でたまたま隣り合ったユダヤ系アメリカ人の金融家ヤコブ・シフが日本に資金を提供してくれたという、まことにドラマチックな話である。こうして、この時の高橋の活躍がなければ、日本は日露戦争において戦費不足でロシアに負けていたに違いないと、巷間では伝えられることになった。

さて、発起人に促され壇上に立った深井は、この高橋の自伝について、「翁（高橋）自ら胸中を語ることを遠慮されたと見えまして、機略及び覚悟と云うような点に就いては靴を隔てて痒みを掻くの憾みがあります」と前置きし、このスピーチは高橋の自伝の補遺としたいと話を始めた。

この時の講演の内容は、後に深井自身によって加筆され、深井が昭和一四年に出版した『人物と思想』の中に「高橋是清の外債募集事蹟」として残されている。

その中で、深井はこう記している。

シッフとの関係につき日本に伝わっていることは「シッフが或る宴会の席上で高橋さんと偶然に会って高橋さんに説かれ、その一夕の話により感激して日本の募債に参加した」というのであって、大変面白いけれども、それは余りに小説的である。又ロシヤ政府がユダヤ人を虐待するのに憤慨して日本に資金を供給したのだと云う説もあるが、是れ亦それだけでシッフが動いたと云うように単純ではない。[1]

深井英五の言う、「小説的」ではない本当の話とは、一体どういう話なのだろうか。またシッフ、すなわちヤコブ・シフが動いた単純ではない動機とは、何であるのか。巷間今なお伝えられる、日露戦争の資金調達をめぐる逸話は、高橋是清がシフと偶然に出会った幸運であるとする講談話で片付けてしまっても良いものだろうか。

日露戦争のあった二〇世紀初頭は、イギリスを筆頭とする先進各国が採用した金本位制度のもとに為替レートが安定し、そのために貿易が盛んに行われ、現代から見ても驚くほどに国際金融市場が発達していた。当時の金融取引の中心はロンドン市場であって、そこでは各国公債が取引され現代の投資銀行の原型とも言えるマーチャント・バンクやインベストメント・バンクが活躍し、各国の公債は、その元利支払能力に応じて値付けされ取引されていた。日本海海戦や奉天会戦など日露戦争における個々の戦闘も金融市場で評価され、ロシア公債や日本公債も戦いのたびに国家存亡のリスクに応じて冷徹な価格付けがなされていたのである。

高橋是清と深井英五の三年間にわたる資金調達の旅は、明治維新を経た日本人が初めて本格的に国際金融市場に足を踏み入れた物語でもある。今ここで二人の当時の足跡を追うことは、日本と国際金融市場の関わり合いの歴史そのものを追うことだと言えよう。

そしてまた、日露戦争はポーツマス会議で終戦を迎えるが、戦争の結果として日本が得ることとなった満州の利権をめぐる「桂・ハリマン協定」の問題、さらにそれに連なる日本の鉄道国有化、満鉄、すなわち南満洲鉄道の設立や、植民地経営など、第二次世界大戦にまで至る、その後の日本の行方を決定づけるイベントは、日露戦争の戦後処理の中にあった。そうしたイベントにも、国際金融市場は深い関わり合いを持っていたのである。

我々の暮らす二一世紀の日本は、財政赤字が異常なまでに累積し、赤字国債はそのほとんどが国内貯蓄で賄われている。しかし、もはや国内貯蓄で賄いきれる臨界点も近づいており、近い将来には海外に資金を求めて外国債を発行しなければならない日も、そう遠くはなく来ることだろう。この物語は一〇〇年以上も昔の話であるが、海外に資金を求めた過去の知見を出来る限り正確に再現し見直しておくことは、現代に生きる我々にとって重要であると筆者は考えたのである。

本書は、全体で六つの章から構成されている。

第一章では、この物語の主役である高橋是清と深井英五の略歴に触れておいた。既に両人に詳しい読者には目新しいものはここにはない。飛ばしていただいて結構である。

第二章は、日露戦争の生起した二〇世紀初頭の国際金融市場を取り巻く環境について書いてある。当時の列強各国の経済規模、イギリスやアメリカの金融市場の様子、当時の新興市場としての日本、また従来はユダヤ系アメリカ人の金融家としてしか紹介されなかったヤコブ・シフについて（彼は、実はＪＰモルガンと並ぶ当時のニューヨーク市場の主役であった）、またこの時期にはアメリカの金融業者がイギリスのマーチャント・バンクの立場を既に脅かし始めていたことなどを、それぞれエピソードを通じて説明してある。この部分の理解なくしては、日露戦争の資金調達は、まさに講談話に堕落してしまうだろう。

第三章では、日露戦争開始時点での日本の東京兜町株式市場、ニューヨークやロンドンの金融市場の状況、日本やロシアの財政状況などをオムニバス風に眺め、最後に戦費や公債発行の基本データをまとめておいた。

第四章では、当時、高橋の記録していた手帳をベースに『高橋是清自伝』と比較しながら、最初の戦時公債発行までの経緯を時系列で追跡してある。果たして高橋が自伝で伝えるように、シフとの出会いは偶然の「天祐」だったのだろうか。日本が戦費調達に絶望的であった状況からロンドン市場での国債発行に辿りつくまでは、公債価格、つまり国際金融市場との戦いだったのである。

第五章では、日露戦争の各会戦やイベントを通じてロシアと日本公債の価格がどのように変化していったのか、またそれに伴い公債発行条件が変化し戦費調達の側面から戦争の趨勢にいかに影響をおよぼしたのかを、終戦まで追いかけてある。日本の株式市場の状況も国民の戦況に対する反応や戦果に対する考え方を知る上で見逃せないところである。

第六章では、「桂・ハリマン事件」を中心に据え、戦後の借り換債発行、南満洲鉄道設立までの推移をまとめておいた。「桂・ハリマン事件」の経緯を正確に書いたものは、これまであまり見当たらなかった。本書もどうしても推定の部分から逃れることはできないが、当時の新聞記事等を参考に、出来る限り正確に書くように努めたつもりである。

なお、予めお断りしておくが、本書は戦争を題材に取り扱っているものの、戦闘シーンはほとんどない。それは証券価格を通じて当時の外債募集談を再現し、金融市場の側面から日露戦争全体を見直そうと試みるものであるからだ。

(引用は読みやすさを優先させた。一部を除き漢字は新字体に、かなづかいは現代かなづかいに改めた。読みやすく意訳した個所もある)。

日露戦争、資金調達の戦い　高橋是清と欧米バンカーたち——目次

第三章　日露開戦

第四章　高橋の手帳から見る外債募集談

第五章　戦況と証券価格

第六章 戦後と南満洲鉄道

日露戦争、資金調達の戦い

高橋是清と欧米バンカーたち

第一章　高橋是清と深井英五

この章では、日露戦争に際して欧米に資金調達に赴いた当時の日本銀行副総裁高橋是清と同秘書役の深井英五について、資金調達に旅立つまでの略歴を簡単にまとめてみた。

高橋については『高橋是清自伝』[1]を、深井英五は『回顧七十年』[2]を主に参考にしてある。

高橋是清

高橋是清は、一八五四年九月一九日、幕府御用絵師の川村庄右衛門と川村家に女中奉公していた北原きんの間に産まれた。産まれてすぐに仙台藩士、高橋家に養子に出されたので、川村ではなく高橋姓を名乗っている。

実父、庄右衛門は人柄すこぶる良好ではあるが、派手好きで大酒飲みで且つ好色だと言えば、言い過ぎだろうか。とにかく川村の家には、当時の最高級な酒を意味した正宗の一斗樽が、二、三日おきに運び込まれていたそうである。

庄右衛門が、まだ幼さの残る行儀見習女中奉公の一六歳「きん」に手を出したのは四七歳の分別盛りだったが、当時としては珍しくもなかった。庄右衛門の妻「とき」は、若い「きん」を嫉妬していじめるような事はしなかった。逆に、幼い身空でお腹の大きくなる「きん」を不憫に思い何かと気を配ったようだが、結局、「きん」は川村家に妾として入る事をよしとしなかった。庄右衛門は赤ん坊の是清を高橋家に養子に出し、二〇〇両という当時では非常に高額な慰謝料を支払って、「きん」とはかたをつけたようである。後年、高橋はこの実の父親とは交流があったが、産みの親である「きん」とは三歳の時に一度会ったきりで、養家である高橋家の祖母に育てられることになった。

高橋は学問こそよくできたが、真面目な秀才タイプの人間とは言えなかったようである。一一歳の時に仙台藩から選ばれ、洋学修業のために横浜に出て、ヘボン式ローマ字で有名なヘボン博士に学んでいる。この時に、後に資金調達のためロンドンで一緒に働くことになる、在英公使の林董《ただす》と机を並べることになる。二人が学んだこの学校は、現在の明治学院に繋がっている。

その後、慶応二年（一八六六年）の関内大火により、学校が焼けてしまい行き場を失した高橋は、横浜の外国人商館で働きながら英語を習得しようと考えた。横浜外人居留区のバンキング・コーポレーション・オブ・ロンドン・インディア・アンド・チャイナと言う長い名前の銀行でボーイとして働くことになった。

この銀行の支配人は、当時二〇歳そこそこの若き英国人バンカー、アレキサンダー・アラン・

シャンドであった。シャンドはこの銀行勤務の後、明治五年二八歳の時に、紙幣寮の書記官として明治政府に雇われることになる。金融行政実務に通じた者のいない時代に、銀行簿記、会計等近代的銀行業務を日本に紹介する役目に就き、我が国初となる銀行簿記のテキスト「銀行簿記精法」を残すなど、シャンドは開明期日本の銀行制度確立に大いに貢献している。[3]

シャンドは明治一一年に英国に帰国し、日露戦争の時点ではロンドンの有力銀行であるパーズ銀行の副支配人の職につくことになる。高橋は、後に大きく関わり合いを持つ事になるこの銀行家を、この時から「誠に人格の高い立派な紳士」[4]と高く評価していたのである。

ただ、このシャンドのもとで働き始めた時点で、高橋はまだ一二歳でしかなかった。随分とやんちゃの限りを尽くしたようだ。当時、開港したての横浜は全国からの流れ者も多くいただろう。高橋は同僚のコックや馬丁、ボーイ達に交じり、朝夕酒を飲み博打も打つという、すっかり自堕落な生活を送っていた。もちろん日々シャンドに仕えていたので、英語の修業にはなったことだろう。

第二次世界大戦直後の第四四代内閣総理大臣である幣原喜重郎《しではらきじゅうろう》によると、高橋は後に国会議員となった際、国会内で「米茶」と称して、堂々と土瓶に茶碗で酒を飲んでいたそうだ。だが、野党議員や新聞記者をはじめ誰も非難めいたことを言うものはいなかったという。高橋の愛嬌とともに、生来の酒飲みだったことが窺えるエピソードである。[5]幣原は自らのエッセイの中で、高橋のせいで止めていた酒が復活してしまったと、嬉しそうに書き残している。

さて、当時の高橋は、ボーイとしてシャンドの身の回りの世話をしていた。尊敬するシャンドであったにも拘らず、彼に対しても随分と悪さをしたようである。ある時など、高橋が酒のつまみに捕まえたねずみを、シャンド専用の「ビフテキ焼」で勝手に焼いてしまったという。さすがに紳士であるシャンドも二階からそれを目撃して、「私の道具で鼠を焼くことだけは止して下さい」と諭した、と書き残している。

「ビフテキ焼」とは、フライパンのことであろうか。ねずみをつまみに酒を呑む一二歳の日本人の子供とは、そうとうなものである。後年、親交の厚くなるシャンドではあったが、一体、この頃の高橋をどのように見ていたのだろうか。その他にも、一二歳の高橋の悪さは数え切れず、シャンドの蚊帳のおもりである銅貨を盗んだり、とにかく悪行三昧、良く言えば「自由奔放なやんちゃ」な日々を送っていたのである。

だがやがて、こうした悪行が仙台藩にも漏れ伝わって、藩が米国留学生を募った時には、高橋はあやうく選に漏れるところだったそうである。

明治改元の年、高橋が一四歳の時に仙台藩米国留学生として乗った船が、その年初めて太平洋に定期航路を開いた米国太平洋郵船のコロラド号だった。排水量三七二八トンの外輪船であり、一等船客三〇〇人、二等二〇〇人、三等一〇〇〇人の収容力だったが、高橋家は足軽の身分であったために三等の切符を渡されていた。ちなみに、後に高橋はこの太平洋郵船とも関わり合いを持つようになる。

この当時の太平洋航路の三等は、米国に出稼ぎに出る中国人でいつも満員だった。ただ、高橋の悪童ぶりはここでも変わらなかったようである。

三等船室で一緒になったのが、薩摩藩留学生、伊東祐亨《すけゆき》だった。彼は日清戦争時の連合艦隊司令長官であり、日露戦争では海軍軍令部長を務めることになる。当時一四歳の高橋と二五歳の伊東は、太平洋航海中ずっと一緒に酒を飲み続けたそうである。伊東にしてみれば、洋館のボーイ上がりで世間ずれした高橋がとても一四歳だとは思えなかっただろう。伊東は航海中浴衣一枚で過ごしたので船中をうろつく事もできず、高橋を使い走りとして、毎度売店に酒を買いに走らせていた。日本酒なのか洋酒なのかあるいは紹興酒なのかはわからないが、好奇心の旺盛なこの二人は多分色々と飲んだはずである。

高橋はいつも伊東の支払いでは申し訳がないと思い、時折自分でも酒代を払っていたようだ。しかし、もとより足軽の留学でしかない。充分なお金などあるわけも無く、自分の留学資金一〇ドルと同行した下戸の仲間の分である一〇ドルもすっかり飲み干してしまい、サンフランシスコに到着した時は、すでに無一文になっていた。これは高橋自身が語っていることである。

こうしてやっとたどり着いたアメリカであったが、この留学が、後に「若い頃に奴隷としてアメリカに売られた」と言う、高橋是清の有名な逸話となるのである。仙台藩御用達の悪徳商人が藩役人をだました為に、高橋は年季奉公の下男として売られてしまったのだ。それでも、転んでもただでは起きない高橋である。下男は下男として英語の実地の修業にはなったようで、結局、アメリカで一年半ほどの生活をした。

ようやく高橋が契約を解除して無事帰国できた時には、日本はすでに明治維新で世の中は一変していた。日本に帰りついた高橋であったが、さらに波乱が待ち受けていた。仙台藩は他藩に較べて一テンポ遅れていたようなところがあり、留学帰りの者を捕らえようとしていたので、高橋は行き場もなく薩摩藩士の森有礼の庇護の下に逃げ込むことになったのである。

森の家からは、当時、開設したての開成学校に通うことになるが、当時の日本人には英語のできる者などはいない。「今更習う方でもあるまい」と、すぐに教員の側にされてしまった。高橋は当時としても非常に早熟であった上に、時代が若い彼のささやかな語学力をも求めていたのであった。

一八六九年に教員になって以降、一八九二年に日本銀行に勤めるまでの間に、高橋は実に様々な仕事に就いている。通訳や翻訳も数多くこなしているし、日露戦争時に国家広報のためロンドンに赴いた末松謙澄とは共同で翻訳の仕事をしたりしている。また芸者に入れ込んで箱持ち（三味線の箱）になりヒモのような生活を送ってみたり、ときに再び英語の教育者であったり、この辺りは高橋の自伝に非常に面白く書かれている。

銀相場で大損し、「相場の何たるかを知るため」に蠣殻町に「六二商会」と言う米相場の仲買人の会社を経営したこともある。高橋は商才には長けてはいるが、どうにも人を信じやすい性質のようで何度も詐欺にひっかかり大損をしている。

一八八一年、二八歳の時にようやく官途に就き高橋の人生も落ち着きを見せ始める。初代特許局長官となり欧米に出張し、日本の特許制度の基礎を築くような事跡も残している。色々とふらついた経歴ではあるが、高橋の仕事の中心にはいつも英語があったことは特筆すべきであろう。
だが、生活が落ち着いたのも束の間、三六歳の時にせっかく前途の見えた官吏をやめ、にわかにペルーの銀山経営に乗り出すことに。ただ、結果は大失敗に終わってしまう。購入した銀山がほとんど廃坑だったのである。この騒ぎのせいで、高橋には「相場をやる人」、あるいは「山師」との悪評が立ってしまい、今さら官に復するには評判が悪くなりすぎてしまった。高橋は破産同様の状態になり、しばらくは失意の時を送ることになる。この当時の高橋の心中は、一九三六年に出版され最近中公クラシックスで復刊された『随想録』に詳しく書かれている。

そうした折、以前の上司である政府財務畑の井上馨が、「日銀に来てはどうか」と声を掛けてくれたのである。高橋はすでに三九歳になっていた。日本橋本石町に現存する日本銀行の本店建物がちょうど建設中だった頃のことである。ちなみに、日銀本店の設計および現場の責任者は、辰野金吾。東京駅など歴史的建造物を数多く残した明治の天才建築家である。辰野は、高橋が九州唐津で教師をしていた時の教え子だったが、高橋は現場事務所長の立場で、辰野の部下として日銀マンの生活をスタートする事になった。

もちろん日銀としては「相場をやる人」などを最初から正規社員として雇うわけにもいかない。それで辰野の部下という、あくまでも臨時職員としての身分だった。

しかしその後、高橋は持ち前の行動力と英語力を生かした欧米からの最新知識を活用して、順調に仕事をこなし、西部（馬関・今の下関）支店長、横浜正金銀行副頭取を経て日露開戦時には日本銀行副総裁にまで出世していった。

　高橋是清が深井英五を伴い欧米に資金調達の旅に出かけたのは、五一歳の時である。しかし、高橋の人生全体を俯瞰するに、この時は、まだ彼の人生の折り返し地点にすら達してはいなかったと言えるだろう。


『高橋是清自伝』は、伝記作家、小島直記も認めるように、数多ある自伝の中でも特筆すべき名著であって、現代人が今読んでもそのまま楽しめる。だが、最近ピッツバーグ大学で近代日本経済史を研究しているリチャード・J・スメサースト教授が『高橋是清：日本のケインズ—その生涯と思想』（東洋経済新報社）という本を出版した。この本では『高橋是清自伝』に沿ってさらに詳細な考察を加えてあり、[6]高橋の国際人としての位置づけもわかろうかというものである。

　いずれにせよ、高橋はボーイや下男、特許局における制度設計やペルーでの鉱山開発、日本銀行の行員などさまざまな階層において、実にバラエティーに富んだキャリアを積んできたが、ただ一つ言えるのは、どんな場面でも常に英語力を基点とし、しかも会話をともなう様々な英語に関わっていたことが強みとなっていた、ということである。

　洒脱でユーモアにあふれる一方で、明治人としての良い意味での強い立身出世願望を常に持ち続けていた人であった。

深井英五

高橋是清の欧米への出張に秘書役として同行した深井英五は、明治四年（一八七一年）生まれである。高橋と旅立った時は、三四歳だった。当時の日銀における秘書役とは、副総裁に随伴して雑用をこなすものではなく、重役会の機関として人事や機密事項を扱う役職であった。ただこの時は、副総裁と二人きりで海外に出張する以上、それはあまり関係が無かっただろうと推察される。しかし深井が述懐するには、実際には高橋からそうした雑用を頼まれたことは一度もなく、高橋は自分の身の回りの事は自分でこなし、時には深井の電報の原稿作成を手伝うこともあれば、深井は字が下手だというのでレターの清書までしてくれたそうである。[7]

深井は、高崎藩の名家の生まれであるが、彼の生まれた維新直後の時代には、既に深井家は没落していた。そのため深井は、高崎教会の援助を得て、近郷である上州安中藩出身の新島襄が発足させた同志社普通学校にすすんだ。同志社では新島の薫陶を直接に受け、特に語学の勉強に力を入れた。最初は牧師を目指していたが、二一歳の時に悩みに悩みキリスト教を棄教してしまう。そのため、深井の淡々とした述懐からは、少しニヒルな青年時代を窺い知ることができるだろう。

その後、同窓を通じて同志社に在籍したことのある徳富蘇峰と知り合い、蘇峰が社主を務める国民新聞社に入社し、語学力を活かして海外情報の翻訳を仕事とした。深井は後にこう述べている。

徳富先生は私を新聞記者として用うべきものとして採用したのではなく、何か変り種として進路を拓かせようと云う好意にでたに違いない。私は感激して之を受けた。[8]

深井は蘇峰と欧州を歴訪し、その際にトルストイを訪問している。またロンドンでは、結果として、後に日露戦争で関係を持つことになる、新聞「ザ・タイムズ」在籍の記者であるキャパーやチロル達との間にパイプを作っておくことができた。深井はこう述べている。

後年日露戦争中の外債募集に当り、私は其の事務に参加して、主たる担当者高橋是清氏に此人を引き合わせた。タイムズが率先して我国に好意を表したのは其の配慮による所が多い。[9]

もちろんイギリスの国益に鑑みて、「タイムズ」が日露戦争では日本に好意的な記事を書くことは理にかなっていたが、こうした個人的な関係も非常に重要な役割を果たしたことは見逃せないであろう。

その後、深井は彼の将来を心配した蘇峰の紹介で松方正義大蔵大臣秘書官になり、また今度は松方の斡旋で日銀入行後も、彼のお供として再度欧米巡回の旅に出ている。伝記作家の小島直記に言わせれば、深井にとって高橋との資金調達の旅は「三度目のカバン持ち」ということになる。小島は、深井をカバン持ちの専門家として揶揄しているが、もちろんそれは深井が若かった間のことだけである。小島は学生時代に深井の名著『回顧七十年』を、何度も何度も繰り返し読みなおしたそうである。[10]

深井は高橋に伴ってのニューヨーク・ロンドン出張の忙しい中、徳富蘇峰に送るために頻繁に本屋に通い、珍しい本や面白そうな本を漁っている。出張中に蘇峰と交わした手紙の中には、蘇峰からの「マルクスの珍本送付のお礼」なども見受けられるのである。[11] 深井は生涯蘇峰に兄事し敬愛し、蘇峰は深井を大変可愛がったことが窺える。

高橋是清と同行するにあたって深井は、「私がこれに選ばれたのは、松方公から高橋氏に薦めたためだと云うことを後から聞いた。高橋氏は英語の出来るものならば誰でも宜しいと言って無造作に応諾したと云う」と述べている。

前列右端が高橋、後列右端が深井

また、「又反対意見を猛烈に撃退する人」というのが当時の日銀内での高橋の評価であったようで、深井は出張前に同僚から用心しろと注意されている。しかし、深井の高橋評によると、「自分の見解と異った説を聞くときは即座に反撃するけれども、時を更めて別の角度から進言すれば、前言を忘れた如く冷静に聴取し、採るべきものを採るに吝かでなかった」そうで、深井はこの出張を終始愉快に過ごしたと述懐しているのである。

深井は後年、三人の恩人をあげている。それは新島襄、徳富蘇峰、松方正義である。日露戦争の時に一緒に苦労をした高橋是清をあげていないのは、後年まで常に傍らにあって仕事をしたからなのだと思う。深井は高橋の息女の仲人までやっている。

深井は帰国後、日銀の正統業務である営業局勤務を希望し、実務を積み重ねながらその卓越した英語力と経済、特に通貨・為替に関する見識を買われ、経済問題を扱う国際会議には欠かせない人物となっていった。

また、欧米出張中に美術館を巡ったことから絵画に興味を持つようになり、日銀総裁退官時には記念品として画家、安井曾太郎による肖像画を所望しており、その時の「深井英五氏像」は、現在、東京国立博物館に所蔵されている。この「ものを言おうとする直前の深井英五」は、安井曾太郎の代表作となり、現在では展覧会には欠かせない絵となっている。

深井の自伝『回顧七十年』は、昔、日銀のテキストであると言われていた。本書は『回顧七十年』とともに、深井の書いた『人物と思想』の中の「高橋是清の外債募集事蹟」を参考にしている部分が多い。この本では公債募集談は実際にはどうであったのか、著者である深井の中の真摯で誠実な部分と少しシニカルな性格が適度にぶつかり合い、大変興味深いものになっている。

第二章　二〇世紀初頭の金融環境

この章では、日本が日露戦争に際して外国公債を募集する、二〇世紀初頭の列強各国の経済力や国際資本市場の状況を見ておく。特に当時の主な金融業者であるイギリスのマーチャント・バンクや、アメリカのインベストメント・バンクの動向を把握せずに、日露戦争そのものを理解することは困難であろう。

列強世界のGDP

日露戦争当時の世界の主要な国々の経済は、どのくらいの規模だったのだろうか。日本のGNPは、『近代日本経済史要覧』において大川一司氏の一九〇三年の名目推計値二六億九六〇〇万円[1]という数字が得られるが、同じ基準でのロシア側のデータ取得は困難である。そこで、ここではフローニンゲン大学のアンガス・マディソン教授が整備したデータを使うことにする。

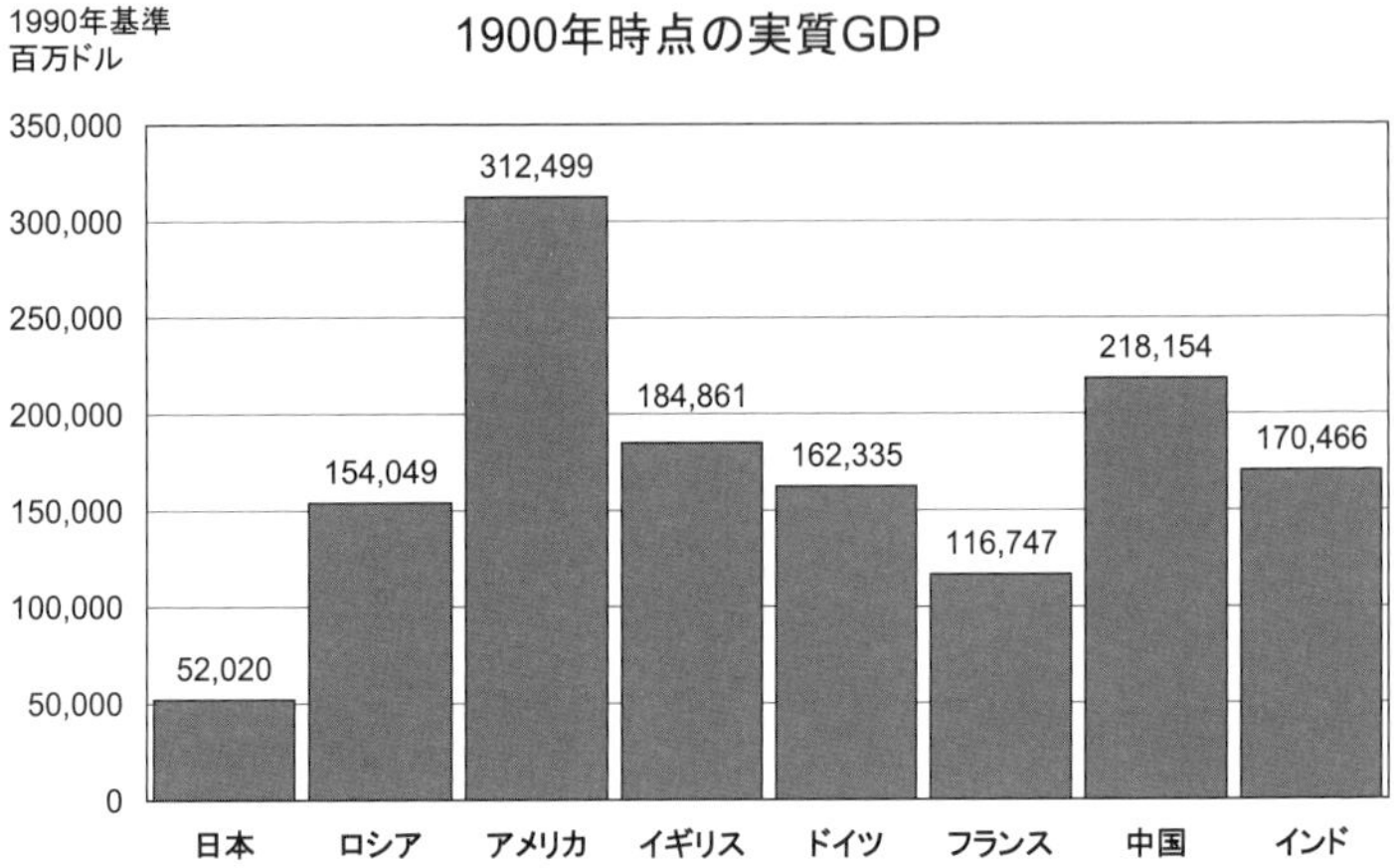

マディソン教授は、ＯＥＣＤから『世界経済の成長史』を出版し、過去の世界各国のＧＤＰを推計している。この推計値には世界各国のトップ・クラスの経済学者が協力しているので、現在入手し加工できる過去のデータとしては一番確かなものであろう。

ここでのデータは、一九九〇年の購買力平価基準(Purchasing Power Parity Theory) であるからインフレ分は調整されている。イギリスや欧州列強諸国はこの当時植民地を保有しているが、ここでは植民地分を除外した本国分だけのデータである。また、ロシアは旧ソビエト連邦のエリアに限定される。グラフからわかるように、当時のロシアのＧＤＰは日本の約三倍の水準だった。一九〇〇年当時の日本のＧＤＰは約五二〇億ドルであり、ここで一ドル一〇〇円と概算すれば約五兆二〇〇〇億円と計算できる。また一方でロシアは約一五兆四〇〇〇億円であった。中国やインドは、その人口から既に全体としては相当の経済規模を有してはいるが、インドはイギリスの植民地であり、中国

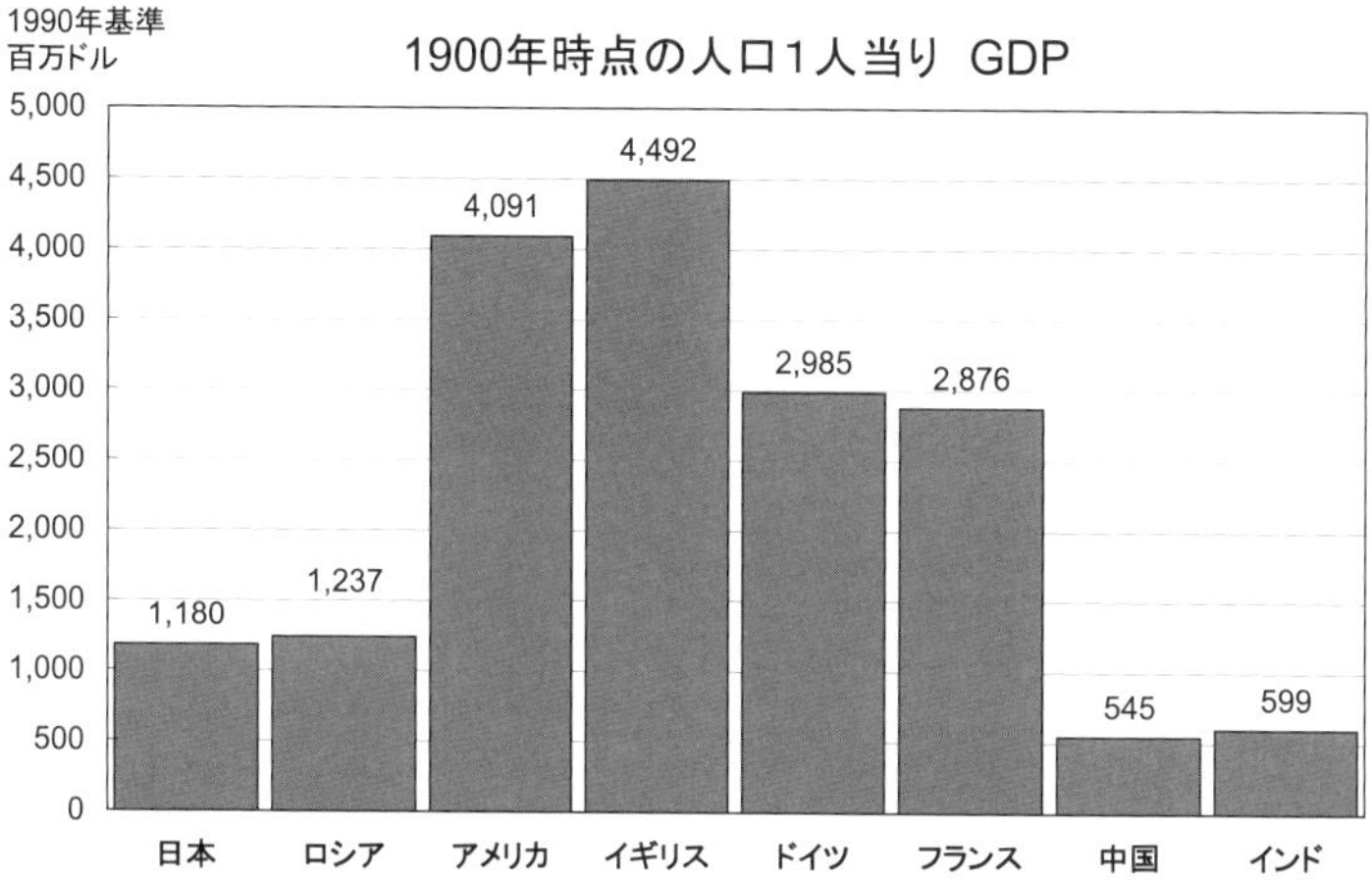

の成長は停滞していた。

国の比較の中で国民一人ひとりが裕福であるかどうかを見るためには、GDPを人口で割る必要がある。これが人口一人当りのGDPである。漠然としたイメージでは西洋列強の一角であるロシアの方が貧しい農業国の日本よりもはるかに高いのではないかと思われるかもしれないが、実は当時の日本とロシアはあまり変わらない水準だった。日本が一一八〇ドルでロシアが一二三七ドル、アメリカやイギリスはそれらの約四倍、ドイツ、フランスが三倍程度であった。ロシアは人口こそ多いがドイツやフランスとは比較にならないほど貧しかったのである。日露戦争中にロシア革命の動きが見られることになるが、データはそうした根拠を示している。日本はまだ農業と養蚕業などとそれに関連する軽工業が産業の主体であったが、ロシアも欧州の中では後進性が指摘されていた。

一方、このグラフではアメリカが既にドイツやフラ

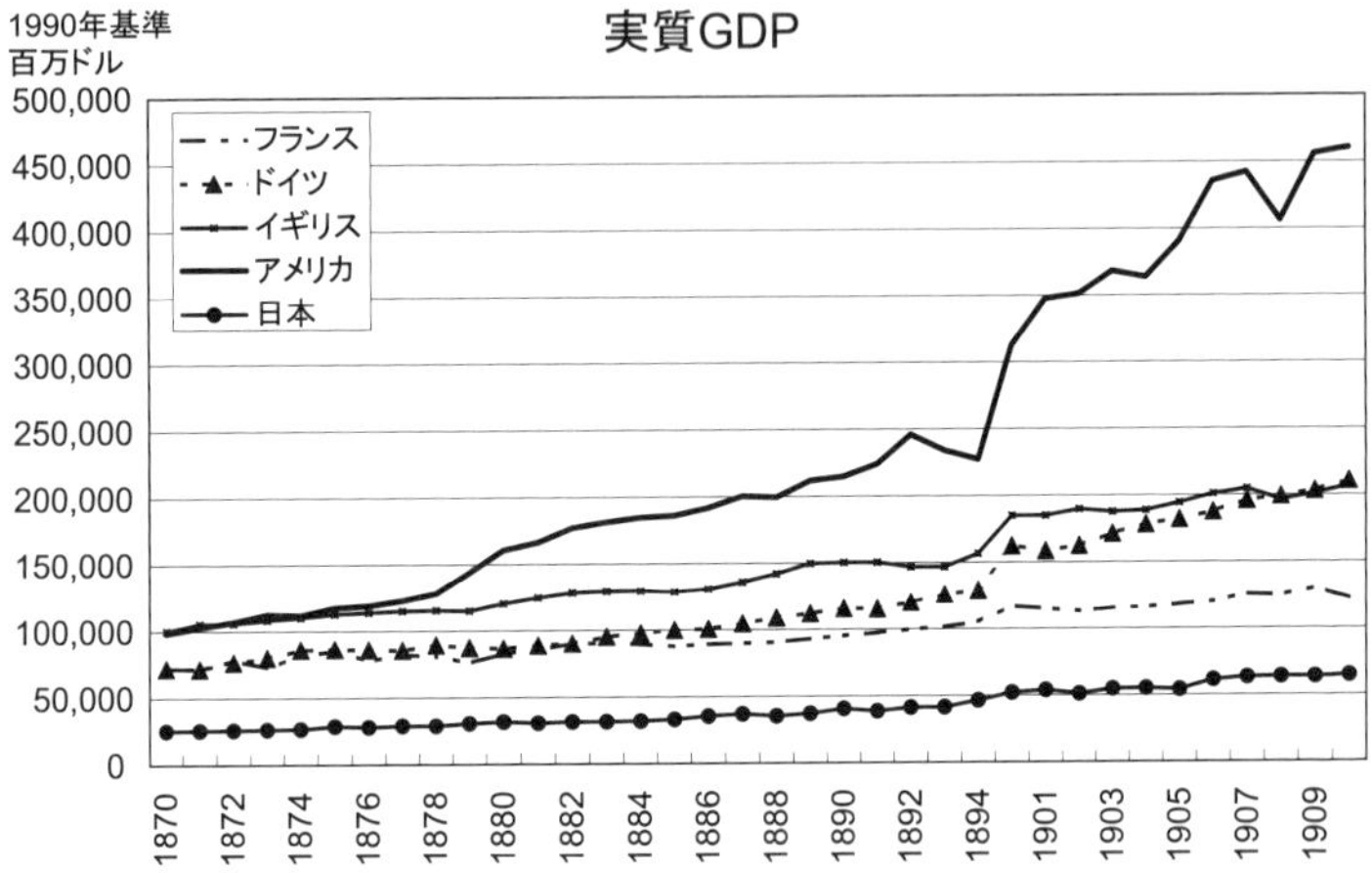

ンスよりも高く、イギリスに肉薄していることが分かるだろう。このデータの五年後の一九〇五年にはアメリカは一人当りＧＤＰでイギリスを追い越してしまうのである。

また、貧しいながらもロシアが欧州で軍事的に最も恐れられていた理由はその人口を背景にした陸軍の兵力であった。一九〇〇年の日本の人口は四四〇〇万人であり、それに対するロシアの人口は一億二五〇〇万人を数えていた。したがってロシアは人口もまたＧＤＰと同じように日本の約三倍の規模を持っていたのである。

日露戦争開戦時のロシアの常備兵力は約二〇〇万人であり、それに対し日本は約二〇万人と言われているが、最終的に動員された日本の陸軍兵力は戦地勤務が九四万五〇〇〇人、内地勤務、軍属を加えると一二四万三〇〇〇人に達した。また講和直前の一九〇五年八月末に極東に展開されていた両軍の兵力はロシアが七八万八〇〇〇人（これが全ロシア野戦軍の四割）、日本は軍属も含めて六九万二〇〇〇人だったのである。[2]

次に日本とロシアだけでは無く、世界の趨勢を見るために当時の欧米列強諸国の実質GDPの推移も見ておく。データの出所は同じである。

この一九世紀から二〇世紀への変わり目には、アメリカの実質GDPの伸びが他国に較べ突出しているのが前頁のグラフから見てとれるだろう。ロンドン市場で資金調達をしていた高橋の前にアメリカの金融業者が登場したことは、決して偶然ではなかったのである。

「承認の印章」、金本位制度

二〇世紀初頭のロンドン金融市場では、各国の公債や鉄道債などが盛んに売買され、一方では金融商品のみならず物資の貿易も盛んに行われていた。これらは一八七〇年の普仏戦争以降、欧州列強の間で本格的な戦争が生起しなかったこともあるが、先進各国が金本位制を採用し、通貨間の為替リスクが無くなったことが大きく影響していた。

一八四四年に英国が金本位制度を採用すると、ヨーロッパを中心とする各国はこれにならい金本位制度を次々と導入した。もともと銀貨を使用する銀本位の国が多かったので、金本位制を導入するにあたり各国が争って兌換準備用の金を買い求めたために、一九世紀後半のこの時代には金と銀の交換比率が大きく変わった。[3] 銀に対して金の価値が高くなったのである。

日本では、松方正義の奔走により、明治三〇年（一八九七年）に貨幣法を施行し金本位制を採用した。また同じ年にロシアも金本位制を採用している。

金銀比価——金1に対する銀の割合

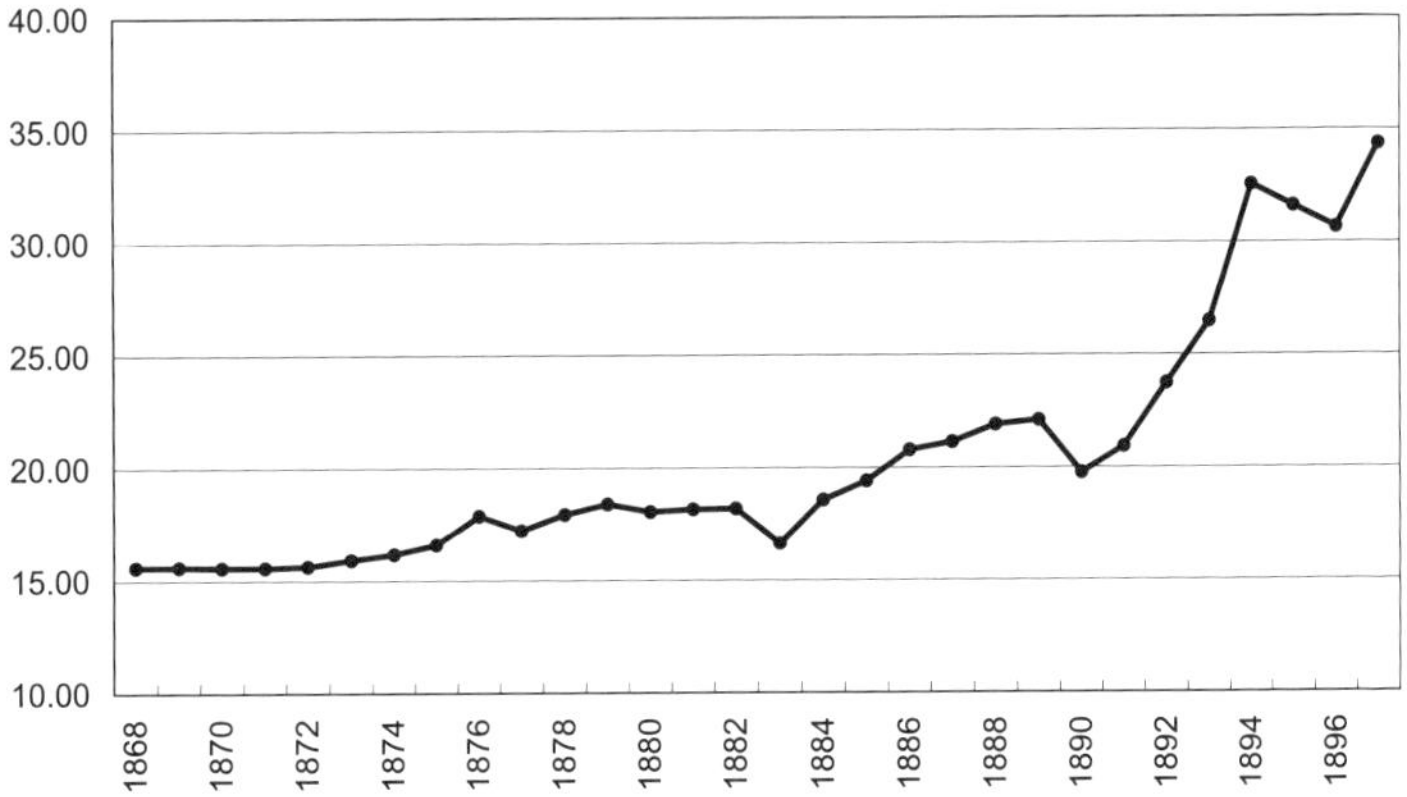

金本位制とは、通貨価値を金で表す事で、通貨は常に金と交換（兌換）できる必要があった。日本は日清戦争における清国からの賠償金を原資に金本位制を採用したが、これは何も日本銀行の金庫に物理的に保有するゴールドがうなっているわけではなかった。清国からの賠償金は在外正貨として英ポンドでロンドンの銀行に預けられ、その預金残高をベースに日本は兌換紙幣の発行をしたのである。

　イギリスは金一オンス（約三一・一〇三グラム）を三ポンド一七シリング一〇・五ペンスと定め、ポンド通貨を持ち込めばいつでも金と交換できるようにした。書いてしまえば簡単であるが、この頃の英ポンドは十進法があたりまえの現代から見ると、少々複雑にできていた。一ポンド＝二〇シリング、一シリング＝一二ペンスと定められていたのだ。従ってポンドの単位だけで金の価値を表すと金一オンス＝三・八九三七五ポンドとなるのである。日本は一円＝〇・七五グラムと定めたので、両者を金一グラムに計算しなおすと一グラム＝〇・一二五ポンド≒一・三三三円となる。

こうして金本位制を導入した国の通貨は、金の価値を媒介として固定為替相場を持つ事になる。日露戦争当時の為替レートは、一英ポンド≒五米ドル（四・八六六五）≒一〇日本円（九・七六三）≒一〇露ルーブルと考えておけばよいだろう。偶然ではあるが一日本円はおおよそ一ロシアン・ルーブルだったのである。

通貨が金との兌換を維持するためには、発行者は通貨の発行量に応じて金を保有しなければならない。これを逆に言えば、世界各国は金の保有量に応じた以上には通貨を発行できないことになる。そのために古典的な貨幣数量説でいえば、通貨発行量は制限され、この時代はデフレの状態が続くことになったのだが、一八八六年に南アフリカで大規模な金山が発見され、あたらしい採鉱法が採用されると単純に世の中に出回る金の量が増え始めた。日本が金本位制を採用する頃には、ちょうど世界的なデフレが終焉する時期にあたっていた。

金を獲得するには金鉱山を持ち、金の採掘ができれば一番良いのだが、それが無い場合には輸出によって外貨を稼がなければならない。また逆に言えば、それは物資を海外から輸入すると金（正貨）が流出することも意味していた。

GDPの比較から想像ができるだろうが、当時の日本の物資の供給力は小さいものであった。従っていざ戦争となると、兵器だけに限らず輸入物資に頼る必要が出てくる。例えば日本海軍の主力艦は有名な「三笠」を始めとして、すべて輸入品で賄われていた。つまり、戦争をすれば正貨の流出が伴う。日本の場合、戦争に際して正貨が足りなければ正貨を借りてくる必要が出てくるのである。
また、国内で戦費調達のため内国債を発行して通貨の発行量を増やしてしまうと、兌換のために準備しなければならない正貨が不足してしまう。したがって、ここでは二つの意味で正貨が必要だった。ひとつは輸入物資を購入するための正貨であり、ひとつは増大する通貨発行量の準備に対する正貨である。高橋是清が海外で外債募集に苦労している間、政府や日銀は外貨決済のためと金本位制度を維持するために、日本に残った金準備である正貨の残存量と戦っていたのである。

もちろんポンド建てで借金をした場合には元本・金利ともポンド建てで返済する必要があるので、日本としては将来輸出を増やして外貨を稼がなければならなかった。またこの当時は、日清戦争のように戦争に勝てば賠償金を貰えるという国際慣習があったので、これをあてにするという考え方もあっただろう。現実に日本は日清戦争の賠償金をもとに金本位制を始めたし、日露戦争終結のポーツマス条約ではロシアとの間において賠償金問題でもめることになったのである。

ヨーロッパ先進諸国はすでに金本位制を採用していたので、日本もそれに加わったと言う事は、日本が財政面で先進国への仲間入りを果たした事も意味していた。金本位制を採用することは「承認の印章」[4]とも呼ばれていたほどである。何故ならば金本位制の維持には、健全な管理通貨制度と節度ある財政金融政策が要求されたからである。この当時、金本位制を採用していない国は為替が不安定なために外国からの資金調達は困難であった。金本位制度の採用は、国際金融市場における戦時公債発行のための最低条件のひとつとも言えたのである。当時日本にとってロシアと戦争をするためには金本位制は欠かせない条件だったのだ。このことはロシアにとっても同じことであり、どちらも開戦にあたり直ちに金本位制度の維持を方針として決定したのであった。

金本位制施行の翌年、明治三一年（一八九八年）当時、横浜正金銀行副頭取であった高橋是清は海外支店の視察にアジア、欧州、米国と巡回出張することになった。当時の井上馨大蔵大臣は、高橋にポンド建て外債募集の可能性について極秘で探るように命令を出した。金本位制度を無理して採用し、早速、準備用の正貨が必要となったのである。

高橋は半年におよぶ出張を終え、秋に帰朝すると報告書を提出している。

> 今日の市場の状況では、一時に巨額の発行は困難であるかも知れませんが、五千万円か一億円くらいまでなら四分利（四％）付で九十％乃至九十五％で発行が出来ましょう、ついては速かに御決定の上直ちに実行に着手せられたがよかろうと思います、この上調査の必要はありません。[5]

高橋は、「この上調査の必要はありません」と報告している。これは高橋の調査が完璧であるという意味ではなかった。債券発行と言うものは、実際に発行もしないで欧米の様々な銀行や金融業者にヒアリングしたところで正確な事は何もわからないと言う意味だったのである。

金融業者は甘い話で発行を奨めてくるが、イザとなると発行の困難な理由をあげつらい発行価格を下げ、高い引受け手数料を要求してくるかもしれないからである。

日本は、この報告の後に、実際に外債の募集をした。

一八九九年六月、第一回四％クーポン、英ポンド建て公債を額面の九〇％で一〇〇〇万ポンド発行した。政府手取りは八六％、期間五五年もの。引き受けシンジケート団は、横浜正金銀行、高橋が少年の頃横浜で仕えたアラン・シャンドが在籍するパーズ銀行、香港上海銀行、チャータード銀行だった。[6]目論見書には調達した資金の使途として、鉄道、製鉄所建設、電話事業拡張が書かれ、日本国は金本位制であると添えられていた。また日本銀行が発行金額の二〇％にあたる二〇〇万ポンドを購入することも事前に決められていた。

この発行ではロスチャイルドやベアリング商会などロンドンの有力マーチャント・バンクに相談しなかったことやロンドン金融市場における日本の国家としての知名度の問題もあり、この募集に対するロンドン市場の反応は冷ややかなものであった。応募額は発行額の一〇分の一にも満たず、公募は贔屓目に見ても失敗であった。公債価格は発行価格が九〇ポンドのところ、すぐに八五ポンドまで下落し、日銀が目論見書どおり二〇〇万ポンドを買い入れた他に、結局、さらに政府が販売引き受け業者から、発行価格で二五〇万ポンドも買い入れざるを得なかったのだ。これでは発行額の約半分を日本政府自身が買っているようなものであった。

当時の金本位制採用国の基準金利であり最も信用の高いとされる英国コンソル公債の利回りは、二・五四％であった。英国コンソル債は現在の国債のようにリスク・フリー・レート（無リスク

既発外債

日付	クーポン(%)	発行価格	発行額M£	満期	発行金利(%)	実質金利	特徴
1870/4	9.0	98.0	1.0	13	9.18	9.27%	銀本位制下
1873/1	7.0	92.5	2.4	25	7.57	7.68%	銀本位制下
1897/6	5.0	101.5	4.4	53	4.93	4.92%	金本位制確約後、内国債裏書
1899/6	4.0	90.0	10.0	55	4.44	4.49%	金本位制下
1902/10	5.0	100.0	5.1	55	5.00	5.00%	金本位制下、内国債裏書

金利）として考えられており、コンソル債の利回りを基準に各国の利回りが比較された。この時募集した日本公債の発行金利は四・四四%だったので、コンソル債との利回り差であるリスク・プレミアム（リスクのある有価証券に対して投資家からリスクに応じて余分に要求される利回り）は一・九%しか設定されておらず、金本位制を確立した日本が価格的に少し強気に出すぎたのもディールの失敗の原因だった可能性もあるだろう。また高橋は、この発行に関してインベスター・リレーションズの不足も指摘している。ロンドン市場では日本という国に対する基本的な知識が広まっていなかったのである。投資家は僅かな例外を除いてわからない物には投資をしない。高橋はこの教訓から、ロンドン市場で募集をする場合には誰か専任の国家広報担当者を派遣する必要がある、と意見具申した。

そしてこの公債が、日本国公債の指標銘柄としてロンドン市場で取引されるようになり、日露戦争の間、「タイムズ」の市況欄に掲載されることとなる。

一方、ロシアでは、この一〇年前の一八八九年発行、六五・五年満期の四%クーポン債が指標銘柄として、同じ市況欄に掲載されている。残存期間の似た両国の同じクーポンの債券価格が日露戦争中の両国の国債の利回り、すなわち両国の信用のバロメーターとして後世の記録に残されることになったのである。

本書ではこの日本、ロシア二つの銘柄を中心に戦況と利回りの関係を時系列に分析していくことになる。

また、日露戦争以前に日本政府が発行した外債は、前頁の表のとおりである。[7]

すべてポンド建てであるが、金本位制採用前後に発行金利が低下しているのがわかるだろう。また特徴の欄にある「内国債裏書」とは政府が保有している既発円建て内国債にポンドで元利を支払うと言う約款をつけて海外で販売したものである。実質上の外国公債である。

ロンドン・ロンバード街

最近ではロンドン市場の事を「シティ」とは、あまり呼ばなくなった。これはニューヨーク市場の「ウォール・ストリート」も東京市場の「兜町」も同じことで、今では単にロンドンであり、ニューヨークであり東京と呼ばれる事が多くなっている。

昔は多くの金融機関がこうした街に集約され、狭いエリアにひしめき合っていた。ロンドンの株式取引所であるジ・エクスチェンジもニューヨーク証券取引所も、元々は取引相手を求めるブローカー達が自然発生的に集まったコーヒー・ハウスが起源であり、証券業者や投資家はその限られた空間で情報を収集し取引をしていたのである。後に取引所が出来ても証券の受け渡しが手から手に物理的に手渡しされていた時代には、証券会社同士が離れた場所に店を構えている事は不便だった。従って取引所を中心にこうした金融街は狭いエリアに形成されてきたのである。

ところが決済機関ができて受け渡しが帳面上だけでなされるようになると、証券会社は顧客に近いところや、通勤に便利なところにまとまったスペースを求めて、それぞれの市内の広いエリアに分散して行くようになった。それでも市場部門は取引所の近くに置いておく場合が多かったのだが、取引所も電子化されるようになると、それすら意味が無くなってきた。こうして「シティ」、「ウォール街」、「兜町」という言葉も、使用頻度が低くなってきたのである。

　高橋是清が外貨調達のために出張した頃のロンドンの金融街は「シティ」よりさらに古く、狭く、一般に「ロンバード街」と呼ばれていた。

　ウォール街が単なる地名を指すわけではないように、ロンバード街も単なる通りの名前では無く、証券取引を中心とする金融機能そのものを指していた。バンク・オブ・イングランド（ＢＯＥ）はロンバード街のすぐ近く、スレッドニードル街にあり、周辺に集中している金融業者達を睥睨していた。当時、ＢＯＥは電話帳にも番号が掲載されず、日本人駐在員の間ではＢＯＥには電話が無いという都市伝説があったそうだ。何故ならＢＯＥは「他へ何か頼む必要というものが無く、必要のある者は自ら足を運ぶ」からだとまことしやかに伝えられていた。ロンドンに着いたばかりの深井も、その噂を真に受けていた。しかし、所用で一度訪ねてみると、何のことはない、ＢＯＥの職員は後の連絡の為にと電話番号を教えてくれたそうである。[8] ただ、ＢＯＥがそれほどの権威を持っていたことは確かであった。

　もともと中世欧州の専制君主達は、戦争のための軍資金が必要になるとジェノヴァやフィレンツェの商人に、またイタリア方面の衰退後はアムステルダムの商人や銀行家から借金をして戦費を工面していた。戦争に勝てば、新たに領土が獲得できたし金銀財宝の略奪もあった。賠償金を得たりもできた。また君主達は自身の資産や領土内の徴税権を持っているので、それらも担保としての価値を持っていた。専制君主の頃までは、国家の主権（ソブリン）は君主のものであったのだ。

しかし、いったん君主が死亡してしまうと借金は帳消しにされたり、後継者は他所の国の王子だったりするため相続を放棄されてしまったり、あるいは君主自身が強権を発動して法を改正し借金を棒引きにしてしまったりするので、こうしたローンや債券は市場金融商品として売買され流動性の付与されるようなしろものではなかったのである。こうした貸借関係は多分に私的なものであり、君主の私的債務なのかあるいは国の公的債務なのかの区別すらそもそも曖昧だった。

日本においても封建時代に度重なる徳政令が出されたり、蔵前にあった札差が処分されたりと、君主ともなると好き勝手が出来た。金貸しは歴史的に洋の東西を問わず君主の都合が悪くなると、結局は迫害される宿命にあった。それはもちろん君主が武力（暴力）を独占していたからであるし、そもそも領民個人の財産権が確立されていなかったからとも言えるだろう。現在でもそういった国が地球上にまだまだ残っているのが現状である。しかしこうした状況では高いデフォルト・リスク（踏み倒しリスク）を反映して債務に対する金利は高く成らざるを得ず、債務の交換できる円滑な金融市場が成立するはずもなかったのである。

イギリスでは、名誉革命による権利章典（一六八九年）によって「国王の徴税権は議会の同意が必要となった」ことで、イギリス国債は公的債務として捉えられるようになった。主権が君主から継続性のある議会の手に移ったのである。つまり、国債が国家の借金であることが明確になったと言えるだろう。専制君主から憲法による立憲君主国家へと、予算は議会によって統制されるようになり、君主が気まぐれで戦争を仕掛けたり散財したりはできなくなっていったのである。

一八世紀の中頃に、英国の首相兼大蔵大臣ヘンリー・プレハムが国債のクーポンの支払い負担を減らすために、それまでの表面利率やテナー（期間）の異なる債券をまとめて（consolidateして）コンソル公債と言う永久債をつくり、それまでに発行されていた各種国債を一本化することに成功した。一本化する事によって、イギリス国債は何年発行の何％クーポンのどの回号の銘柄と、複雑な銘柄の指定も必要ではなくなり、売買が容易になり取引高も増えていくこととなった。取引高が増えるといつでも売却が可能になるので、流動性つまり換金性が増すことになる。貯蓄としての信頼度も高くなり、その事がまたさらに大きく流動性を増すことにつながるのである。イギリスでは「コンソル公債なら日曜日にも売れる」[9]という諺まであったほどだ。

一方、個人の財産権が確立し、欧州の他の国に先んじて産業革命に入ったビクトリア朝一九世紀のイギリスでは、中産階級の増加により民間資本が形成され銀行に預けられる貯蓄が増加し始める。そして、この貯蓄が産業資本として銀行から産業に貸し出されると言う循環に入っていく。「エコノミスト」の記者であったウォルター・バジョットが、一九世紀後半に書いた『ロンバード街』では、ビクトリア朝期のイギリスが何故かくも繁栄していたかについて、一八七三年当時の各国の銀行預金額が示されている。ロンドン一億二〇〇〇万ポンド、パリ一三〇〇万ポンド、ニューヨーク四〇〇〇万ポンド、ドイツ八〇〇万ポンド。二〇世紀初頭からみればまだ全体の規模は小さいが、ロンドンの預金額が突出している。バジョットは「イギリス以外の国も金持ちは貯金をしているが、銀行には預けない。お金は銀行になければ産業資本として貸し出されていかないのだ」と説明している。

イギリスは世界に先駆けて金本位制を施行し、その強大な海軍力を背景にした広大な植民地支配により、英国ポンドをして基軸通貨としての地位を確立させた。ポンドを持つという事は金を持つ事と同じ意味になり、他国から見ればバンク・オブ・イングランドの口座に預金があるという事は金を保有しているのと同義となった。

資金調達をしたい国や企業はロンドン金融市場にくれば、その信用に応じて株や債券の買い手がいた。国際投資の資金が潤沢にあった。また、ここで債券を発行すれば、世界中で通用するポンドという基軸通貨が手に入る。こうしてロンドンには金融業者が集中し、かつ競争し、資金ニーズのある国や企業が集まる事になったのである。ロンバード街で外国の政府や企業が起債するという事は、イギリスが資本輸出をするという事でもあった。一八七〇年から一九一四年までの間のイギリスによる資本輸出は、毎年GDP比五～六％におよび、一九一四年の残高は四〇億ポンドにも達していたのである[10]。

コンピューターの誕生時もそうであったように、金融市場は昔から新しい技術をいち早く取り入れてきた。当時の最先端の通信技術である有線による電信の発達は、迅速な情報の集中を生みロンドン市場の集中化に拍車をかけた。一八五〇年には英仏間のドーバー海峡に海底ケーブルが敷設され、大陸とロンバード街は数時間で証券価格が確認できるようになった。離れていても債券の価格が把握でき発注も口座振替による決済もできるようになると、ロンドン市場の流通発行市場としての利便性は大いに増すこととなったのである。

当時のロンドン市場は、世界中の金利や為替、株式、コモディティや船舶の価格、保険料までを取引し、価格情報を発信していた、さらにロンドンを代表する新聞である「タイムズ」はニュースや論説等を通しての世界の批評家とも呼ばれていたのである。

先にも書いたが、深井英五は日露戦争以前から徳富蘇峰や松方正義との欧州旅行を通じて、「タイムズ」編集次長キャパーや外交部長チロルと親交を深め、日露戦争の時点では既に彼らと良好なリレーションを築いていた。このことが後に、日本にとって大きなアドバンテージとなるのである。左図は一九〇四年一月一日付けの「タイムズ」の証券欄、「Stock & Shares」の外国公債の価格表である。ロンドン市場は大晦日も開いていたので、これが各国公債の一九〇三年の年末価格になる。一番左が終値。右側のビッド（買いたい）とオファー（売りたい）が組になっているのが左から前日、当日前場、後場の順である。

FOREIGN GOVERNMENT SECURITIES.

101¾	Argentine,5%('86)	101½	102	101½	102	101½	102
102½	Do., Funding...	102½	103	102½	103	102½	103
95½	Do., B.A.Water	95¼	95¾	95¼	95¾	94¾	95¼
77¼	Brazil, 4%, 1889...	76¾	77¼	76¾	77	76½	77
92	Do., 1895 ...	92	92½	91¾	92¼	91½	92
88½	Do., W.of Minas	88	88½	87½	88	87½	88
93	Bulgaria, 1892 ...	92	94	92	94	91	93
94	Chile, 5%, 1896 ...	93½	94½	93½	94½	93½	94½
99⅜	Chinese, 5%, 1896	98¼	98¾	98	99	97½	98
92½	Do., 4½% ...	90	90½	89½	90½	89½	90
103¼	Egypt'n Unif., 4%	102¾	103¼	102¾	103¼	102¾	103¼
99½	Do., Pref. ...	99	100	99	100	99	100
97½	French, 3% ...	97	99	97	99	96	98
90½	German, 3% ...	90	90½	90	90½	90	90½
42	Greece, 1884 ...	41½	42½	41½	42½	41½	42½
101	Hungary, Gold, 4%	101	102	101	102	101	102
103½	Italy, 5%	103½	104	103½	104	103½	104
79½	Japan, 4%... ...	79	80	76½	77½*	76½	77½*
101½	Mexico, 1899 ...	101½	102½	101½	102½	101½	102½
64½	Portugal (New)...	64⅝	64⅞	64⅝	64⅞	64½	64¾
99½	Russia, 1889 ...	97½	98½	97½	98½	97½	98½
88	Spain, 4% (Sealed)	87¾	88¼	88	88¼	87⅞	88⅛
102½	Turk, New D'fnce	102	103	102	103	102	103
88	Do., Unified ...	87½	87¾	87¼	87¾	87	87½
59½	Uruguay, 3½% ...	58½	59½	58½	59½	58½	59½

*Ex dividend.

1904年１月１日付け「タイムズ」紙の証券欄より、外国公債の価格表

各国公債にはクーポン・レートが示されているので、簡易法で利回りを計算することができる。簡易法による利回りとは、クーポンを証券価格の％表示で割ることで求められる利回りである。また「タイムズ」の相場表に英国コンソル債、英国保証のエジプト債、英連邦のカナダ、ニュージーランド、

	クーポン(%)	公債価格	利回り	リスク・プレミアム
イギリス(コンソル債)	2.5	88.063	2.84%	—
エジプト　英保証	3.0	99.000	3.03%	0.19%
カナダ	3.0	97.750	3.07%	0.23%
ニュージーランド	3.0	89.750	3.34%	0.50%
南オーストラリア	3.0	86.125	3.48%	0.64%
フランス	3.0	97.500	3.08%	0.24%
ドイツ	3.0	90.500	3.31%	0.47%
ロシア	4.0	98.500	4.06%	1.22%
スペイン	4.0	88.000	4.55%	1.71%
イタリア	5.0	103.500	4.83%	1.99%
アルゼンチン	5.0	101.750	4.91%	2.07%
日本	4.0	79.750	5.02%	2.18%
ブラジル	5.0	77.250	6.47%	3.63%

オーストラリア等を加えると、当時の各国の利回りは上の表のように整理される。

この表を見れば分かるように、コンソル債のクーポンは一番低い二・五%であり、イギリス植民地とフランス、ドイツのクーポンは三%である。ロシア、スペイン、日本のクーポンは四%で、其の次のグループであるイタリアやアルゼンチンは五%となっている。公債を発行する際のクーポン・レートは、その国の国際金融市場における地位も意味していたのである。高橋是清がロンドン市場で資金調達をしようとするのは、国際金融市場の非常に発達した時代だった。

また、当時の指標金利であるコンソル債とのスプレッド（売値と買値の価格差）が、その国への投資に要求されるリスク・プレミアムであると言えるだろう。[11] 信用のない国は借り入れ金利に余分にプレミアム＝上乗せを要求されるということである。ここでいう信用とは、財政破綻および金本位制度離脱の可能性、軍事費の増大につながる国際情勢や政治の安定性、財政の健全性、債券売買に関する流動性などが反映されていたと考えられる。

日露戦争の始まる直前の年末に、日本はロシアよりも一％余分に、さらにイギリスのコンソル公債よりも二・一八％も余分にプレミアムを要求されていた。つまり、その分だけ元利返済の可能性を低く見られていたのだ。そして戦争開始前にもかかわらず、日本国債はクーポン・レートのより高いイタリア、アルゼンチンよりも既に利回りが高かったのである。

マーチャント・バンク全盛の時代

二〇一〇年四月に、英国のM&A専門のブティック投資銀行であるNMロスチャイルド・アンド・サンズが、ナイジェル・ヒギンス氏を新しいCEOに指名した。彼はCEOとして、同社の二〇〇年以上の歴史上初めてのロスチャイルド家以外の人間であった。ロスチャイルドは二一世紀になって初めて同族経営の伝統に終止符を打ったのである。

現在では、「マーチャント・バンク」は特定の時代のロンドンの金融業の形態を指すような用語になってしまっているが、往年のマーチャント・バンク達は形を変えながらも今でも決して滅びたわけではない。NMロスチャイルドは、現在でもM&Aのアドバイザーとしてヨーロッパではトップ・クラスに位置しているし、その他のマーチャント・バンクも投資顧問やブティック投資銀行として数多くの名前を残している。しかし、業態としてのマーチャント・バンクの二〇世紀初頭に占めた金融世界での重要性は、確かに現代では見る影もないといえよう。

高橋是清が公債発行のために欧米に赴いた一九〇四年頃のロンドンでは、マーチャント・バンクが圧倒的な力を持って国際金融市場における要の地位を占めていた。

マーチャント・バンクの発祥は、マーチャント＝貿易商から来ている。一七〜一八世紀に海上覇権を握っていたオランダのアムステルダムの商人達は貿易取引に関わるうちに、為替や手形、船荷証券など貿易金融に必然的に携わるようになっていった。こうなると取引地間での信用関係が決済には重要になるので、一族や子弟を取引地である欧州の各地に派遣していくことになった。こうした動きの中で、いち早くロスチャイルド家が五人の息子達を、フランクフルト・パリ・ロンドン・ウィーン・ナポリに派遣している。もっともこれは、当初は資産保全のリスク分散というよりは資金の出し入れをする相手方が信用できるのか、つまりカウンター・パーティー・リスクの削減が目的であったと考えられる。

富を蓄えたマーチャントの中に純粋な金融業に手を出すものが登場するのも、支店網をめぐらせ、手形・為替業務を行っていたことから必然の流れであった。単なる融資から、公債の引き受け、販売へと業務範囲が広がっていくのであるが、各国に分散する公債購入者への利子の支払いなどには、この支店網が重要な役割を果たすことになる。

しかしこの文脈では、マーチャント業務を放棄して金融だけで業務を行っていたとのイメージが出来てしまいがちであるが、実際には一九世紀前半の公債はデフォルト（債務不履行）率が高かったために、事業ポートフォリオに占める金融依存度が高いと何か騒動がある度に倒産してしまうような事も多く発生している。そのために、マーチャント・バンクによってその比率は様々であるが、二〇世紀初頭においてもマーチャント業務は金融事業と深い関わり合いを持っていたのである。

例えば、当時のイギリスの主な輸出品にレールや機関車など鉄道資材があったが、他国の鉄道へのファイナンスには資材の輸出がたいがいセットでついていたし、大砲や軍艦などの武器もそうであった。マーチャント・バンクは、現在の商社金融に投資銀行を組み合わせたような機能を持っていたと言えるだろう。最初は単なる商品輸出入代理店が、在庫を自分の思惑で持つようになり、やがて生産者の工場に融資するようになる。また買い手のローンも組むようになり、その後には商品の売買が伴わなくとも資金だけでも貸し出すようになっていったのである。

そうした中でも、政府向けに大きな資金を貸出しする飛び抜けた存在のマーチャント・バンク達が登場してくる。ロスチャイルド商会はウェリントン公のイベリア半島出兵[12]やクリミア戦争の戦費を調達したし、一八七五年にスエズ運河の利権がフランスの手に渡ろうとした時には、資金の無い英国政府のために四〇〇万ポンドをすぐに用立てたりしている。

ナポレオンは、イギリスとの戦争の資金調達のためにそれまで北米に保有していたルイジアナを米国に売却したが、米国はその購入代金を債券発行によって調達した。この債券はフランス政府にルイジアナの購入代金として引き渡されたのであるが、フランス銀行は現金化のための売却を拒否した。そこで当時、アメリカ政府の代理店であったイギリスのベアリング商会とアムステルダムのホープ商会によって、この債券はナポレオンのために販売されたのであった。ベアリング商会の引き受けによって調達された資金はナポレオンの手に渡り、回りまわってイギリスと戦うために使われていたのである。ホープ商会は後にベアリングによって買収されている。[13]またベアリング商会は、ワーテルローの大敗後のフランスに賠償金支払いのための資金までも調達しているのである。こうした融資は金額の大型化に伴い、個人商店の自己資金による貸出ではなく公債の形で広く投資家を募る形態に変化していった。また融資額が巨額になるにつれ、一社だけで公債発行を引受けるのではなくシンジケートを組みリスクを分散していくようになったのである。

一九世紀末のロンドンのマーチャント・バンクで有力なものは、突出した存在としてロスチャイルド商会とベアリング商会の二つ、その他、大手としては、クラインオート、ＪＰモルガンの父親のＪＳモルガン、[14] シュローダーなどだろうか。日本の公債募集の話の為に敢えて付け加えるならば、スパイヤー、サミュエル、シプレーなどもあった。起源的に言えば、彼等は殆どがドイツ系ユダヤ人かあるいはアメリカ人である。ロンドン金融界のウィンブルドン現象（ウィンブルドンのセンターコートでは世界中から強豪が集まるため、イギリス人選手が勝ち上がれなくなった現象。同じようにサッチャーのビッグ・バン〈金融規制緩和〉で、シティの地場の金融機関が外資系のそれに吸収されたことを言う）は、サッチャー政権による一九八六年のビッグ・バンを待たずとも数世紀も前からそうであったのだ。こうしたユダヤ人やユグノー達が、大陸での宗教的迫害を逃れて宗教に寛容で財産権の確立されたロンドンに集まったのは必然であった。後にロンドン市場で大手のマーチャント・バンクになるウォーバーグは、日本の資金調達に大きな役割を果たすことになるが、この時期まだドイツにいたのである。

彼等は自分自身の資産とともに国王や貴族など富裕層からの資金を預かっていた。一方で英国の産業革命による中産階級の発生から小口の預金がコマーシャル・バンク、または株式銀行と呼ばれる現代の都市銀行にあたる金融機関の口座に増加し始めていた。一九世紀末には、こうした株式銀行が力を蓄え、証券発行の分野でマーチャント・バンクと互いに競合するようになってきていたのである。これらの有力なものにはユニオン銀行、パーズ銀行（後にミッドランド銀行↓ロイヤル・バンク・オブ・スコットランド）、アジアに特化した香港上海銀行、チャータード銀行などがあった。

日本が日露戦争以前の一八九九年に、ロンドン市場でポンド建て公債を発行した際の発行銀行は、香港上海銀行、チャータード銀行、パーズ銀行、横浜正金銀行。それらが幹事団を務めていたと、既に書いた。この中でパーズ銀行は国際業務に強いわけではなく、国内に支店を多く持つ内国銀行だったのだが、高橋是清の略歴で紹介したように、ロンドン店支配人のアラン・シャンドが、以前日本に滞在経験があり、「銀行簿記」を日本に初めて紹介するなど日本の銀行業黎明期に教師として多大な貢献をしていたのである。日銀からも同行に、井上準之助などをトレーニーとして送るような関係にあり、日本政府としては頼りにしていた特別な関係の銀行だったのである。パーズ銀行は、日露戦争の公債発行にも主導的な役割を果たしていくことになる。

“Panic of 1890” というのは、日本では「一八九〇年のベアリング恐慌」とも呼ばれている。ベアリング銀行は、一九九五年にシンガポールのトレーダー、ニック・リーソンの日経平均先物を扱ったディーリングの失敗によって破綻するが[15]、実は一八九〇年にも一度破綻を経験している。当時は金本位制による制約の下に通貨発行量が制限され、英国など先進国が常にデフレ気味で低金利であったために高い利回りを求めて海外投資が一大ブームとなっていた。そうしたなかでアルゼンチンを中心とする南米への投資ブームがあり、ベアリング商会の先代レベルストーク卿がアルゼンチンの投資案件にエクスポージャー（投資の配分比率）を傾け過ぎたために、破綻したという事件であった。金融の世界は残念ながら昔から同じようなことを繰り返しているのである。この一件はイギリスの銀行システム全般を危機に陥れるシステミック・リスク[16]に発展し、バンク・オブ・イングランド主導でロスチャイルドや有力マーチャント・バンク、株式銀行等によって保証基金が設立された。日本風に言えば「奉加帳方式」によって救われ、ベアリング商会はプライベート企業から株式会社に再編されたのだった。しかしこれを教訓に、英国の対外投資熱が冷え込むと同時に、マーチャント・バンクがリスク回避的（リスクのある投資に消極的）になるという影響を金融界に及ぼしてしまった。この事件は今般のリーマン危機においても、「政府関与はどこまですべきか」というテーマで参考事例として度々話題となった。

このため米国では英国からの資金が引き上げられ、このことはすなわち米国の準備通貨であるゴールドが不足し金本位制度の危機に陥ることになったのであるが、米国はこれを機に産業資本を英国に頼らずに自国で調達するようになり、米国のインベストメント・バンクと英国のマーチャント・バンクの力関係に変化が出始めるきっかけともなった。

もうひとつ無視できない要素として、危機以前にはマーチャント・バンクに人材が輩出したのであるが、この時期以降はロスチャイルドやベアリングなど伝統的なマーチャント・バンクにタレントが不足するようになったといわれている。羹《あつもの》に懲りて膾《なます》を吹く、リスク回避的な行動が影響した可能性もあるだろう。一方でアメリカでは、JPモルガンやクーン・ローブ商会のヤコブ・シフなどが台頭し、才能のある「個人」の時代であったとも言えるのだった。

イギリスではロバート・フレミング、アレキサンダー・クラインオート、それにマーチャント・バンクという範疇には入らないが、アーネスト・カッセル卿という個人金融家とも言えるような人物が輩出し、ロスチャイルドや再生したベアリング商会と競合関係にあった。日本人は一般に、何かにつけ「ユダヤ陰謀説」を好む傾向があるが、これは第二次世界大戦前にナチス・ドイツとの間に結ばれた三国同盟時のナチスによる、反ユダヤ報道やアメリカ憎しからくる報道が大きく影響を及ぼしていると考えられる。ロスチャイルド、ベアリング、カッセルなど当時のロンドン市場の主力金融機関は、ほとんどすべてがユダヤ資本である。国際資本市場であるロンドン市場にアクセスするということは、ユダヤ資本にアクセスするのと同じことなのである。

従って「ユダヤ資本と手を結んだ」とか「ロスチャイルドの陰謀」とかは、この二〇世紀初頭には既にあまりふさわしい表現ではなくなっていた。それは、「ロンドン市場で資金調達する」ことと同じ意味でしかなかったのだ。もっというならば、パリ市場もパリ・ロスチャイルドが主要業者であったし、ハンブルクではユダヤ資本のウォーバーグが大きな役割を果たしていたのである。

中世のキリスト教では、金を貸す際に利息を取ることを罪であると定めていた。これはキリスト教の七つの「大罪」の一つである〝Greed（強欲）〟に由来する。いわゆる「徴利禁止」である。これはまたイスラム教も同様であった。一方で、ユダヤ教においても同様に徴利は禁じられていたのであるが、旧約聖書の申命記二三章二〇節には都合のよい例外規定が書かれてあった。「外国人からは利息を取ってもよいが、同胞である場合には利息をつけてはならない」と付記されていたのである。ユダヤ教徒は異教徒であるキリスト教徒やイスラム教徒からであれば、利子を取ることができた。こうしてヨーロッパにおいては金融業者として少数民族であるユダヤ資本が発達したと考えられている。

話が少しそれるが、仏教においては元々寺院による資産運用はお釈迦様の時代から普通に行われていたし、日本の金貸しの歴史を見ても社寺がその中核にあった。金貸しを軽蔑する考え方は世界共通のものであるが、日本人の「お金は汚いもの」という考え方は江戸時代の儒教における「貴穀賤金思想」が大きく影響を及ぼしたのではないだろうか。

日露戦争の戦費調達のためにロンドンに赴いた高橋是清が最初に接触したのは、ロスチャイルド、ベアリング商会、カッセル卿、そして香港上海銀行、パーズ銀行といった金融業者達であった。古く格式の高いマーチャント・バンク、少し謎めいた新興のカッセル卿という金融家、そしていわゆる現代でいうところのユニバーサル・バンク達であった。

魅力的な投資先だった新興国・日本

綿工業など農業と関連する軽工業の時代であれば輸送手段としての鉄道はまだそれほど重要で

はなかったが、鉄鋼など重工業が絡むと重量物を大量に輸送できる鉄道インフラは欠かせなくなる。鉄鉱石や石炭、鉄鋼製品など重量物を輸送する手段として先ず鉄道が必要だからである。従って重工業発展の前段階では、株式取引所の主力銘柄は鉄道株が中心となっていた。一八九三年のロンドン株式市場では時価総額の四九・四%が鉄道の株・債券であり[17]、この内、半分以上が外国の鉄道銘柄だった。因みにニューヨーク株式市場は、一八九九年末で時価総額の六三%が鉄道株である。

当時の英国では、金本位制度下でのデフレのため低金利の状況が続いていた（決して大不況ではなかった）。そのため投資家は高いリターンを求めて海外での有力な投資先を模索していたが、その行き過ぎた例がベアリング商会によるアルゼンチン投資だったのだ。

こうした状況下で憲法を発布し、議会政治を始め（一八九〇年）、先進国にならい金本位制度を導入（一八九七年）した新興国日本は、シティから見れば投資対象としてとても魅力的に映っていた。当時の日本で鉄道会社がファイナンスしようとすると円建てで八%近くの金利を要求されたが、ロンドンの投資家はポンド建てで五%もあれば良いと考えていた。金本位制度が導入されているので基本的に為替リスクは無いと考えられる、こうした内外において金利格差が出るのは何らかの参入障壁があるからだろう。金本位制度放棄のリスクを除外して考えるならば、それは地政的なものであったり、その国の法的な整備状況であったりした。

一九〇一年、九州鉄道と北越鉄道（直江津―新潟）に資材を納入していた在日の英国人の経営するバーチ・カービィ商会から、英国外務省に日本の鉄道にファイナンスをしてくれるマーチャント・バンク紹介の依頼があった[18]。外務大臣のランズダウン卿は、これをベアリング商会のレベルストーク卿に回した。このレベルストーク卿とは、「ベアリング恐慌」の時のレベルストーク卿の二代目であり、名前はジョン・ベアリングである。父親は破綻の責任を取って引責辞任し、ベアリング商会は個人経営から株式会社に生まれ変わったが、経営は相変わらずベアリング・ファミリーによって継続されていたのである。

当時の日本の法律では、外国人は日本の土地や鉱山の所有を認められていなかったので、外人投資家が社債を購入する際には、担保設定に問題があった。鉄道が倒産して社債ホルダーである外人投資家が担保を要求しても、その担保を所有できないのであれば、外人投資家は日本に投資しようとはしない。ベアリング商会は調査の人間を日本に送り込み、こうした担保問題にまつわる法改正の要請や根回しを、財界首脳である渋沢栄一達を通じて行っている。一九〇三年には、ベアリング商会はロンドンのノートン・ローズ・ノートン法律事務所が日本の弁護士の意見も交えて作成した「鉄道抵当法案」のドラフトを日本に送付していた。

この法案は、日露戦争二年目の一九〇五年の第二一回帝国議会において「社債信託法案」として通過したのだが、これが日本人にとってはかえって外資による日本企業の買収懸念となり、終戦直後の一九〇六年には主に軍事上の理由から鉄道国有法案がほとんど唐突に可決され、現在のＪＲの前身である国鉄が出来上がってしまったのである。同じ年に日露戦争の戦果として獲得した南満洲鉄道も、欧米資本を排除したかたちで設立されていることは偶然では無いだろう。

しかし、こうした担保問題の整理は鉄道に限ったわけではなく、工場抵当法、鉱業抵当法も同時に施行されたので、法案成立以降は今で言う外人投資家が日本株や債券を買う「外人買い」を誘発することにもなった。もっともこれは一流マーチャント・バンクが主導したというよりもかなり投機的な性格の資金だったようである。

日露戦争の戦勝や戦争中に軍資金として市中に放出された資金もあいまって、戦後の一九〇六年の兜町は終戦バブルともいえる大相場になった。翌年にかけて新規設立企業による株式の新規公開も数多く実施され、大日本麦酒、横浜倉庫、藤本ビルブローカー（大和証券）、東京毛織、明治生命（株式会社だった）、日清紡績、キリン麦酒、日清製粉、阪神急行、日本製鋼所など、現在に名を残す名門企業が数多く設立、もしくは上場されたのであった。[19]野村徳七や根津嘉一郎など、財を蓄えた相場師も数多く輩出することとなった。

こうした状況下で、ベアリング商会の跡継ぎである二代目レベルストーク卿は日本を有力な投資先として考えていた。日本がロシアと戦争を始めるのであれば、戦争の為の資金調達である戦時公債ビジネスに、彼が商機を見出すのは当然のことだったのだ。

勃興するインベストメント・バンク

アメリカのインベストメント・バンク[20]と呼ばれる金融業者も、イギリスと同じようにマーチャントの出身が多い。一九世紀前半のアメリカの主な輸出品がコットンであったことからナショナル・シティ銀行のセリグマンやリーマン商会など綿商人出身者が多いのだが、アメリカでは鉄道産業を通じて早い時期に金融に専念している。移民によって人口増加があり、鉄道の総マイル数もイギリスやヨーロッパ諸国に比べて国土が広大なため大きく、鉄道への資本を強く必要としていたのである。そうした資金の供給源は圧倒的にイギリスであったが、フランスやドイツなどの大陸諸国も資金の供給者であった。ロンドン側でマーチャント・バンクがアメリカの発展を商機として捉えたことはもちろんであるが、アメリカ側でも独自の業者が育っていった。そうした中で二〇世紀初頭のアメリカの金融業者の象徴ともいえるリーダーはなんと言ってもＪＰモルガンだった。

意外だと思うかもしれないが、日露戦争当時のアメリカには、中央銀行はまだなかった。イギリスもフランスもドイツも、新興国である日本ですら制度を持っていたにもかかわらずである。アメリカは一七七六年の建国以来二度ほどそうした試みがあったものの、中央集権を嫌う分権主義者達によって毎回取り潰されてきたのだった。

現在の連邦中央銀行（ＦＲＢ）が設立されるのは一九一三年になってからのことで、それまでは個々の銀行が金を準備し兌換紙幣を発行していたが、通貨システムは安定しなかった。フロンティアの拡大や人口増加によるアメリカの高い経済成長率によって株式市場は長い目で見れば好調であったものの、数年に一度は決まったように大暴落を繰り返していた[22]。

この時代に、中央銀行の代役として経済危機の度にニューヨーク市場を支えていたのは、銀行家であるモルガン商会の主ジョン・ピアポント・モルガンだといわれている。その存在は日本の財閥である三菱、三井、住友というような規模ではなく、もっと独占的で圧倒的な存在だったといえるだろう。しかしアメリカの歴史がそれほど古くはないように、モルガンの歴史もさして古いものではない。

原型は、メリーランド州ボルチモアの商人、ジョージ・ピーボディーが一八三七年にロンドンに移り住んで開いた小さなマーチャント・バンクに由来する。モルガン商会はイギリスからアメリカに来たのでは無く、アメリカからイギリスに渡り、またアメリカに戻ってきたのだった。いや、むしろアメリカだイギリスだというのは、日本人特有の悪い島国根性なのかもしれない。彼らにはそうした意識は希薄である。それは単にビジネスのあるところへ移動したにすぎない。

当時のアメリカは国内開発の資金調達をイギリスに頼り切っていた。ピーボディーはロンドンで米国州債を扱って、次第に大手業者にのし上がっていった。彼もマーチャントの出身であるが、取扱う商品は州債、鉄道債などの金融商品が中心であって、物資の貿易は鉄道用レールの販売などもあったが、主なものではなかった。

ピーボディーは、アメリカの実業家や政治家のお上りさんがロンドンにくれば、かつて日本人が得意だった団体旅行のように、オペラに招待したりロンドンの観光案内をしたり地道な営業努力をして、英国の伝統的なマーチャント・バンカーからの蔑視を受けながらも、アメリカとイギリス双方に着実に顧客を増やしていった。

業務が順調に運ぶようになると、彼には正式な子供がいなかったので跡継ぎを探すようになった。一八五一年にピーボディー商会にパートナーとして入社したアメリカ人がジューニアス・モルガンである。彼が、後のジョン・ピアポント・モルガンの父親だった。彼は息子を連れて、ボストンからロンドンに引っ越してきたのである。

それから六年後、息子のピアポントは二〇歳になると、アメリカに戻りウォール街の銀行で働き始めた。この頃には、父ジューニアスはすでにロンドンのピーボディー商会の実権を握り始めていた。

一八六一年に、ピアポントはアメリカで独立してJPモルガン商会を設立する。ロンドンのピーボディー商会とニューヨークのJPモルガン商会が連携して、イギリスからアメリカへの産業資本調達の仕事に邁進するようになるのである。そして、ロンドンの会社の名前もピーボディー商会からJSモルガン商会にかわり、シティにおいても重要なポジションを獲得するようになる。因みにこの会社は、後にモルガン・グレンフェルへと改称される。

結局、ロンドンのマーチャント・バンクが息子達を取引先の各国に派遣したのと同じような形になったのである。しかもコア・ビジネスをアメリカに絞り、尚且つモルガンはユダヤ系ではなかった。ロンドンのマーチャント・バンクの出自を見てみると、この時代ではむしろユダヤ系では無いことがモルガンのユニークさだったのではないだろうか。

ピアポントが独立した年の南北戦争では、父子共同で北軍の債券を扱い、綿貿易の関係から南軍を支持するロンドン・ロンバード街からは冷たい扱いを受けたりしたが、その後の三〇年間を通じ、旺盛なアメリカでの資金ニーズと潤沢なイギリスの資本を背景にモルガンは英国と米国とにおいて大きな発展を遂げる事になった。

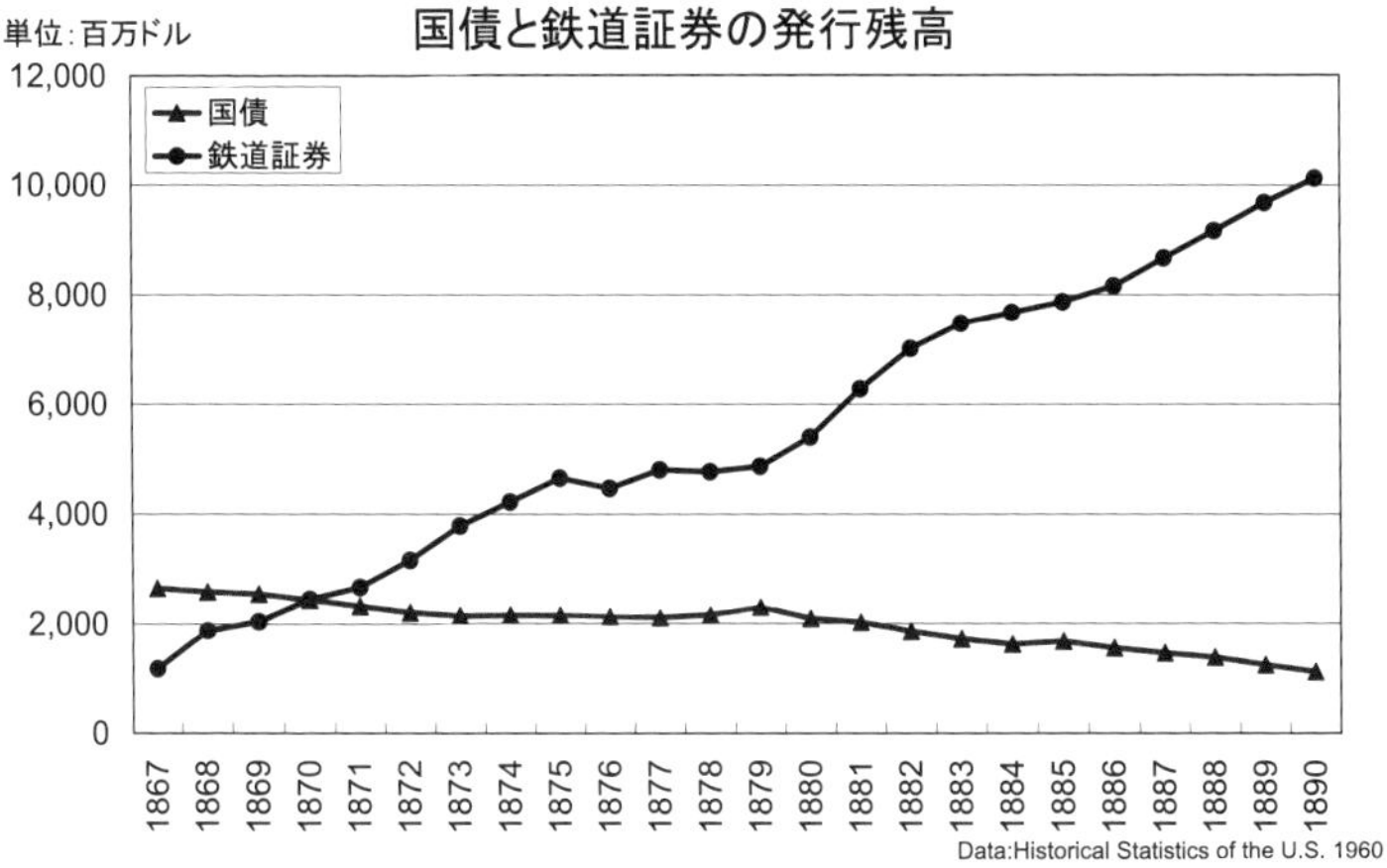

南北戦争が終わると、上記のグラフのように、アメリカの証券ビジネスはプロダクツ（商品）の中心が州債や国債から鉄道証券へと大きくシフトする。アメリカに鉄道の時代が来たのである[22]。

その他の米国インベストメント・バンクもそうであるように、この大きな波に一番うまく乗れたのがＪＰモルガンだった。モルガン商会は一八九〇年迄には主要な鉄道会社に重役を送り込み、経営に関与するまでになっていたのである。

一八九〇年の「ベアリング恐慌」の影響で、海外への投資資金がロンドンに引き上げられたことは既に書いたが、アメリカからも同様にロンドンの資金が逃げ出した。

この当時の海外資金の引き上げは、先述したとおり、金の流出を意味していた。一八九五年には米国の正貨（金準備）は九〇〇〇万ドルまでに落ち込み、アメリカがいつ金本位制を放棄するかが、街のカフェやレストランで賭けの対象となるほどの状況に至った。この危機に英国NMロスチャイルドとJPモルガンが米国三〇年債六五〇〇万ドルを引き受け、その代金を金で引き渡すことで、アメリカが正貨危機を乗り切るという事件がおこった。モルガンが中央銀行の代役を務めたと語られる所以である。

モルガンとロスチャイルドが金の市場操作に乗り込んだとのストーリーを強気材料に、この債券は一八九五年二月二〇日に売り出されると、ロンドンでは二時間、ニューヨークではたったの二二分間で売り切れてしまった。シンジケートは一〇四・五ドルで引受け、初値の一一二・二五ドルで市場に売りさばき大儲けをした。モルガンはアメリカの金融市場救済を賞される一方で、儲け過ぎを責められる事にもなった。アメリカは一八七三年の貨幣法において銀貨廃止がなされ実質金本位制であったが、金銀複本位制へのふくみも捨てきれずにいた。しかしこれを教訓に、アメリカでもようやく金本位法が成立することになる。これはマッキンリー大統領の一九〇〇年のことであった。

そして、インベストメント・バンク業界にも「ベアリング危機」が大きく影響を及ぼすことになる。アメリカから巨額の資金が引き上げられると、一八九三年にはアメリカは金融恐慌に陥ってしまう。この時に大手も含め多くの鉄道会社が倒産したのである。そもそも乱立する鉄道会社は競合しあいダンピングを繰り返し、なかなか経営が安定しなかった。そうした中でJPモルガンは、顧客である株主を代表する立場から買収による集約化を進めていったのだ。

イギリスや大陸から資金の流入が停止する中で、JPモルガンは従来の資金に代わって国内銀行や生保の資金を使い始める。言ってみれば、機関投資家の資金を使い始めたのだ。モルガンはこれらの資金をもとに、ほとんど紙くず同然となった鉄道株を買占めて、再建資金を調達し、鉄道独占企業体へと変貌していくのである。「ベアリング危機」は、アメリカの資本をヨーロッパ頼みから自立させる契機ともなったのだった。

アメリカにおける企業合併は、一八九七年の六一件から一八九九年の一二〇〇件へと世紀末に飛躍的に増えるのだが、その頂点とも言える案件がモルガンによるUSスティールの買収だといえるだろう。この頃には、ウォール街のビジネスは鉄道から鉄鋼やその他の製造業へと拡がりを見せ始めていた。アメリカの産業構造が変わり始めた時期だった。

買収にはトラストの形態が用いられ、参加企業の株主がその上に設けられる持株会社の発行する「企業合同証券」と交換に、株式を信託する形態に変わりつつあった。要するに現在のホールディング・カンパニーと同じようなもので、これにより資本の集約化が簡単になったのである。

一九〇〇年一二月、モルガンは自身の保有するフェデラル製鋼と業界トップのカーネギー製鋼を合併させ、さらに周辺の製鉄、金属会社もこれにくっつけて一つの大鉄鋼会社にしようと計画した。カーネギー・ホールにその名を残すカーネギーから、彼の会社を買収した価格は四億八〇〇〇万ドル[23]と言われている。これでカーネギーは、個人として間違い無く当時の世界一の金持ちになったのであった。当時の為替レートは一ドル約二円である。カーネギーが手にした金額は日本円で約九億六〇〇〇万円に相当し、一九〇三年の日本の全国銀行預金残高をも上回っていたのである。

また、これによって成立したUSスティールは、総資産一四億ドルの世界最大の上場会社となった。これは、当時の日本の推定名目国民所得二六億円をも上回っていた。日本は国家としても、経済力ではカーネギー一人に太刀打ちできなかったわけである。因みにカーネギーはスコットランド人だった。彼は後に、カーネギー製鋼をモルガンに実際より一億ドルほど安く買い叩かれたことを後悔することになるのだが。

モルガンがアメリカとイギリス双方で力を蓄えるようになると、それまでロンドンで対立していたベアリング商会とロスチャイルド家は、共通の敵を見つけたように以前ほどは反目しなくなっていった。第二次ボーア戦争当時の一九〇〇年、イギリス政府は戦時債券の募集を行った。イギリス政府はロンドンではロスチャイルド、アメリカではモルガンに募集の依頼をした。この時、モルガンはロスチャイルドと協調的な態度をとらず独自に高い手数料をイギリスにふっかけたのだが、イギリスは飲まざるを得なかったのである。このディール以降、JPモルガンはイギリスのマーチャント・バンクを見下すようになったと伝えられている。またピアポントはビジネスでは抜け目なく利用しても、「ユダヤ人嫌い」である事を公言していた。ピアポントはアイルランド人も見下していた。多分、彼は典型的な鼻持ちならないWASP[24]だったに違いない。

アイルランド出身でニューヨーク銀行社主のジョセフ・ケネディにも嫌な思いをさせ、彼をして、息子を大統領にする決心を抱かせた。ジョセフ・ケネディはその夢を実現し、米国史上初のカソリックの大統領を誕生させたのだった。ピアポントは、どうも何でも見下すのが好きだったように伝えられている。これは想像でしかないが、国家としての後進性をもつロシア人は尊敬の対象にはならなかっただろうし、黄色人種である日本人などは見下す対象にすら入っていなかったのではないだろうか。

日露戦争のファイナンスにもモルガンの名前は登場するが、モルガン側からの積極的なアプローチはなかった。しかしあまり知られてはいないが、モルガンは日本公債のアメリカ募集分を結構な金額分引き受けていたのである。

こうして金融界に限らず経済界全般に圧倒的な力を持つに至った孤高のモルガンであったが、何もウォール街の全員が彼に屈したわけではなかった。彼を出し抜いてやろうとする野心のある、向こう見ずな挑戦者は、他にもまだいたのである。

ノーザン・パシフィック事件

孤高のJPモルガンに対する挑戦者は、ヤコブ・シフ率いるユダヤ資本のクーン・ローブ商会だった。

アメリカの金融資本の成立過程を分析した『アメリカ金融資本成立史』（呉天降　有斐閣　一九七一年）という名著がある。この中の分析では、二十世紀初頭までを鉄道を核とした金融資本グループの形成過程として捉えている。鉄道から始まり、銀行、生保と資本が集約され、それらがインベストメント・バンクを中心にグループ化されたという捉え方である。この分析によると、一九〇一年にはアメリカの金融資本グループはほぼ二大グループに集約されていた。モルガン・グループ（ファースト・ナショナル銀行、ミューチュアル生命、ニューヨーク生命）とクーン・

資本系列	マイル数	全国比
モルガン・グループ	58,798	29.8%
クーン・ローブ・グループ	45,157	22.9%
ムア＝スパイヤー・グループ	25,209	12.8%
グルード系	16,074	8.1%
その他	51,999	26.4%
合計	197,237	100.0%

ローブ・グループ（ナショナル・シティ・バンク、エクィタブル生命）である。このグループを、支配下にある鉄道マイル数で分類すると上記の表のようになる。[25]

高橋是清は、『高橋是清自伝・下』でこう言っている。一九〇四年の五月に幸運にもアメリカが日本公債の引受に参加してくれると伝えられた瞬間のことである。この時、パーズ銀行のシャンド氏が吉報を持って高橋達のホテルに飛び込んできたことになっている。

私はシャンド氏の言葉を聞いてそのあまりに突然なるに驚いた。何しろシフ氏とは昨夜ヒル氏の宅で初めて紹介されて知り合いとなったばかりで、私はこれまで「クーンロエブ商会」とか「シフ」とかいう名前は聞いたこともなく、従って、シフ氏がどんな地位の人であるか知る由もなかった。[26]

高橋是清や深井英五は、本当にシフやクーン・ローブ商会を知らなかったのだろうか？　彼らは英語にも強く、海外の経済誌にも眼を通していたはずなのである。

因みに「ニューヨーク・タイムズ」のアーカイブで一九〇〇年から日本が日露戦争を始める一九〇四年一月までの約三年間を、シフのフルネームである「Jacob H. Schiff」でニュース検索すると三一三件ものヒットがある。三日に一度は、新聞に登場していた計算である。それでも高橋は聞いたことがなかったのだろうか。この疑問は後々解くとして、とりあえずモルガン対クーン・ローブ商会、アメリカのインベストメント・バンク同士の覇権争いの物語に移ろう。

アメリカでは、日露戦争の三年前の一九〇一年にも、恐慌が起きている。「ノーザン・パシフィック事件」とか、「ノーザン・パシフィック・コーナー（買占め）」と呼ばれる鉄道株買占め事件が恐慌の原因であった。経済ファンダメンタルズに関わる根深い事件では無く一過性のテクニカルでスキャンダラスな問題として扱われることが多い事件であるが、当時のインベストメント・バンクの両雄であるモルガンとシフの関係を把握するには格好の、重要な案件といえるだろう。

この事件は、当時のウォール街の様子を描いたロバート・ソーベルの『ウォール街二百年』や、ロン・チャーナウの『モルガン家』、シフを書いた“*Our Crowd*” Stephen Birmingham などでは、大変興味深く扱われている。但し、書き手の立場によって、見方や内容は異なってくる。ここではデータを整理した上で、まとめ直してみた。従ってそれぞれの著作からも一部を引用させていただいている。

一八九三年に、アメリカ西部から中部をカバーする大陸横断鉄道ユニオン・パシフィック鉄道（現在もUPとして残っている）が倒産した。ベアリング恐慌によるアメリカ市場の金融危機の影響である。当初はモルガンが再建を委任されたが、モルガンはユニオン・パシフィックを「荒野を走る錆びた二本の鉄路」と馬鹿にして、再建には乗り出さない事を決めた。モルガンがだめならシフである。当時の常識的な考え方として、UPの関係者は業界第二位であるクーン・ローブ商会のヤコブ・シフに依頼したのである。

依頼を引受けたシフは、早速、再建の為に株式を買い集めることになる。だが、どうも奔走するシフの前に、いつも妨害をする存在がいることに気がついた。シフにしてみれば、考えられる人物はただ一人しかいなかった。そこでシフはモルガンに駆け込み、直接、問い詰めたのであった。「妨害をしているのはあなたですか?」と。だが、モルガンにしてみれば、それはとんだ濡れ衣だった。シフなど格下に見て、はなから相手にもしていなかったのである。しかし濡れ衣を着せられたのでは黙ってはいられないと、「そんなボロ株に興味はないが、誰がお前の邪魔をしているかぐらいは調べてやろう」と言って、本当に調べ出してくれたのだった。そして、その妨害をしていたのは、後にシフの盟友となる、鉄道王エドワード・ヘンリー・ハリマンであることがわかった。「ハリマンは小柄で痩せて猫背で、(中略)いつもおぞましい咳をして口臭も酷かった。(中略)語り口も小声で聞き取り辛い。(中略)おおよそ人に対する気配りなどできるタイプの人間ではなかった。(中略)当時のウォール街でも評判は極めて悪かった」[27]と、表現されている。酷い書き様であるが、モルガンもハリマンを、人間的にも産業人としても軽蔑していたと言われている。ただ当時、ハリマンの経営する比較的小さな鉄道会社であるイリノイ・セントラルだけは、全米で一番経営効率が良いという評判だった。この時、ハリマンは鉄道屋として急伸中だったのである。

シフはバンカーとしてファイナンス面の世話はするが、スタイルとしては鉄道経営の細部に直接タッチはしなかった。その為に、シフの名前は鉄道王としては表に出てこない。ハリマンもバンカー出身（後のブラウン・ブラザーズ・ハリマン）だったが、彼は鉄道経営にはあきれるほどの情熱を捧げていた。モルガンやシフとは違い、鉄道の為（もちろんお金も）だけに生きているような男だったのだ。

ハリマンは誰とも上手くやれない男とも言われていたが、どういうわけかクーン・ローブ商会の番頭格であるオットー・カーンとだけはウマが合ったそうである。そのおかげで、すったもんだはあったものの、すぐにシフとハリマンは盟友として手を組むことになる。互いにメリットとなることを、二人とも考慮してのことだろう。実際に、シフは既にアメリカ金融界でナンバー2の位置にいたが、シフとハリマン・グループの結合でさらに強力になっていくのである。シフは、ハリマンの鉄道経営能力を高く評価していた。シフが財務面でサポートし、ハリマンがハンド・インで鉄道を経営した。よく日本の書籍でシフがハリマンの手先のように書いてあるものが見られるが、そうではない。仮にもシフは、二大金融グループのひとつを率いる超大物だったのである。

このハリマンは、日露戦争終戦直後に、「桂・ハリマン協定」において当時の外務大臣である小村寿太郎や高橋是清を巻き込み、日本との間にひと悶着を起こすことになるのであるが、それは後の話である。

さて、アメリカでナンバー1のインベストメント・バンカーであったモルガンは、いくらシフとハリマンの二人が手を組んだと聞いても、全く動じることはなかった。まだこの頃は、ハリマンのことを「まぬけ」と呼び、ドイツからの移民ユダヤ人であるシフの事を「あの外人」[28]と蔑んでいたのである。但しそれは、これから読者が読むことになる「ノーザン・パシフィック事件」が終わる前までのことだった。

一九〇一年春、日露戦争開戦の三年前、ハリマンの主力保有鉄道であるユニオン・パシフィック鉄道システムをより強固なものにする為に、ハリマンとシフは独立系のシカゴ・バーリントン・アンド・クインシー鉄道（CB&Q）の買収を始めていた。この鉄道は営業マイル数八〇〇〇マイルの大きな鉄道で、ニューイングランドの伝統的な資本家が経営する最後の大規模鉄道だった。この鉄道がさらに発展するためには、デンバーからロッキー山脈を越えて西海岸にまで路線を延長する必要があったが、その為には多額の資金調達が必要な状況だった。一方で、当時の金融市場がモルガンとシフの二大金融グループによって独占されている以上、こうした独立系の資本家による大規模な資本調達はほぼ不可能なまでに両者によってコントロールされていた。つまり二大金融グループは独立系の鉄道を資金的に締め上げて、その後に買収するという強引な手法を取っていたのである。

この鉄道の買収金額は、結果から言えば二億ドルだった。当時の為替レートが一ドル＝二円なので、日本円では四億円にものぼる。この金額は当時の日本の国家予算を超えていた。この三年後に、高橋是清は日露戦争のための一億円のファイナンスができずに四苦八苦することになるのである。

シフがバーリントンの株を市場で買い始めると、いつも誰かにオファー（市場に出ている売り

物の株）を取られていることに気がつく。誰かが確かな意志を持って、もう一方で買い注文を入れていることは明白だった。シフにすれば、もはや自分に逆らえる金融家は、今度こそモルガン以外にはいないはずだった。しかも買収金額は半端ではない。しかしこの頃のシフはモルガンとはうまくやっているつもりだったのだ。

「これは一体誰なのか？」

シフにはビジネスで協力関係にあり友人でもあるが、信用の置けない怪しい奴が一人思い当たった。それが鉄道王のジェームズ・ヒルだった。ヒルは、中西部からシアトルに向うグレート・ノーザン鉄道とノーザン・パシフィック鉄道の実質上のオーナーだった。オマハからサンフランシスコに出るユニオン・パシフィックとは、大陸横断鉄道として北と南で競合していたのだった。

シフは、モルガンに問いただしにいったように、今度も直接、ヒルの事務所に出向いて聞いた。シフは何でもストレートに聞くタイプだった。また、そうしたやり取りの手紙も数多く残されている。

「バーリントンを買っているのは、あなたか？」

シフが聞くと、ヒルは笑いながらこう答えた。

“Absolutely not!”

「私が、あなたに逆らって買っているわけがないだろう」

しかしこの時、ヒルのバックには、ハリマンの事をほとんど病的なまでに嫌うモルガンがついていたのである。モルガンにとっては、ハリマンのバックにいるシフももちろん気にくわない存在である。シフがモルガンとの関係をどう思おうと、モルガンから見れば「まぬけのハリマン」と「あの外人のシフ」のコンビでしかなかったのだ。ヒルが自分は買っていないと言う以上、シフにすれば、これはもう間違いなくモルガン以外には考えられなかった。シフは、再度、モルガンを訪ねて、ヒルと同じ質問をぶつけた。モルガンは嘘をつかないし、嘘をつく必要もなかった。彼はヒルと一緒にバーリントン鉄道を買っていると、実にあっさりと答えたのだった。結局、ヒルが単に嘘をついていただけだった。

「ミスターモルガン、我々は共通利害者（Community of interests）ではありませんか？　バーリントン鉄道はハリマンとヒルで分けあいませんか？」

「Community of interests」は、後にシフの決まり文句になる言葉である。シフは自分自身がすでに業界の中で大きくなり追われる立場になった以上、激しく競争するよりも協調的なバンカーであることを目指したのだった。

シフとしては、モルガンに二大グループが鉄道と密接にリンクする金融市場の過半を握ってしまっている状況ではお互いにうまくやるべきだと主張したのであった。またこの二大グループは、この時期にはお互いのディールで引受をシェアしたりしていたので、シフとしては当然協調関係にあるものと考えていたのだ。しかし、モルガンは拒否した。そしてここにバーリントン鉄道買収をめぐるアメリカ二大金融グループによる買収合戦の火蓋が切られたのであった。モルガンとヒル連合対シフとハリマン連合である。

一九〇一年四月二〇日には、モルガン・ヒル連合がバーリントン株式の九六%をあっさりと買い占めてしまった。バーリントンのオーナーと話がついたのである。これはモルガン・ヒル連合の圧勝に見えた。ヒルの買収提示金額は、ハリマンよりも遥かに高かったと言われている。しかし一方で、二億ドルとは随分と高い買い物でもあった。

ところがハリマンは、ヒルにいいようにされて黙って引き下がるような男ではなかった。売られた喧嘩は買わないわけにはいかなかった。それに何より、ハリマンはバーリントン鉄道がどうしても欲しかった。

モルガン・ヒル連合が強引に出るならば、シフ・ハリマン連合としては、発想の転換が必要だった。ハリマンは、この時まさにバーリントン鉄道を飲み込んだヒルの買収企業であるノーザン・パシフィック鉄道を丸ごと買収してしまおうと考えたのだ。いわば飲み込んだものを、さらに飲み込む。正に〝パックマン〟である。しかも考えているだけではなく、ハリマンは行動も素早かった。バーリントン鉄道からあっさりと手を引くと直ぐに、ノーザン・パシフィック鉄道の買占めを始めたのである。ヒルがバーリントン鉄道の九六%をあっさり買収できたのも、実はこのためだった。

ハリマンのユニオン・パシフィック鉄道では、買収資金として六〇〇〇万ドルの社債発行を、早速、取締役会で決めていた。

シフは、クーン・ローブと同じ金融集団のナショナル・シティ・バンク(現シティバンク)や、その頭取であるスティルマン、また彼と関係の深いスタンダード石油のロックフェラーも味方につけていた。シフ・ハリマン連合には、資金的に何も問題はなかった。こうした連中は皆、過去に一度は、モルガンと何らかのひと悶着があったからである。

激高しやすいハリマンが興奮している一方で、シフは冷静だった。彼ははたして自分はモルガンと闘ってもよいものかどうか、苦悶していた。しかし、もしここで一歩でも引けば、モルガンは今後も図にのってなめてかかるだろう。シフにしてもやるしかなかったのだ。こうしてハリマンによる、ノーザン・パシフィック株の買い占めは着々と進行していくのである。

四月三〇日、シアトルにいたヒルは、ここ数日、自身の会社であるノーザン・パシフィック鉄道の株が毎日のように高騰し出来高が異常に膨れ上がっている事に気がついた。資料によっては、「顔色の黒い天使が枕元に訪れて、ニューヨークで悪い事が起こっていると告げた」とある。

シフのクーン・ローブ商会は、「ノーザン・パシフィック鉄道は、バーリントン鉄道を買収したので業績が伸びる」と市場に広めていた。表向きは当時のクーン・ローブ商会の推奨銘柄だったのである。もちろんこんなものは、ヒルからすればあまりに見え透いていただろう。買収のカモフラージュでしかないことは明白である。

ヒルは、いつもならモルガンに電話して何が起こっているのかをすぐに調べてもらうところであるが、あいにくモルガンはUSスティール案件やバーリントン案件が一段落したことで、欧州へ休暇も兼ねた旅行にでかけていたのだった。

不吉な予感を持ったヒルは、とにかく一刻も早くウォール街に行くことにした。彼は特別列車を仕立て、線路上にある他のあらゆるダイヤを全て無視してニューヨークへ向かった。ノーザン・パシフィックは自分の鉄道なので好きにできたのだ。ヒルはこの時にアメリカ大陸横断の最短時間を記録したとされている。よほど慌てていたのだろう。

五月三日、ヒルはニューヨークに着くとモルガン商会にも寄らずシフの事務所に直接かけこみ、今度は彼がシフに単刀直入に聞いたのであった。かつてシフがヒルに聞いたように。

「俺の鉄道を買っているのはあんたか？」

シフは抜け目のない男だが、ヒルのように不誠実な男ではなかった。

「ヒル君、君には悪いが、ハリマンはもうすでに君の大事なノーザン・パシフィック鉄道の経営権を握ってしまいましたよ」

ヒルは信じなかった。つい一〇日ほど前にバーリントンの買収から締めだしたはずの連中に、今度は自分の会社が買われてしまうなんてことがあるだろうか、と。しかも、自分の会社はバーリントン鉄道の買収で二億ドルの社債を発行したばかりの、借金だらけの会社なのである。こんな会社を誰が買うというのだろうか。

「そうですか、せいぜい最善をつくすがよろしかろう。しかし、過半数の株の確保は絶対に無理なはずだ。何故なら、モルガンと私の友人だけで四〇〇〇万ドル相当のノーザン・パシフィック株を持っている。それに私の知る限り、この中の誰一人も、一株たりとも、この株をあなたに売ってはいないはずだ」

“That may well be, But we've got a lot of it, Jim.”

「多分そうなのでしょう。でもね、ジム（ヒル）、僕らは既に、たくさん持っているんですよ」

ヒルは、シフに一体何株持っているのかと詰めよった。だが、シフはこう答えるだけだった。

“A lot of it, Jim. A lot.”[29]

ノーザン・パシフィック社の発行株式数は、普通株七五万株と議決権付の優先株が同数の七五万株、合計一五〇万株だった[30]。従って両方併せて七五万株以上を確保すれば、同社の株の過半数を握ったことになる。当時、ダウ・ジョーンズ社の計算するダウ鉄道株平均指数（ＤＪＲＡ）は既に存在していた。これは、一九七〇年に運輸株指数とその名称が変わるのだが、この構成銘柄にはノーザン・パシフィック鉄道の普通株ではなく優先株の方が採用されていたのである。東京市場ではあまり馴染みがないが、当時のアメリカでは優先株はそれほどに一般的なものだった。

シフはこの五月三日の朝の時点では、普通株、優先株合計で七四万五八一〇株しか押さえていなかったのだが、ヒルが訪ねてくるまでの間に、事情を知らないモルガン商会のパートナーから三万五〇〇〇株の優先株を取得していた。よほど上手く情報操作していたのだろう。これでシフは、優先株四一万五八〇株、普通株三七万二三〇株の合計七八万八一〇株の過半数を確保していた。これはまさに、“A lot of it.”だったのである。

一方、ヒルはシフの事務所を出ると、モルガン商会に駆け込んで対策を立てた。当時のアメリカには発行株式の五%以上の取得に対する報告義務というようなルールはないので、シフの手の内はわからない。しかし、モルガンにはこの日の朝に優先株を売ってしまったマヌケなパートナーがいた。シフの持ち株のかなりの部分が優先株であると推測はできたのであった。優先株は、株主総会を待たずにノーザン・パシフィック鉄道の役員会決議で償還してしまうことが可能だった。従ってヒルにすれば、優先株は無視して普通株だけで過半数を確保すれば良いことになる。

モルガン商会の結論は、普通株をさらに一五万株購入することだった。これで普通株の過半数である三七万五〇〇〇株を確保できる計算だった。モルガン商会はフランスで休暇中のピアポント・モルガンに電報を打ち、購入の許可を貰った。これが五月四日の土曜日のこと、当時の市場は土曜日も開いていたが、モルガン商会は発注には間に合わなかった。一方のハリマンも、抜け目の無さでは決して負けてはいなかった。モルガン商会を過小評価したりするほど馬鹿ではなかったのだ。優先株を償還されれば買収が台無しになってしまうことは、読んでいたのだった。

ハリマンはあと五〇〇〇株も買えば普通株だけでも過半数を超えられるだろうが、念には念を入れてもうあと四万株ほど確保しておこうと考えた。ハリマンは、クーン・ローブ商会のパートナーであるハインシマーに四万株の買い注文を即時執行するよう電話した。だがオフィスにはノーザン・パシフィック社の株はこれ以上買わないようにとのシフのメモが残されていた。困惑したハインシマーはセントラル・パークに面した六五丁目のエマニュエル・シナゴーグ（ユダヤ教の教会）まで駆けつけ礼拝中のシフに近づき、ハリマンの注文の可否を聞いた。

その時、シフは「安息日に（ユダヤ教の安息日は金曜日日没から土曜日日没まで）仕事の話をするのは不謹慎である。その注文は執行する必要はない。責任はすべて私がとる」と言ったと、伝えられている。これは謎の言動だともいわれ、色々と解釈がなされているところである。

五月六日、月曜日。どちらの陣営も買い付けの情報が市場に漏れてはならなかった。モルガン陣営は静かに、そしてかなり上手く買い付けていたが、ノーザン・パシフィック株は、結局、その日だけで一一〇ドルから一四九・七五ドルまで五〇％近くも上昇してしまった。事情を知らないトレーダーの中には、株価の急騰からまとまった株数を空売りする者も大勢いた。

「行き過ぎた株価は修正されるべきである」、トレーディング用語では「コンバージェンス」とも言う。株価が急騰すると理由も確かめずに条件反射的に空売りをしかけるトレーダー達がいるのは、今も昔も変わらない。しかし、今回ばかりは事情が事情だった。市場では、モルガンとシフがノーザン・パシフィックを巡って闘っていることなど、まだ誰も知らなかったはずである。よしんばこの日にそのことを理解したとしても、まさかと思うような信じられない規模だった。

なにしろ普通株は七五万株しかないのに、シフが三七万二三〇株を所有し、モルガンが三七万五〇〇〇株まで買い付けようというのだ。市場に出まわっている残りは四〇〇〇株ほどしかない計算になってしまう。

火曜日に、モルガンは目標の一五万株を買い終わったのだが、不思議な事にモルガンの買い注文が終了しても株は上がり続けた。何しろ空売り以外に売る人、あるいは売れる人は誰もいないはずである。正確に言えば、市場には四〇〇〇株しかないはずだ。売り物が無いので空売りの買戻しが出来ないのである。もし買い戻しをしたとしても、その相手である売り手は多分彼も空売りであって株券を持ってはいなかったのだろう。理屈ではシフとモルガン以外に、ほとんど誰も株券を持ってはいないはずだった。モルガンが新規に買い付けた一五万株さえも、株券の受け渡しができるのかどうかわからなかった。

水曜日には、出来高がさらに増加した。

木曜日には、寄り付きが一七〇ドル、途中二〇〇ドルで一服はしたが、大引け前には一〇〇〇ドルまで上昇してしまった。普通株だけの時価総額で七億五〇〇〇万ドルである。これはまったく説明のつかない株価だった。空売りをしていたトレーダーや投資家はこの株を買い戻す為に、自分の他の持ち株を売らざるを得なかった。その為、ノーザン・パシフィック鉄道以外の株は現金化の売り物におされ、ほとんどの銘柄が惨めに下げてしまった。大暴落である。モルガンが丹精を込めたUSスティールは朝方四〇ドルで寄り付いたが、引けは二六ドルでしかなかったのだ。

この五月九日の大暴落を「一九〇一年の暗黒の木曜日」と呼ぶ。一九二九年一〇月二四日木曜日の大暴落まで「暗黒の木曜日」とはこの日を指したが、実際には一日だけのショックであって、その他の暴落のように継続的に株価が低迷したわけではない。しかしこの結果、モルガンもシフも、そして他の投資家も、実現損益か評価損益かはともかくとして、株価の下落で大損をしてしまったのである。また株価というものがいかに脆いものであるかを思い知らされたのでもあった。新聞も「巨人同士の対決」としてセンセーショナルに報道した。アメリカの二大独占金融グループであるウォール街の巨人同士の戦いが、ウォール街を壊滅に押しやってしまったのだ。まるで東京の真ん中で怪獣同士が戦って東京タワーや国会議事堂を破壊してしまったようなものだった。

結局、ノーザン・パシフィック株の空売りについては、両陣営とも事後処理に入らざるを得なくなった。なにしろ決済がつかない、つまり株券の受け渡しができないのである。空売り筋は一五〇ドルで「融け合い」（適当な価格で話し合いによって折り合いをつけ、売り買いを決済する事）に入り、手を打つことになった。決済が終わってみれば、その後のその他の株価の戻りは早かったものの、急激な底なしの株価下落に対する株式市場の傷跡は大きいものとなった。

七月に入り、ピアポント・モルガンが欧州から帰ると、ノーザン・パシフィック鉄道の再編に着手した。さすがのモルガンも、今回の件には懲りていた。優先株の議決権は、結局、認めなかったが、ここはシフ・ハリマン陣営に対して強引で敵対的な手法は取らなかった。ハリマンに新たに設立した持株会社ノーザン・セキュリティーズの代表権を与え、今回の騒動の原因となったバーリントン鉄道に対する発言権も与えた。こうしてシフ・ハリマン連合は、大陸横断鉄道の太平洋側、北と南両方に発言権を持つに至ったのである。

この事件は、モルガン商会がウォール街を支配下に収めて以来、初めての実質上の敗北だった。

この時からピアポント・モルガンは、クーン・ローブ商会のヤコブ・シフをこれまでの格下の扱いから、「PAR（同格）」に格上げしたと言われている。「見下す」のをやめた、あるいは一目おくようになったというべきだろうか。

シフが追加の買いを止めた判断は、何もお祈りの為だけではなかった。シフ・ハリマン連合の局地戦での容赦ない勝利は、モルガンというひとまわり大きな巨人からの不必要な遺恨をもたらす事になったかも知れないだろう。シフはあと四七〇株の普通株を買えば、過半数を確保できていたのである。でも、彼はそうしなかった。これはシフからモルガンへのメッセージだった。“Community of interests”というメッセージである。

これを境に、モルガンは大西洋に目を向け、汽船会社の買収を強化していく。一方でハリマンとシフは、太平洋航路に目を向けた。両社はあいかわらず激しい競争をしてはいたが、この事件以降あまり無茶なことはせず、穏やかな協調ができていった。この後、何社かの鉄道を共同で買収したりしている。

ハリマンの見据える太平洋のその先には、未開の中国東北部である満州が広がり、そこからはユーラシア大陸を横断し、ヨーロッパへ伸びるシベリア鉄道が視界に入ってきた。そして日本はその入口で、南満洲鉄道（東清鉄道南満洲支線）の権益をめぐりロシアと戦いを始めようとしていたのである。

これまで見てきたように、日露戦争のこの時代は、シティのマーチャント・バンクがその絶頂を迎え、ウォール街のインベストメント・バンクが巨大な力を持ち始めていたのである。日本の戦時公債の発行に当初期待をしていなかったアメリカが参加したのは、偶然でも天祐でもなかった。しかし、ニューヨーク市場はあくまでドメスティックな市場であって、国際金融市場がロンドンであることは当時も今日でも変わりはない。当時のニューヨーク市場に外国公債と呼べる銘柄は二銘柄しか上場していなかったのである。

後日談として、ノーザン・セキュリティーズ社は一九〇四年に連邦裁判所から違憲判決を受け解散することになるが、それまでにヒルとの支配権争いに嫌気がさしたハリマンはすでに全株式を売却していた。この取引でのハリマンの儲けは五八〇〇万ドルにもおよび、彼の主力鉄道会社ユニオン・パシフィックはとてもキャッシュ・リッチな会社になっていたのである。

アメリカは、一九三〇年代にグラス・スティーガル法によって、銀行と証券の分離がなされる。当時のモルガン商会はモルガン・スタンレー証券とJPモルガンに分離し、両社とも、現在も業界最大手のひとつとして活躍している。クーン・ローブ商会はもともと国際金融業務に強みがあったことや資金源にドイツの比率が高かったことから、二度の世界大戦で勢力を弱め、一九七七年にリーマン・ブラザーズに吸収されてしまった。そのリーマンも今はもうウォール街から姿を消してしまった以上、名門クーン・ローブ商会の名残すら存在していない。

しかし、日露戦争のこの当時、最強のモルガンと覇を競ったヤコブ・シフは、巨額の資金調達力とともに、高橋是清、つまり強国ロシアと戦う新興国日本の前に救世主として登場してくるのであった。

第三章　日露開戦

この章では、日露戦争開戦までの経緯と、開戦前後の時間を輪切りにして世界に分散していた日本の戦費調達に関わる人物達の様子を、それぞれオムニバスとして見てゆく。そして最後に、第四章以降を読むために、必要な日露戦争の戦費と公債発行の基礎データを付け加えておいた。

シベリア鉄道とロシア南下策

一九世紀末のロシアは西にバルト海、南に黒海、北に北極圏にあるバレンツ海、そして国土の東の端では日本海とオホーツク海に面していた。

バルト海は、デンマークとスウェーデンの間にあるカテガット海峡によって大西洋との通行が制限され、黒海はオスマン帝国下のイスタンブールにあるボスポラス海峡によって制約を受けていた。さらにボスポラス海峡を通過してもそこは地中海であって、スペインとアフリカの間にある出口、つまりイギリスの支配下にあるジブラルタル海峡によって大西洋への出口は押さえられていたのである。しかし意外なことに、フィンランドと隣接し北極圏にある極寒の地バレンツ海に面したムルマンスクは、はるばる大西洋を北上するメキシコ湾流の影響で冬も氷に閉ざされない不凍港だった。ここからは大西洋への進出も容易だったのだが、この当時のロシア帝国の首都ペテルブルクからの陸路のアクセスが困難であった。このムルマンスクは、第二次世界大戦時の連合国からの唯一の海路での補給基地となり、戦後は原子力潜水艦の基地として西側諸国の艦隊と大西洋で対峙していくことになる。

太平洋側でのロシアは、清朝の勢いが強かった一七、一八世紀には南へ進出できず、東方への探索を推し進めた。一六四八年にはベーリング海峡を渡り、アラスカを領土とする。映画化もされた井上靖の小説『おろしや国酔夢譚』は、伊勢白子浦の船乗り大黒屋光太夫がロシア領であるアリューシャン列島に漂着する話だが、光太夫は帰国願いを出すために陸路ははるばるペテルブルクまで女帝エカテリーナ二世に会いにいっている。これが一七八二年から九一年にかけての時期にあたるが、この時の光太夫の帰国ルートはアムール川の北側、樺太の北端あたりが出発点だった。

しかし、アロー号事件のあった第二次アヘン戦争で清朝の弱体化が目につくと、ロシアは一八五八年に圧力をかけ、清国との間にアイグン条約を結ぶ。これはアムール川以北をロシア領とし、ウスリー川以西を清領、ウスリー川の東側、日本海に面した沿海州を両国の共同管理地とするもので、同時にアムール川の航行権も取得し、両河川の交わる地点に都市を建設した。これがハバロフスクである。

さらにその二年後の一八六〇年には、北京条約により沿海州がロシア領となり、その南端のウラジオストックに軍港を築くに至った。こうしてロシアは、清朝の弱体化に伴い太平洋岸において着々と南下策を推し進めてきた。ウラジオストックは冬季には氷結し出入りが困難な軍港であったので、ロシアはさらに南に不凍港を求めていった。[1]一方で明治維新を経た日本との間には、一八七五年に樺太・千島条約が結ばれている。ロシアが樺太をとり、日本は千島列島を確保したのである。

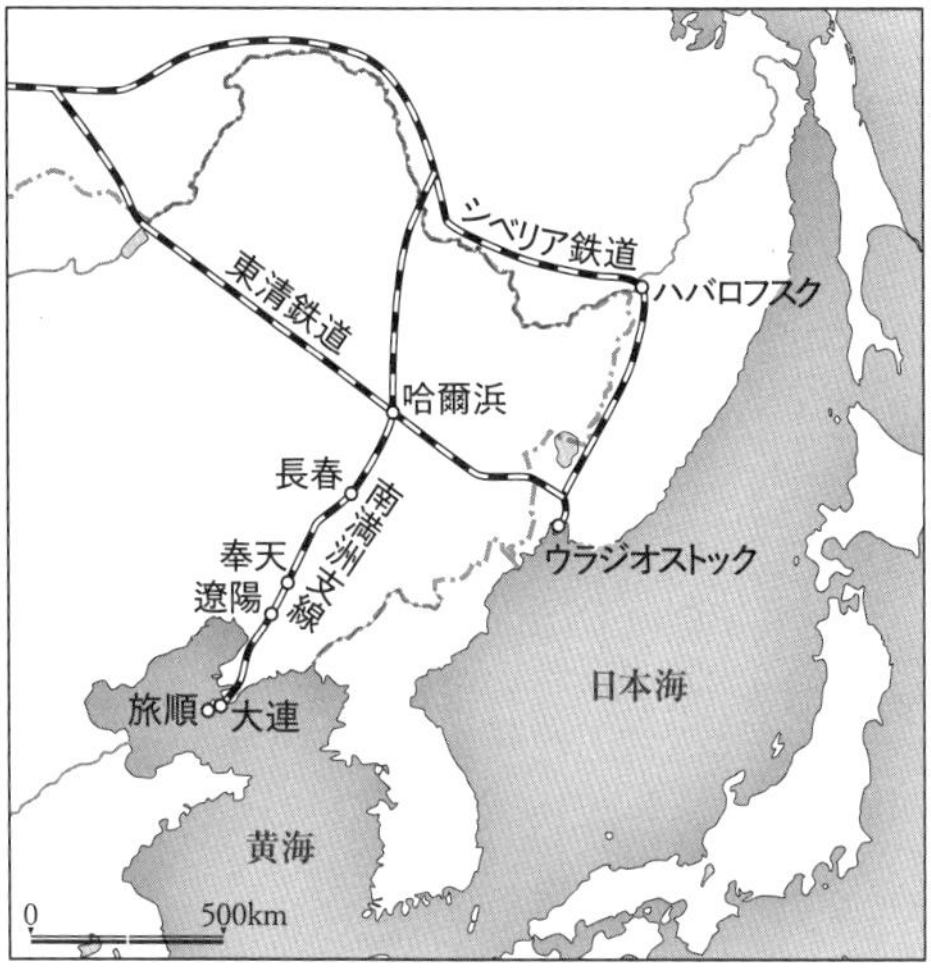

日本海に拠点を築いたロシアは、ユーラシア大陸を横断し首都ペテルブルクとアジアを結ぶシベリア鉄道の敷設を計画する。ロシア皇帝アレクサンドル三世は一八八二年にシベリア鉄道の建設を決定するが、予想される膨大な建設費から着工は遅れ、ようやく一八九一年になってウラジオストックから建設が始まった。

一方の日本は、一八九五年、日清戦争による下関条約によって清国から賠償金と台湾とともに遼東半島を獲得するが、ロシア、ドイツ、フランスからの三国干渉によって遼東半島を返還させられてしまう。

日清戦争によって清国の軍事力の弱さが露呈すると、列強国は競って清国に侵蝕を始めたのである。日本の遼東半島占領を排除した三国干渉は、ロシアにとっては清国に対する友好策でもあった。一八九六年には、ロシアは秘密協定によって満州を横切りハルビンを経由してウラジオストックまでショートカットする東清鉄道の敷設権を清国から獲得する。ロシアはウラジオストック、ハバロフスク間のウスリー川沿いの鉄道建設で難工事に直面していたので、この敷設権はシベリア鉄道の早期全通のためには非常に都合が良かった。

さらにその二年後の一八九八年に、ロシアは不凍港を確保する目的で旅順・大連を含む遼東半島の租借権と、後に「満鉄」となるハルビンから旅順へ向う南満洲支線の敷設権を獲得したのである。

そして一九〇〇年に清国で義和団事件が発生すると、その際にアムール川沿いのブラゴヴェシチェンスクでロシアと清国が衝突した事件を契機に、ロシアは鉄道保護の名目で南満洲支線沿いに出兵し、沿線の主要な都市であるハルビン、新京、奉天（現在の瀋陽）、遼陽などを軍事占領してしまった。最初は鉄道の敷設権だけであったものが、ロシアは主要都市を中心に植民地化していったのである。

こうした鉄道建設や軍事的占領を伴いつつ満州を着実に南下してくるロシアの一連の動向を日本側から見ていると、ロシアはいずれさらに南下し、朝鮮半島、日本へと迫ってくるのではないかと、恐怖心を持つのは当然だっただろう。鉄道敷設は速やかな陸軍兵力の移動能力をも意味していた。そしてそうした心配は日本だけのものでは無く、中国に利権を持つイギリスにとっても同様だったのだ。この当時、南アフリカの第二次ボーア戦争に兵力を取られていたイギリスはこうしたロシアの動きに対抗して、清国利権を守るため一九〇二年に日本との間に日英同盟を結んだ。日本にとってこの同盟は強力な味方を得たと同時に、ロシア側から見れば、日本が敵対的な関係にあることも明確にすることになった。

しかしロシアとしても、極東にイギリスとの紛争の種を持ち込みたくはなかった。そこで清国に対して、満州から三段階に分けて撤兵していくことを約束したのである。ところがロシアの宮廷内部では、満州の利権を巡り揉めていた。この撤兵の二段階目でロシアは突然に撤兵を中止し、清国に対してロシアの満州における特殊権益を認めるように迫ったのだった。これが一九〇三年四月のこと、日露開戦まであと一〇ヶ月の時期であった。こうして日露間の緊張が高まる中で、日本はロシアとの外交交渉に入っていくことになった。

この時、日本側は基本的に「満韓交換論」を取っていた。簡単に言えば、日本がロシアの満州における権益を認める代わりに日本には韓国における権益を認めよというものだったのだが、ロシア側の反応は冷たいものだった。ウォール街のJPモルガンではないが、当初ロシアは日本の軍事力を完全に見下していたのである。こうして両国の交渉は、一九〇四年の初頭に向けて破局に向かっていく。ロシアによる満州の植民地化に対して、市場の独占を阻止すべく門戸開放を唱えるアメリカやイギリスも、この両者の戦争を止めるインセンティブは何も無かった。むしろ両国から見れば、日本には彼らの身代わりとなってロシアに挑んで欲しいと考えていたのである。

ロシア側としては、当初、日本が本気で戦いを挑んでくるとは考えていなかった。日本の軍事力をかなり過小評価していたことも確かであった。従って交渉は進展しなかった。

一九〇三年年末の時点で、日本の巷の予想も国際金融市場であるロンドン・シティでも既に両国の開戦は必至であると考えられていたのであった。

日本は二月四日に御前会議において開戦を決定した。六日には国交を断絶する。日露戦争は旅順、大連から遼陽、奉天、ハルビンにまで連なる東清鉄道の南満洲支線に沿って、陸戦が展開していくことになる。言い換えれば、陸軍の戦いは鉄道をめぐる戦いになったとも言えるだろう。日露戦争の歴史観には様々な見解がある。日本による中国、韓国への「侵略戦争」であったという見方もあるだろう。しかし、こうしたタイムフレームでロシアの南下策を捉えるならば、日露戦争は間違いなく日本の「防衛戦争」の性格を持っていた。

一九〇四年の兜町大暴落

日露戦争が始まる一九〇四年の東京を空から俯瞰すると、市街地のエリアは江戸時代とまだあまり変わってはいない。山手線沿線には田畑が多く残り、渋谷はまだ渋谷町であり東京市内ではなかった。新宿は内藤新宿町、池袋は巣鴨村の一部である大字池袋でしかなく駅前には何もなかった。この頃の日本の主な輸出品は生糸であり、目立つ工場と言えば、隅田川を遡った鐘淵《かねがふち》紡績か佃島の石川島造船所、芝金杉の芝浦製作所くらいで、広い敷地は多くの場合軍関係の施設だった。

官営鉄道である東海道線も始発駅の新橋を出てその芝浦製作所を過ぎると、左手はすぐに海岸に面しており品川駅までは埋め立てた土手の上に線路が走り、まるで海上を走る鉄道のようだった。山手線は上野駅と現在の新橋駅にあたる烏森駅の間で分断され、東京駅は計画だけで、まだ昔の新橋駅が東海道線の玄関口だったのである。[2]

全国の主要な鉄道が国有化されるのは、日露戦争後の一九〇六年である。中央本線の前身である甲武鉄道は飯田町が起点だった。同様に今の東北本線にあたる日本鉄道は上野であり、総武本線はまだ総武鉄道で現在の錦糸町駅である本所駅を起点としていた。この年の四月に現在の両国駅である両国橋駅が完成している。東京はパリやロンドンなどヨーロッパの都市のように各ターミナル駅はバラバラに配置され、当時は鉄道で繋がってはいなかった。これらが接続されるのは関東大震災の復興以降のことである。

それまでの馬車鉄道にかわり、東京電車鉄道（電車）、東京市街鉄道（街鉄）、東京電気鉄道（電気）の三社が後に東京都電になる路面電車をまさに敷設中で、日露戦争の期間である一九〇四年、〇五年は、これらの開通ラッシュの年でもあった。現在も残る私鉄では、東武鉄道と京浜急行が既に開業していたが、こうした鉄道会社は株式を上場し日本郵船など船株と並び当時の東京株式市場の中核をなしていた。

兜町の東京株式取引所は、[3]現在の東京証券取引所と同じ位置にあった。日本橋本石町に現存する日本銀行の古い建物は既に完成しており、道を挟んで南に横浜正金銀行（現三菱東京ＵＦＪ銀行）東京支店、東に常盤橋を渡れば日本興業銀行（現みずほＦＧ）と配置され、日銀と関係する政府系金融機関は位置的に固まって営業していた。

日本橋問屋街の商人達は、まだ角帯に前垂れで洋服を着る者などはあまりいなかったが、横浜のドル相場から移ってきた業者達など、もともと奇抜な格好を好む兜町では、お仕着せに学生服のような詰襟洋服を配る店もあって、次第に洋服姿が増え始めたところだった。そうは言っても、『兜町盛衰記』によると、株式仲買店の丁稚達は明治三四年にペストが流行するまで印半纏に裸足で働いていたとあるから、兜町が急激に近代化された時期でもあったのだろう。[4]

この年の一月四日、大発会のことである。大発会は新年最初の株式取引である。普段は洋服と着物が半々に混じりあう取引場も、正月とあって紋付姿が目立っていた。大発会はいつもの年であれば、縁起ものの儀式で終わる。適当に値を付けて三本締めで目出度く締めるところだが、この年ばかりはいつもと少々勝手が違っていた。

九時の寄り付きは、日本郵船株の現物株取引である直キ立会いから穏やかに始まったが、弱気筋がパラパラと売り始めると、まるでこれが導火線となったように一気に一二円安と売り込まれた。郵船は年末の引け七七円九五銭の株であるから、なんと一五％の下落だった。ここから株式先物に相当する定期立会い[5]が始まると、「一段気崩れ諸株共利喰の他買物無き不況に陥り」と市場には狼狽売りが広がって、「未曾有の暴落」[6]となってしまった。

株式仲買店の丁稚達が、注文の出来や株価を走って店に伝えるために取引所を忙しく出入りす

	業種	1月4日	前日比	変化率		業種	1月4日	前日比	変化率
日鉄	鉄道	73.70	-3.05	-4%	阪神	鉄道	30.50	-5.80	-16%
山陽	鉄道	56.40	-2.40	-4%	街鉄	鉄道	61.50	-11.70	-16%
湖西	鉄道	36.30	-1.90	-5%	郵船	海運	68.00	-9.95	-13%
九州	鉄道	54.45	-1.55	-3%	東洋	海運	28.20	-2.70	-9%
北炭	鉄道	56.00	-15.15	-21%	瓦斯	ガス	81.00	-10.00	-11%
成田	鉄道	26.00	-1.50	-5%	電灯	電力	70.50	-14.50	-17%
電車	鉄道	82.30	-9.65	-10%	鐘紡	紡績	30.00	-5.60	-16%
京浜	鉄道	48.50	-5.85	-11%	東株	取引所	136.00	-23.95	-15%
電気	鉄道	48.80	-4.60	-9%					

る。取引所の玄関前の道路は、ちょうど路面電車の工事で石材が積み上げられていた。丁稚達は、兜町、蛎殻町の店と取引所の間を何往復もしなければならなかった。この年、東京株式市場は新年早々に大暴落を演じてしまったのである。

参考の為に、当時の東京朝日新聞に掲載された主要銘柄の一月四日の価格を表で見ておこう。主要銘柄のほとんどが鉄道株であることがわかるだろう。日鉄は日本鉄道、電車、電気、街鉄は前出の東京市の路面電車である。また、これらの価格は現物株ではなく先物取引の一種である定期取引のものだ。

暴落の原因は、日露開戦の見通しにあった。実際の開戦は二月八日だが、昨年来ロシアとの交渉が緊張を増すたびに、株式市場では一貫して弱気が支配していた。特に年末年始には八日間も市場が休んでいたので、その間にも陸軍がどこの港を出発したとか、海軍が秘密指令を受けて出航したとか、風説が絶えなかった。気の早い風説では、もう既に戦争が始まっているなどというものまであったのだ。

一月六日には、ロイター電が「ロシア政界の平和願望」と戦争回避に希望を持てる記事を配信すると、今度は一転して買いになった。あわてた空売り筋の買い戻しによる踏み上げもあり、東株二〇円高、郵船七円高と、今度は大きく反発した。当時は既に電信ネットワークが世界をつなぎ、ロイター電や「タイムズ」の記事が東京市場にも大きく影響を及ぼすようになっていたのである。

その後も株式市場は上へ下へとブレながらも軟調な展開を続けていたが、二月に入るといよいよ現実に開戦が間近に迫り、新聞が「元老会議が開かれた」とか、「次は御前会議だ」と、書きたてた。

二月二日から四日にかけては「諸株一直線に下落」、市場は売り一色となった。新聞には「取引所開設以来。空前。未曾有」の文字が並んだ。日露開戦を前にしての株価の下落は、政府としては国民の士気にもかかわるし、外国で戦費調達の公債を募集する際の障害にもなりかねない。これは重大事となったのである。

一八七六年に来日し、日本人の妻を娶り、東京大学医学部で長きにわたり日本の医学界発展に貢献した、ドイツ帝国の医師エルヴィン・フォン・ベルツは、その日記にこう記している。

取引所の大暴落。大多数の株は、極めて堅い日本鉄道株のようなものまで、五分ないし八分かた下落した。多くの株は二カ月この方、二割五分も下落している！　しかも戦争の起こる前に、すでにこの有様だ！　戦争とはどんなものであるか、ましてや、このような戦争がどんなに金のかかるものであるかを、一たび日本人が見たり感じたりした暁には、一体どうなるというのだ！[7]

ベルツは東京大学医学部で教鞭を執る一方で、皇室や華族、各国領事館等の重要人物を診察していた。情報収集力は、当時の一般知識人のレベルからは突出していたと考えられる。情報源である新聞も、「タイムズ」、ドイツ紙、さらに日本の新聞も読んでおり、内外の情報ギャップには中立な立場から日本を見つめることができたと言えるだろう。また彼は、祖国ドイツへの愛国心と変わらぬほどの深い愛情を、日本人と日本帝国に対し保持した。本書ではたびたびベルツの見解を借用することにする。

東京株式取引所の二階のバルコニーからフロアーを見つめていた中野武営《ぶえい》理事長[8]は、電話で農商務大臣清浦奎吾《けいご》[9]から呼びつけられた。「今すぐ来るように」と言うのであった。当時の取引所は農商務省の管轄だったのである。

中野を乗せた二人引きの人力車は東株を出ると、楓川にかかる兜橋を渡り、真っ直ぐに呉服橋の外濠端まで走った。そのまま右手にずっと外濠を見ながら南へと走り、数寄屋橋交差点を右折して、永田町の大臣官邸に入った。

「東株取引所の責任者として、アナタは当然善後処置を講じなけりゃならぬ。もし、株式市場がこのまま、低落を続けるようならば、止むを得ないから、政府は職権をもって、市場を閉鎖しなければならない」[10]

中野理事長はさんざん絞られた。その後、農商務相官邸を辞去すると、夜も更けていたにもかかわらず、再び人力車を飛ばした。

中野武営は、渋沢栄一の盟友と言われ、関西鉄道社長も務める財界の大物であった。財界をあげて株式を買い上げる事もできただろうが、中野はそこまで大袈裟にはしなかった。また、財界は児玉源太郎参謀次長から戦費の支援を要請されていたので、内国債を買わなければならなかったのだ。

人力車が向かった先は、当時、東京随一の大地主で日本橋きっての大金持ちと評判の、目白老松町にある渡辺治右衛門の宅であった。後の昭和金融恐慌時に取り付け騒ぎの引き金となる、渡辺銀行の創始者である。

中野は挨拶ももどかしく、渡辺に「買い出動」を懇願した。渡辺一個人に株を買って株式市場を支えてもらおうと考えたのだ。

「是非とも、この際、アナタのような有力者によって買い瀬ぎって頂きたい」[11]

渡辺は固辞した。だが、中野はいざとなれば取引所の帳簿を操作して追加の証拠金は徴収しないからとまで、渡辺を説いた。帳簿まで操作しようという中野の悲壮な決心に、渡辺は打たれてしまった。表沙汰になれば中野は詰め腹を切らねばならないだろう。渡辺は先祖代々の資産を傾けてまで、と躊躇はしたが、お国のためにと、とうとう買い出動を決心したのだった。現代コンプライアンスの常識から言えば、中野の行為はとんでもない話であるが、この頃はまさにそういう時代だったのである。

当時の日本の株式市場は、江戸時代以来の米相場の伝統を引き継ぎ、現物株の取引よりも今でいう先物取引にあたる定期取引が圧倒的に多かった。客は一〇%、仲買人は五%の証拠金で取引ができた。証拠金の追徴は取引所の仕事だった。

東京はロンドン市場やニューヨーク市場と較べると、とんでもない鉄火場だった。中野が渋沢に相談に行かなかったのは、そうした事もあったのかもしれない。後のことになるが、第二次世界大戦後、ＧＨＱは定期取引を「あまりにも投機的」という理由で再開を許さなかったほどである。それが、現在の東証に至っている。

さて、中野が悲壮な決意で渡辺治右衛門に懇願した頃の株式市場に戻る。市場は五日には下値を拾い、六日からはハラを据えた渡辺の強烈な買い物が飛び出すこととなった。渡辺は、当時、一流といわれた山一證券の前身である小池国三商店と並んで、株よりは公債売買を得意とする地味で通った立五印福島商店をブローカーに選んだのだった。普段、大人しい立五からの派手な大口の買い注文は、市場に思惑を呼ぶこととなった。

後場に入ると、このところの弱気相場に買い向かい、青息吐息のはずの「にんべん将軍」こと、松村辰次郎率いるイ商店があらたに買い参戦し、相場は大きく切り返すこととなった。六日は、奇しくも日本がロシアに国交断絶を通達した日であった。[12] 同時に、佐世保に集結していた連合艦隊がロシア太平洋艦隊の拠点である旅順に向かって出航し、また別働隊は上陸用の二〇〇〇名の陸軍兵を護送してソウル近郊の仁川

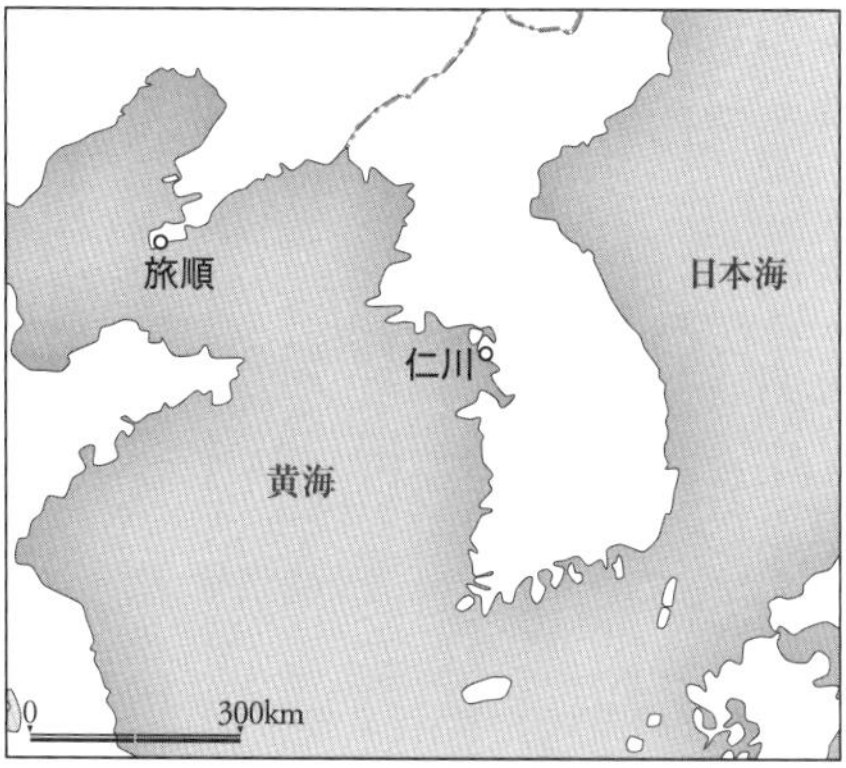

日本郵船と東株の推移

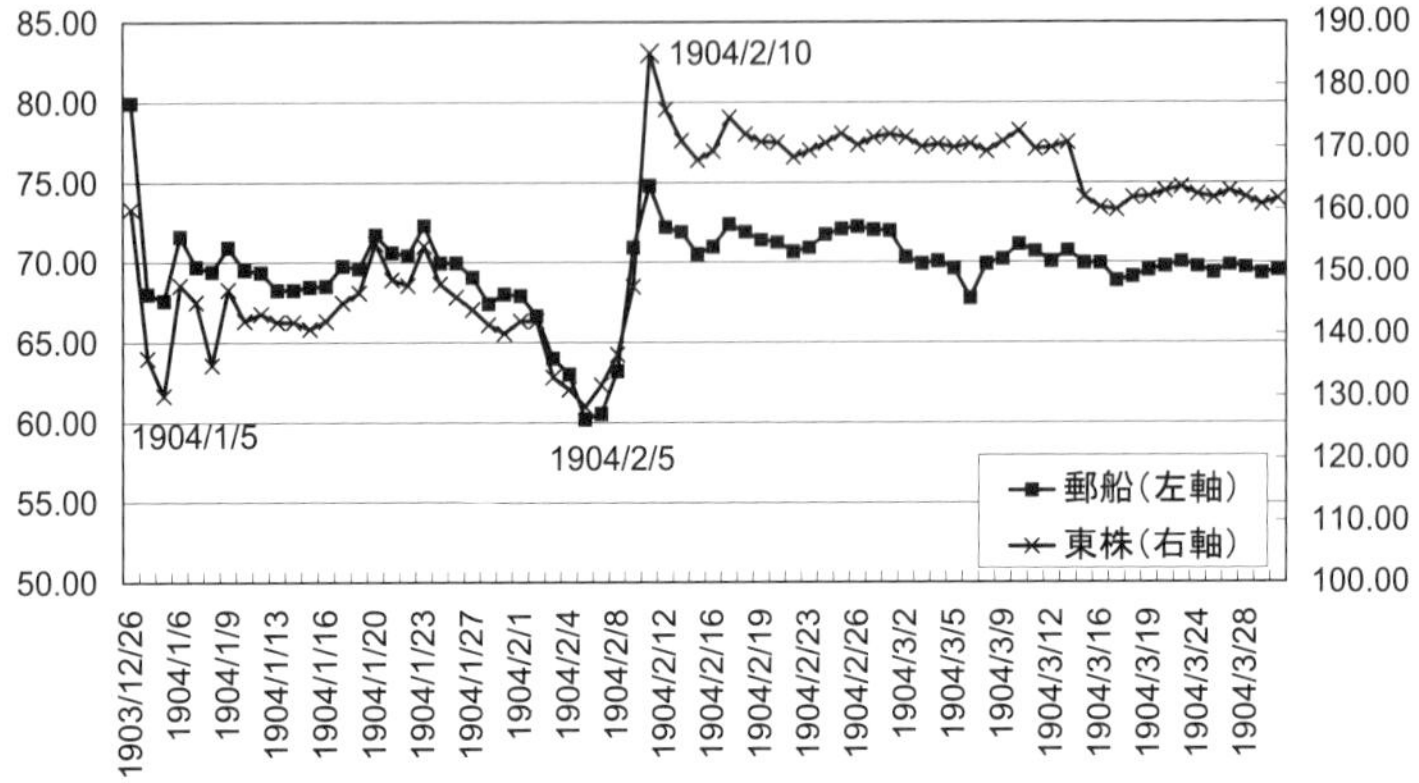

を目指していた。

七日は日曜日で休場。八日も株価はしっかりと推移すると、九日には兜町に「仁川でロシア軍艦二隻捕獲」との噂が流れた。一〇日には号外が配布され、仁川沖のロシア軍艦は「二隻撃沈」、旅順港沖でも「敵主力艦三隻撃沈」と報ぜられた。旅順港沖の報道は風説であったが、こうした景気のよい戦勝報告に株式市場は買物一色となった。年初来の積もり積もった空売りの買い戻しが中心だったのだろう。戦争が始まるまでの兜町は、日本の敗戦を予想していたが、いざ戦争が始まるとすっかり開き直ってしまったのである。

ベルツの二月九日の日記から。

奇妙にも、交渉決裂により、取引所では強気をきたした。これは、絶頂にあったうやむや状態が去ったのによるものと解釈されている。今日正午、仁川の勝利が知れわたった後、すべての株が更に高騰したのは当然のことである。

ここで当時の代表銘柄である東京株式取引所株、通称「東株」と、日本郵船の株価推移を見ておこう。この時代の日本には日経平均のような株価指数がまだなかったので、全体相場の動きを見るために「東株」を指標銘柄として使用する。

二月六日から一〇日にかけての株価の切り返しは急激であったが、その後しばらくは大きな戦いはなく、材料のない中、株式は四月に向けてジリ安の展開となっていった。

二月八日の「東京朝日新聞」には、「時局と株式市場」という社説が掲載された。記事中に「これに関する調査につき、中外商業新報（筆者注：日本経済新聞の前身）の労を多とす」と書いてあるが、これは中外商業新聞の記事のデータを借用して記事にしているからである。

記事によると、昨年一二月の高値時点での東京株式市場の時価総額は一一億四六八〇万円ほどあったが、二月の安値では八億五四〇〇万円にまで下がってしまった。これに社債公債等の値下がりを加えれば、日本の資産という観点から実に四億円の損害であると書かれている。「国民一般のロシアに対する義憤にもかかわらず、株式市場には日露の開戦に恐怖するものあり」、「何故の損失ぞや、恐怖の損失である」――実業家達は自分達が負担することになる日露戦争の戦費を約四億から五億円と見積もっていたが、「空漠たる恐怖」のために同じ金額を既に失ってしまったと論評している。当時の日本の株式市場の規模がよくわかる記事である。因みに一八九九年末のロンドン市場の時価総額が、当時の円換算で八六億円、アメリカが地方市場も含めて七〇億円ほどであった。[13]

こうした昨年来の下げ相場の中でも、丹念に押し目を拾う相場名人はいた。例えば、後に東武鉄道や南海電鉄を再建する日本の鉄道王こと根津嘉一郎である。

「俺が思惑で相場を張ったのは日露の戦争の一度だけだった。そのほかはみんなソロバンを弾いての投資だ」

常に計算ずくの投資が信条である、根津は言う。

「どうせ、戦争に敗けりゃ財産も何もあったものじゃない、恐らく国家としても、国民としても、一切合財がゼロだ、いやでもここではきっと勝つ、固くそれを信じて、その方に賭けるより仕方がなかった[14]」

「その方に賭けるより仕方がなかった」のは、何も時の相場師、後の事業家である根津嘉一郎だけではなかった。財政面から見ると国家である日本そのものが、「その方に賭けるより仕方がなかった」のである。

金子堅太郎と伊藤博文

「東株」の中野理事長が農商務相清浦奎吾の官邸に呼び出されていた二月四日の、まさにその頃である。貴族院議員金子堅太郎男爵も、伊藤博文枢密院議長から霊南坂の官舎に呼び出されていた。金子が玄関から薄暗い書斎に通されると、伊藤は椅子にすわり、下を向いて考え事をしている様子だった。机の上においた指は落ち着きなく動き、伊藤はどうにも金子には気がつかない様子であった。

「お電話を頂戴しましたので、金子まかり出て参りました」

金子は訊ねたが返事がない。仕方がないのでしばらくの間、伊藤を見つめてじっと立っていた。そのまま二、三分程経ったが、伊藤は相変わらず物思いにふけっているようであった。仕方なく、もう一度少し大きく声をかけてみた。

「金子まかり出て参りました」

そこでようやく、伊藤は金子に気がつくと、顔を上げた。

「おお、来てくれたか。まあ、お座りなさい」

金子はこの日、御前会議でロシアとの開戦が決まった事は既に聞いていた。列強を恐れる元老伊藤博文は、ロシアと戦っても日本に勝ち目は無いと考えて、最後まで戦争回避を模索していたことも知っていた。

「金子君、飯は食べたかね？」

「済ませてまいりました」

「そうか。僕はまだだから、失礼して食べさせてもらう」

伊藤は女中を呼ぶと夕食を運ばせた。一膳の粥にほんの少しの刺身、野菜の煮物に汁と漬物だけの質素なものだった。

伊藤はぼそぼそと粥を少しだけすすると、すぐに箸をおいてしまった。

「この戦争は一年続くか、はたまた二年続くのかはわからない。しかし、いつまでも戦争を続ける余裕は我が国にはない。したがってもしも戦争の勝敗がつかなければ、間に入って仲裁してくれる国が必要となる」

イギリスとは二年前に日英同盟を結んだばかりであった。一方でロシアは、フランスと同盟を結んでいるから、英仏は仲裁には入れないだろう。列強国のひとつであるドイツ皇帝ウィルヘルム二世も、ロシアを戦争へとけしかけているような状況である。日本から見て、仲裁国として適当ではなかった。

「頼むところはアメリカしか考えられない。君がアメリカ大統領ルーズベルトと懇意である事は僕もよく知っている。戦争が始まった以上、君はアメリカに赴いてこの事について大統領とよく話をしてきて欲しい。そして同時に、アメリカの世論を日本に同情をよせるように取り計らってもらいたい。我々は、軍資金の調達もせねばならぬのだ」

金子はハーバード大学留学時代にアメリカ第二六代大統領セオドア・ルーズベルトと同窓生で、懇意であると言われていた。実際には、金子はロー・スクールでルーズベルトはカレッジだったので、学生時代の面識は無かった。しかし、卒業後に親交を結び、確かにルーズベルトとは懇意の間柄だったのである。

「その儀は固くお断りいたします」

だが、金子は固辞した。

「君は、お国がこのような危機に直面している時に断ると言う。それは何故だ」

金子は滔々と話し始めた。

「一八一二年の米英戦争の際に、欧州列強はイギリス側につきましたが、ロシアだけはアメリカ側に立って講和に尽力しました。それ以来、アメリカ人はロシアに恩義を感じております」

「一八六一年の南北戦争の際にも、イギリスは自国の紡績工業と南部州の綿花農家との関係で南軍の味方につきました。その時、ロシアは武器弾薬はもちろん軍艦まで作って北軍に送り支援しました」

当時、ニューヨーク湾内で示威行為をする英国艦隊を牽制してくれたのがロシア艦隊だった。ニューヨーク市民の中には今でも憶えているものが多いと、金子は伊藤に説明した。

「さらに、ロシアの太平洋の玄関口である旅順、ウラジオストックへは軍需品、食料のみならずシベリア鉄道建設用のレールや機関車、貨車などを、アメリカは輸出しております。経済的にも、アメリカとロシアとの関係は大変深いものがございます。従ってアメリカはロシアに同情を寄せるに違いありません」

「しかし、君が行ってくれなければ、この任務を果たすものは他にいない」

伊藤は視線をそらすことなく、金子を見据えていた。

「閣下、このお役目にふさわしい人間は一人しかおりません。それは閣下です。この金子ごときは、到底その任ではありません」

伊藤は深いため息をつくと、少し間をおいて強い口調で言った。

「僕が行けるならば、君には頼まぬ」

伊藤は開戦にあたり、明治天皇から戦争中は側を離れてはならないと、クギを刺されていたのである。

「私が行ったとて、成功の見込みは御座いません」

「君は成功不成功の懸念の為に行かないというのか」

「さようでございます」

少し間をおき、伊藤はさらに続けた。

「金子君、よく聞きなさい。今度の戦争について、政府の中には誰一人として成功すると思うものはいない。陸軍でも海軍でも大蔵でも、今度の戦に日本が確実に勝つという見込みを立てている者は、ただの一人としていない。しかしながら、今の状況を打ち捨てておけば、ロシアはどんどん満州を占領し、朝鮮半島を侵略し、ついには日本を脅迫するまでに暴威をふるうだろう。事ここに至れば、国を賭しても戦うの一途あるのみだ。成功不成功などはもとより眼中にない。もしもロシアが日本に攻め入れば、自分は一介の兵卒として鉄砲を担ぎ山陰道から北九州で命の続く限り戦い抜く。妻には粥を炊かせ、兵士を労らせるつもりである」

そう説いたのだった。金子もここまで言われれば、いつまでも固辞してはいられない。

「閣下、そこまでのお覚悟とは、金子、存知あげませんでした。よくわかりました。よろしゅう御座います。この金子、三寸の舌のあらん限りアメリカ各所で演説をして廻り、三尺の腕の続く限りは筆をもって書いて、ルーズベルトと日夜会談して力の限り働きましょう。国を賭しての戦いであるならば、金子は身を賭して君国のためにつくしましょう」

金子の話は少しばかり調子が良すぎるが、これは金子が後の講演会で話した当時の様子の要約である。講演会の内容は『日米外交秘録』として出版され、日露戦争の映画やドラマには欠かせないシーンとなっている。ここでは、伊藤によって日本はロシアの脅威から仕方なく日露戦争に至った経緯が簡潔に記されているので、シーンとして使い易いのであろう。この資料の中には、児玉源太郎の言った「陸軍は五分五分だがなんとか六分四分にもっていこう」とか、山本権兵衛の「海軍は敵を全部沈めるがこちらも半分沈む」というような逸話が入っており、これらもよく映画やドラマで使われるフレーズになっている。

また伊藤は、陸海軍と並んで「大蔵」ともはっきりと語っている。戦争に際して、財政問題をあまり語らない日本の閣僚達の中で、維新を駆け抜けた伊藤は財政の問題への関心が非常に高かった。当時の世界では、戦争にあたり戦費を公債の形で国際市場で調達することは一般的なことだったが、日本にはその資金調達の展望はまだ見えてはいなかったのである。

金子は、明治四年の岩倉遣外使節団に福岡藩主黒田長知の随行員として参加し、そのまま米国に留学し小村寿太郎とともにハーバード大学に学んでいる。その後、帝国憲法制定に尽力した人物である。

伊藤が金子に白羽の矢を立てたのは、何もルーズベルト大統領とハーバード大学の同窓であるという理由だけではなかった。金子は、当時としては国際経済にも明るい人材だったのだ。金子は一八九八年に農商務大臣を務め、その翌年には、東京株式取引所の理事長も務めている。渡辺邸に駆け込んだ中野武営の前任者であった。

この頃は、既に国策銀行として日本勧業銀行（後、第一勧銀→みずほＦＧ）が設立されていたが、養蚕、紡織、食品など主に農業に密接な軽工業をその融資対象としており、政財界からは鉄道や重工業に対する資金供給役の政府系金融機関設立の必要性が叫ばれていた。そこで日本興業銀行期成同盟会が設立され、一八九九年二月の第一三回帝国議会に議員建議として「日本興業銀行法案」が提出された。金子はこの期成同盟会の副会長でもあり、日本興業銀行の設立に尽力したのであった。

期成同盟会設立の際、金子はアメリカを経済調査目的で訪問し帰朝後に同会で報告会を開いて、彼のお得意の講演をしている。その一節を引く。

日本の世論では、アメリカは欧州に経済力で及ばず、資本力もとうてい敵わないと考えているが、それは間違いである。近年では、トラストと言う仕組みで資本の集積がなされアメリカの産業は巨大化している。例えば一八九八年の鉄鋼生産で見ればイギリスが九二五万トン、鉄鋼の国として急伸中のドイツが八〇〇万トンに対して、アメリカは既に一四〇〇万トンもの生産を誇っている。今は欧州から資本を集め工業基盤の確立にこれをあてているが、いずれは資本の輸出国になるに違いない。

アメリカは国是としてモンロー主義を掲げ、他国に干渉せず孤立を旨としてきたが、最近では大西洋でキューバ、プエルトリコを獲得し、太平洋ではハワイ、フィリッピンに進出している。今にアメリカはモンロー主義ならぬ「インペリアリズム」のもと、強力な資本力を伴い、広大な清国市場に進出してくることは間違いがない。これに対抗する為には、日本はよろしく殖産興業に励み、重工業を起こし、資本の蓄積をせねばならない。そのためには日本興業銀行の発行する債券には政府保証をつけて、資金調達を容易にする必要があるのである。[15]

期成同盟会設立の際、日本興業銀行発行の債券に政府保証をつけるべきか否かが、大きな争点となっていた。結局、法案には政府保証規定をつけずに、外債発行に関しては法律では特に定めないという曖昧な形で法案は通過した。一九〇二年に日本興業銀行は設立総会を開き、資本金一〇〇〇万円で営業を開始するが、後に興銀から発行される外債は案件毎に政府保証が付いたり、あるいは付かなかったりしている。

金子はアメリカ経済がイギリスをも上回る力を持っていることを一番よく知っている人間であった。またこの講演の内容からすれば、清国市場においてアメリカの帝国主義的な動きがやがて日本と衝突するであろう事をすでに見越していたのである。

さて、一方ここで、伊藤の娘婿である末松謙澄にも注目しておかなければならない。彼は開戦以前から、「欧米において、日本に良好な世論の形成をはかる政府広報が必要である」という建議を伊藤や山縣有朋に提出し、自ら海外に赴きその任にあたりたいと自薦していた。

ケンブリッジ大学で学んだ末松は、欧米の人間が正しく日本人を理解していないという疑念を常に持っていた。これには先ず人種の問題があっただろう。黄禍論である。またキリスト教の問題もあっただろう。この時代に植民地支配をしているのは白人で、キリスト教国に限られていたのである。

日露戦争は黄色人種でなおかつ非キリスト教国である日本というアジアの国が、白人キリスト教国と堂々と戦う初めての戦争だった。従って、日本人というものを欧米においてよほど理解してもらい味方につけなければならないと、末松は考えていた。日本は言うまでもなく、欧米列強中心の国際社会では全く異質な国だったのである。

想定される戦後の講和に際しても、列強国が日清戦争の時と同じように再び干渉してくるかもしれない。また、日本は戦費を海外から調達しなければ戦争ができないような財政事情にあったので、その為には日本公債を外国において買ってもらわなければならない。現代で言えば、国家広報、あるいは公債の募集面から見れば、インベスター・リレーションズ（ＩＲ）に当たるこの役割の重要性を、この当時にすでに建議していた末松謙澄は、慧眼であるといわざるを得ないだろう。

伊藤は発案者である末松を欧州に行かせ、金子にアメリカを担当してもらう事にした。金子はまさに「三寸の舌」講演が得意であった。金子の働きにより米国の世論は日本に傾き、米国における日本公債募集に大きく貢献したといえるだろう。

再びベルツの日記から二月九日の記述である。

英・米両国へ使節派遣――前内相末松男爵はイギリスを、前法相金子男爵はアメリカを、それぞれ訪問することになった。どちらも金の調達に赴くらしい。だがその成功は、たとえそのかんに日本が海戦で一勝を博したとしても、きわめてひどい条件でやっとのことだろう。

因みにベルツの日記には、実際に資金調達に赴いた「高橋是清」の名前は、最後まで登場してこない。

逡巡するベアリング商会

金子堅太郎がアメリカ行きを承諾した頃、ロンドンのシティでは、ベアリング家の一族であり実質上の社主であるジョン・ベアリングことレベルストーク卿が悩んでいた。ベアリング商会は女王の銀行として知られ、ロスチャイルドと並ぶ、当時、ロンドン随一のマーチャント・バンクであった。

前年一〇月以降、日本とロシアの戦争が不可避となる状況において、ロンドンでは日本による軍資金の調達は必至であると考えられていた。それは国際金融資本を扱うベアリング商会にとって大きなビジネス・チャンスとなるはずだった。一方でロシアは、これまでもそうであったように露仏同盟のよしみからパリ市場での戦費調達が見込まれていたのである。

当時は、先進国向けの債券中心の投資は低金利による期待収益率（見込めそうな収益）の低下から、レベルストーク卿は投資対象を新興国に広げなければならないと考えていた。しかし行き過ぎた偏重は避けなければならない。一八九〇年に彼の父が引責辞任させられたベアリング恐慌の教訓は、彼の心中に色濃く残っていた。ベアリング商会の投資には慎重さが要求されたのだ。

そうした新興国の中で、日本は東洋にありながら憲法と議会を持つ立憲君主国家であり、金本位制度も採用していた。また国民は勤勉で教育制度は急速に整備されつつあった。産業はいまだ農業主体で軽工業が少し興った程度であって、資本の蓄積が進んでいないため鉄道や電力などインフラや重工業への投資が充分になされていなかった。資金が無いだけでニーズは旺盛なのである。

レベルストーク卿は、その数年間投資先としての日本の問題に取り組んでいた。一九〇二年に日英同盟が締結された後、日本政府はロンドンで資金調達を試みた。日本政府預金部保有の既発五％内国債にポンド建てで元利を支払うという裏書きをした債券を、ロンドン市場で五〇〇万ポンド分売却しようとした。この時に、レベルストーク卿のベアリング商会はこの債券の販売を香港上海銀行とともに引き受けたのであった。

また、日本の鉄道社債を外国人が買う場合には担保設定などに法的な問題があったので、レベルストーク卿は英国の法律事務所に頼んで鉄道抵当法案を作成し日本に送付してもいた。[16] これらは既に社債信託法案として立法化の準備に入っているとの報告も、日本からは届いていたのである。

日本は新興国投資の対象としては、理想的な要件を備えていた。今後のビジネスを考えれば、日本の戦時公債の発行には手を貸し、恩を売っておかなければならないだろう。

しかし、今回の日本の戦争の相手はヨーロッパ随一の陸軍力を持つ大国ロシアであった。ただでさえ戦時公債は、リスクがとても高い。レベルストーク卿は日本の軍資金調達は英国政府のサポート無しでは困難だろうと計算していた。また英国政府は、これをサポートするだろうとも考えていたのである。

日英同盟の関係から、先ず英国政府がこの為の債券を発行し資金調達をする。そして、それを日本政府に四％で貸し与えるというアイデアもあった。また、日本の発行する国債に英国政府が保証を与えるという期待も、日本からは寄せられていた。しかし実際は、英国政府としてはいくら日本とは同盟関係にはあっても、あくまでこの戦争には中立のスタンスで臨み、そこまで日本と関わり合いを持つ意志はどうやら無い様子だった。チェンバレン大蔵大臣は一八九九年から始まった英国自身による第二次ボーア戦争の資金調達でロンドン市場には資金的な余裕がないと、基本的に考えていたのである。

国際資本を扱うベアリング商会の繁栄は、大英帝国の覇権に依存していた。国際ビジネスにおいては、常に外交的配慮をはらう必要があったのだ。レベルストーク卿は、ランズダウン外相とも相談した。ベアリング商会が日本政府の公債募集を扱うことに問題があるかと確認したのだ。ランズダウン卿は、「英国政府が個別ビジネスに干渉することはないが、承認することもない」と、あくまで政府としては無関係な立場をとった。こうした状況では、レベルストーク卿としては日本の資金調達は困難であると結論づけるしかなかった。それにベアリング商会は、ロンドン市場におけるロシア政府の代理人でもあったのだ。

一方で、レベルストーク卿はロンドン市場単独での調達が困難なケースも想定し、日本公債に対するニーズについて、海外市場でのヒアリングも実施していた。当時のロンドンに並ぶ有力な市場であるパリ市場では、フランスの同盟国であるロシア政府が公債の発行を計画しているところであり、日本の公債発行など問題にもされなかった。

ニューヨーク市場では、ナショナル・シティ・バンクやクーン・ローブ商会、キダー・ピーボディに接触したが、こちらもどこからも思わしい結果は得られなかった。アメリカは日本への投資に、特に関心を払ってはいない様子だった。ベアリング商会は対日ビジネスについては以前から香港上海銀行と協力関係にあったが、アジア市場をコア・ビジネスとする彼等とは少し立場が違っていた。日本の重要度は、彼らほどには高くはなかったのである。

レベルストーク卿は英国政府によるバックアップがない以上、日本の公債ビジネスに関しては一旦あきらめて静観しようかと考えていたが、有望な新興市場である〝東京〟は魅力的であり、踏ん切りがつかず悩ましいところだった。彼には、彼の父の代がやったようには大胆にはなれなかった事情があったのである。

それでも日露開戦直後の二月に、ベアリング商会は、香港上海銀行と協同で日本政府に公債発行の条件を提示している。[17]

● クーポン　六%
● 金額　一〇〇〇万ポンド
● 期間　一〇年

開戦前後の日露公債価格推移

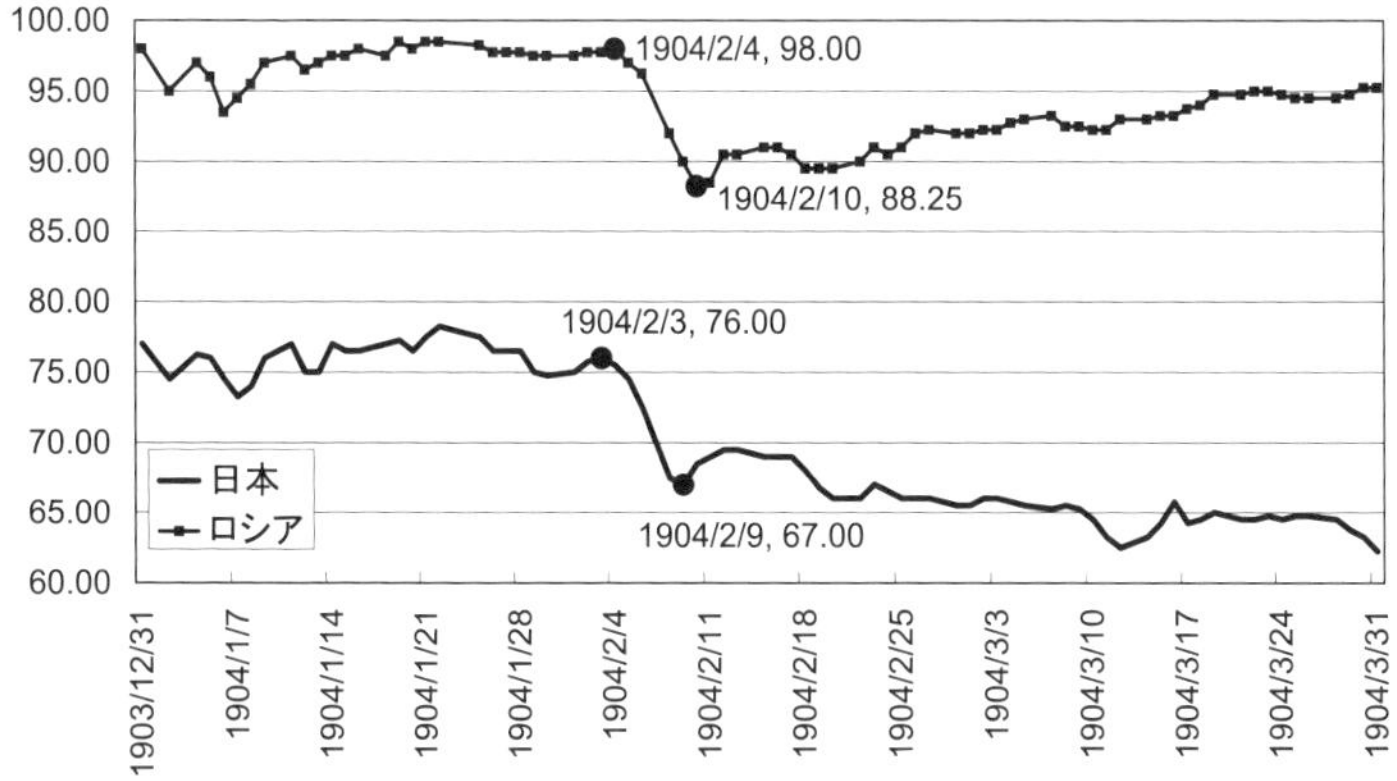

● 政府手取　八五％
● 調達金利　七・〇六％（現代式計算法では八・二三％）
● 但し担保として二〇〇万ポンドをロンドンに預託すること。
● 一二ヶ月間はベアリング商会、香港上海銀行を経由しないで資金調達をしないこと。

しかし、日本政府はこのような悪条件では到底受け入れられないと断った。一方でレベルストーク卿も、この時、ロンドン市場の日本公債がさらに下落していたので、この提案は引っ込めてしまった。結局、ベアリング商会のレベルストーク卿は、開戦間もない三月には悩んだあげくに日本公債のビジネスからは、取り敢えず降りてしまうことにしたのだった。[18]

当時のロンドン市場には、日本公債が上場していた。また同時に、一八八九年発行のロシア公債も上場して

開戦前後の日露公債利回り推移

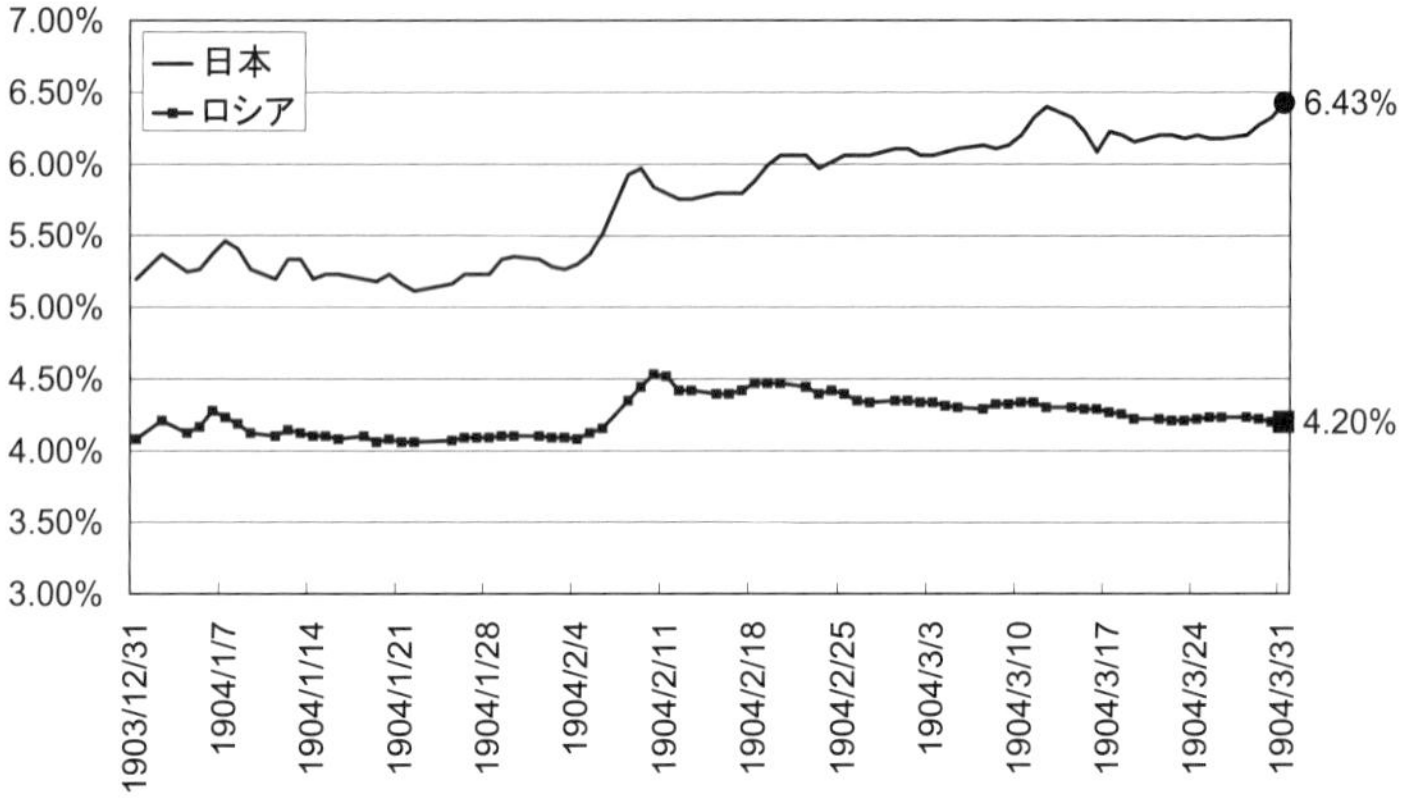

いた。どちらも残存期間が五〇年近くあり、クーポンは同じ四%であったので、両者の価格は比較することが可能である。

開戦が決定的になる直前の二月三日前後を当面のピークに、両国公債価格は同時に下落した。その後、日本公債は東京株式が反騰した二月九日の仁川沖海戦に反応して一旦は切り返したが、その後は四月に向けて再び下落していった。一方でロシア公債は、その後、徐々に切り返していったのである。緒戦の結果はともかく、グラフで見る限り、ロンドン市場では日本が戦争に勝てるとは考えてはいなかった。三月のこうした底が見えない状況では、ベアリング商会のレベルストーク卿が日本とのビジネスをあきらめたのも無理からぬことだったのだ。

残存する償還期間が五〇年と長い債券の場合には、簡単な計算で利回りの近似値を求めることができる。

利回り≒クーポン÷債券価格。

例えば、四%クーポン÷〇・七六（二月三日の価格の％表示）＝五・二六％である。

スプレッド・シートのYIELD関数の計算では、五・三九％となるが、この差は容認できる範囲だろう。また当時の新聞の公債発行への論評を見ると、この簡易計算方法を一般的に使用している。

これをもとに価格のグラフを利回りに換算すると、前頁のグラフになる。

利回りの比較で見ると、日本とロシアの国家としての信用の差が実感できるのではないだろうか。両債券とも元利の支払いは英国ポンド建てなので、直接の比較が可能なのである。

開戦前の両者の利回り格差は一％程度であったが、開戦二ヶ月後の三月末には二・二三％まで拡大している。この格差は、国際金融市場であるロンドンの投資家の日露戦争の帰趨に対する評価であるから、いくら兜町の株式市場が日露戦争を評価しようとも関係は無かった。ロンドン市場は、日露戦争を日本不利と明確に判断していた。しかも、この金利差は開戦以降、日を追って拡大を続けていたのである。緒戦の仁川沖の海戦、旅順港沖での海戦によって日本がとりあえず黄海の制海権を獲得したことも、ここでは評価されなかったのだ。

一方で、ロンドンにおいて、日本国の資金調達に英国政府の援助を得ようと画策していた在英国公使林董は、中立を守り積極的に関与しようとしない英国政府の態度に、こうなれば日本は独力で資金調達をする以外に途はないと考えていた。

一月中旬、林は在英ドイツ大使館のエッカルトシュタイン男爵から、ロシアがロンドンとニューヨークでファイナンスに失敗したとの情報を仕入れた。さらにパリ市場においてもクレディ・

リヨネの反対で、ロシアはファイナンスが出来ないでいるという情報であった。男爵の見解では、以前のパリ市場での最後のロシア公債がロスチャイルドの反対にもかかわらず成立したのは、クレディ・リヨネのおかげであったのだから、今回はもう不可能だろうということであった。林公使は、これを小村外務大臣に電信している。そして、それに対する小村外務大臣の返信が以下である。

一月一五日、小村外務大臣より在英国林公使宛、第三一号[19]

【倫敦に於いて将来外債募集の必要ある場合の処置方法に関する件】

「貴殿の電報に関し露国公債に対する『ロスチャイルド』の態度並びに『ロスチャイルド』家およびその同人種の富豪が欧州において無限の金力を有することに鑑み、本大臣はもし貴官にして刻下の機会を利用し、『ロスチャイルド』と親しく直接の関係を結ぶを得ば、大に我が方に利益あるべしと思考す。貴官に於いてもご同意なれば、右目的の遂行上貴官が適当と認めらるべき措置を取られんことを希望す」

小村外務大臣は林公使に対し、ロスチャイルドを筆頭とする無限の資金力を持つ同人種（ユダヤ人）に接触せよと命令している。

これに続く小村外務大臣から林公使宛の第三二号の電文では、

「（意訳）貴官（林公使）もすでにご存知のように、帝国政府は今や英国政府の保証により公債を起こすことを断念した。しかし時局を考えると、帝国政府も外債に依存する必要が出てくるだろう。その際には有力な投資家が英国政府の保証無しでも引受けてくれることもあるだろう。この場合、英国政府は保証まではしてくれなくとも援助はしてくれるのだろうか、貴官の意見を聞かせて欲しい」

日英同盟にもかかわらず、英国政府は日本の資金調達に協力的ではなかったのである。

これに対して林は、一月一五日に【倫敦へ高級の財務官派駐の必要に関する件】として、もしもロスチャイルドなどとやり合うのであれば、しかるべき地位の人間がロンドンに常駐する必要がある。林は大蔵次官経験者の田尻稲次郎男爵（「積ん読」という言葉の発案者である）、もしくは現役の阪谷芳郎大蔵次官を具体的に示した上で資金調達専門チームのロンドンへの派遣を、小村寿太郎外務大臣に具申したのである。[20]

そして、林がロンドンの金融業者へヒアリングしたところ、彼らは「今回の極東事件（ロンドンの金融界ではロシアと日本の緊張関係をこう呼んでいた）は、この先、列強をも巻き込んだ戦争になるかもしれず、このような投機的事業に計算は立たないので公債募集は困難である。しかしひとたび戦争が始まれば、落ち着きを取り戻すかもしれないが、その時には日本は関税や鉄道を公債の担保にしなければならないだろう」との意見だった。

日本公債の上昇する利回りのグラフを見る限り、この林公使の言う資金調達チームの任務はかなり辛いものになると、政府関係者は考えただろう。日本政府は一月中旬に公債発行に英国政府の援助が得られないこと、また公債発行には関税か鉄道の担保が必要なことを前提に、誰をロンドンに派遣すべきか決めなければならなかったのである。言い換えれば、開戦直前の一九〇四年一月中旬において初めて、日本政府は資金調達の目処がつかないことを認識したのだった。陸海軍は開戦を前に盛り上がりを見せるが、大蔵関係者は絶望的な状況に陥っていたのだった。

抱き合って泣いた元老達

金子がアメリカ行きを承諾した数日後、そしてロンドンではレベルストーク卿が日本とのビジネスに悩んでいる、開戦間もない頃である。築地の料亭には、元老の井上馨、桂太郎首相、曾禰荒助大蔵大臣、松尾臣善日銀総裁など政府の重鎮達が集められていた。詳しいことはわかってはいないが、林在英公使の電報にロンドン派遣の候補者として登場した田尻男爵、阪谷大蔵次官もいたのかもしれない。ともかく、これが当時の日本の主要な戦時財務関係者の集まりであったことは確かである。

新聞は連日、ロンドン市場における日本公債の暴落を伝えていた。これは彼らの思惑とは少し違っていた。これほど日本公債が売られてしまうとは考えていなかったからだ。日本は果たして戦費調達が出来るのだろうか、日本は金もないのに戦争を始めてしまったのではないかと、彼らは懸念を深めていたのだった。座敷は重苦しい雰囲気が支配していた。誰も出された料理には手をつけず、各々がちびりちびりと飲《や》っていた。宴席の主役がまだ到着していなかったせいである。

「お連れ様、お着きで御座います」

女中に少し遅れて、ノシノシと板張りの廊下をきしませて歩く音が聞こえ、日銀副総裁の高橋是清が座敷に通された。

「おお、高橋君、よく来た、よく来た、君はこっちだ」

井上が自分の隣の席をすすめた。もちろんそこは上座である。

「私ごときが、お歴々を前に、このような席に座るわけには参りません」

座布団を前に正座した高橋は、深く頭を下げたつもりであったが、肥満しているため首を少しだけ折ったようにも見えた。普段、お愛想が得意で調子の良い高橋も、この夜ばかりは表情が引き締まっていた。

「今晩だけは、君に上座に座ってもらわねば困る」

井上の言葉に高橋が顔をあげると、居並ぶ重臣達の視線は鋭く高橋を見据えていた。もとよりそれは、別に高橋が遅参したことを怒っているわけなどではなかった。

元来、高橋は「物事を察する」という能力においては人一倍秀でていた。林在英公使から資金調達のための財務官派遣具申があったことも知っていたし、この宴席の主旨も充分に理解していただろう。欧米に派遣されるべき財務官は、高橋をおいて他には誰もいなかったのである。

ロシアとの開戦が決まり、陸軍も海軍も行動を開始した。残された大きな難問は大蔵、すなわち戦争遂行の為の軍資金であった。特に輸入に必要な正貨の調達は簡単には行きそうもなかった。誰かが欧米に赴いて、その任に当たらねばならないだろう。

この場合の正貨とは、ゴールドを意味していた。海外から物資を買うには金か、あるいは金の裏付けのしっかりした英国ポンドが要求されたのである。戦争で物資の輸入が増え、金が海外に流出するならば、日本が採用していた通貨制度である金本位制も維持できなくなってしまうだろう。金本位制が維持できなければ、一英ポンド＝一〇円で固定された為替レートも円安に大きくブレてしまう。円安になり円の購買力が低下し物資の輸入が止まれば、戦争の遂行は不可能である。

誰かが、当時、世界で最も信用のおける通貨である英国ポンドで資金を借りてこなければならなかった。金本位制下において英ポンドを借りると言う事は、ゴールドを借りるという事だった。日本には最初から、戦争をするだけの充分な正貨はなかったのだ。

少しでも金融を知る者にとって、この役目が簡単ではないことは明白この上ないことだった。ましてやロンドンでは開戦以降、ここ数日、日本公債は大暴落していたのである。一旦、この仕事を引き受けたとなると、こればかりは失敗など許されるはずもない。うまく行ったとしても、その時には目立たないが、逆に失敗した時の国に与えるダメージは計り知れないものがあった。国家そのものが破産してしまうかもしれないのだ。全く割に合わない仕事であるばかりでは無く、責任を取り切れない仕事でもあった。高橋にとって、この上座の座布団一枚を敷くかどうかは、まさに人生の岐路といってもよかっただろう。そして同時にそれは、日本国にとっての岐路でもあったのだ。

井上はまわりくどい事をいっても仕方があるまいと、単刀直入にいった。

「君はロンドンに赴いて、公債の募集にあたらなければならない」

「そればかりはお断りします」

「君が行かなくて、一体誰が行くというのだ」

「私はその器にありません」

高橋は、「百方辞退した」と伝えられている。しかし、この方面で経験のある者は高橋をおいて他にはいなかった。そんなことは、この座にいる者も、高橋本人も、よくわかっていたはずだった。

居並ぶ重臣達の執拗な懇願に、何時までも断り続ける術などはない。高橋は座の重厚な雰囲気と自分の引き受けねばならない責任の果てしない重さに、とうとう泣きだしてしまった。見かねて立ち上がった桂が背中を押すと、高橋はいよいよ観念したか、上座の座布団を押し頂いたのである。

「ああ、よかった。引き受けてくれるか」

感激性の井上の声も、涙声であっただろう。

重臣達は膳をずらし、高橋の席に躙《にじ》り寄ると、皆で抱き合って泣きだした。お銚子を運んできた、まだ一五、六歳の女中が座敷の障子を半分開くと、重臣達が抱き合って泣いている光景が目に入った。後に女将となるこの少女は、思わず立ちすくみ、しばらくは座敷に入れなかったそうである。[21]

こうして高橋是清は、日銀秘書役深井英五とともに、資金調達の為に欧米に旅立つことになったのである。

ただ実際には、欧米に派遣する財務官は、もっと早い時期に高橋に決まっていたのではないだろうか。この宴席は、儀式のようなものだったのではないかとも推測する。

開戦前の一月二九日に、日銀が銀行家招待会を三井集会所で開催している[22]。これは内国債を発行する際に、銀行に積極的に買ってもらおうという主旨の会で、井上馨、松方正義も出席して、銀行家達に対してプレッシャーをかけるための会合であった。この席に高橋日銀副総裁、木村営業局長と並んで、深井英五調査役が並んでいる。もし海外派遣に関して、何も人事が決まっていないのであれば、地位の低い深井がそこに参加しているのは不自然なことである。一方、『高橋是清自伝』では、二月一二日の夜に、高橋は井上馨に呼ばれてロンドンへの出張を告げられたと淡々と書かれているだけである。真相はわからないが、一つだけ言えるのは、築地の料亭で重臣達が抱きあい、泣いていたことだけは、確かな事実だということである。

ニューヨークのユダヤ人商人会で

高橋が欧米への出張を決意した頃、米国の有力インベストメント・バンクであるクーン・ローブ商会の実質上の社主ヤコブ・シフは、五番街のセントラル・パークを望む自宅にニューヨーク・ユダヤ商人会のメンバーを集め、定例の会合を開いていた。メンバーはよく分かってはいないが、当時の彼らのコミュニティーを構成するグッゲンハイム、メイシーズ百貨店のオーナーであるストラウス、ゴールドマンやリーマンなど、ニューヨーク市の大金持ちの半数が集まっていたと思われる。いずれにせよ、ほとんどのメンバーは主にドイツから移民してきたユダヤ人達の一世、二世であった。

話題は、前年のロシア領キシニョフで発生したポグロム（ユダヤ人に対する集団的迫害行為）の事だった。五〇人近くのユダヤ系住民が虐殺され、数百人が負傷した。ユダヤ系商店や住居が破壊されたこの事件は、ヨーロッパやアメリカの新聞に大きく報道されていたのである。またこの事件が原因で、ロシアから数多くのユダヤ人がアメリカに逃げてきていた。

ユダヤ人は歴史的にヨーロッパの様々なところで差別や迫害を受けてきたが、専制君主であるロシア皇帝による迫害は目にあまるものがあった。ニコライ二世の父であるアレクサンドル三世は農奴解放要求に揺れるロシア国内情勢の中、農民の不満の矛先を反ユダヤ運動にそらす目的で、一八八二年に「ユダヤ人に関する臨時条例」を制定していた。ユダヤ系ロシア人は、居住地域や職業選択、学校への進学を制限されるなど、差別は具体的に制度化され、虐待は日常化していたのだ。またそうしたニュースはしきりに「タイムズ」の記事となっていた[23]。

アメリカに限らず、ユダヤ系金融筋はロシアのファイナンスに協力し、その度にユダヤ系ロシア人への処遇改善を要求していたが、ロシア皇帝にはいつもないがしろにされていた。

シフは以前から日本とロシアの緊張関係に注目していた。一八七二年、彼が二五歳の時に、フランクフルトで日本の公債を販売しようとしたことがあった[24]。彼は、日本にはそもそも馴染みがあった。そして一九〇四年二月の初めの新聞記事は、いよいよ日本がロシアを相手に戦争を始めそうだと告げていたのである。

「諸君、静粛に。私は今から七二時間以内に日本はロシアと戦争を始めるであろうと思う」そして、この会合でシフはユダヤ商人会のメンバー達に問うた。

「日本は戦争のためのファイナンスが必要だが、私はこれに応じようと考えている。ついてはこの事がロシアにいる同胞の身の上にどのような影響を及ぼすであろうか？　諸君の意見を、是非、拝聴したい」[25]　会合の参加者達は、皆、ロシア皇帝ニコライ二世に既に見切りをつけていた。確かにアメリカのユダヤ商人会が日本に資金を貸せば、それを口実にニコライはユダヤ系ロシア人に対する迫害の度合いを強めるかもしれない。しかしこれまでの経緯を考えると、それを恐れるよりは日本に手を貸したほうがよほどましだと結論を出したのだ。日本が勝つかどうかはわからない。それでも少しでもロシア政府を弱体化できるのであれば、それで良いだろうという意見が多かったのである。

　しかし、シフは日本への投資は慎重にすすめるべきであると考えていた。必要以上にロシアを刺激し余計なポグロムを引き起こすことは得策ではなかった。それに彼は単なる人の良い慈善家ではない。クーン・ローブ商会は、生き馬の目を抜く競争の激しいニューヨーク市場で勝ち抜いてきた会社である。当時のアメリカではモルガンと並び二大金融グループのひとつとして君臨してきたのである。戦争が始まれば、両軍の戦況をよく観察するべきであると考えていた。ビジネスとして成立しないような投資には、一切手を出すつもりはなかったからだ。

　早速、ロンドンのベアリング商会からこの件で参加の打診が来ていた。しかし、シフはとりあえず流しておいた。シフにはシフの計算があった。日本への投資機会は何も戦時公債だけではない。日本はロシアを単に朝鮮半島から追い出そうとしているのか、あるいは中国東北部深く攻め込むつもりなのか、その意図を確かめなければならなかった。まだ日本の実力も、何もかもがわからなかった。

さらに加えて、ロンドン市場の日本公債の価格は暴落を続けていたのである。シフはこの分では、日本の公債発行は無理かも知れないと考え始めていただろう。

ロシアの財政事情、ペテルブルクの悩み

シフがユダヤ人商人会で演説している頃、ロシアでは、大蔵大臣の前任者エドワルド・プレスケの病死を受けて、ウラジーミル・ココフツォフが、ロシア大蔵大臣を代行していた。彼は前任者が亡くなったばかりのペテルブルクのオフィスで執務中であった。

この時期、内務大臣セルゲイ・ウィッテは主戦派によって権力を失っていたが、彼は長い間一緒に働いたココフツォフを良き片腕として一面では高く評価していた。ココフツォフは、経済省、大蔵省と長い間勤務の経験があったので、今回の新しい任務に戸惑うことはなかった。また、彼はロシア政府の財務状況には精通していたのである。

ロシアの年間予算は約二〇億ルーブル（一ポンド≒一〇ルーブル≒一〇円）だった。だが、戦争を遂行するとなると、当然のことながら通常の予算では間に合わない。工業化が遅れ国内に資本形成がないロシアでは、内国債の発行では間に合わず、外債による資金調達が必須だった。こ

のため、ロシアも戦争中の金本位制度の維持を原則として考えていた。事情は、日本と全く同様であった。これなしでは海外でのファイナンスが出来なくなってしまうからだ。開戦が決まるとすぐに、ロシア風の詩的表現で喩えて言えば、「空中に外債の臭いがした」という。

ロシアは、開戦前から既に借金大国ともいえる多額の対外債務を抱えていた。一九〇三年末の外貨建て公債残高は、四二億ルーブルにもおよび、利子の支払いだけで年間一億八〇〇〇万ルーブルの正貨を支払う必要があった。そしてその内の四分の三は、フランスからの借金であった。[26]

そのためロシアの財政はパリ証券市場に依存しているような状態だった。公債価格維持のため、ロシア政府はロシア公債の買い支えもしたし価格操作も必要だった。またフランスでのロシア公債は個人に広く分散して保有されていた。一旦、個人投資家の間にパニックが起こるとロシア公債は暴落してしまう可能性も秘めていたため、買収による新聞の情報操作は欠かせなかった。そうした買収のための資金も、馬鹿にならなかったのである。ココフツォフの詩的表現を借りれば、「パリ新聞の哀しむべき無操守現象」は、日露戦争中に宣伝費項目で二〇〇〇万ポンドの支出を余儀なくされたのだった。

今回の戦争で予想される戦費はクロパトキン満州軍総司令官の見積もりによると、八億ルーブルほどであったが、ココフツォフは独自に来年の一月までに五億五〇〇〇万ルーブルと読んでいた。戦争は一年で終わるだろうと考えていたのである。

ココフツォフは戦争が始まると、早速、パリ市場での公債発行の準備にとりかからなければならなかったが、開戦早々にロシア公債価格が下がったこともあり、パリではロシア公債の人気はなかった。ロシアは一日に三〇〇〇万から四〇〇〇万ルーブルの戦費がかかっているという大袈裟な噂が流された。パリ市場は近々ロシアのファイナンスがあるのではないかと、警戒を強くしていたのである。彼はその情報を受け、早速、パリの駐仏ロシア大使に戦費見積もりの電報を打ち、噂を否定するように指示しておいた。[27] つまり、「ロシアには資金調達は必要では無い」と宣言してしまったのだ。

そう宣言してしまったココフツォフは、パリでは無く、ベルリンを指向するが、ここでも露独通商条約の交渉中であり、その結果がでるまでは起債は不可能、と言われてしまったのである。

彼の計算上の手元資金では、ロシアは八月までの戦費しか無い状態だったし、パリは夏場に入るとバケーションで募集は困難になってしまう。そこで彼は仕方なく、四月にはパリに戻ってロシア公債発行交渉を再開したのだった。

ロシアによる資金調達をパリ市場が警戒していたとは言え、フランスはまさかロシアが日本との戦争に負けるとは考えてはいなかった。そして、何よりロシアの広大な領土には豊富な資源が眠り、担保にはこと欠かなかったのである。ここは国土の狭い日本とは事情が違った。

ロシアも財政的に酷い状況だったが、ココフツォフから見れば、日本にも戦争遂行のための資金があるとは思えなかった。日本の国家予算は三億ルーブルほどしかない。列強各国とも関税収入の多かった当時に、日本は関税自主権も完全には持てず税収の確保に苦労しているような国だったのである。酒豪の国ロシアでは、酒税だけでも三億八〇〇〇万ルーブルもあった。そしてこの時期の日本公債は、ロシア公債と比べて、ひどく下落を続けていたのである。ココフツォフは、日本とは何と無謀な国であるのかと思わざるをえなかった。

戦費と公債発行、日本とロシアの国力差

日本は開戦前に、日露戦争の戦費をどう見積もっていたのだろうか。

『高橋是清自伝』では、財務官派遣に際し、戦費を四億五〇〇〇万円と見積もった、とある。日清戦争の時には戦費の三分一が海外に流出しているので、同じ比率だとすると一億五〇〇〇万円の正貨（ゴールド）が海外に流出すると仮定している。開戦前に高橋が計算したところ、当時の日銀所有正貨は一億一七〇〇万円で、ここから開戦となって外国銀行が持ち出す分を三五〇〇万円、輸入品の代価支払いとして流出が予定されている正貨が三〇〇〇万円と見積もり、両方を差し引くと開戦時に持てる正貨の余力は五二〇〇万円と計算された。

したがって、必要量一億五〇〇〇万円からの不足分である一億円の正貨を調達する必要があった、と高橋は述べている。これは分かりやすい計算であり「自伝」の読者もついつい納得してしまうのであるが、これでは金本位制度の兌換用の金準備がすべて無くなってしまうことになる。つまり外貨調達は一億円では、最初から足りないのである。

実際には、政府は開戦前の一九〇三年一二月に、ポンド建て公債二〇〇〇万ポンド（二億円）の募集枠を閣議決定している。正貨が一億五〇〇〇万円、海外に流出しても、一億円は手元に残るように計算されていたのである。高橋は開戦の二月に一〇〇〇万ポンドの調達命令書を受ける

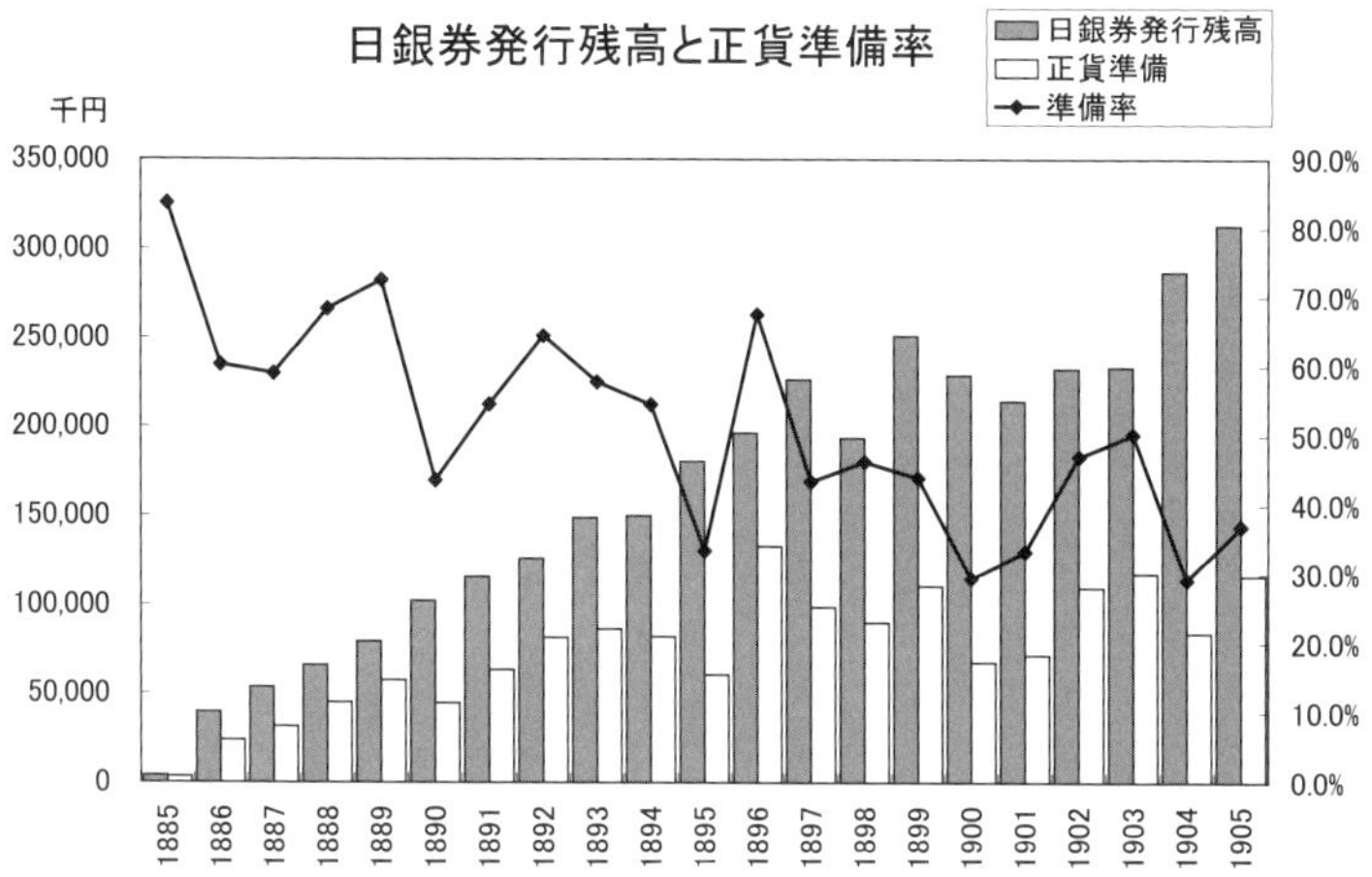

のだが、実は最初から二〇〇〇万ポンドを調達する必要があったのだ。

この四億五〇〇〇万円という戦費の見積もりは、大蔵省の阪谷次官から「この戦費は一年と見積もってあるが、これは朝鮮から露軍を一掃するだけの目的で、もし戦争が鴨緑江（筆者注：朝鮮と中国国境を流れる川）の外に続くようであったら、さらに戦費は追加せねばならぬ」と、付言されていた。

戦費の支出が必要になると、政府は取り敢えず日銀から一時借入のかたちで調達する。その後、公債発行によって政府に入金があれば、日銀に返済するという方法をとる。したがって政府としては使ってしまった後で、どうしても後追いの形で資金調達が必要となってくる。また政府が一時借入で支出すると日銀券発行残高が増えるので、金本位制度維持のための準備正貨の積み増しが必要となるのである。さらに戦争が進み物資を輸入すると、支払い代金として正貨が海外に流出するので、この両方の要因で政府は出張先の高橋に追加の外貨建て公債発行を命令していくことになる。当時の日銀券発行残高と正貨準備の関係を示したのが、前頁のグラフである。[28]

準備率の基準は明確ではないが、戦時中は三〇％以下が危険水準と考えておいていいだろう。つまりいくら内国債で資金調達をしようとも、輸入品の支払い代金と金（正貨）準備率の関係で、外債発行は当初から避けられない状態だった。正貨の調達に目処がつかないのであれば、戦争を始めてはいけなかったのである。政府は、同盟国、英国がなんとかしてくれるのではないかと、考えていたふしがある。しかし、英国は予想に反して協力的ではなかったのだ。

戦費の見積もりに戻る。一九〇三年六月に、東大七博士によって政府に提出された「七博士意見書」（政府の外交を軟弱であると主戦論を展開した）の執筆者の一人である金井延《のぶる》によると、継戦期間一年として二億八〇〇〇万円と見積もっていた。

同月の参謀本部会議では、井口省吾総務部長が「対露意見具申」において五億円の見積もり、一〇月に参謀次長に就任した児玉源太郎中将は交戦期間一年として八億円と見積もっていた。従って予想は二億八〇〇〇万円から八億円と広く分散していた。これは、実は誰にもはっきりとは戦費の目算が立たなかった事を示している。

また、開戦四ヶ月後の六月八日付け日銀の「松尾総裁覚書」では、戦費を一〇億円弱としている。日露戦争は、当初考えていたよりも、戦費のかかる戦争だった。さらに戦争の長期化とともに戦費は拡大していくのである。

その戦費の拡大する様子は、実際に帝国議会によって予算化されていった数字で確認することができる。

六月の松尾総裁の一〇億円弱の見積もりも、一一月の第二一回帝国議会では、一二・四億円に増額、結局、最終的な軍事費予算は第二二回帝国議会の予算一七・五億円に各省の臨時事件費を加え、予算ベースでは一九億八六〇〇万円にも上ったのである。

また次頁グラフにあるように、財源として国債・一時借入で一四億九〇〇〇万円を調達、つまり予算の約八五%を借金で賄ったことになるのだ。

予算と国債・一時借入の差額は、増税等で賄う以外に方法はない。戦時中は厳しい増税がなされたのである。この厳しい増税の圧力は、やがて国民の不満となって爆発することになる。

またこの予算に沿って、国債も国内外で順に発行されていく。[29]外国公債は戦争の進展に伴い日本が有利になると金利は低下して行くが、国内債の利回りは国内の公債購買力の限界が近づいたのか、逆に上昇していった。一九〇五年三月の調達では、ついに金利の内外逆転が見られたのである。

一三一頁の表は、内外公債の発行リストである。日本外国公債の下二つは、戦後の借り換債[30]である。

これらの発行によって、外国債からは手取で六億八九五九万円が、内国債からは四億三四八九万円が、合計で一一億二四四八万円が、債券発行によって戦費として調達された（一三二頁表参照）。単純な予算ベースで見ても、海外での公債発行がうまくいかなければ、日露戦争は戦えなかったことがよくわかるはずだ。この数字を見て、巷間言われている数字よりも少ないではない

臨時軍事費財源計画

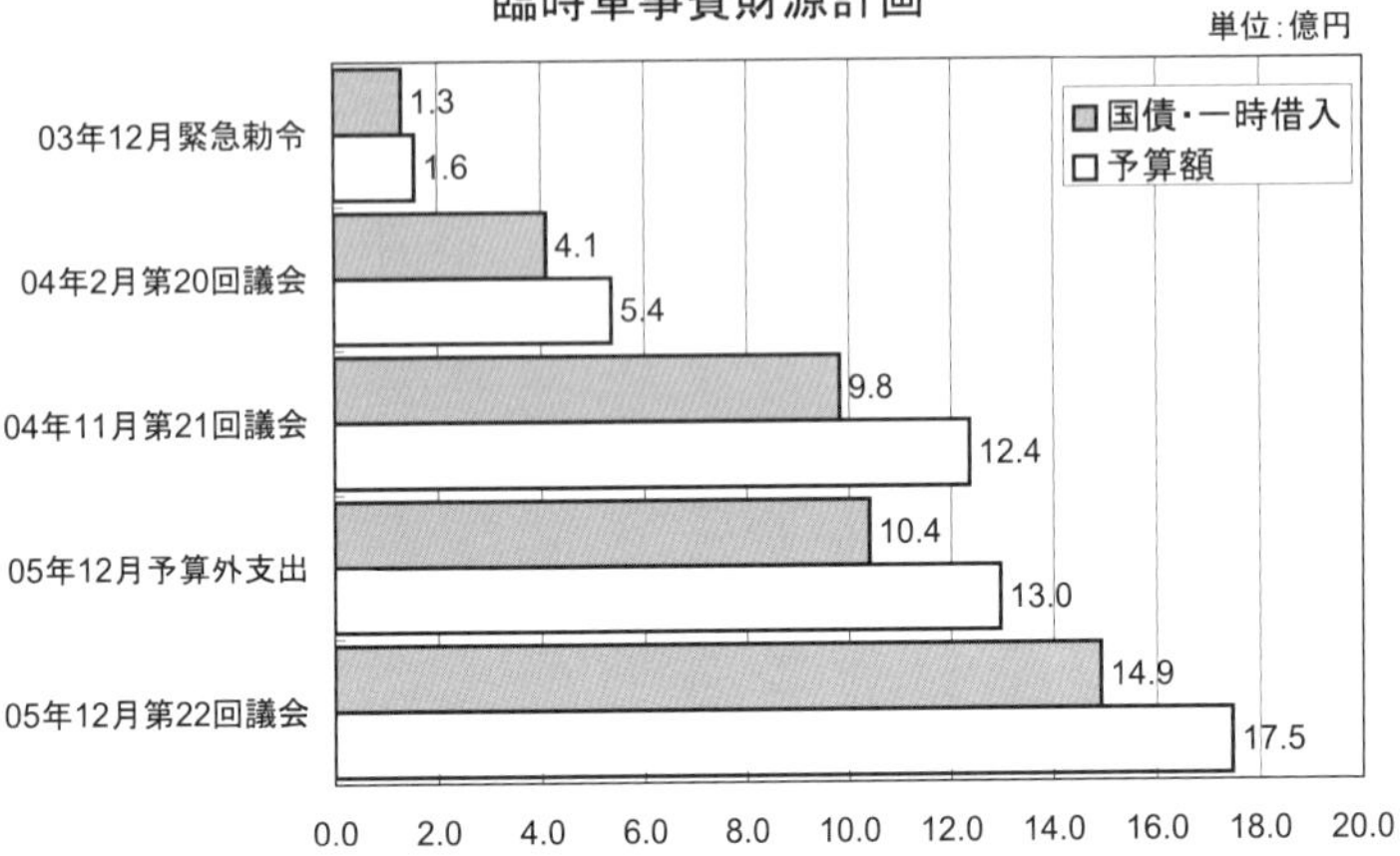

かと言う人もいるだろうが、それは額面と正味手取との違いである。

因みに、一九〇三年末の全国銀行預金残高は、七億五九〇〇万円でしかなかった。[31]金準備における正貨の問題を別にしても、そもそも日露戦争の資金調達は国内発行だけでは無理な金額だったのである。

日露戦争の戦費は予算ベースで語られることが多いが、決算ベースでも見ておこう。全収入の八二％が国債や一時借入金で賄われ、外国公債は全体の四〇％を占めている。こうした外国公債は正貨での借金であるから、投資家に対して正貨で利子を払わなければならない。またいずれ正貨で元本も返さなければならないのである。

一九〇三年の一般会計の歳出は二億四九六〇万円程度しかなかったので、日本にとってこうした元利支払いは重い負担となった。一般会計に占める国債費の比率は、戦前の一九〇三年が一四・六％だったが、戦後の一九〇六年には三二・六％にまで跳ね上がってしま

日本外国公債

日付	クーポン	発行価格	正味手取	発行額(M£)	年数	発行金利	調達金利
1904/5	6.0%	93.5	90.0	10.0	7	6.42%	6.67%
1904/11	6.0%	90.5	86.5	12.0	7	6.63%	6.92%
1905/3	4.5%	90.0	85.5	30.0	20	5.00%	5.26%
1905/7	4.5%	90.0	85.5	30.0	20	5.00%	5.26%
1905/11	*4.0%*	*90.0*	*88.0*	*25.0*	*25*	*4.44%*	*4.54%*
1907/3	*5.0%*	*99.5*	*95.5*	*23.0*	*40*	*5.03%*	*5.24%*

日本内国債

日付	クーポン	発行価格	正味手取	発行額(億円)	年数	発行金利	調達金利
1904/3/10	5.0%	95.255	92.376	1.0	5	5.25%	6.83%
1904/6/16	5.0%	92.016	90.982	1.0	7	5.43%	6.63%
1904/11/7	5.0%	92.008	89.111	0.8	7	5.43%	6.99%
1905/3/31	6.0%	90.444	90.255	1.0	7	6.63%	7.84%
1905/5/5	6.0%	90.042	89.984	1.0	7	6.66%	7.89%

ったのである。

また、戦争終結時にロシアに対する賠償金要求の問題が国内世論として盛り上がるが、その際の世間での要求額のコンセンサスが、当初二〇億円程度だったのは、この軍事費の規模が根拠になっていた。

戦費の決算では、約二億円の剰余金が出ている。日本は戦後に巨額の借金を抱えていたが、直ぐにキャッシュフローに困るような状況ではなかった。戦争中、常に資金不足に悩まされ続けた日本としては、ポーツマス講和会議に先立ち、和平交渉の破綻に備えて余分に資金調達をしていたのである。

この支出の内訳を、陸軍と海軍とに分けると、陸軍が一二億八三〇〇万円、海軍が二億二五〇〇万円と、陸軍のコストが圧倒的であった。人件費の多い陸軍は、常にコストが嵩む。大英帝国の繁栄も、ドーバー海峡によって大陸からの侵攻の懸念が少なく、陸軍の常備兵力を少なく済ませ、海軍中心の軍備を充実できたことが大きなアドバンテージであった。日露戦争後の日本が島国の優位性を鑑みず、大きな陸軍を指向したのは間違いである。

日露戦争臨時軍事費特別会計決算額

単位：千円

収入			支出		
国債・一時借入金	1,418,731	45%	人件費	168,293	11%
外国公債	689,595	21%	物件費	1,165,113	77%
内国債	434,886	14%	機密費	4,049	0%
臨時事件費公債	294,251	9%	一時賜金	164,600	11%
一般会計からの繰入	182,430	6%	亡失金	516	0%
特別会計資金繰替え	69,312	2%	従軍記章費	647	0%
献納金	2,331	0%	その他	5,253	0%
官有物払い下げ	18,875	1%	計	1,508,471	100%
その他	29,533	1%	剰余金	212,740	
計	1,721,212	100%			

一方ロシアの一九〇四年の予算では一般歳出が一九億六六五〇万ルーブルで、これとは別に臨時歳出二億一二〇〇万ルーブルが組まれていたが、この臨時予算は鉄道用の予算であった。それでも経常費として、陸海軍はこの中から四億ルーブルほど予算を持っていた。

結果として、一九〇四年の臨時歳出は八億三〇〇〇万ルーブル（内、臨時軍事費が六億八三〇〇万ルーブル）で、一九〇五年の臨時歳出は一二億八〇〇〇万ルーブルだった。戦争中に「血の日曜日事件」など内乱も発生しているので、どこまでが純粋に日露戦争の軍事費かはわからないが、二年間の合計で二〇億ルーブルを超える臨時歳出は財政的にほとんど赤字だった。赤字は日本と同様に、増税や内国債、外債で賄われる以外になかったのである。

日露戦争を描いた映画『二百三高地』の冒頭では、ロシアの国家予算は三〇億円で日本の一〇倍であったと紹介されるが、これはロシア側の一九〇四年度の臨時予算も足し込んでいた金額だと考えられる。同じように計算するのであれば、日本の予算も一般会計の約二・五億円に、初年度分の戦費七億円程度を足し込む必要があるだろう。そうした意味では、日露の国家予算比較は一〇倍ではなく約三倍となる。これは先出の両国のGDPの比率（三〇頁）ともまた

ロシア外債

日付	クーポン	発行価格	正味手取	発行額M£	年数	発行金利	実質金利	調達金利
1904/5	5.0%	94.0	—	30.0	5	5.32%	6.42%	—
1905/1	4.5%	95.0	90.5	23.1	80	4.73%	4.74%	4.98%
1906/5	5.0%	89.00	83.5	84.3	40	5.62%	5.70%	6.11%
1909/1	4.5%	88.75	85.5	52.5	40	5.07%	5.17%	5.39%

人口の比率とも一致するのである。

第二次世界大戦前に日本がアメリカを仮想敵国とした時、この日露戦争時の国力差は一〇倍であったというようなことが喧伝された。日本は一〇倍の敵に打ち勝ったのであるから、アメリカと戦争をしても勝機はあるのだと、国民に納得させるべく使用したデータだったのだろう。現実の当時のロシアは、様々な角度から見て日本の約三倍の国力でしかなかった。ロシアはヨーロッパや黒海方面に兵力を残しておく必要もあったこと（実際に極東に展開できた陸軍兵力は全兵力の四割だった）を考慮すれば、日露戦争は世界を相手に戦った第二次世界大戦のように無謀な計画の戦争ではなかったのである。欧米から見れば、兵力差よりはむしろ小柄な黄色人種である日本兵三名に対して、ロシア兵一名をあてればこと足りるというような、植民地戦争的な見方が戦前には支配的であったことが、ロシア圧倒的優位の強力な根拠だったのではないだろうか。

いずれにせよロシアの戦費は二〇億円程度だった。[32] もちろんこれはキャッシュフローであって、ロシアに賠償金支払いが無かったとは言え、南満洲鉄道と太平洋およびバルチックの二つの艦隊を失ってしまったのであるから、損益計算ではロシアは失ったものばかりであったのだ。

ロシアの外債発行は上記の表にまとめておいた。[33]

発行額面ベースで戦時中に五三〇〇万ポンド、戦後に一億三六八〇万ポンドを発行した。戦後分の三〇〇〇万ポンドが、一九〇四年五月発行の債券の償還に伴う長期への借り換えであるから、合計で一億五九八〇万ポンド、円換算では約一六億円の借入になったのである。

こうしたロシアの償還期間の長い債券は、第一次世界大戦中の一九一七年二月に起こったロシア革命により、新政府のボリシェヴィキによってデフォルトされてしまうのであった。

第四章　高橋の手帳から見る外債募集談

高橋是清は、深井英五を伴い、資金調達のためにいよいよ欧米に旅立つ。ロンドン市場で日本公債が売られ続けている中、彼らはこの難局にどう立ち向かったのであろうか。この章では、高橋是清の残した「手帳」に書かれたメモに沿って、公債価格の推移とともに彼らの行動を追いかける。これらの展開は『高橋是清自伝』や深井英五の『人物と思想』の記述とは時間軸が少々異なっているが、このことは後の部分で分析する。

この「手帳」の存在はあまり一般には知られていないが、既に研究家達によって分析しつくされている。代表的な著書としては、『高橋是清と国際金融・上巻：日露戦争と「外債募集英文日記」』（藤村欣市朗、福武書店）や『高橋是清：日本のケインズ—その生涯と思想』（リチャード・J・スメサースト）などがある。本書では、藤村氏の名著に収載された「外債募集英文日記」をベースに話をすすめるので、ここでは「手帳」を「日記」と略して呼ぶことにする。

暗涙を催す人々

一九〇四年二月二四日、横浜にあった横浜正金銀行、従業員宿舎の階上の接待所で、高橋是清と深井英五の送別昼食会が開催された。参加者は、戦時財政顧問である井上馨や松尾日銀総裁など、数十人の規模だった。

会も終わろうとする頃、井上は高橋に向かい、送別に乾杯の挨拶をした。

「あなたの使命の成功すると否とが我が国の運命に懸ることが多いのだから、御奮発を願う」

まさに井上の言うとおりだった。正貨の調達に失敗すれば、金本位制の維持が困難になり、輸入物資に頼る日本は、戦争の継続が不可能になってしまう。

この時の様子は、深井の記述を借りると「井上侯は、感激性の人だから涙をポロポロこぼされ、同席の人々も暗涙を催した」となる。

最近、若い男のスポーツ選手や芸能人がテレビ等で泣くと、「男のくせに直ぐに泣く」と批難めいてよく言われることがある。しかし、築地の料亭でもそうであったように、明治の男は実によく泣いた。純粋な感激性を持っていたのだろう。持てない現代人の我々の方が、むしろ反省すべきなのかもしれない。あるいは感激性を持てるような仕事が、現代の日本には不足しているのかもしれない。また一方で、当時の日本の公債価格の暴落ぶりを見ると、暗涙を催してしまうのも仕方のないことだった。ロンドン市場の日本公債は一体どこまで下がるのか、この時点で底は全く見えていなかったのである。

高橋と深井は、送別会の後で、出発に先立ち、香港上海銀行横浜支店を訪ねた。ここでは先述したベアリング商会と香港上海銀行が共同で日本政府に提出した公債発行の提案書について、話し合われたと考えられる。

その条件とは、

- ●クーポン　六％
- ●金額　一〇〇〇万ポンド
- ●期間　一〇年
- ●政府手取　八五％
- ●調達金利　七・〇六％（現代式計算法では八・二三％）

但し、担保として二〇〇万ポンドをロンドンに預託すること。一二ヶ月間はベアリング商会、香港上海銀行を経由しないで資金調達をしないことと、条件が付されていた。

日本政府は、この条件は受け入れられないと考えた。したがって提案は実現しなかったのである。確かに「タイムズ」の外国公債の市況欄を見ても、クーポンが六％の国はなかった。いかに戦時発行とはいえ、価格以前に六％というクーポン・レートだけを見ても、日本政府としては受け入れる気にはならなかっただろう。

高橋が出発にあたって大蔵大臣から受けた命令書の条件は、以下のようなものだった。

●クーポン　五％以下
●金額　一〇〇〇万ポンド（但しそれが無理であるならば五〇〇万ポンド二回に分けてもかまわない）
●期間　一〇年据え置き後、随意償還で五五年
●手数料　四％以下とすること
●公債発行以外の方法として、既発行の五％クーポン公債証書を裏書して売却しても良い

この裏書という手段は、政府の所有する内国公債証書に、元利とも円に代わり英ポンドでロンドンにおいて支払う旨を約款として記入する、という方法である。大蔵省では高橋からの連絡があり次第、公債の現品を日本からロンドンへ郵送するとしていたのである。

提案と命令書の条件は、かなりかけ離れていた。日本政府はこの時点では、まだ資金調達に対して楽観視していたとも言えるだろう。この後のロンドン市場の公債価格の下落により、ベアリング商会と香港上海銀行は上記の提案すら引っ込めてしまったのである。そして先述したが、ベアリング商会の社内資料によると、同社は三月四日には日本公債ビジネスから一旦降りてしまったのだった。

翌二五日に、高橋は深井とともに横浜港をサンフランシスコに向け出航した。高橋の乗った船

は米国太平洋郵船会社シベリア号（一万一二八四トン）であった。一九〇二年に完成した新しい客船で、巡航速度一六ノット、香港—上海—横浜—ホノルル—サンフランシスコを結ぶ定期船である。この船会社のオーナーは米国の鉄道王ハリマンだった。

このシベリア号には、もう一人重要な人物の名が乗船名簿にあった。米国に派遣される金子堅太郎である。この旅で高橋と金子は、狭い船内で二週間以上を一緒に過ごした。また、戦費調達と政府広報では関わる部分も多かっただろう。金子と高橋の間には活発な議論があっただろうと想像されるが、不思議なことに二人の自伝や回想録ではお互いの事には殆ど触れられていない。また深井も「金子堅太郎伯には米国に於て近接した」[1]とだけ記してあるが、具体的なエピソードは何も残してはいない。これは史料を読んでいても少し違和感が残るところだが、本書を読みすすめるうちにこの謎は解けるのではないかと思う。

シベリア号は三月四日にホノルル着。ハワイは一八九八年にアメリカ合衆国に併合されている。当時のアメリカの帝国主義的な動きは、どの列強国にも負けてはいなかった。ハワイを併合し、米西戦争ではキューバを獲得。太平洋方面においてはフィリッピンまで勢力圏を拡張していたのである。ロシアの専制君主ニコライ二世から見ても、きっとアメリカは自分達と同類にしか見えなかっただろう。

一八九九年、アメリカの国務長官ジョン・ヘイは中国の領土保全と門戸開放、商業上の機会均等を提唱していた。いわゆる門戸開放政策である。当時の中国市場は従来の列強が事実上分割して植民地化していたので、アメリカとしては出遅れを取り戻すための政策だった。この時、ロシアは中国東北部の満州を事実上軍事占領していたので、日本がロシアを北に押しやろうとする日露戦争は、アメリカ政府として支援できるものだった。但し日本が勝利し、ロシアと入れ替わるだけであるならば、それは彼らにとって好ましくないことだった。

シベリア号は翌五日にホノルル発、一一日にサンフランシスコに到着し、一行は一三日には、早速、ユニオン・パシフィック鉄道でニューヨークに向かっている。ニューヨーク到着は三月一七日の夕刻だった。全行程、約三週間の旅。そして交通機関は、すべて鉄道王ハリマンのものだった。もちろん高橋達は、そんなことは気にかけていなかったが。

鐚一文の信用無し

三月一七日に、高橋達がニューヨークのマジェスティック・ホテルに投宿すると、横浜正金銀行ロンドン支店長、山川から電報が届いていた。

【ロンドンでの外債募集は見込み無し。目下、正金銀行に鐚《びた》一文の信用無し】

ロンドン支店長の山川勇木《ゆうき》は、かつて高橋が日銀から横浜正金に出向していた際に机を並べていた仲だった。高橋は山川を「ゆうぼく」と呼び、随分と可愛がっていた。横浜正金銀行ロンドン支店は、今回の日本の公債募集に発行銀行として参加する予定だった。もちろん山川の打ったこの電報は、横浜正金銀行に信用がないという意味ではない。日本政府に対する国際的な信用が

ロンドン市場の4%日本公債価格

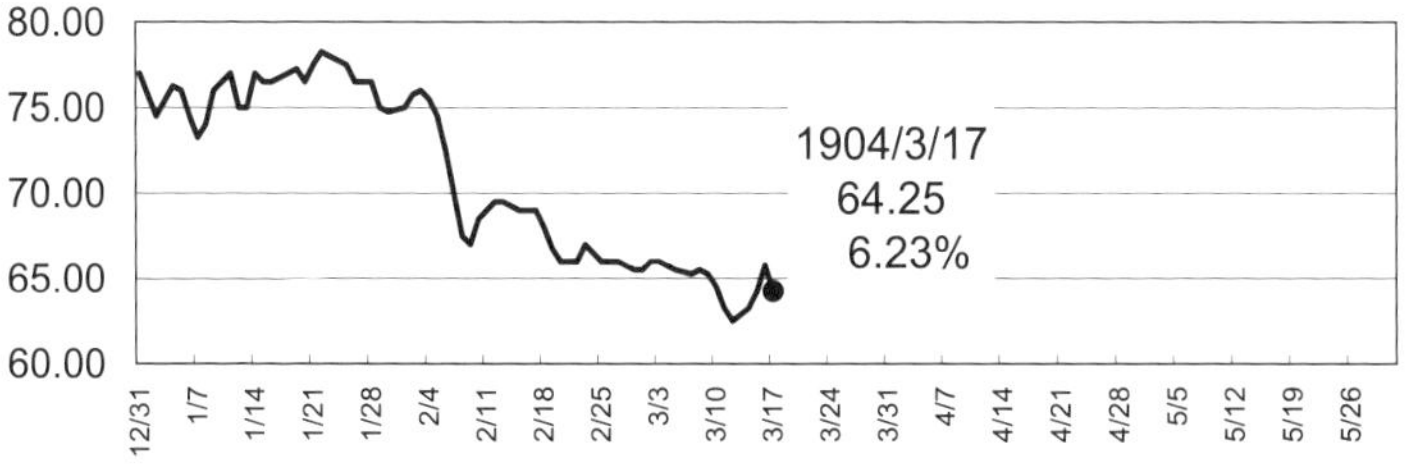

ないという意味だった。日本は借金をしても返済能力がないと思われていたのだ。

こんな電報を山川がわざわざニューヨークに送ってきた理由は、ロンドンでの資金調達はもう無理であるからニューヨークでやってはどうか、との進言だった。しかし、これは考えてみればひどい話だった。国際金融市場のロンドンで調達できないものが、当時、まだ外国公債に不慣れなニューヨークで調達出来るとは常識的に考えられない。

ただ高橋には不満だろうが、山川のこの悲観的な見通しも無理はなかった。ロンドン市場に上場する日本公債は、上のグラフにあるように日露間の緊張が増すごとに値下がりを続け、いざ開戦となった後もさらに下落を続けていたのである。

一方でロシア公債は開戦と同時に日本公債と同じように下落はしたが、それ以降はむしろしっかりと推移していた。これは言い換えれば、ロンドン金融市場では誰も日本がロシアに勝つとは考えていないということだった。

高橋はニューヨークにようやく到着したばかりで、まだ目的地のロンドンに到着すらしてはいない。日本公債の大規模な募集は、限りなく絶望的な仕事にも思えたことだろう。それでも日本は既に戦争を始めていた。正貨はどうしても必要だった。調達出来ないという結果は、あってはならないことだったのだ。いまさら朝鮮半島を北上している兵を引っ込めるわけにはいかなかったのである。

高橋は、メディアに対して渡航の目的を秘匿しようと努めてはいたが、それは日露戦争に興味を抱くどのメディアから見ても見え透いたものでしかなかった。当時のアメリカのメディアにすれば、日本とロシアの戦費調達は売れるコンテンツだったのである。早速、「ニューヨーク・タイムズ」の記者が高橋を訪ねてきた。

「今回のあなたのニューヨーク訪問は、戦争の為の資金調達だという噂が立っていますが?」

インタビューする記者に対して、高橋は強気な態度で応対した。

「いいえ、今回は日本銀行の代理店である横浜正金銀行の監査のために欧米を回っております。日本は戦争のための資金調達には困ってはおりません。例えば、先日、国内で戦時国債を募集しましたところ、随分と人気でして応募倍率は五倍もありました。条件は五%クーポンで価格は九五で募集いたしました」

この発行条件は、今回、高橋が外国公債においても望んでいる価格水準であった。金利で言えば五・二六%である。ロンドン市場上場の日本公債よりも一%も低い水準だった。

「それでは、海外での募集は必要がないという事でしょうか?」

「ええ、国内でこれだけ人気があるならば、海外での公債募集は必要がないと考えております。戦時公債は国内資金だけで充分賄えるでしょう」

この後、深井が日本の外債の歴史を記者に補足説明した。この様子は三月二〇日の「ニューヨーク・タイムズ」の記事となっている。[2]

高橋のインタビューでの発言は、現実とは裏腹に随分と虚勢を張った強気な内容だった。そもそも内国債だけでは、日本は最初から戦費は賄えないのだ。論理的には破綻していたのである。高橋はインタビューではいつも強気で押し通したのだった。

また、ベアリング商会のニューヨーク駐在員ガーランドが、高橋を訪問してきた。彼は、ロンドンで香港上海銀行の支配人であるキャメロン卿が会いたがっていると、高橋に告げた。ベアリング商会は既に日本公債ビジネスから降りてはいたが、香港上海銀行はまだ何とかビジネスにしようと画策していたのだった。

高橋と深井が宿泊するマジェスティック・ホテルは、ブロードウェイ五五丁目に建つ、この年に完成したばかりの真新しいホテルだった。ブロードウェイにはたまに自動車も走っていたが、まだ馬車が中心であり、道の中央には路面電車が走っていた。この年の一〇月には、ニューヨークで初めての地下鉄ブロードウェイ線がオープンすることになる。

ブロードウェイを南に三四丁目まで下ると、六番街と交わる。六番街にはエル・トレイン（高架鉄道）がけたたましい騒音をたてて走り、右手には九階建てのメイシーズ百貨店がすでに山のように巨大な姿を見せていた。メイシーズはシフと同じユダヤ人商人会のストラウスが経営していた。マンハッタンの北からグランド・セントラル駅に至るパーク・アベニューの鉄道線路は地中化工事が進んでいたし、ハドソン川を渡るパス・トレインのトンネルも工事中だった。これらの資金は皆ウォール街で調達されていた。当時のマンハッタンはいたるところが工事現場だったのである。

一九〇三年末のアメリカの銀行資産は、一四三億ドルあった。さらに保険会社が二三億ドルの資産を持っており、合計で一六六億ドルにものぼった。[3] 日本円に換算すると三三二億円にもなる。ちなみに当時の日本の全国銀行預金残高が七億五九〇〇万円なので、アメリカの資金量は日本のざっと四〇倍ほどある見当だった。日本興業銀行設立時に金子堅太郎が言ったように、アメリカの力は非常に大きくなっていたのである。

三月二三日、高橋はニューヨーク発のホワイト・スター・ライン所属セドリック号（二万一〇三五トン）でリバプールに向かった。

絶望的な公債発行

高橋達は、三月三一日にリバプールに到着している。そして、そのままロンドンへ向かい、ド・ケーゼル・ロイヤル・ホテルで荷を解いた。この間、ロンドン市場の日本の公債価格はまだ下がり続けていた。

四月二日の土曜日、高橋は、末松謙澄の滞在するセント・ジェームズ・パークに近い長期滞在者用のアパート、クイーン・アンズ・マンションに出向いている。金子堅太郎がアメリカに国家の広報活動に向かったように、ヨーロッパには末松謙澄が政府から派遣されていた。任務に逡巡

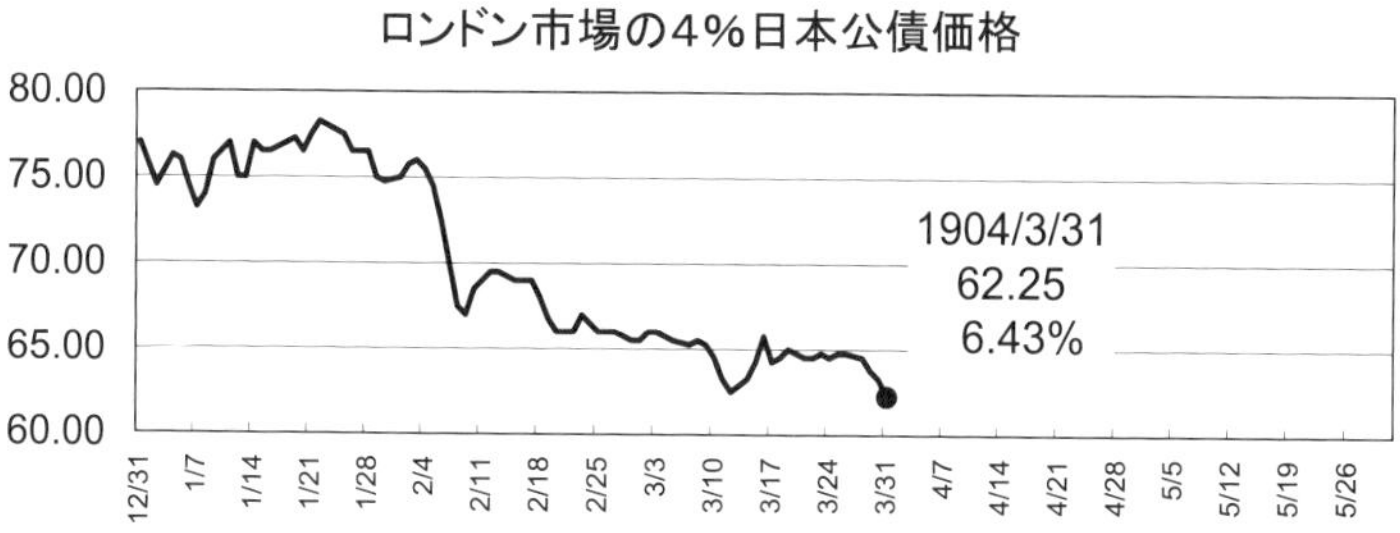

した金子とは違い、末松は早くから国家による広報活動の重要性を認識し、自ら欧米に出向きたいと建議していたのである。高橋と末松は古くからの仲だったので、旧交を温め合ったのだろう。

高橋は末松の家を出ると公使館に出向き、林董在英国公使を訪ねた。林は、今回の公債発行は無理だと考えていた。横浜正金の山川もそうであったように、ロンドンでは日本の公債発行は無理だというのがコンセンサスだったのだ。公債価格の推移を見れば、それも無理からぬことだった。

林董在英国公使は、一八五〇年、下総佐倉藩の蘭医佐藤泰然の五男として産まれた。高橋よりは四歳年上である。実兄には維新時に幕府方軍医として活躍し、明治政府の初代陸軍軍医総監となった松本良順がいる。司馬遼太郎『胡蝶の夢』の、主人公のモデルとなった人物である。

林は幕府からの派遣で英国に留学していたが、戊辰戦争時には帰国し幕府軍に参加した。幕府海軍の榎本武揚に従って箱館五稜郭まで戦い、最後は捕虜となった。箱館にいた当時の旧幕府軍が外国使節等に発信する英文はすべて林が書いていたが、当時の在日外国人からは、箱館の幕府軍にはイギリス人が混ざっていると信じられていたほど、英語に通じていた。
林は留学前に、後に明治学院となる横浜のヘボン塾で英語を習っていたが、その時に仙台藩からの留学生である高橋と一緒に勉強していたことは、先にも述べた。弘前藩に捕虜として預かりの身となった後、明治四年にその英語力を買われて岩倉遣外使節団に参加し、後の出世の緒をつかんだ。
明治二〇年頃までは内務官僚だったが、榎本武揚が外務大臣の時に外務次官に転身し、以降は外務畑を歩み続けていた。一九〇二年、日英同盟締結に功があり、子爵に昇叙。今回の高橋の資金調達は、この旧知の林公使の監督下で行われるのである。

四月三日の高橋の日記には、こう書いてある。

林は、公債は絶望視しているが、貿易の差額を決済するため正貨借入れが必要であることは認める。

公債発行は無理であっても、貿易決済のために他の手段でもよいから正貨を借り入れる必要があるという意味だろうか。
四月一日から四日までは、グッド・フライデーや日曜日、イースターなどで、ロンドン市場は休場だった。

四月七日、パーズ銀行支配人のアラン・シャンドがホテルに高橋を訪ねてきた。高橋が少年の頃、横浜の銀行でボーイとして仕えた、あの銀行家である。また、香港上海銀行ロンドン店支配人のユーウェン・キャメロン卿も訪ねてきた。この時、どちらも公債発行について話をしたのだろうが、会話の内容は何も残っていない。このキャメロン卿は現在のイギリス首相デーヴィッド・キャメロンの曾祖父にあたる。

四月八日、下落を続けるロンドン市場の日本公債に観念したのだろうか、小村外務大臣から林在英国公使に電報が届いた。

小村外務大臣より林在英国公使宛　第二一〇号[4]

【速急資金獲得の必要に鑑み倫敦《ロンドン》にて私債を起すの方途に関し意見提出方の件】

本国では開戦間もないにもかかわらず、いよいよ正貨が底を突き始めていた。小村外務大臣は、もう公募にはこだわらない、調達できる金額が多くない私募でもよいので、とにかく速急に資金を調達せよ、そしてその方法を連絡せよ、との電報だったのである。

四月一二日、シャンドのアレンジにより、高橋はパーズ銀行に赴き、セシル・パー頭取、ジョン・ダン取締役と面談している。このダンという人物について、後に林公使から英国ランズダウン外相にむけたレターの中ではこう書かれている。

高橋は公債発行に関して幾人かの金融業者と接触した。……しかし、パーズ銀行のダン氏をのぞいて、彼らの全てはこの問題を取り上げることを拒絶した。ダン氏は大胆にことを進め、発行銀行グループを組織して公債を発行した。[5]

ダンは日本にとって、特に好意的に努力をしてくれたのである。

また、当時のロンドンの有力株式ブローカー（外国公債も株式の範疇だった）であるパンミュール・ゴードン商会のコッホにも会っている。コッホには、ロンドン・パリ両方のロスチャイルド商会がバックに控えていた。

四月一三日、高橋は再び、香港上海銀行のキャメロン卿やベアリング商会の紹介でロスチャイルド卿とその弟のアルフレッドと面会した。またチャータード銀行とも面会した。しかし、残念ながら彼らはおしなべて日本の金本位制維持に対して疑問を持っていたのである。彼らは、日本政府には正貨の調達ができないだろうと考えていた。また彼らが言うには、イギリスの投資家はこの戦争では、結局、ロシアが勝つと踏んでいるので、日本公債の募集は無理だろうという意見であった。

この両日、高橋はたくさんの金融業者と会っているが、具体的な話はほとんどなかった。やはり、日本政府による公債発行はほぼ絶望的だったのである。

四月一四日、高橋は香港上海銀行のキャメロン卿と一緒にベアリング商会社主であるレベルストーク卿を訪問した。既に書いたように、レベルストーク卿は、この時、日本との公債ビジネスからは降りていたのであった。それでもキャメロン卿の香港上海銀行としては、日本案件はコアのアジア・ビジネスである。簡単にあきらめるわけにはいかなかったのだろう。

レベルストーク卿は、日本の公債発行に関しては現状では無理だと考えていた。代替案として彼が出したのは、六〇万ポンドまでなら貸そうという、融資の提案でしかなかった。

日本政府が保有する既発行の九九年四%公債二〇〇万ポンドを担保に、大蔵省証券の形であるならば、貸しても良いということであった。つまり公債の公募は無理であって、しかも個別で貸すとしても担保を付けて、やっと六〇万ポンドという金額だったのである。これはベアリング商会が、体よくお断りしていると考えた方がよいだろう。高橋にすれば情けなくなるような条件だったが、レベルストーク卿にすれば手ぶらで高橋を返すわけにもいかず親切心から提案してきたものだった。いずれにせよ、高橋が政府から命ぜられている一〇〇〇万ポンドには遠く及ばない金額であった。

これは、横浜正金銀行ロンドン支店長である山川や林公使の言うとおりだった。どうやらロシアと戦争を始めた日本は、「鐚一文の信用も無し」だったのである。

しかし、日本は既に戦争を始めてしまっていた。戦争では様々な予想外なことが起こるのである。あるいは、予想そのものが間違っていることもあるのだ。

マカロフに追悼の意を表す日本人

高橋がロンドンで公債募集に苦しんでいる頃、海軍の戦場である旅順口では小規模な海戦があ

ロンドン市場の4%日本公債価格

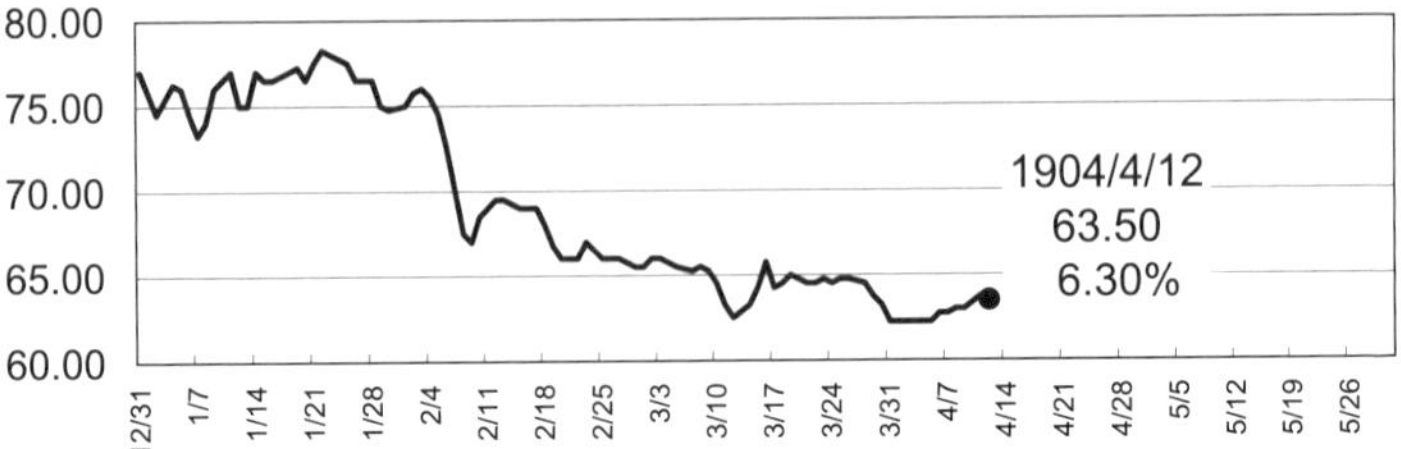

った。

開戦当初に日本艦隊の急襲を受けた旅順のロシア太平洋艦隊では、スタルク長官が解任されステパン・マカロフ中将が代りとして赴任していた。マカロフはロシア海軍の切り札であり、名将として世界中の海軍関係者からの尊敬を受けるだけで無く、一般の水兵達からも慕われ艦隊の士気も大きく向上させたと言われていた。

ベルツも、マカロフのことを二月一九日の日記に記している。

旅順司令長官スタルク提督罷免。後任者はロシア随一の海将マカロフである。部下の連中はかれを、ネルソン以後に比肩するものなき海の天才と称している。

マカロフは兵員の士気と練度維持のため積極的に旅順口外に進出し、小競り合いを繰り返していた。

ところが、四月一三日、マカロフ座乗の戦艦「ペトロパブロフスク」が旅順口外において日本海軍の敷設した機雷に接触し、マカロフもろとも轟沈してしまったのだ。ロシア海軍随一の名将も、開戦間もなく、あっけなく戦死してしまったのである。もし彼が生きていれば、ロシア太平洋艦隊の存在も、日露戦争も、歴史とは大きく違ったものになったのかもしれない。

「タイムズ」にこの事件の記事が掲載されるのは、四月一四日の号であった。

マカロフは、一八七七年のロシア・トルコ戦争の当時から水雷艇運用、戦術論に関する第一人者であり、世界で初めて魚雷攻撃を実践した軍人でもあった。また、海洋調査の方面でも北極探検を二度ほど実施している。世界最初のロシア砕氷船「イェルマーク号」が英国ニューキャッスル・アポン・タインのアームストロング社で建造される際の、工務監督も現地で務めていた。同船の建造中、マカロフは当地に住み、滑らかな英語を話し、その高潔な人格から地元でも人気があった。海軍軍人というだけでは無く海洋学者であり、ロシア帝国科学アカデミーの会員でもあった。

マカロフの代表的著作『戦術論』は、ロシアの海軍大学はもちろんのこと、世界中の海軍学校で読まれるほどの名著でもあった。マカロフ自身何度も世界中を歴訪し、アメリカにも陸海軍関係者に知り合いが多かった。したがってマカロフの死去にあたって、英米の新聞は彼を称賛する追悼記事を書きたてたのであった[6]。

この頃、米国で政府広報の役目をしていた金子は、米国陸軍ウッドフォード中将の斡旋でニューヨークのユニバーシティ・クラブにおいてパーティーを開催する予定だった。全米の名士二一九人が集まったのだが、マカロフが死亡したのはちょうどその前日のことだった。当時、こうしたパーティーでの演説は新聞の記事になった。

この講演で金子は、演説の最後にマカロフに対する弔慰を述べている。

ここに御列席の多数のお方はマカロフ大将をご承知であります、大将は世界有数の戦術家である。この人が死なれた。わが国は今やロシアと戦っている。しかし一個人としてはまことにその戦死を悲しむ、敵ながらも我輩はこのマカロフが死んだのはロシアのためには非常に不幸であると思う。又マカロフ大将も国外に出て祖国のために今やまさに戦わんとするときに臨んで命を落としたことは残念であろうが、この戦役に於て一番に戦死したことは露国の海軍歴史の上に永世不滅の名誉を輝かしたことであろうと思う。私はここに追悼の意を表してもって大将の霊を慰める。[7]

ロシアの駐米公使のカシニーは買収資金をつぎ込み、米国の新聞紙上において、黄禍論や宗教論争を持ち出して、あけすけな日本へのネガティブ・キャンペーンを張っていた時期だった。その対極として、この騎士道精神をも匂わす金子の礼儀正しさ、敵の名将を称賛しその不幸を弔する演説が、新聞紙上で好意的に取り上げられたのは当然のことだった。

しかし、この時、特に金子だけが意図してマカロフに弔慰を述べたのではない。日本の在外公使や海軍関係者も同様に、各地で弔慰を述べている。言ってみれば、これが当時の日本人のスタンダードであり、武士道の精神を自然な状態で残していただけなのかも知れない。ともかくもマカロフのおかげで、奇しくも金子の人気は騰《あ》がることとなったのである。金子の人気が騰がるという事は、すなわち日本の国としてのイメージも良くなるということだった。たとえ黄色人種で

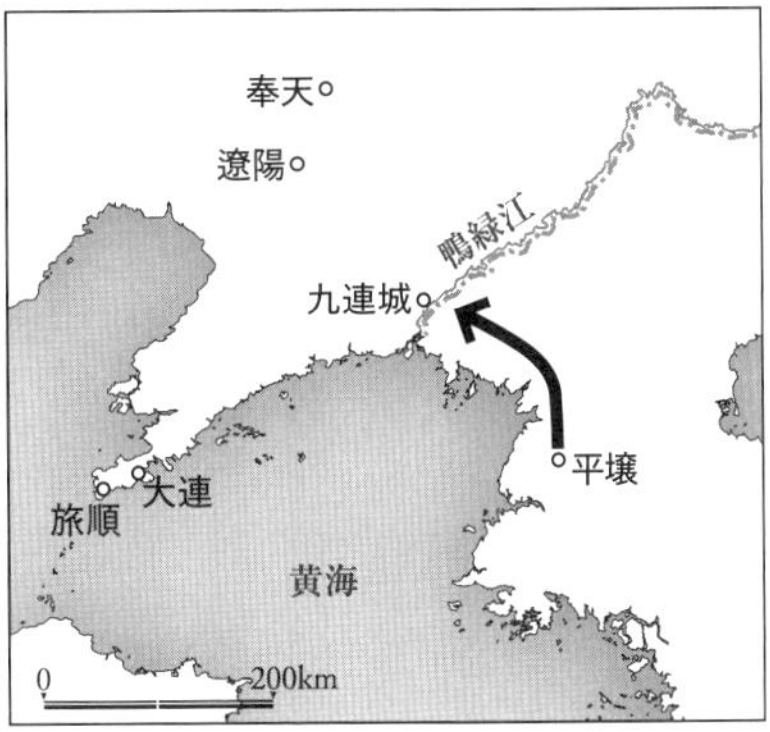

非キリスト教国ではあっても、未開の非情な野蛮な国という偏見から、少しは脱することができたことだろう。

四月一八日、東京発。「タイムズ」、「ニューヨーク・タイムズ」提携記事より。

日本人はマカロフに追悼の意を表す。日本の新聞のほとんどはマカロフに同情的で、その死に対して追悼の意を表している。[8]

この記事を読めば、当時の日本国民は何と慎み深い国民なのだろうかとの印象を与えることになるだろうと思うだろう。しかし現実には、日本の新聞各紙は、民衆を煽るような記事も多く書いていたようで、ドイツ人医師ベルツは、このマカロフ戦死に関して、日本人の冷静にして慎重な行動を評価しつつも、日本の新聞に対しては辛辣な批評を加えている。

> 日本人は、その祖国にとってこれら新聞紙がいかに禍いであるかを、必ず悟ることだろう、これら新聞紙は、自国を完全に歪めた形で、外部に伝えているからである。

ベルツは、名将マカロフとは交友があった。

陸軍の動向を見ておく。黒木大将率いる第一軍三個師団四万二五〇〇名が三月一九日に平壌に進出すると、ロシア軍の大きな抵抗も無く、四月末には満州朝鮮国境の鴨緑江沿いに兵力を展開していた。ロシア軍の鴨緑江方面の配置は約二万名であり[9]、しかも広く分散配置されていた。ロシア軍から見れば、鴨緑江での戦いに大きな意味を求めてはいなかった。彼等からすれば満州と朝鮮との間の国境には、日本ほど大きな意味は無かったのである。むしろここでは抵抗しつつ撤退し、交通の要衝である遼陽において兵力を集中した後に日本との決戦に臨むつもりだった。遼陽にはシベリア方面から鉄道が繋がっていたのである。

鴨緑江は、英語表記で“Yalu”である。ヤールーでの交戦は国境線上での戦いであり、日露戦争開始以来、初めての本格的な陸軍の会戦だった。体格の劣るリトル・ピープルである日本人が船で戦う海軍であればともかく、陸戦ではロシア兵にとても敵わないのではないかと考えられていた。ロシア側がどのように考えようとも、この覚えやすく発音しやすい地名とともに、この戦いは全世界から注目される事になるのであった。またもし日本陸軍がこの国境を突破するようなことがあれば、日露戦争の戦場が朝鮮領内から後の南満洲鉄道沿いに展開していくことになる。満州の利権に注目する者から見ればこれは大きな意味を持ち始めることになる。

トレジャリー・ビルかボンドか

ロンドン市場の4%日本公債価格

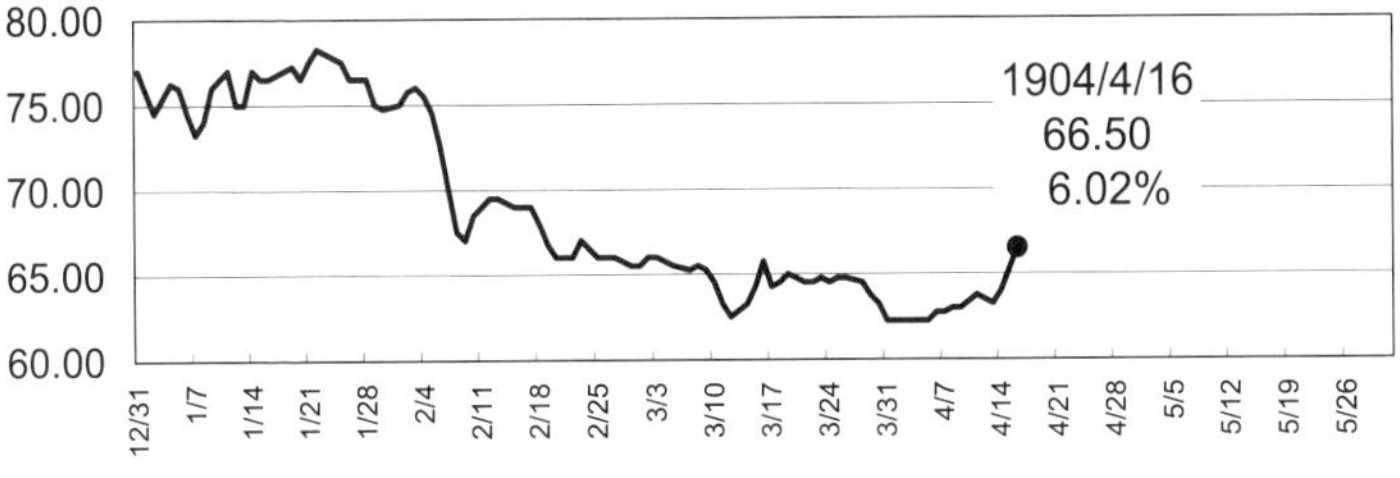

ロシア海軍随一の名将マカロフの戦死によって、果して日露戦争は日本が有利だとの判定となったのか、あるいは日本の紳士的な対応が日本の評価を持ち上げたのか、はたまた日本公債が単に下げ過ぎていたので反発したのか、原因を特定することは困難である。しかしいずれにせよ、日本公債の価格はマカロフのこの事件が「タイムズ」に報道された一四日から一六日にかけて、大きく反発した。

さて、しかし、ベアリング商会のレベルストーク卿が公債発行を否定して、大蔵省証券での調達を高橋に提案したように、四月中旬の日本には、公債を発行し広くイギリスの大衆に募集することは困難となってしまっていた。

では、レベルストーク卿が提案した大蔵省証券とは、一体どんなものだったのであろうか。それはトレジャリー・ビルと呼ばれる、大蔵省発行の短期証券のことであった。広く大衆投資家に公募するものではなく、銀行団による融資か、もしくは特定の投資家に販売するプライベート・イッシュー（私募債）とされるものだった。そうした性質上、償還期間も短く、金額も大きくはならない。また満期が早く到来するので、戦争のファイナンスには不向きなものだった。一方、高橋達が望んだ公債は、ボンドと呼ばれた。こちらは期間も長くロンドン市場に上場し、広く大衆投資家に公募販売するので、大きな金額の資金調達に向いていたのである。

四月一五日、高橋は小村外務大臣から八日の電報で問われていた「速急資金調達の方策」について、長文の電報を松尾日銀総裁あてに打ち、政府の選択をせまった。

在英国林公使より小村外務大臣宛　第一三〇号

【倫敦《ロンドン》起債に関し高橋より甲乙の両案提義の件[10]】

「高橋氏より日本銀行総裁に甲乙両案を提議し其一を選ばれたき旨を電報したり現下の情勢に於ては右両案以外に実行し得べき手段なかるべしと思わる

甲案　大蔵省証券の発行、

乙案　日銀保有の既発公債の売却　（以下略）」

この電文に対する返事は、一七日に日銀総裁から高橋宛に入った。それは迅速な回答だった。日本は正貨の不足が、よほど深刻化していたのだろう。一八日には、小村外務大臣から林公使宛にその回答の確認の電報が入っている。

小村外務大臣より在英国林公使宛　第二一七号

【ロンドン起債につき甲案採用並びに援助方訓令の件】

「貴電一三〇号に関し、この際先ず甲案を採ることに決定し、日本銀行総裁より委細高橋氏に電報せり。尚貴官は本件成功の為め充分援助を与えられたし」

本国もロンドンも大蔵省証券（ビル）発行の方針を決定したのだった。これは望んだものではなく、公債（ボンド）発行が無理であったための仕方ない選択だった。

四月二一日、高橋がパーズ銀行に依頼して、同行のシャンドやダンが奔走したのだろう。それまで正式には横浜正金銀行とパーズ銀行の二行だけだった銀行団に、新たにキャメロン卿の香港上海銀行が正式に加わった。一方で、過去に実績のあるベアリング商会とチャータード銀行は、銀行団には参加しなかったのである。

新銀行団は、早速、ミーティングを開き、日本政府に対する提案をまとめた。ダン、ホウェイリ、シャンド（パーズ銀行）、キャメロン卿（香港上海銀行）山川、巽（横浜正金銀行）らが協議した結果だった。

これは、香港上海銀行のキャメロン卿による提案だった。

- クーポン　四％
- 期間　三年
- 一〇〇万ポンドなら、一〇〇ポンドにつき正味手取九三ポンド　利回り六・六一％
- 二〇〇万ポンドなら　一〇〇ポンドにつき正味手取九〇ポンド　利回り七・八〇％[11]

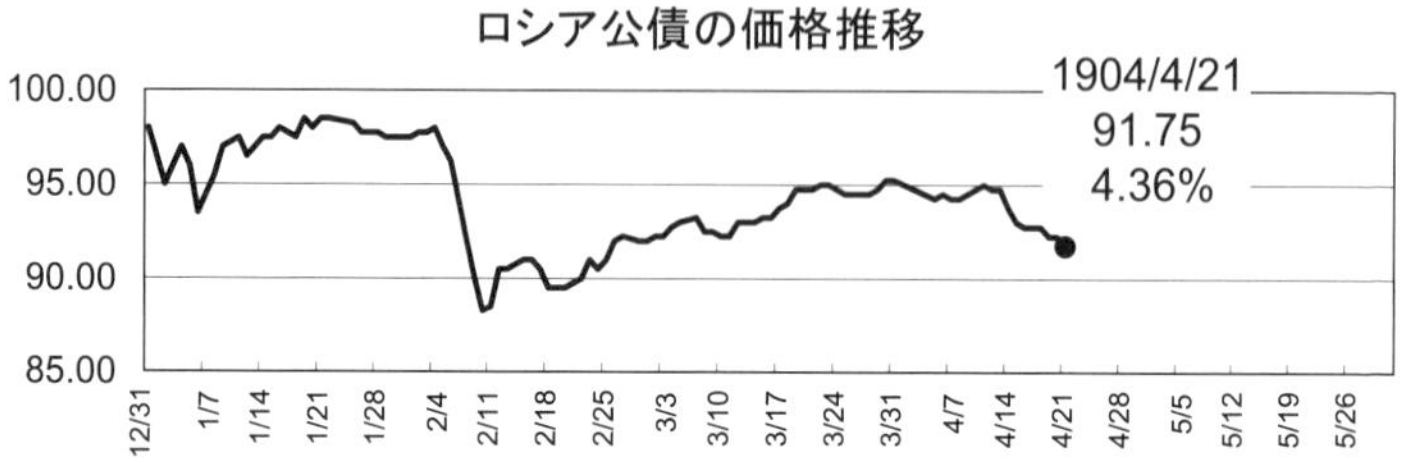

ベアリング商会の提案よりはよほどましな内容であったが、もちろんこれも広く市場に募集をかける公募ではなかった。期間は三年だから償還期間から言えばボンドなのだが、実際にはビルと同じことだった。日本政府と高橋が甲案である大蔵省証券を選択している以上、キャメロン卿はそれに応えただけである。

また発行規模一〇〇〇万ポンドと二〇〇〇万ポンドの間では、一%以上の利回り格差があった。つまり、融資金額の規模によるプレミアムが大きく要求される事を示していた。これは規模の大きい調達は無理だという意味でもあった。二〇〇〇万ポンドが上限であり、それ以上は困難であるとの意味も持っていたのである。

ロスチャイルドをバックに持つパンミュール・ゴードン商会のコッホは、この条件ならばロスチャイルド単独で引き受けられるかも知れない、と高橋にささやいたそうだが、もちろんこれは抜け目のないコッホが鎌をかけてみただけのことだった。

一方でマカロフの戦死は、ロシアの公債価格にも影響を及ぼしていた。

ロシア公債は、開戦直後の下落から徐々に価格を戻し始めていたが、マカロフの戦死により再び下落し始めた。マカロフへの期待は実に大きかったのだ。

この四月二一日の時点で、日本政府が持っているファイナンスのベスト・オファー（最高の条件）は、香港上海銀行提案の期間三年、四％クーポン、二〇〇万ポンドだったのである。

新しい訪問者、カッセル配下のビートン

四月二二日、有力な株式仲買人であるヘンリー・ラミー・ビートンが、アポイントメントに従って、高橋を訪問して来た。この時点では、高橋も日本政府も公債発行をあきらめて大蔵省証券を発行しようと考えていた。

ビートンは、マーチャント・バンクで紹介した個人金融家アーネスト・カッセル卿の関係者である。カッセルは、当時のロンドンではロスチャイルドやベアリング商会と並ぶ実力があった。

この頃、日本の公債価格は六六台で安定し始めていた。

このビートン来訪の部分は、先述の高橋の手帳、藤村欣市朗氏の「外債募集英文日記」から引用させていただく。


午前十時。予約に従って、H・Rビートンが訪ねて来た。

彼は、私が影響力のある金融人を助言者にする必要があると提案した。

日本は、不幸にも一流の金融人を今日までアドヴァイザーにしていない。

彼の意見に依れば、アーネスト・キャッセル卿こそは、彼が推挙したく思う人物である。も

っとも、彼が応じてくれるか否かは確信を持てないけれど。……

彼（ビートン）は、〝ユダヤ人は第一級の金融人である〟と云う。

「しかも、キャッセルは、ロンドンで最大の影響力を有っ《ママ》人物である（国王の寵も厚い）。彼なら、ロスチャイルドだろうとモルガンだろうと同じように招待することができるのだ。英・米を巻き込めるように、巨額の借款を持ち掛けることだ。

（中略）もしも日本が、海戦同様陸上戦でも敵を打ち負かす決心なら、（借款は）その時まで待った方がいい、ただし待ってる間にもチャンスには備えておるべきだが」

何と数多くの示唆に富むメモだろうか。

ビートンは、アーネスト・カッセル卿と行動をともにする株式仲買人だった。ケンブリッジ大学卒業であり、貨幣学に詳しく、深井英五とは、この後、長く文通を続ける友人となる。

アーネスト・カッセル卿は、一八五二年、ドイツ、ケルン生まれのユダヤ人であり、高橋より二歳年上だった。若くしてイギリスに渡り、穀物商社、銀行等で働き、やがて独立して自分の会社を興した。彼は個人的な記録や事業上の記録を破棄してしまったので謎に満ちているのだが、クーン・ローブ商会のヤコブ・シフとは長年の友人であり、ビジネス・パートナーとして密接に結びついていた。鉄道金融での数多くの事業計画、スウェーデンでの鉄鉱石資源の開発、エジプトのアスワン・ダムの開発などを行なっている。[12] 彼はこの時代のベアリング商会、ロスチャイルドと並ぶ、ロンドン金融市場の重鎮であっただけではなく、一九〇一年にビクトリア女王の後を継いだエドワード七世の友人であり、フィナンシャル・プランナーでもあった。カッセル卿は特定のマーチャント・バンクを持ってはいなかったが、個人としてマーチャント・バンカーであり、キャピタリストだったのである。

シフからカッセル卿に送ったレターは、一八八〇年以降だけでも一五〇〇通を越えている。[13] 二人は大変親密な仲だった。この時期にクーン・ローブ商会のヤコブ・シフはヨーロッパを旅行中だった。ただこれは偶然であり、意図的に日露戦争のファイナンスのためロンドンを来訪している高橋にあわせたわけでは無かった。毎年恒例の旅であり、ヨーロッパの主要な顧客訪問も兼ねていた。

シフとカッセル卿は、この時も普段通り密接に連絡を取り合っていたはずである。恐らくビートンは、二人の意を受けて、高橋を訪問した可能性が高い。

推測はともかく、何故か高橋はこのビートン訪問の日を境に、大蔵省証券の話を日記に書かなくなっている。そしてその後、小村外務大臣の選択した甲案の大蔵省証券発行の指示にもかかわらず、高橋は突如、公債発行に方針を転換しているのである。

ビートンはこう言っていた。「もしも日本が、海戦同様陸上戦でも敵を打ち負かす決心なら、(借款は)その時まで待った方がいい、ただし待っている間にもチャンスには備えておるべきだが」――。

公債を公募するのであれば、投資家に配布する目論見書の作成や関連法のチェックなどドキュメンテーション(関連書類の作成)にかなりの準備が必要である。チャンスに備えるとは、ドキュメンテーションの遂行を指すことは間違いない。この書類の作成過程で様々な手続きや法律関係での曖昧な点を整理し、証券引受団などを決めていく必要があるからだ。

四月二四日日曜日、高橋は荒川ロンドン領事を訪ねて、こう話している。「一〇〇〇万ポンドの保証付公債を政府の純手取九〇、期限七ないし一〇年程度で当地で発行する心算である」と。それに対して、荒川も「異論はない」と答えた。

この場合の保証付きとは、担保付きという意味である。高橋は出発前に政府から関税収入を担保とする許可を貰っていた。

そして彼は中断していた日記を再開し、初めてこう書き記している。

公債を決意した (Decided for Loans)。

この日、高橋は初めて公債発行を決意したのであった。当時は公債の上品な言い方が「ローン」だった。現代のようにテクニカルに、「債券」と「融資」で厳密に区別されるものではなかったのである。

四月二五日月曜日、[14] 高橋は大蔵省証券発行をやめて公債発行にすることを決意したので、横浜正金銀行の山川を通じて香港上海銀行のキャメロン卿に、次のように伝えた。

「一〇〇〇万ポンドの保証公債を発行するが、今回は、五〇〇ないし七〇〇万ポンドとする」

高橋はここで初めて、銀行団に公債発行の検討を指示した。また発行総額を一〇〇〇万ポンドとするが、一度に募集するには金額が大き過ぎるであろうから、そのうち五〇〇万か七〇〇万ポンドだけを部分発行にする、と言ったのである。

しかし、この日の三時半に、その銀行団であるキャメロン卿、シャンド、山川が、高橋を訪問してきた。そこで、彼らは「三〇〇万ポンドの大蔵省証券に対するいっそう有望な代替案を考えていた」と、高橋は日記に記している。この「代替案」が何を指すのかはわからないが、高橋は、それについて「期待に反するものだった」とも書いている。予想するに、公債ではなく大蔵省証券の提案に似たものだったのだろう。

高橋と深井は、担保付の公債案を政府に打電すべく、昨夜から準備していたのだが、銀行家達との会談の結果は思わしくなかったようで、結局、電報は発信されていない。

四月二六日火曜日、パーズ銀行のシャンドが、弁護士を連れて、第一案、第二案の双方を含む覚書を持ってきている。その第一案とは、「交換可能な大蔵省証券ないし債券《ボンド》」とある。この場合、「交換可能」の対象物は、日本政府の保有する国内既発の日本公債のことであった。多分、前日、高橋を失望させた案の代替案に過ぎなかったのだろう。そして第二案とは、一〇〇〇万ポンドの担保付公債の発行であった。

銀行団は高橋に折れて、公債発行の提案を初めて提出したのである。

四月二七日水曜日、高橋は慎重に検討した結果、前日、シャンドが持参した「第二案」を日本政府に打電した。

●公債発行総額　一〇〇〇万ポンド　但し（市場の公債消化能力を考慮し五〇〇万ポンドずつ）二回に分け発行
●利率　六％
●発行価格　九三
●政府手取　八八
●償還期限　七年
●関税収入を以て元利償還を担保すること

調達金利は簡易計算法で六・八一％、現代式で八・二九％だった。両者の差が大きいのは償還期間が短いためである。

発行条件は日本にとって極めて不利だと、高橋達は思った。二月の時点でベアリング商会と香港上海銀行から受け取った提案よりも償還期間が短くなった分だけ、調達金利は悪化していた。二月の提案では、調達した資金の内、二〇〇万ポンドを担保として置き留めることが条件だったが、今回は関税収入が担保にあてられている点は、有利不利の判定が難しいところである。

政府から入れ替わりに入電した電報では、日本の正貨準備の逼迫する様子が書かれていた。日本は国内兌換券の発行高が三億六〇〇〇万円、金本位制度を維持するための準備正貨がとうとう八〇〇〇万円程度[15]になり、準備率は二二・二％にまで低下していたのだ。日本政府からは少々不利であっても構わないので、とにかく正貨を早く調達して欲しいという、悲鳴にも似た電報だった。

正貨不足で金輸出を禁止してしまうと、金本位制の破棄という事態に陥り、外貨建て公債の募集はおろか、私募債や融資など一般の外貨借入も困難になるだろう。戦争を遂行するには日本の供給力には限界があるし、鉄鋼製品や冬服に使用するウールなど輸入に頼るしかない物資が手に入らない。ここはもう正に背に腹は替えられない状況だった。金が無ければ戦になどならない。日露戦争の戦史はどれもこのことを語っていないが、日本はこの時期、軍資金という現実を前に、日露戦争全体を通じて最大の危機を迎えていたのである。

四月二九日、パーズ銀行のシャンドが、高橋の許を訪れている。二七日に政府に向け発信した公債発行に関する電報の返事はどうなったかを聞きにきたのだ。この頃には、資金調達の手段も公債発行一本で進み始めていた。

目論見書の作成は銀行団が行ったが、条件の法的確認や発行主体である政府への問合せ、暗号電報やレターの作成などで、高橋に同行する深井英五は連日の徹夜だった。食事をしながら寝てしまったなど、関係者のイギリス人達からは「過労望郷の可憐児」と呼ばれていたと、彼は逸話を残している。何故「望郷」なのかというと、深井はこの時、新婚だったのである。

四月三〇日、シャンドが来て、目論見書に記載すべき点について、銀行団からの要望を高橋に相談にきた。ドキュメンテーション（目論見書の作成）がすすんでいることがよくわかる。

銀行団の要望とは、次のようなものだった。

● 調達された資金は、日本銀行の金準備を補強するためにロンドンにおくことを明記する。
● 日本政府は、発行銀行団の承諾なしには、それ以上の発行を一二ヶ月間は行わない。

高橋は、日本が調達する正貨はどのみち貿易に使用されるか、金準備の在外正貨としてロンドンに置いておくつもりであった。しかし、契約で束縛される必要はない。さらに、今後の発行を一二ヶ月間は行わないとの条件は、受け入れられるものではなかった。高橋はこれらの銀行団の要望を断っている。

またこの日の日記には、「ブローカーの提案の中には有力な点もいくらかはあるが、米国側に電信で（本国へ）問合わせてみなければならぬようなことを追加提案して、彼らを惑わすようなことはすべきでない」とある。ここで初めて、「米国が発行に関係していること」が、日記の中に唐突に登場してくる。

これはアメリカが参加する可能性が出始めたことを示唆している。しかし、もし何らかの数字上のコミットメントがあるならば、例えば、一〇〇万ポンド買うとか、二〇〇万ポンドとか、米国側からしっかりした提示があったならば、高橋は本国に報告の打電をしていたはずだ。また「彼らを惑わすようなことをすべきでない」とは、アメリカの参加が非常にナイーブなものであることを示している。つまり、この時点では、米国の参加は確たるものでは無かったということなのである。

ここまでの日取りを、一旦整理しておく。
四月一四日　ベアリング商会六〇万ポンド融資の提案。タイムズにマカロフの戦死報道。
一八日　日本政府、高橋とも大蔵省証券発行を決意。公債を断念。
二一日　銀行団に香港上海銀行参加。四％、三年、二〇〇万ポンド案。
二二日　ビートンが高橋来訪。
二四日　高橋が大蔵省証券をやめて、公債発行を決意。
二六日　銀行団、公債発行案を提出。六％、七年、一〇〇〇万ポンドの部分発行案。
二七日　高橋が公債発行案を政府に打電。
三〇日　目論見書作成進行中。しかし銀行団が積極的かどうかは明らかではない。

ここで『高橋是清自伝』の方の日取りの記述も見ておく。右記とは少々異なっているのが興味深い。

四月の十日頃となってようやく公債談に目鼻がつきかけて来た。すなわち銀行業者達は、鳩首熟議の結果、最善の努力として申出て来た条件は、
一、発行公債は磅《ポンド》公債とす
二、関税収入を以て抵当とす

三、利子は年六分とす
四、期限は五カ年
五、発行価額九十二磅《ポンド》
六、発行額の最高限度三百万磅《ポンド》
（中略）
銀行家との相談が纏《まと》まり、いよいよ仮契約を結ぶまでに運んだのが、四月二十三、四日であったと思う。しかるにここに偶然のことから一つの仕合せなことが起った。それはかつて日本へ来た私の友人ヒル氏が、私が仮契約を取結ぶまでに運んだということを聞き知って大変に喜び、一日懇ろな晩餐に招待してくれた。その時ヒル氏の邸で、米国人のシフという人に紹介された。シフ氏はニューヨークのクーンロエプ商会の首席代表者で、毎年の恒例としているヨーロッパ旅行を終え、その帰途ロンドンに着いたところを、ヒル氏の懇意な人とて、同時に招待をしたのであった。[16]

どうだろうか、日記と自伝では随分タイミングが異なっているのだ。この事は後ほど検討するとして、取り敢えずは先へ進む。

ロンドン市場の日本公債価格は、三〇日まで六六台で横ばいを続けていた（次頁グラフ参照）。日記によれば、日本が金本位制維持の危機に遭遇し、高橋達がドキュメンテーションに忙殺されている頃である。満州と朝鮮国境を流れる鴨緑江で、日露両軍に新たな動きがあった。資金難

ロンドン市場の4%日本公債価格

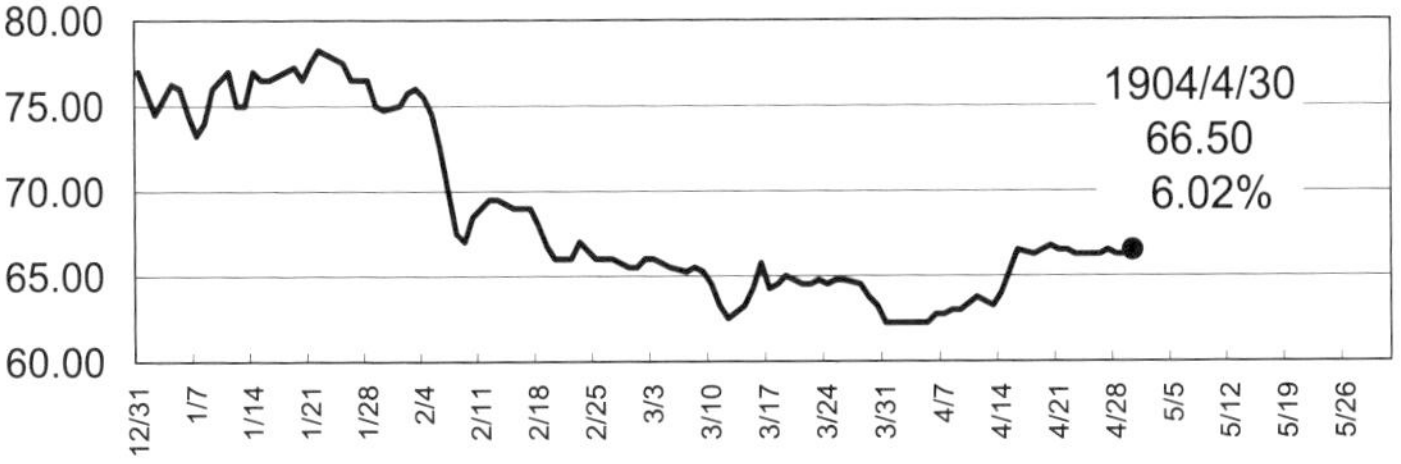

であろうとなかろうと、一旦始動した軍事行動はとまらなかった。

鴨緑江（ヤールー）の戦い

鴨緑江《ヤールー》は朝鮮と中国国境を流れる川である。最近も脱北者のニュースや、中国と北朝鮮の貿易の話題などでテレビに映しだされる中朝友誼橋があるが、あの橋は鴨緑江沿いの中国丹東市と北朝鮮新義州市の間に架かっている。

四月三〇日、鴨緑江南岸では黒木為楨《ためもと》大将率いる第一軍三個師団、四万二五〇〇名が鴨緑江渡河作戦を開始した。

鴨緑江黄海側の海岸から五〇キロほど北東の上流、丹東市の東北にある九連城付近が作戦区域であり、渡河地点だった。黒木軍は、仁川上陸後ソウルから平壌へ、平壌から鴨緑江河畔までと北上を続けてきたが、途中で小競り合いはあったものの、ロシア軍との本格的な交戦はこの戦いが初めてだった。

軍艦同士で戦う海軍はともかく、体格で劣る日本人によって編制された陸軍がヨーロッパ列強の一角であるロシア陸軍とまともに戦えるのだろうか。世界は興味を持って見守っていた。ロシア軍のクロパトキン将軍など世界の一部の軍事専門家はともかく、知的階層も含めた

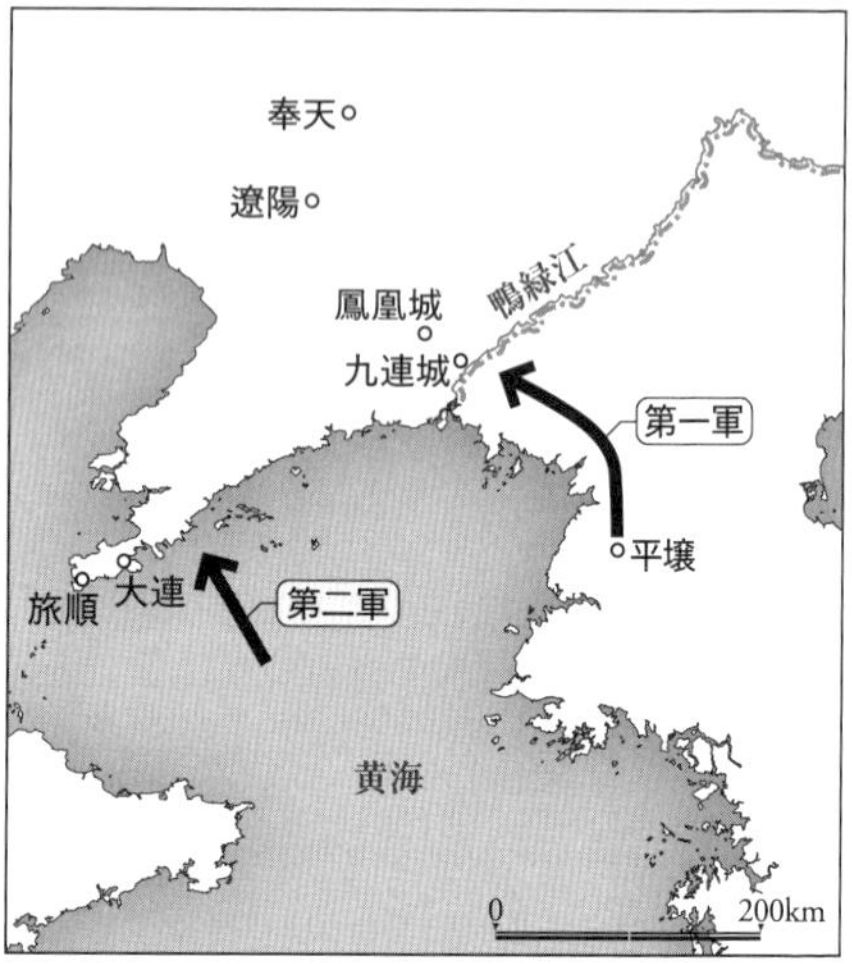

一般大衆の感覚では、これまでの植民地戦争のようにロシア軍による一方的な戦いを予想する向きも多かったのである。

ロシア軍は鴨緑江沿い二七〇キロにわたって二万の兵力を分散配備していたが、対する日本軍四万二五〇〇の正面は一〇キロ程度の幅しかなかった。集中していたのである。

これまでの植民地戦争であれば、この兵力差でもロシア側に不足はなかっただろうが、鴨緑江方面のロシア軍司令官であるザスリッチ中将は、満州軍総司令官クロパトキンから「優秀な敵との不利な戦いは避けて、敵の編制、配備及び前進方向を確かめながら、できるかぎり徐々に退却して、敵との接触を保て」と命令されていたのである。

前年に日本を訪問したクロパトキンは、日本軍を軽く見てはいなかった。最初から遼陽にまで撤退後、兵力を集中した後に日本軍と決戦するつもりでいたのだった。

したがって、世界が注目する満州・朝鮮国境における大会戦であるはずの鴨緑江の戦いは、局部的に激戦もあったものの、ロシア軍の戦術的な撤退によって、結局、大規模な戦闘は起こらず、日本の一方的な勝利に終わったのだ。

五月一日に黒木軍は九連城を落とすと、六日にはその先のロシア軍の根拠地鳳凰城も占領してしまった。鴨緑江での日本側戦死者は二二三名、負傷者は八一六名、合計一〇三九名だった。

クロパトキンがいかに作戦上の「一時的な退却」を主張しようとも、世界の世論はこの状況を見て、鴨緑江の戦いはロシア陸軍の敗北であると判定した。この戦勝は、当初ロシア軍に肉体的に敵わないと思われていた日本陸軍の予想外の強さを知らしめただけではなく、戦域が国境である鴨緑江を越え朝鮮領内から満州へと広がったことにも大きな意味があった。五月五日には奥保《やす》鞏《かた》大将の第二軍三個師団四万二〇〇〇名が、清国遼東半島大連北方に上陸する。これは大連・遼陽間のロシア軍の鉄道を遮断するためであった。こうした作戦は、海軍がロシア太平洋艦隊を旅順港内に封鎖していたので簡単に上陸することができたのである。もしマカロフが戦死せずにロシア海軍が活発に活動していれば、こうも簡単に上陸できたかどうかはわからなかっただろう。

第二軍は、上陸後の五月二五日には、大連北西の遼東半島で一番幅の狭い部分である南山を攻略する。ここはロシア軍によって半要塞化されていた。この時の砲弾使用量は三五〇〇発、小銃弾二三三万発、死傷者は四三八七名にまで達していた。これは戦闘参加者三万六〇〇〇名の一二%に相当した。大本営では、つい鴨緑江の時と比較してしまい、死傷者の数が一桁違うのではないかと疑ったほどだった。死傷者の数は想定をはるかに上回っていた。近代戦のコストについて、改めて考え直す必要が出てきたのだ。この後、第二軍は東清鉄道南満洲支線に沿って北上し遼陽を目指して行った。

大蔵省の阪谷次官が、開戦前に四億五〇〇〇万円と見積もった戦費の根拠は、「朝鮮半島からロシア軍を一掃する」のに必要な額だった。これは早くも修正する必要が出てきた。

皮肉なことに陸軍が戦闘で勝ち、戦域が拡大するほど戦費の増加が見込まれ、日本の正貨不足は深刻な状況が予想されることになるのだった。

少し先を急いだが、ともあれ鴨緑江の会戦は欧米のメディアによって、日本軍の圧倒的勝利と報道されるのである。五月二日の「タイムズ」には、日本軍による正式発表ではないものの、速報として、日本軍による九連城占領が書かれ、翌日には確報として日本軍の圧倒的な強さとともに戦闘の内容が詳細に報道されたのだった。

クーン・ローブ商会のシフ

五月一日日曜日、高橋は、四月二七日に松尾日銀総裁宛に送った一〇〇〇万ポンド公債発行案の中の、「分割発行（五〇〇万ポンドずつ）の際の条件」について電報を発信している。政府としては、二七日に高橋が送った公債発行案を基本的に了承していたのである。

在英国林公使より小村外務大臣宛　第一四七号

【ロンドンにて募集すべき公債の条件に関する件】

高橋より松尾総裁宛

「（要約）五〇〇万ポンドの残りの部分については、発行価格と政府手取金が今回の条件に拘束されることとなります。クーポンについては六％で同じであり、どちらも六％利付公債と呼ばれることになります」

五月二日月曜日、高橋は香港上海銀行キャメロン卿、パーズ銀行シャンド、横浜正金銀行山川、巽と会議を持った。銀行団からは公債募集の発行条件、時期に関してまだ異論が出ていたのである。公債発行は無理ではないかというのが根拠であった。ここでは、公債発行を延期した方が良いという意見も出ていた。

朝の「タイムズ」には、ヤールーで日本が有利な形勢にあること、九連城を占領したことがレポートされていたが、まだ確実な情報としては扱われてはいなかった。また、この日のロンドン市場は休場だった。

そんなところに、曾禰大蔵大臣から小村外務大臣を経由してロンドンに暗号電報が届いた。

小村外務大臣より在英国林公使宛　No.237

【我陸戦大勝に依り一層有利なる募債条件獲得見込の有無問合の件】

「(原文英語につき和訳) 現在交渉中の公債発行に関して、大蔵大臣は今回の陸戦の勝利は間違いなく、ついては英国大衆に良好な見通しを与えるであろうから、もう少し有利な条件を引き出せないものだろうか。林、高橋の意見を聞きたい」

これに対して、日付は三日になっているが、林公使と高橋は即日返電している。

在英国林公使より小村外務大臣宛　第一五〇号

【我陸戦大勝に依り起債条件改善の余地に関し回電の件】

「（要約）陸軍の戦勝は英国人の我々に対する同情を倍々に深くするところでありますが、最終の勝利はついにロシアになるであろうとの感想は、今尚公衆の脳裏から離れてはいません。ゆえに我が勝利が如何に重要であっても、公債条件の結果に多大の影響をおよぼすとは思えません。ましてや本件は、実質上、仲立人（銀行団）によって行われるものであって、高橋は現状に於いて出来る限り有利な条件を引き出そうと全力をあげているところですから、是非高橋に任せておくのが望ましいと考えます」

五月三日火曜日、高橋は朝から林公使を訪ね、昨日、林公使が東京に発信した電報について話し合っていた。「われわれは、最初のうちは、投資家よりも投機家の方を重視しなければならない。だからプレミアムをつけて常に市場を通じて、利益を与えることが必要である」。林公使と高橋は、現在進めている四月二七日の公債発行案の条件が投資家に有利なことを認識していた。しかし銀行団が発行条件を譲歩しない以上、これは仕方がない。銀行団としては充分なプレミアムを付けなければ（投資家に有利な条件にしなければ）、日本国債の消化は困難だと考えていた。この日、高橋は横浜正金銀行を通じて銀行団に条件改善を求めたが、相手にもされなかったのである。

ロンドン市場の4%日本公債価格

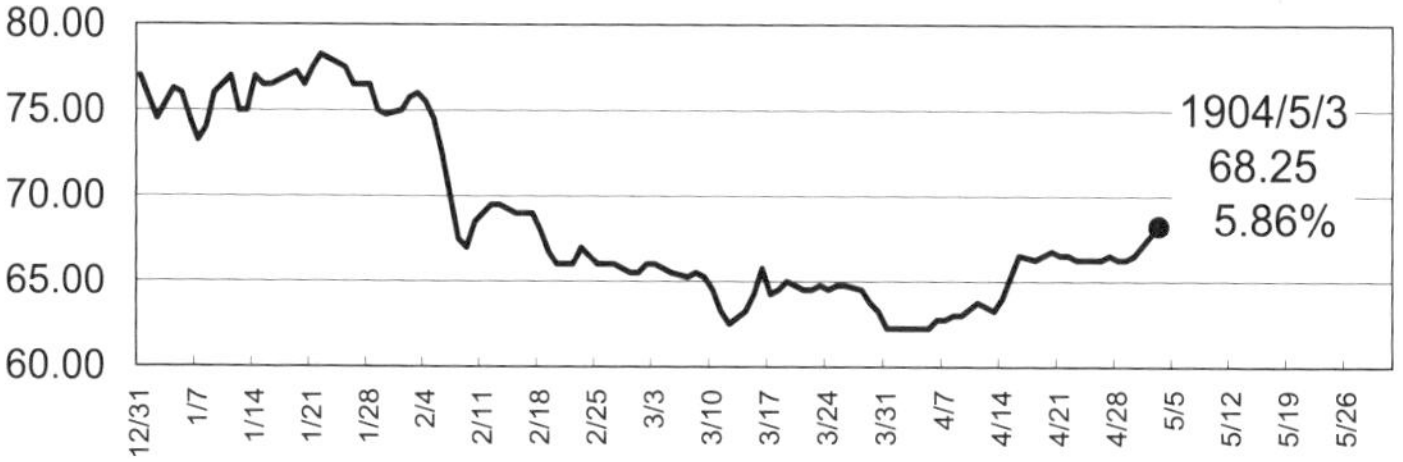

この日の「タイムズ」には、東京、二日午後八時発として「日本の大勝利」が記事になった[17]。ここでは黒木軍各師団の詳細な動きが伝えられていた。ロンドンの投資家は、この日の朝、はっきりと鴨緑江での日本陸軍の圧倒的勝利を確認したのであった。ロシア側の公表においても日本陸軍の砲兵が極めて優秀であることを認めていた。

休日明け三日のロンドン市場では、鴨緑江の勝利を受けて日本公債は暴騰した。三月末に六・四三%まで上昇した利回りは、ついに六%を割ったのであった。

香港上海銀行のキャメロン卿が、米国市場新規開拓のことで相談にきた。これはつまり銀行団は米国市場を新規に開拓しようと試みてはいたが、まだ手がかりは見えていなかったという事だろうか、会談の内容はわからない。

そして、この日本陸軍による鴨緑江での勝利が確報となった三日の夜に、高橋の旧友であるユダヤ系金融商社スパイヤー商会ロンドン支店長ヒルの家で、晩餐会がもたれたのだった。

「たくさんの著名な客が見えたが、その中にニューヨークのシフ氏、ロスチャイルドのところのグリーン、レヴィタ・ジュニア（二世）、（中略）などがいた」と、高橋は記している。巷間伝わる、高橋とクーン・ローブ商会シフとの劇的な出会いは、五月三日、ヒル邸での晩餐会だった。これは鴨緑江の戦勝結果発表の後のことだったのである。

この本来であれば劇的であるはずの高橋とシフとの出会いについて、深井は興味深いことを書いている。

尤も四月の末頃だった。或る日高橋さんは、或る宴会でシッフと一緒になり、並んで食卓についたことがある。その時に高橋さんはシッフという名前をハッキリ聞き取れなくて、シップレーというイギリスに名の有る金融家があるから、そのシップレー[18]という人だろう、兎に角この際だから一人でも多く話して置くが宜かろうと思って、問に答えて日本の事情を説明するに努めた。けれども直接に外債談には及ばなかったそうである。それで後からアメリカが参加するというので、何ういう人かと訊くと、シッフという人だと云うので、それでは先夜シップレーという人だと思って話をしたが、或はその人かも知れぬと云うようなわけだった。

後に触れるが、深井にはヤコブ・シフの参入時期を四月中と主張したい別の思惑があると思われるので、冒頭の「四月の末頃」には、それほどの意味はない。それよりも高橋は、五月三日のヒル邸での晩餐会の時点では、シフの存在には気が付いていなかったのである。しかも外債の話などは全くしていなかった。高橋の手帳の五月三日には、最初「シプレー」と書かれそれを消して「シフ」と書き直していたのである。

また、高橋研究を続けているスメサースト氏によると、五月三日のベアリング商会の日誌にはレベルストーク卿が仕事仲間の一人にあて手紙を書き、その中で、一〇〇〇万ポンドの日本公債発行の話がまとまったとして、半分をパーズ銀行と香港上海銀行が、残りをクーン・ローブ商会が引受けると書いてあるそうである。

これは、晩餐会の前に、既に銀行団の間ではクーン・ローブ商会の参加は決まっていたということになる。銀行団と言っても、正式には参加を拒否しているベアリング商会と本来の顧客である高橋には、まだ紹介もされていないクーン・ローブ商会である。ベアリング商会は香港上海銀行と連絡をとり合っていたと推察される。しかし、高橋はまだそれを知らなかったし、シフのことを認識すらしていなかった。横浜正金銀行もこの事を知らなかったし、パーズ銀行でさえ知っていたかどうかは疑わしいのである。

高橋の知らないままに、銀行団以外の有力な銀行によって公債談は進み、アメリカのクーン・ローブ商会の参加が決まったのであった。高橋にこのことが伝えられたのは、翌四日のことだった。『高橋是清自伝』では日付がずれているが、パーズ銀行のシャンドがこの報告をもたらしたことになっている。

もちろんアメリカが参加するかどうか最終的に決めるのは顧客である日本政府であり、高橋である。条件も詰めなければならないだろう。しかし、高橋としては五〇〇万ポンドでさえ集まるかどうかもわからなかったのだから、一〇〇〇万ポンドのディール（取引）を断る理由などはない。これは日本としては良い意味で足下を見られていたのだった。

五月四日、林公使が小村外務大臣に電報を打っている。日本政府に対してアメリカが公債募集に参加することを初めて伝えた電報である。

在英国林公使より小村外務大臣宛　第一五三号

【英国と同時に米国に於いて起債方稟申の件】

「（要約）高橋副総裁が本官に告げるには、一〇〇〇万ポンド公債の半額は米国において募集できる可能性が高いということです。本官が内密に聞いたところでは、ランズダウン英国外務相はアメリカが半額を引受けてくれることを知って、おおいに満足したということです。

もし我が公債を英米両国同時に募集できるのであれば、その結果は我が国に多大の利益があることは単に財政上のみならず政治上にもあることを確信します。高橋副総裁からも本件については詳細に報告すると思いますが、帝国政府においては速やかに決断し、高橋にアメリカ金融業者との交渉にむけた訓令を与えて下さい」

交渉には本国の訓令が必要なのである。

またこの日、クーン・ローブ商会のシフは、滞在先のロンドン、クラリッジ・ホテルからベアリング商会のレベルストーク卿に手紙を書いていた。そこにはニューヨークでは万事予定通りうまく行っていること（多分アメリカ・サイドの引き受けシンジケート団の組成）、昨晩、高橋に会ったこと、そこには香港上海銀行のキャメロン卿もいたことなどが書かれていたのであった。

この日の高橋の日記では、クーン・ローブ商会に届けるために目論見書をチェックして、パーズ銀行のシャンドに渡したとある。少なくともロンドンでの公募に関しての目論見書は既に完成していたことになる。

これは筆者の推定だが、クーン・ローブ商会は日本公債引き受けへの準備は以前から進めていた、しかしコミットメント（約束）はせずに、参加の決定は日本軍による鴨緑江の勝利を確認してから行った、といった線ではないだろうか。

再び、深井英五の記述からである。

米国側の引受者は紐育のクーン・ローブ商会と云うので、為替銀行たる香港上海銀行は其の名を好く知って居たが、倫敦の市中銀行たるパース銀行は多少躊躇した。倫敦の一流個人金融業者にして国際金融に関係あるベーリング兄弟商会に就て調べて見たところが、今米国で日の出の勢にある有力者だと云うことが判って漸く安心したようである。

銀行団としては、あるいはパーズ銀行としては、クーン・ローブ商会の参加を認める為にはカウンター・パーティー・リスクの問題から、ベアリング商会の関与を必要とした。このディールで、ベアリング商会は〇・五％を保証料名目で徴収している。英国側銀行団から見れば与信リスクのあるクーン・ローブ商会の信用を補完して欲しいのだろうとも考えられるが、これは穿った見方をすれば、肝心な話からはずされていたパーズ銀行の意趣返しの可能性もある。またベアリ

ング商会にすれば表に名前が出ずに手数料を貰えるので、ロンドン代理店を務めるロシアに対しても都合が良かったのだろう。それにしても、深井の言によれば、やはり筆頭主幹事であるはずのパーズ銀行はディールの決定までクーン・ローブ商会の参入を知らなかったのだと考えられる。

この日も、日本公債は続伸した。

五月五日、高橋は「夜を徹して公使館から送られてくる何通もの(本国)電報を受領」と記している。

またこの日、林公使は、本国とのやり取りに苦労する高橋や深井を見かねたのだろう、本国政府に電報を打っている。ロンドンも本国の政府も、突然のアメリカ、クーン・ローブ商会の参入に浮き足立っている様子が窺える。

在英国林公使より小村外務大臣宛　第一五五五号

【英米両国に於いて同時起債の企画に関し稟申の件】

「(要約)高橋副総裁が本官に語る所によれば、同氏は比較的重要でもない細かい点に関する訓令に悩まされています。この際、細かいことにこだわって時間を浪費するようなことがあれば、せっかくの好機をのがしてしまう恐れがあります。したがって英米理財家と交渉を開始するの件を迅速に決定することが極めて重要であり、細目は交渉中にでも詰めることができます。高橋副総裁が現況の許す限り最良の条件を取得するに全力をつくしていることはもちろんです。細目は彼に任せるべきであると考えます」

林公使は高橋の心強い味方であった。本国に対しても、物怖じせず、ずけずけと何でも言ってくれる気骨が感じられる。

この日、香港上海銀行のキャメロン卿、クーン・ローブ商会のシフ、ベアリング商会のレベルストーク卿の三者で銀行団としての最終的な条件を詰めている。[19]

ここにはパーズ銀行も、横浜正金銀行もいないので、米国発行分ということなのだろうか。しかし細かい調整はともかく、イギリス分とアメリカ分で条件が異なるということはない。要するに、日本公債発行のディールは上記の三者で決めていたのだろう。こういった人達をディール・メーカーと呼ぶのである。

五月六日、高橋は日記に、アメリカ側のビジネスがほぼ決まった、と書くと同時に、目論見書をアメリカ側が承認した、と記している。

しかし新聞の方は、それよりも早かった。

「ニューヨーク・タイムズ」、六日の記事。

ロンドン五日発、日本のローン五〇〇〇万ドル（一〇〇〇万ポンド）を、クーン・ローブ商会がアメリカで半分を引き受け、半分はロンドンで募集される。尚ロンドン市場では同公債は既に一・五ポンドのプレミアムがついている。財務委員の高橋は集めた資金を日本に送らず、現地に留め貿易決済に使用するとの事。また彼個人のオピニオンとしては、多分、戦争終結まで日本はこれ以上の借入は必要ないだろうと語っている。[20]

高橋は最初にニューヨークに到着した三月に、日本の戦費は内国債で充分賄えるので外債の募集は必要がない、と「ニューヨーク・タイムズ」で語っていたが、今回もこれ以上募集することは無いだろうと語っている。ただこの時点で、日本政府は既に二億円の外債募集を決めていたので、これではまだ不足なはずだった。高橋にしてみれば、その発言は今回の募集をスムーズに運ぶための方便だったのだろう。

クーン・ローブ商会の日本公債発行参入が記事になると、これまでのロンドン市場の冷淡な態度が一変し、自分達も、是非募集に参加させろという業者がひきもきらなくなった。クーン・ローブ商会の参入によってディールに箔がついたのだ。あの抜け目のないクーン・ローブ商会が引受けるのであれば、これは儲かるに違いない。ロンドンの業者も投資家も、日本公債を見る目がすっかり変わってしまったのである。

厳しい公債発行条件

五月七日、高橋は銀行団と仮契約を結んだ。
発行条件は以下の通りであった。

第一回　六％ポンド建て日本公債
●公債発行総額　一〇〇〇万ポンド
●利率　六％
●発行価格　九三・五
●政府手取　九〇・〇
●償還期限　七年
●関税収入を以て元利償還を担保すること
発行金利　六・四二％　（七・二〇％）
調達金利　六・六七％　（七・八九％）　筆者注：（　）内は現代の計算法

四月二七日に高橋が政府に打電した案と比較すると、発行価格が〇・五ポイント改善、政府手取が二ポイント改善して九〇となっている。もちろんそうした細かい条件よりも、本来一〇〇〇万ポンドを一度に調達できたことが、日本政府にとっては重要であったし、アメリカの金融市場が日本に開放されたことを評価すべきだろう。
当日のロンドン市場上場の四％クーポン日本公債の利回りが、五・八六％であるから、簡易法で計算された発行金利の六・四二%は〇・五六%のプレミアム（上乗せ）であった。

簡易法で計算などしても良いのかと思われるかもしれないが、当時の大蔵省史料では調達金利を六・六七%と認識している。これは「クーポン÷価格」の簡易法から計算されたものだ。途中償還を無視して現代の計算方法で利回りを計算すると、発行金利は七・二〇%、調達金利は七・八九%になる。簡易法で計算したほうが、当時の感覚は把握しやすいかもしれないのである。

さらに公募の詳細が決められている。

- 投資家は八月一五日迄に五回に分けて払い込むこと
- 本券は無記名、毎年四月五日、一〇月五日に利子を支払うこと
- ニューヨーク分は一ポンド＝四・八七ドルで換算すること
- アメリカ分の保証料としてベアリング商会に〇・五%を支払うこと

現代で言う引き受け主幹事にあたる発行銀行は、ロンドンの五〇〇万ポンド分が、パーズ銀行、香港上海銀行、横浜正金銀行。アメリカの五〇〇万ポンド分は、クーン・ローブ商会、ナショナル・シティ・バンク、ナショナルバンク・オブ・コマース（エクィタブル生命、ミューチュアル生命の系列銀行）。つまり、アメリカ側はクーン・ローブ金融グループが引き受けていた。

専門的な見地からは、アメリカ側は発行銀行というよりは引受幹事団と言ったほうが正確だろう。何故ならばアメリカ側はロンドンの発行銀行から九〇%の価格で公債を購入することになっ

ているからである。[21] これは、ロンドン市場の既発債券に為替約款をつけてアメリカで販売するという形である。専門用語でいうと、ロンドンがプライマリー（新発）でアメリカはセカンダリー（既発）だったのだ。

そして、こうした銀行団の下に（下請け）販売引受シンジケート団が構成される。ロンドンでは、コッホのパンミュール・ゴードン商会、発行銀行参加を断ったベアリング商会やチャータード銀行、ロンドンのＮＭロスチャイルド商会なども参加していた。[22]

アメリカ側の販売引受業者のリストは興味深いところがあるので、表にしておいた。[23]

第1回6%クーポン日本公債米国販売シンジケート

引受会社	引受額(ポンド)	シェア
ミューチュアル生命	757,000	15.1%
ナショナル・シティ・バンク	560,000	11.2%
クーン・ローブ商会	390,000	7.8%
エクィタブル生命	350,000	7.0%
ニューヨーク生命	100,000	2.0%
JPモルガン	100,000	2.0%
ファースト・ナショナル銀行	35,000	0.7%
米国内その他75社	969,000	19.4%
パンミュール・ゴードン商会	1,000,000	20.0%
ベアリング商会	300,000	6.0%
カッセル	300,000	6.0%
外国その他9社	139,000	2.8%
合計	5,000,000	100.0%

アメリカ分といっても、パンミュール・ゴードン商会以下、イギリスの業者が約三五％を引受けている。またカッセルが六％のシェアを持っているが、これは決して小さくはないのでベアリング商会とともに、日本公債発行に大きく関与したと考えて間違い無いだろう。カッセルは店を持たないので、さらに下請け業者団を設定したのだと思う。あるいは彼自身の自己資金で買ったのかもしれない。この新発日本公債は、この時もう既に市場外でプレミアムが付いていたのだから、現代のＩＰＯ（Initial Public Offering：新規株式公開）の利益の確定した株と同じよう

なものである。

もうひとつ注目すべきは、ＪＰモルガンやファースト・ナショナル銀行などモルガン系金融グループが、販売シンジケートに参加していることだろう。インベストメント・バンクのところで書いたが、当時はモルガン、クーン・ローブ両グループが互いに協調的な動きを見せている時期だった。

鈴木俊夫氏が Westminster Bank Archives から発見したパーズ銀行の史料では、日本政府公債手数料は六・五％であったことを示している。[24] これはクーポン支払いの為の金額を、半年前に政府から発行銀行に引き渡すことによって、調整されていると推察される。クーポン支払いは半年毎なのだから、常にクーポンの半年分である三％を前倒しで発行銀行に預けておく形になる。これはつまり、日本の手取りは三％分少ないことになるのである。したがって正確に言うならば、政府手取は九〇ではなく八七という事になる。よって本来の調達利回りは六・九％、現代式に計算すると八・五％にも上るのだった。

日本の一般大衆から見れば、手数料合計が三・五％であるように化粧したのだと思われる。日本政府から高橋への命令書では、手数料は四％以下に抑えるように書かれていた。この高額な手数料は高めに設定された発行金利とともに、まだ日本が国際金融市場において銀行団に強く言える立場ではなかったことを意味している。そして、この条件は次回、第二回の募集調達利回りが高かったことにも影響を及ぼしている。こうした公債発行の値決めの構造は植民地的プライシング条件とも言えるだろう。後発国日本にとっての国際金融市場での資金調達は、まだまだ勝ち取るものではなく与えられるものだったのだ。

このディールに関係した業者達、カッセル卿やベアリング商会、クーン・ローブ商会、そしてロスチャイルドをバックに持つブローカーであるパンミュール・ゴードン商会にとっては、かなり割のいいディールだった。彼らは大半がユダヤ系だったが、当時、欧米でファイナンスするのであれば、これは当然のことだった。だからと言って、日本が彼らは強欲だと批難する話ではない。儲けに目ざとい彼らが日本の公債発行に参入したことで、国際資本市場の投資家は日本公債の価値に目覚めたのだ。これは正にWin-Winの関係だったのである。しかし、事情を詳しく知る高橋是清にとっては苦々しく、「すっかり翻弄されてしまった」経験だったはずである。

一転して人気急上昇の日本公債

アメリカが参入したこと、しかも二大金融グループのひとつであるクーン・ローブ商会が日本公債のシンジケートに参加したことを、国際金融市場の投資家達は大きく評価した。利回りは高いが危なっかしい投資対象であった日本公債を、抜け目のない連中が引き受けると言うのだから、儲け話に違いないと。日本公債は一転、お値打ち商品に変貌した。あのヤコブ・シフが買うのであれば一口乗ってみよう、という投資家は大勢いたのである。

五月六日には、銀行団と日本政府との仮契約もまだ済んでいないというのに、ヤコブ・シフがカッセル卿とともに英国国王エドワード七世の午餐会に招待された。国王としては、事の次第を首相やランズダウン外相から聞いての招待だったのだろう。日程的に少々手回しの良すぎる気も

するが、カッセル卿は既に書いたとおり、エドワード七世のフィナンシャル・プランナーであり友人でもあったわけで、これは仕組まれたものだったのかも知れない。記録には出てこないが、エドワード七世もカッセルの引き受け分を分けて貰っていた可能性もある。もちろんこれは単なる推測でしかないが。

この国王によるシフへの招待が、八日の「ニューヨーク・タイムズ」に大きく掲載された。「国王は英米協調による日本への借款をご評価なされた」[25]という内容の記事であった。

開戦前のイギリスは中立の立場を堅持し、金融面では、日本から見れば同盟国とは思えないような期待外れの非協力的な態度をとっていたので、林公使がいうようにアメリカの参加は政治的に大きな意味があった。そして、鴨緑江における初めての本格的な陸戦での勝利が、日本人気に火を点けたことも間違い無いだろう。ナポレオンを押し返したロシア陸軍は強いという評価と、体格の劣る黄色人種は陸戦に弱いのではないかという予測が、戦前には支配的だったのだから。

ロンドンでの募集開始は一一日、ニューヨークは一二日と決まった。日本公債価格は、その日に向けて力強く上昇している。これはヤコ

ロシア公債の価格推移

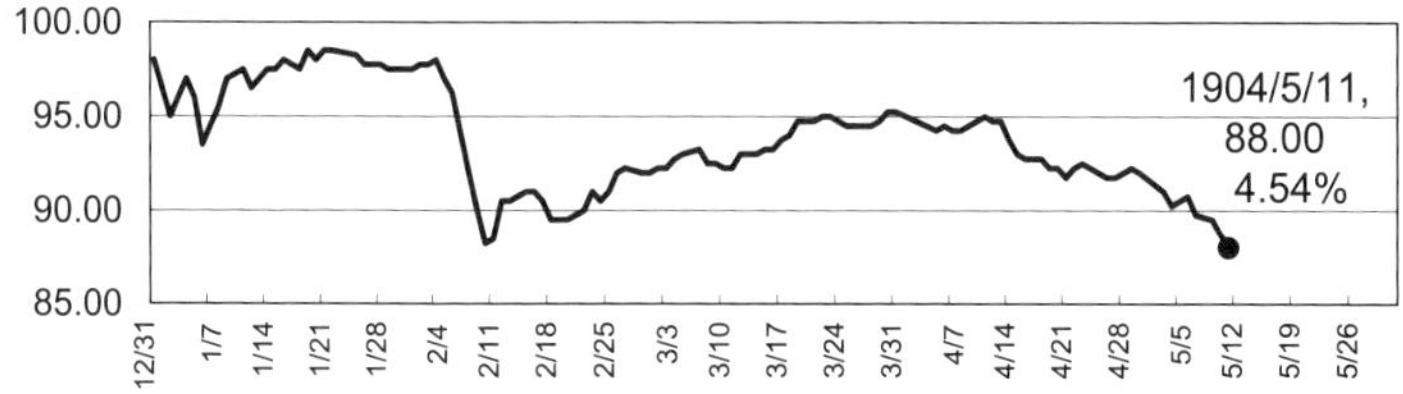

ブ・シフ効果と言っても良いだろう。

そしてロシア公債は日本公債と全く逆の動きとなり、二月一〇日の安値八八・二五をも下回り新安値を更新したのだった。鴨緑江での敗戦も大きな要因だろうが、アメリカがファイナンス面で日本の味方についたことが大きく影響したのである。日本は新しいスポンサーを見つけたようなものだったのだ。

この時、ロシアの大蔵大臣ココフツォフは、不幸にもフランスとの公債発行交渉の真最中だった。ロシアは日本のように金融市場に出向いたりはしない。フランス銀行団をペテルブルクにまで訪問させて、交渉していたのである。

ロシアは三億ルーブルを目標にフランス銀行団と交渉していたが、鴨緑江で予想外に簡単に負けてしまったことから、フランス側は躊躇してしまう。その結果、これを半分に分けて、五月に一・五億ルーブル、残りは一一月二〇日まで延期されてしまった。[26] しかもフランス製品の優先的購買まで、条件に入れられてしまったのである。

● クーポン　五％
● 償還期限　五年

●発行価格　九四・〇
●発行金利　五・三二％　（六・四二％）　筆者注：（　）内は現代の計算法

引受銀行団は、ゴチンゲル、パリ銀行、オランダ銀行、クレディ・リヨネである。しかし、それでも発行金利は日本よりも低かった。

だが、これをロシアの信用が日本よりも高いと単純に受け取るわけにもいかないだろう。フランスとしては、国民が大量のロシア債を保有しているから、悪い条件を設定してロシア公債を暴落させるわけにはいかなかった。ロシア国債は一種の管理相場にあったといえよう。したがって金利水準は低くても資金調達金額には限度があったのだ。

この件について、林在英国公使が小村外務大臣に報告しているが、フランスの引受銀行団は顧客に九二や九三で割引販売しようとしていると噂が出ていたそうだ。プレミアムの付いた日本公債とは逆に、ロシア公債はディスカウント状態だったのである。

五月九日、高橋と深井がホテルで打ち合わせをしていると、パーズ銀行のシャンドがやってきた。そしてシャンドは、シフが「アメリカに帰る前に高橋さんに是非お目にかかりたい」と言っていると伝えた。

高橋にとって、今回の公債発行の結果は想定外に喜ばしいものであった。だが、それと同時に、自分の全くあずかり知らぬところで、シフ達に勝手に話を進められてしまったことへの不満もあったはずである。

「それはどういう意味ですか。私からシフを訪問しろという意味ですか」

と、思わず若い頃からの師匠格であるシャンドにきつい調子で聞き返した。

シャンドは、高橋の意外な剣幕に圧倒され、小さな声で「イエス」と答えるしかなかった。

「なるほどシフ氏は国王の午餐会にも呼ばれる偉い人で、今度の功績については自分も敬意を表し、かつ感謝しているが、自分は今一国を代表して来ているものだ。自分に会いたければ、向こうから訪ねてくればよいではないか」

「客は日本政府であり私だ！」といったところだろう。

また高橋はこうも記している。「シャンドに対して、アメリカの債券引受銀行《シンジケート》団とイギリスのそれとの正確な立場の違いをハッキリ解らせてやった」[27]。

アメリカはイギリス銀行団の下請けの引き受け業者でしかないではないか、とまで言いたげな口調である。クーン・ローブ商会やベアリング商会の裏でコソコソと話を進めるやり口に、少々不愉快になっていたのではないだろうか。

シャンドは自分の言葉から妙ななりゆきになってしまったのですごすごと退散したが、横で見ていた深井は、高橋副総裁も大胆な事を言うものだと感心すると同時に、国王と会見までするシフを相手に、少々やりすぎではないかと、不安にもなったと述べている。

やがてシャンドはシフを伴って、直ぐに高橋のホテルに戻ってきた。時間的にシャンドはシフのホテルに行って、その場で話をつけ、折り返してきた勘定だった。

この時の状況を、後に深井はこう語っている。

その時高橋翁の宿は、ド・ケーゼル・ロイヤル・ホテルという三流四流の宿で、東京でいえば馬喰町の諸国商人宿という格のものであった。当時日本の人々はよほど偉い人でも第一流のホテルには泊らなかった。[28]

シフの訪問を受けて、高橋は早速、その返礼にシフのホテルを訪ねたが、そこはホテル・クラーリッジだった。貴族や大金持ちが泊まる超一流のホテルである。深井が言うには「高橋さんのホテルとは月とすっぽん」だった。さすがの高橋も国を代表していると啖呵を切った手前、おおいに恥じ入り、次からはホテルを替えようと深井に言ったそうである。簡単に言えば、日本はまだロンドン金融市場では田舎者でしかなかったのだろう。

また、この日の高橋の日記には、こう書いてある。

彼（シフ）は、ヒル氏の所で食事したときに同席した人だ。

高橋は、やっとシフが誰なのか、わかったようである。

高橋はこの出来事の後で、三日に日記に書いた「シプレー」を消して「シフ」に書き直したのに違いないだろう。

五月九日には曾禰蔵相より、林公使、高橋に起債成功に対する感謝の電報が打たれている。

五月九日発、小村外務大臣経由曾禰大蔵大臣より林公使および高橋副総裁宛
【起債成功につき林在英国公使及高橋日銀副総裁へ大蔵大臣より表謝の件】
【林公使宛　公債募集につき深くご配慮を謝す】第二五四号
【高橋日本銀行副総裁宛　公債募集の成功につき深く貴君の労を謝す】第二五五号

日本政府としては、準備正貨が八〇〇〇万円ほどまでに減少したところに、今回の公募で手取九〇〇〇万円ほど正貨が補充されたので、金本位制度放棄の危険性は取りあえず回避できたわけである。しかし今回の危機を踏まえて、大蔵、日銀とも、前倒しでの資金調達を高橋達に督促してくることになった。これ以降、高橋に電報が届くたびに、次の資金調達をすぐにやれという話ばかりになっていくのだった。

五月一一日、ロンドンで「第一回六％クーポン日本公債」の申し込みが始まった。
この日の朝刊は、「タイムズ」と「ニューヨーク・タイムズ」共同の記事が両紙に掲載された。[29]

東京五月一〇日発、「日本のローンは戦争のためならず、金本位制維持のためである」。欧米で集めた資金は、戦争のためには使われないのでどうか安心して欲しい。すべては金本位制維持のためにのみ使われるのである。クーン・ローブ商会は、募集の詳細を、昨日、発表した。募集価格は九三・五である。アメリカ分の申込は明日からであるが、すでに売り切れが予想さ

れている。なお九日のロンドン市場では、発行前取引で既に九六・五を付けている。

繰り返しになるが、当時は公債発行のことをローンと呼んでいた。ボンドより少しだけ上品な言い回しだったそうである。

日本政府は、投資家が日本の公債を購入する事が決して、戦争で血を流す事に直結しないと強調している。もちろん金本位制の維持は、戦争遂行能力に直結する事になんらの違いはないのであるから、これはかなりの屁理屈だった。

また、発行前取引で既に三ポンドのプレミアムがついているので、申し込んでもし買えれば直ぐに儲かることになる。言い換えれば、これは銀行団による価格設定が甘いという事でもあったのだろう。ここは判断の難しいところである。

この日から始まった日本公債購入の申し込みは、大人気であった。パーズ銀行には投資家が殺到して大混乱となった。横浜正金銀行にも申し込みの人の列が二、三〇〇メートルは続いたようで、これは当時のロンドンでは非常に珍しい光景だったそうである。

申し込みは、翌日、四時に締め切られた。結果は、ロンドンの応募倍率は二六倍で応募額は一億三〇〇〇万ポンド。ニューヨークでは五倍であった。

これを単純にロンドンの倍率が高く、ニューヨークの倍率は低いと判断はできない。両市場には取引習慣の違いがあったのだ。アメリカでは目標額に達するとシンジケートがブック（応募名簿）を閉じてしまうので、倍率はさほど上がらないのである。

また、ロンドン市場では新発債券の公募の支払いは、分割して払い込まれる習慣があった。例えば、今回の日本公債のように九三・五ポンドが発行価格の場合、申込時に五ポンド、割り当てが確定した時点で一五ポンド、その後一ヶ月毎に、二五ポンド、二五ポンドと支払われ、最後に端数の二三・五ポンドが払い込まれ、合計で九三・五ポンドになる仕組みであった。今回の場合、最終払込は八月となった。この場合、新発の公債を購入した投資家はあたかも信用取引のように最初の一ヶ月間は二〇ポンドの資金で九三・五ポンドの証券の売買ができるのである。これはいわゆるレバレッジが効いている状態となり、投資金額あたりの収益率は大きく狙えるわけであった。

つまり、例えば一ヶ月以内に九三・五から九七・五に公債価格が上昇し、そこで上手く売却できたとすると、申し込み時の五ポンドと割り当て確定時の一五ポンドの合計二〇ポンドの投資で四ポンドのキャピタル・ゲインを得る事ができる仕組みになっていた。したがってその投機性は、現代で考えられる国債投資のものとはおおよそ異なり、仕手株に近いものがあった。当時のロンドン市場では、外国公債をStock（＝株）と呼んでいたのである。

一方でアメリカは、本来分割払い方式を投機的であるとして採用していなかった。今回は特に調整して申込金もあわせて合計三回に分割しているが、それでも投資家は六月には全額払い込む必要があった。したがってアメリカでの応募には、資金が必要だったのである。これではどうしてもアメリカの倍率は低くならざるをえない。今回の公債発行の目論見書でも、この違いの調整が必要だったのである。

日露公債利回り推移

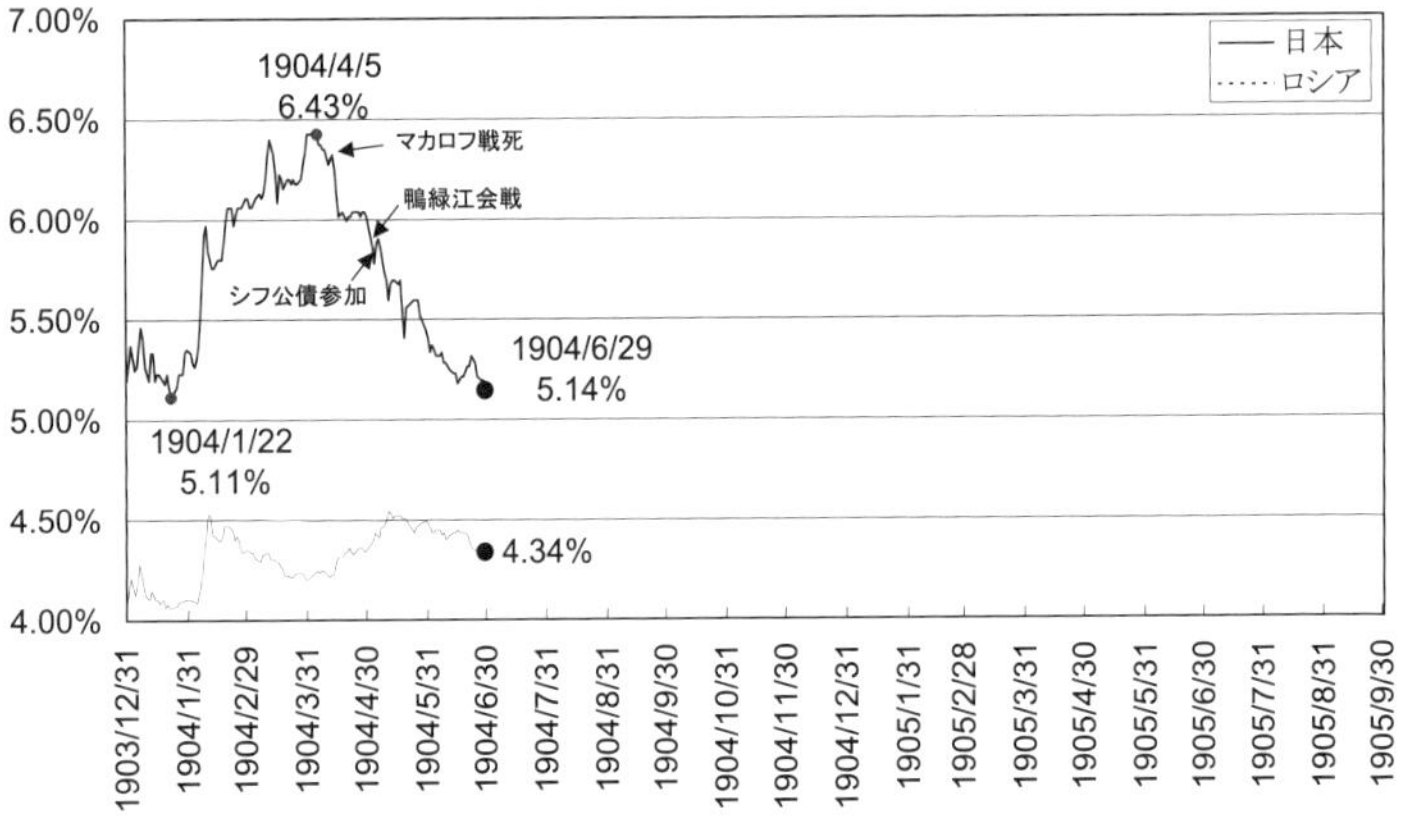

また、日露戦争後に行われた南満洲鉄道のＩＰＯでも、極端に少額で投資できる分割払い方式が採用され、高倍率の申し込みがあり表面上の人気を演出したのである。

高橋はこのディールまでは、イギリスのマーチャント・バンクであるベアリング商会やロスチャイルド、また香港上海銀行やパーズ銀行を高く評価していたが、それは多分クーン・ローブ商会やカッセル卿のことをよく知らなかったからだろう。

パーズ銀行のシャンドがクーン・ローブ商会の参加を伝えに来た時に、高橋はこう言っていた。

私はこれまで「クーンロエブ商会」とか「シフ」とかいう名前は聞いたこともなく、従って、シフ氏がどんな地位の人であるか知る由もなかった。[30]

マーチャント・バンクのところでも触れたが、この時代のロンドンの伝統あるマーチャント・バンクは、ベアリング恐慌の影響でリスク回避的になっていた。一方で、国際金融市場はＪＰモルガンを始めとするシフやカッセルなどスター・プレーヤーが引っ張る個人の時代だった。もちろんそれは現代から過去を振り返っているから解るのであって、この時代に生きている高橋にそれを求めるのは無理だろう。しかし今回、高橋は身をもってその事実を理解したに違いない。

日本の公債価格は、六月末に向けてますます上昇していった（利回りは低下する）。六月二九日には、日本公債利回りは五・一四％にまで低下し、開戦前の一月の水準とほぼ同じにまで低下したのである。

「日本を開国したのはアメリカ」だから

公債申し込み期間の二日目である五月一二日の「タイムズ」では、市場全体が静かな中、日本公債が注目を浴びているとして、「軍事行動が大成功な状況でこの発行条件は間違いであり投資家に有利すぎる」と評価している。「日本はパワフルでありウェル・オルガナイズドな国であるが、金融的には、平時においてさえ安く借りることが出来ないほど未熟である」[31]と。国の力と比較して、金融面では過小評価されていることを強調している。

在ロンドン荒川領事による「ファイナンシャル・タイムズ」の記事報告によると、

何故日本公債はこれほど人気があったのか。

一、新公債の価格は安い上に、担保についている関税収入は支払い利息の三倍にあたること

二、募集額が比較的大規模ではなく、しかも同盟国日本の戦勝は英国の勝利でもあるとの大衆の気持ちもあったこと

三、市場の「プレミアム」[32]が発表の前においてすでに三・五ポンドもあったので買って直ぐに売れば利益がでたこと

ロンドン市場の専門家からみれば価格が安かったこと、五〇〇〇万ポンドという募集規模が、妥当な金額であったことが指摘されている。また投機家からすれば、分割支払いで買えば直ぐに儲かるわけだから、人気が出るのは当然だということになるだろう。いずれにせよ、価格設定が低すぎたというのが、大方の評価だった。

これはとりもなおさず、日本国内での高橋への厳しい評価に繋がってしまうことになる。しかしこれは、言ってみれば鶏と卵のような話であって、クーン・ローブ商会が参入しなければ安値のままで誰からも見向きもされず、クーン・ローブが参入したからこそ、この価格設定が安いと評価されたわけである。

もうひとつ、在米国高平公使が本国に打電した記事がある。新聞名は書いてない。

「日本公債がアメリカにて人気のある理由は様々だ。第一に日米間の貿易関係は露米間に比べてはるかに密接かつ広大であること。日本が最近陸戦で勝利したことは置いておくとしても、鎖国していた日本を開国したのは実はアメリカなのだ。今回の募集に際し感情上の勢力を及ぼ

すは自然の勢なり」

「日本を開国したのはアメリカ」だから、日本びいきになるのは当然だというのは、殆どこじつけに近いものもある。だが価格設定はさておいて、アメリカにおける日本の人気ぶりがよくわかる記事である。

シフの欧州からアメリカへの帰国についても、五月一五日付け「ニューヨーク・タイムズ」の市場コラム「トールド・ラウンド・ザ・ティカー」に書かれている。

数ヶ月前に全くプライベートな旅行だと言ってニューヨークを出発したヤコブ・シフ氏も、これだけは拾わざるを得なかったに違いない。偶然見つけた日本公債のディールはとてつもない成功をもたらした。[33]

ここではシフの日本公債への参加は偶然扱いされている。記事では「さすがにシフ氏は運の良い人だ」ということを強調しているが、ユダヤ人のロシアに対する義憤云々はここでは取り上げられていないのである。

五月二一日の英国「エコノミスト」誌では、「ニューヨークにおける日本政府公債発行にユダヤ人的な要因が顕著であることが注目される」として、反ユダヤ主義に対する行動であることが明記されている。[34] ロシアの財務官僚もこの記事を読んだことだろう。

この前後のニューヨーク市場は、だぶつき気味の資金需給を背景に起債ラッシュだった。ニューヨーク市はクーポン三・五%の五〇年債を三二〇〇万ドル（一ポンド＝約五ドル）で入札したが、応札倍率は四倍であった。ＪＰモルガンは、ニューヨーク・セントラル鉄道四%三〇年債を五〇〇〇万ドル、ルイビル&ナッシュビル鉄道を同様の条件で二三〇〇万ドル分募集している。こうした中で、日本が破綻しないと考える投資家から見れば、日本公債の七%を超える利回りは、非常に魅力的に見えただろう。

また国際金融市場であったロンドン市場に較べ、当時、ニューヨーク取引所に上場されていた外国公債はフランクフルト三・五%債、合衆国・メキシコ金貨債の二つしかなかった[35]ので、投資家から見れば日本公債はユニークな存在であり、利回りの非常に高い魅力的な投資対象であったと考えられる。クーン・ローブ商会のビジネス上の目論見は大成功だったのである。また、アメリカに渡っていた金子堅太郎の政府広報の役割も見逃せないところだ。アメリカでは日本への理解が急速に進んでいたと考えられるのである。

オー・ヘンリが描いた日露戦争

当時のアメリカでどれほど日露戦争の情報が浸透していたのか、興味深い史料がある。この頃のアメリカは、「最後の一葉」で日本でも有名な小説家、オー・ヘンリが活躍していた時代である。意外なことに、彼の小説には日露戦争がよく登場する。

ヘンリは横領事件で服役していたが、日露戦争の始まる二年前の一九〇二年からニューヨークに移り住み、当時のニューヨークではメジャーな「ニューヨーク・ワールド」紙に毎週一編の割合で短編小説を書き始めていた。一九〇四年にそれらの短編をまとめた単行本『キャベツと王様』が出版され、一九〇六年にはベストセラーとなる『四百万』が発売されている。この「四百万」とは、当時のニューヨーク市の人口のことであった。

また、彼の人気作のひとつ『赤い酋長の身代金』は、さしずめ現代の映画『ホーム・アローン』のようなユニークなストーリーである。誘拐犯が攫ってきた子供がとんでもない悪ガキで、逆に犯人がひどい目にあわされるというもの。そのなかで、そのとんでもない悪ガキをなだめるために、可哀想な誘拐犯がこう言うセリフがある。

「もうすこし気分がよくなったら日露戦争ごっこをしてロシア兵になってやる（だからしばらくはおとなしくしてくれ）[36]」

ごねる子供を納得させるシーンである。

筆者が想像するには、この「日露戦争ごっこ」とは、身体の小さい子供が大きな大人を退治して楽しむ遊びなのだろう。この誘拐犯は、日露戦争ごっこで子供に再び酷い目にあわされるに違いない。こうした遊びが当時のアメリカで流行していた事がよくわかる一節である。また別の代表作『アラカルトの春』では、周辺が騒がしくなった時のメタファーとして「裏の塀の上の猫どもが、奉天に退却するロシア兵のように、そろそろと退却して行った」と言うような表現もみられる。ロシア兵が奉天に退却していく様は、「何匹かの猫達がそろそろ」と音もなく歩くように、ヘンリは新聞記事からイメージしたのではないだろうか。『振子』では、アパートの管理人がいたずら小僧を追い払う様を表現して、「鴨緑江《おうりょっこう》（ヤールー）の向うへでも追い払うように追い払う」と言う表現もある。シッシッとあたかも簡単に追い払った、というような意味だろう。

オー・ヘンリは、毎週一編の短編小説を書かなければならなかった。題材や表現には最新の時事問題や新聞の見出しを飾った言葉が使用されていると考えられるだろう。こうした比喩や表現から、当時のアメリカ人の日露戦争に対する関心の深さがよくわかるのではないだろうか。

高橋も深井も英文の新聞や雑誌によく目を通していただろうから、こうしたヘンリの小説も読んでいたに違いない。

アメリカでは、大国のロシアは人気が無く、小国の日本は同情されていた。"underdog" という勝ち目のない人を応援するというアメリカ人特有の気質もあったのだろう。

鴨緑江や奉天など極東の地名が広く知れ渡るようになり、近所や職場での話題の中で、日露戦争という言葉はちょっとした流行語になっていたのかもしれない。鴨緑江の英語読みである「ヤールー」などという言葉は、発音がエキゾチックで非常に覚えやすかったのではないだろうか。

またアメリカで売り出された日本の公債は、小口の投資家が大勢買った。彼らの投資していた日本公債がさらに日本への関心を産み、それまであまり知られていなかった、東洋の小国、日本がアメリカではひとつのブームとなった形跡が、オー・ヘンリの小説から読み取れるのである。

しかし一方で、アメリカ人の日本へ注目する流れはやがて形を変え、日露戦争の戦後間もない一九〇六年にサンフランシスコ市で発生した、日本人学童隔離問題などへとつながっていくのであるが。

東株と日本郵船株の推移

日本国内での評価

日本において、この公募の評価は、一体どうであったのだろうか。

上のグラフは、一九〇三年末から一九〇四年五月末までの日本郵船と東京株式取引所株の価格グラフである。

開戦前に暴落し、開戦と同時に切り返した株式市場も、三月、四月とジリ安の展開となっていたが、マカロフ戦死の伝わった四月一三日頃から反騰に入った。そして五月に入り、日本陸軍が鴨緑江を渡河し九連城を占領すると、株価は一段と強くなった。

五月四日の「東京朝日新聞」では、パリにおけるロシア外債三億二〇〇〇万円成立のことが記事になっている。それを受けて、その日の同紙の社説で、「ロンドン市場での日本公債の価格は低すぎるので、日本はロシアのように外国で公債を発行する必要はない」と、まるでロシアの公債発行に対する負け惜しみのような論説を載せている。

このロシア公債発行の記事は、先に書いたように鴨緑江の敗戦によって後に規模を半額に訂正されることになる。また、日本のメディアや一般大衆は日本が正貨に逼迫していることを知らされていなかったので、これほど早い、開戦間もないタイミングで、外債の募集が必要であるとは考えていなかった。したがって高橋達の活動も、極々秘密裏に行われていたわけである。

これが六日になると、「東京朝日新聞」では、ロンドン市場での日本公債暴騰とロシア公債暴落を伝えているが、その根拠としてロンドン市場で日本が公債発行を決めたという風説がながれている、と書かれている。政府が何も発表しないので、情報は海外からくる。「ニューヨーク・タイムズ」では、六日に日本公債の発行が記事になっているので、翌日の七日には日本でもこれが確報になったのだろう。

東京の株式は、この風説の日から再び騰勢を強める。翌七日の土曜日、週明け九日と日本の公債発行談判成立を好材料に、株価はますます上昇していった。

ところが、一〇日には突然暴落しているのである。これは一体何が起こったのだろうか。翌一一日の「東京朝日新聞」の株式市況欄を見てみよう。


戦況の入報毎に高騰を告げ諸株とも殆ど開戦前の相場に回復しなお戦局の進捗次第にて続いて昇進し兼ねまじき形勢ありし折柄、昨日は内国公債第二回募集の風説と外債条件面白からずとて人気俄然挫折し……

一〇日の官報で、高橋達の公債発行条件が開示されていたのである。内国債発行の噂と「外債条件面白からず」が、株式市場の「人気俄然挫折」の原因だった。

同じく一一日の「東京朝日新聞」では「外国起債成約」と題して、外債発行条件を論評している。

（要約）金本位制度を維持するための正貨準備は、必要だから外債発行はしかたがないだろう。また米国との経済的新関係を結べたことは大変良い事である。しかし、この外債発行の条件の悪さはどうだろうか。

毎年六％の利子を支払うものであるが、真の利子は年六・六六％にあたる。その上、政府は九〇ポンドを受け取って七年後の償還には一〇〇ポンドを支払わなければならないので、実際の利子は年八％強になるではないか。

なるほどロンドン市場における我が国の公債が全く回復しないのであるから、欧米シンジケートがこのくらいの要求をするのは無理もないが、こうした市況の悪い時期を選ばずとも、起債時期の選択には今少しの自重自忍が必要ではなかったか。

新聞は、日本の募集のタイミングの悪さを指摘している。現在のロンドンにおける日本公債の値段は不当に安いのであるから、今少し待って公債価格が回復してから募集すれば良かったではないかと、主張しているのである。これは日本の正貨準備率が危機的状況にあることを知らなかったから言えることである。もっとも政府としても、この危機的状況を発表するわけにはいかなかったであろう。

翌日、政友会の櫻井駿が、やはり公債発行の条件に対し、不満足の意見表明をするとともに募集時期の悪さを指摘している。日本人はロンドン市場における日本公債の価格が不当に安いと考えていたのである。

ベルツの、五月一四日の日記である。

日本はロンドンとニューヨークで、一千万ポンドの公債を、九割三分の時価、六分の利子付、関税担保で募集した。こんな条件は、現在の有利な戦況から見て、はなはだ不都合なものであるから、最初東京ではこれを、どうしても信じようとはしなかった。

また、深井は言う。

日本国内の批評というか、見方というものは、鴨緑江の戦勝が五月一日で、公債の発表になったのが十一日だから、これは鴨緑江の戦争に勝ったが故にこの外債が出来たのだという説と、それから出して直ぐ市価が発行価格以上になったのは要するに条件があまり甘すぎたのだと、こういう説が当時すぐに起こったようである。[37]

深井はこうした批評に対し、鴨緑江の戦勝をロンドンでもし二日に聞いたとして、そこからドキュメンテーションや政府の発行のための勅令など手続きを開始しても、スケジュール的に五月七日に仮調印できるものでは無い、公債発行の手続きには時間がかかるものである。したがって今回の公募は早くから準備していたので、発行価格は途中から変えられない、と説明している。決して鴨緑江で勝ったから公募ができたのでは無く、また鴨緑江の前から準備をやっていたところ、ちょうど戦勝にぶつかったのであって決して公募の条件が甘すぎたのではないと反論しているのである。

確かに深井が主張するように、条件が甘すぎるという批評は間違っている。日本公債の価格が上昇している要因は、鴨緑江での戦勝もあるが、それ以上にアメリカの参加自体が大きかったからであった。

いずれにせよ、この公債発行によって日本は正貨の調達ができたので、八〇〇〇万円で二二%程度にまで下落していた準備率は九〇〇〇万円を積増して、約四七%程度にまで大幅に戻すことができた。日本は公債発行価格にこだわる余裕は全く無く、現実には金本位制維持の危機であり、それは戦争継続の危機でもあったのである。

ただこの発行条件の悪さに対する高橋への批難は、かなり強かった。但し、業者への手数料など実際にはさらにコストがかかっていたのであるが、幸い、発行にからむ手数料の詳細は国民には秘密にしておかなければならなかった。

確かなところを言えば、日本はまだ先進列強国のように簡単に資金調達できるような発行体では無かったということだ。何も知らない日本国内での憤懣などをよそに、クーン・ローブ商会の参入がなければ、金利水準云々以前に、一〇〇〇万ポンド規模の募集などとうてい無理だったのである。

公債募集談の真相

結論から先に言うならば、実際の公債募集談は『高橋是清自伝』にあるように、高橋是清が偶然に晩餐会で知り合ったユダヤ人ヤコブ・シフに、一晩の話合いで日本公債に投資してもらったというような小説的な話ではなかった。そこには、アメリカのインベストメント・バンカーであるシフと、イギリスのマーチャント・バンカーであるカッセル卿の、綿密な計算と打算があった。

第一回公債募集の経過を時系列で整理しておく。

三月三一日　高橋ロンドンに到着。
四月一四日　ベアリング商会の提案は六〇万ポンドの融資。
　　　　　　「タイムズ」にマカロフの戦死報道。
一八日　日本政府、高橋とも大蔵省証券発行を決意、公債発行を断念。
二一日　銀行団に香港上海銀行参加、四%、三年、二〇〇万ポンド案。
二二日　カッセルの関係者ビートンが高橋来訪。

二四日　高橋が大蔵省証券をやめて公債発行を決意。
二六日　銀行団公債発行案を提出。六％、七年、一〇〇〇万ポンドの部分発行案。
二七日　高橋、公債発行案を政府に打電。
三〇日　目論見書作成進行中。
五月二日　政府より鴨緑江会戦大勝につき条件改善要求。
三日　ロンドンにて鴨緑江会戦戦勝報道。
シフ、ベアリング、香港上海銀行の三者の間で公債募集参加を決意。
ヒル邸の晩餐会でシフと高橋の出会い。
四日　高橋はシフとシプレーを勘違い。
パーズ銀行より米国クーン・ローブ商会参加の報告。
六日　「ニューヨーク・タイムズ」、日本公債に米国参加報道。
シフ、カッセル両名英国国王午餐会に招待される。
七日　公債募集仮契約。
九日　シフと高橋の出会い、高橋がシフを初めて認識。
一一日　英国分募集開始。
一二日　米国分募集開始。

香港上海銀行のキャメロン卿が、公債募集の仮契約に署名した五月七日に高橋を訪ねてきてこ

ロンドン市場の日本公債価格

ういった。

「エルンスト・キャッスル卿が、もしイギリス人だけだったら（コミッションを）一ペニーも取らんだろうが、アメリカ人が入ったので五万も取る気だと言ってる。キャッスル卿は怒りっぽい金融家だ、と[38]」

これの意味するところは、カッセル卿がクーン・ローブ商会を動かしたのは自分なのだから、当然、アメリカ分の手数料はいくばくか自分に支払え、と香港上海銀行などロンドンの銀行団に迫ったのではないだろうか。これが支払われたのかどうかはわからない。あるいは新発公債の販売引受分を余分に確保して決着したのかもしれない。

しかし重要な事は、カッセル卿自身がシフを動かしてこのディールをメークしたと認識していることである。そして、香港上海銀行のキャメロン卿もそう考えているのである。

これまでの公債価格とイベントのチャートを見てみる。

当初、高橋も日本政府も大規模な公募はあきらめて大蔵省証券の発行を考えていた。ところが四月二二日にカッセル卿配下のビートンが高橋を訪問して以降、高橋は大蔵省証券の発行から公債募集へと大きく方針を変えたのであった。同時に高橋は、発行準備に時間のかかる公募の目論見書作成など、ドキュメンテーション作業を開始した。

先にも書いたが、シフは一八八〇年以降だけでも一五〇〇通以上のレターをカッセル卿に送っているような関係である。ビジネス上でも、極めて緊密な関係にあった。ビートンが高橋を訪問したのは、カッセル卿とシフのアレンジだったと考えるのが妥当だろう。

シフは、二月のユダヤ人商人会において、すでに日本への投資を決めていた。そこでカッセル卿と相談して、日本公債への投資のチャンスを探していたのだ。鴨緑江で日露両軍の緊張は新聞等で伝えられていたし、マカロフ戦死のニュースで日本公債の価格は底を打ったかのように上昇し始めたので、彼らにとって次に想定される鴨緑江の戦いは投資タイミングとして絶好のポイントだったのではなかっただろうか。

しかしその時、カッセル卿やシフがベアリング商会のレベルストーク卿などから集めた情報では、日本の財務委員である高橋は私募や銀行融資など小規模の大蔵省証券の発行しか視野にないことがわかった。レベルストーク卿は香港上海銀行のキャメロン卿と親密であるから、高橋が何を指向しているか様子はよくわかったはずなのである。日本公債に投資したいシフらにすれば、私募や融資など小さいビジネスでは商売にはならなかったのである。そこでシフ達にすれば高橋には彼らが大量に扱える公債募集の準備に入って欲しかった。公債募集であれば、それがロンドン市場用のものであっても、後で為替約款を付けることでニューヨーク市場でも扱えるからである。

私募と違い、公債発行の為のドキュメンテーションには時間がかかる。シフにすれば、高橋にのんびりされると、せっかくの投資機会を失いかねなかった。

そうはいっても、シフ達にすれば、もし鴨緑江で日本が大敗するようなことがあれば、日本の公債など売れるわけがない、投資金額のコミットはしたくは無かったはずだ。したがって高橋には準備だけをさせて、結果を待つ事にしたのだろう。もっと言うならば、もし鴨緑江で日本が勝てば、シフ達は公債を買うと決めていた。負ければ買わない。そしてカッセルは、ビートンを通じて、その旨を高橋に告げたのではないだろうか。これが高橋の日記の中で、妙に具体的であるのに結論のない、ビートンに関する記述となっているのではないかと推測する。

ビートンはこう言った。「もしも日本が、海戦同様陸上戦でも敵を打ち負かす決心なら、（借款は）その時まで待った方がいい、ただし待ってる間にもチャンスには備えておるべきだが」――。

高橋にすれば、日本が鴨緑江で負けるなどとは考えていなかっただろうし、もし負けるようなことがあれば、当時の日本公債の価格から見て資金調達に関しては何もかもお終いだっただろう。また中途半端に大蔵省証券を発行しても、正貨の必要量が満たせないこともわかっていたので、ここは日本の鉄道王の根津嘉一郎ではないが、ビートンと、そしてそのバックにいるカッセル卿とシフに賭けるしかなかったはずである。もちろんカッセル卿の存在までは判っていても、この時点ではシフの事は知るよしもなかったわけであるが。

そこでビートンの訪問後の四月二四日に、高橋は銀行団に対して強引に公債の募集を準備させたのである。ところが、銀行団は公債発行には積極的ではなかった。彼らは広く大衆を相手にする公募では売れるわけは無いと考えていたからだ。

一方でカッセル卿とシフは、三月以前に、アメリカの業者に日本公債のニーズをヒアリングしていたベアリング商会のレベルストーク卿に事情を話し、ディールの調整を依頼したと考えられる。ベアリング商会は、国際資本取引に精通していた。そこでレベルストーク卿は香港上海銀行のキャメロン卿と話し合い、スキームについて詰めていったのである。この頃、クーン・ローブ商会の番頭格オットー・カーンという実務家もロンドンにいたので、アメリカ側のシンジケーション組成などもスムーズに進展したのに違いない。

こうした中で、日本政府御用達の内国銀行であるパーズ銀行はイニシアティブを失い、フラストレーションがたまっていったのではないだろうか。

シフやカッセルらにしてみれば、当初五〇〇〇万ポンドの調達さえ心配していた高橋や日本政府であるから、もし発行条件がほぼ同じで一〇〇〇万ポンドに発行規模が拡大するのであれば、アメリカ側の提案を断ることはないと考えていたのだろう。

こうして鴨緑江の結果が確認できたロンドン時間の三日に、シフ、キャメロン卿、レベルストーク卿の三者で、アメリカ側の五〇〇万ポンド引き受け参加が決まったのだ。もちろんこの時点では、彼らは高橋にはまだ何も連絡していない。

この会議の後、シフとキャメロン卿は、ヒル邸での晩餐会に出向いて高橋と会うが、高橋はあいにくシフの名前を聞き違えて、当時の有力マーチャント・バンクであったシップレーと勘違いしてしまう。高橋は次にシフと再会するまで、この勘違いには気がつかなかったのである。ビートンからはカッセル卿の名前を聞いていたが、クーン・ローブ商会の名前は聞いていなかったからだろう。

翌四日に、パーズ銀行のシャンドがアメリカのクーン・ローブ商会が五〇〇万ポンドを引受ける意向であることを、高橋に告げにきた。しかし、パーズ銀行は知らぬ間にアメリカの参入が決まったことには不満だった。そこでクーン・ローブ商会の与信に対して、クレームを付けたのだろう。これがベアリング商会に対する保証料の支払いになった。

またレベルストーク卿達は、高橋とのその後の条件交渉において日本側の意向に沿って発行価格を八八から九〇に上げる代わりにクーポンを使うという、いわば詭弁に近い手段で手数料を確保することを高橋に妥協させたのである。

高橋としては、一〇〇〇万ポンドの確保が出来て安心した一方で、外資系金融機関に主導権をすっかり握られてしまったことに忸怩たる思いがあったのではなかろうか。ディールが決まった時に、単純に喜んだような記録がないのである。

筆者は、これらの経緯から高橋是清の功績を過小評価するつもりなどはない。むしろ高橋はこの第一回の公債発行の経験で、実際には誰が国際金融市場での決定権を持っているのか、つまり誰がディール・メーカーであるかを正確に把握し、これ以降はうまく対処して行ったのだと考える。それが証拠に、これを機に高橋のリレーション・マネジメントががらりと変わる。殿様のように構えるのをやめて、非常に積極的に金融界の人たちと会うようになっていくのである。

ここで高橋是清と深井英五の公債発行談の記述を見てみる。さきほどのイベントと公債価格のチャートを較べると理解しやすいだろう。

先ず『高橋是清自伝』から、

四月の十日頃（明治三十七年）となってようやく公債談に目鼻がつきかけて来た。すなわち銀行業者たちは、鳩首熟議の結果、最善の努力として申出てきた条件は、
一、発行公債は磅《ポンド》公債とす
二、関税収入を以て抵当とす
三、利子は年六分とす
四、期限は五カ年
五、発行価額九十二磅《ポンド》
六、発行額の最高限度三百万磅《ポンド》[39]

高橋の「外債募集英文日記」での四月一〇日は、ロンドン到着一〇日目である、まだパーズ銀行の幹部との面談すらしていない。また、マカロフの戦死報道以前であるから、日本の公債価格は売られたままの状況である。公債発行に目鼻が立つような環境ではなかった。

銀行家との相談が纏まり、いよいよ仮契約を結ぶまでに運んだのが、四月二十三、四日であったと思う。しかるにここに偶然のことから一つの仕合せなことが起った。それはかつて日本へ来た私の友人ヒル氏が、私が仮契約を取結ぶまでに運んだということを聞き知って大変に喜び、一日懇ろな晩餐に招待してくれた。その時ヒル氏の邸で、米国人のシフという人に紹介された。シフ氏はニューヨークのクーンロエプ商会の首席代表者で、毎年の恒例としているヨーロッパ旅行を終え、その帰途ロンドンに着いたところを、ヒル氏の懇意な人とて、同時に招待をしたのであった。[40]

高橋はこの晩餐会において、シフとの間で日本一般のことや本当は一〇〇〇万ポンド募集したいのだが、半額の五〇〇万ポンドしか集まらないことを話し合ったとしている。

そしてこの翌日に、パーズ銀行のシャンドが「シフが公募に参加して残りの五〇〇万ポンドを引受ける」という吉報を高橋のところに持ってきたことになっている。しかし、日記の方での、つまり実際の二四日は、高橋が公債発行を決心した日でしかないのである。

序文の冒頭にも書いたが、『高橋是清自伝』は昭和一一年の発刊である、その三年後に書かれた深井英五の『人物と思想』は、この高橋の自伝を意識して書かれている。

深井の方の記述も見てみる。

漸く四月二十日頃になってこういう相談が一応出来た。即ち日本政府のため一千万ポンドの公債を発行するという計画を公表する、但そのうちの半分、五百万ポンドだけをこの際発行するというのである。（中略）

そうすると四月の何日だったか、二十日以後で月末に近づいた日であったと思う。米国の方で残りの五百万ポンドを引受けてもいいと云う人が出て来たと、英国の方の関係者から内話があった。高橋さんは、それは大変結構なことだが、米国側のことを日本の方で直接に調べる遑がないから、英国側で責任を以て米国側と共同するならば宜しいと云われた。[41]

深井は高橋の晩餐会でのシフとの偶然の出会いには触れていないが、両者に共通しているのは、アメリカの参加によって一〇〇〇万ポンドの発行が決まったのは四月中だったということである。これはつまり、鴨緑江の戦い以前の段階でアメリカの参加は決まっていたのだという主張なのである。

ヤコブ・シフは自伝を残さなかった。彼は自身の功績を自慢げに残す事を好まなかったので、伝記の類の発行はしてはならぬと周囲の者に厳しく戒めていたのである。それでも息子のモーティマー・シフは、それではあまりにも惜しいと、シフが一九二〇年に死亡した時にサイラス・アドラーに依頼して、『Jacob H. Schiff : His Life and Letters』という伝記を発刊している。

そこにはこう書いてある。

It must be remembered that all this came to pass before Japan won the battle of the Yalu, which was ended on the 1st of May.[42]
（五月一日に日本の勝利で終了した鴨緑江の会戦の前に、全てが完了していたことは正しく記憶されねばなりません）

Mr. Schiff 's move to throw in his lot with Japan was taken before her first decisive victory.
（シフ氏が日本に賭けようと行動を始めたのは、日本の決定的な勝利の前だったのです）

It would appear that just when the battle of the Yalu was being fought, he was engaged in his negotiations with the British bankers and in his endeavors to form the American group.
（鴨緑江の会戦がちょうど戦われている頃に、彼は英国銀行団との交渉とアメリカ引受団の組成に着手したと考えられます）

Within a few days of the memorable battle the necessary agreements and arrangements between the Japanese Government, the British issuing banks, and Messrs. Kuhn, Loeb & Co. were concluded, Mr. Schiff's firm being formally represented in London by Messrs. Baring Brothers & Co.
（この記憶に残る数日間の戦闘の間に日本政府、英国銀行団、正式にはベアリング・ブラザーズによって代理されるクーン・ローブ商会の間で、必要な合意と手筈は完結していたのです）

シフは自伝を残さなかったので、息子のモーティマーは日露戦争の日本公債募集の部分を高橋是清に寄稿を依頼した。高橋はこれを深井英五に丸投げし、深井の原稿のままに出版された。[43] したがってこの部分は深井が書いたことになるのである。

『高橋是清自伝』、『人物と思想』、そしてシフの伝記の三者とも、鴨緑江の会戦の勝利以前に日本公債発行ディールは完結していたことを主張している。

これは一つには高橋の生涯の友人であるシフの功績を称えるため、「日本がどうなるか分からない時点で、シフは日本へのサポートを決めていた」と主張したいからだと考えられる。特に、高橋の日銀における後輩である井上準之助が財務官になって以降、日本の公債発行主幹事がクーン・ローブ商会よりもモルガン商会に移行していったことを、高橋は「恩知らず」として苦々しく思っていた経緯があった。

また一方で、欧米での人気と裏腹に、国内では高橋の決めたこのディールの発行条件への批判が激しかったことがあるとも考えられる。

高橋にすれば、この公債募集談は正に天祐であり、シフとの偶然の出会いがなければ日本は資金調達なぞ出来なかったことを強調したかったのではないだろうか。

深井にすれば、高橋の主張に同調しながらも、もう少し実務的であって、公債募集には準備期間がかかるから、鴨緑江会戦の前に既に条件が決定していた。戦いに勝ったからと言って簡単に条件変更などできないのだと、淡々と発行条件が悪かったことを弁明しているのである。

そしてもうひとつは、『高橋是清自伝』や『人物と思想』の書かれた一九三六年や一九三九年という昭和の時代背景があるのではないだろうか。一九三六年には、日独防共協定がナチスとの間に結ばれている。この時代はナチスによるユダヤ人迫害が既に激化しており、日本の新聞記事などでも「ユダヤの陰謀」に類似した話が増加している時期であった。高橋や深井は日露戦争当時の資金調達の経験から、日本は英米資本主義と連携すべきだと生涯信念を持っていた。欲深いユダヤ人像を描くなんてことには、強く抵抗があったのではないだろうか。

シッフとの関係につき日本に伝わっていることは『シッフが或る宴会の席上で高橋さんと偶然に会って高橋さんに説かれ、その一夕の話により感激して日本の募集に参加した』というのであって、大変面白いけれども、それは余りに小説的である。又ロシア政府がユダヤ人を虐待するのに憤慨して日本に資金を供給したのだと云う説もあるが、是れ亦それだけでシッフが動いたと云うように単純ではない。

深井のこの投げかけには、深井自身が答えている。

シフはユダヤ民族の人だからロシア政府に対して憤慨しているところへ日露戦争が始まったので、日本の勝利を希望したには違いないが、しかし商売人だから全く算盤を離れて、感情的に又は義俠的に参加するいわれもないのである。

また、「アメリカも既に外国投資にゆくべき時機になっているのじゃないかと云う着眼と、日本の勃興による世界局面の変化とが結び合って日本の外債に参加したものであろうと思う」[44]

いずれにせよ、シフとカッセル卿が日本公債投資に眼をむけてくれたこと、そして実際に引き受けに参加してくれた事は、日本にとって一種の「天祐」であったことには間違いないだろう。もしマカロフが戦死していなければ、黄海の制海権をあのように確保できたのだろうか。鴨緑江の戦いで負けていれば、どうなったのだろうか。仮に戦闘の趨勢には大きく影響をおよぼさずとも、ファイナンス面で日本が戦費の調達ができたかどうかは疑わしいところである。日本は金本位制放棄とそれによる円の暴落から逃れ、ぎりぎりのところで救われたのであった。

ただしかし、日本の戦費は一〇〇〇万ポンドの調達では、まだまだ足りなかったのである。

第五章　戦況と証券価格

第一回の公債発行は、日本国内で条件面に対する不満もあったが、マカロフの戦死、鴨緑江の戦勝に加えてクーン・ローブ商会の参入により、日本にとっては募集金額の面で、欧米の金融業者達としては手数料と募集後のパフォーマンスから見て、大成功に終わったのである。

日本はこの後、日露戦争中に第一回も含めて合計四回の公債発行を行う。この章では、陸海軍の会戦や戦争中に発生した様々な事件と、日本とロシアの公債価格との関係を時系列で調べながら、残りの三回それぞれの募集について見ていく。また、東京株式取引所の株価の水準は国民の日露戦争に対する悲観楽観を表しており、公債価格との比較も検討したい。

松尾日銀総裁の見積もり

高橋是清が欧米に出張する二月の時点での、大蔵省、阪谷次官による戦費見積もりは、四億五〇〇〇万円だった。そしてその根拠は「朝鮮半島からロシア軍を一掃する迄」との条件であった。しかし第一回の募集が終わる頃には、鴨緑江での戦勝により想定戦闘区域は朝鮮半島を離れ、満州地方にまで拡大していたのである。

六月に入ると、松尾日銀総裁が戦局の進展を見据え、新たに戦費を一〇億円弱と見積もり直している。[1] 一気に当初予算の二倍以上にまで増えてしまった。

松尾総裁の予想前提は、以下を条件としていた。

七月　旅順陥落
八月　遼陽陥落
九月　ウラジオストック陥落
一〇月　休戦
一二月　講和

これに一九〇五年三月までの占領地守備費を考慮して、総合計約一〇億円の見積もりであった。

この予想前提では、旅順陥落を七月、休戦を十月と見ている。実際の旅順陥落が翌年一月、終戦が翌年九月と、既に結果を知っている我々から見ればまだまだ甘い見積もりだったのである。

日本海軍はロシア太平洋艦隊の拠点である旅順港閉塞作戦を三度行い、成功しないまま五月二日には中止を決定した。一方でロシアは、開戦以来噂されていたバルチック艦隊の極東派遣を四月三〇日に既に発表していた。太平洋艦隊とバルチック艦隊が合流すれば、日本の連合艦隊は戦力面でとうていかなわなくなる。日本としては、バルチック艦隊が日本近海に到着する前までに、太平洋艦隊を個別に撃滅する必要が出てきたのである。この頃、日本側としては、バルチック艦隊の旅程は出発してからおおよそ二ヶ月程度だと考えられていたので、旅順陥落は急ぐ必要があったのだ。

旅順港は、要塞砲によって守られていたため、日本の艦隊が近づいて攻撃することが出来なかった。そこで陸上から要塞を陥落させ、湾内のロシア太平洋艦隊を目視砲撃によって攻撃しようと考えたのである。

旅順攻略用の乃木大将率いる第三軍の編制が五月末に完了し、六月一日に宇品を出発、上陸後、要塞攻撃の為の包囲網が完成したのが八月六日である。軍の展開だけでも既に松尾日銀総裁の想定に遅れてしまっている。しかし、松尾総裁の想定が政府要人内でもとびきり楽観的というわけではなかった。七月に旅順を陥落させられるという予想は、当時の政府部内でも、また一般大衆の間でも、ごく普通の見通しだったのである。六月一日には、東京参事会が早くも手回しよく旅順陥落祝賀の委員をすでに選出していた。乃木軍は国内での編制をやっと終えたところであった。

ベルツの六月四日の記述から。

この旅順を落す事たるや、決して簡単な事がらではないのだ。戦前には、ロシア人が日本人を見くびっていた。今ではその反対である。

高橋にすれば、戦争の予算が一〇億円であれば、日清戦争に倣って単純に戦費の三分の一が輸入によって国外に流出するとして、三億三〇〇〇万円の外貨調達が最低限必要であると考えただろう。高橋はあれほど苦労したにもかかわらず、まだわずか一億円、正確に言えば手取で八七〇〇万円しか調達できていなかった。次回も急がねばならないのであった。

六月一八日に、政府から第二回募集の二億円を命ずる電報が、高橋に入った。高橋も政府の事情はわかっていたであろうが、「ニューヨーク・タイムズ」の記者に「もう発行はない」と啖呵を切っていた手前、いきなりの二億円という金額には驚かざるをえなかった。

しかし金融界の常識では、第一回募集のロンドンでの払い込み終了が八月二五日であるから、少なくともそれまでの新規の発行はありえないものであった。高橋は国内での自分の評判が良くない事を知っていたので、釈明の為にも、一旦日本に帰りたがった。だが、政府は頑として「ロンドンに留まるよう」との指示であった。日記からは、高橋が相当にいらついている様子が見受けられる。

六月二七日　小村外務大臣より在英国林公使宛　第三二五号

【高橋日銀副総裁に対し引続き倫敦滞在方訓令の件】

「大蔵大臣より、高橋より外債募集済みにつき一応帰朝すべきや伺出たるも大蔵大臣は当分財政代理人の考えにて貴地に滞在すべき旨松尾を経て訓令せり」

ロンドン市場の4%日本公債価格

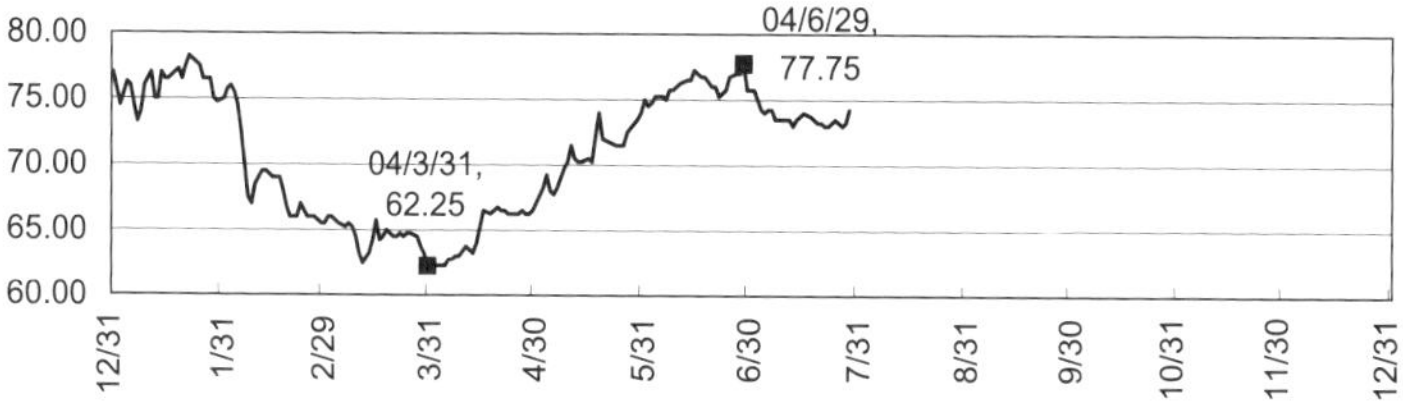

高橋は第一回公債発行での経験から、これまで長い間、日本政府と付き合いのあったパーズ銀行や香港上海銀行など株式会社銀行だけではなく、ロスチャイルドやカッセル卿、ベアリング商会などマーチャント・バンカーとのリレーション構築が大事だと考えていた。またその場合、彼らのように国王に拝謁できるような社会的地位の高い人間と関係を持つ為には、政府代表としてのしかるべき地位が必要だと、暗に政府に要求していたのである。林公使が代弁してくれている。

六月二九日　在英国林公使より小村外務大臣宛　第一八五号
【高橋日銀副総裁の滞英中の資格に関する件】
「高橋は貴電第三二五号によれば財政代理人の考えにて在英するとのことなるが右は本官が外部に対し高橋は政府の財政代理人なりと公然明言するも差支えなき義なるや返電ありたし」

小村の回答は、「臨時財政代理人と名乗れ」であった。外付き合いを考えると、高橋としては少々迫力に欠けるタイトルだったのではないだろうか。「臨時」では、任務の継続性が感じられなかったからである。

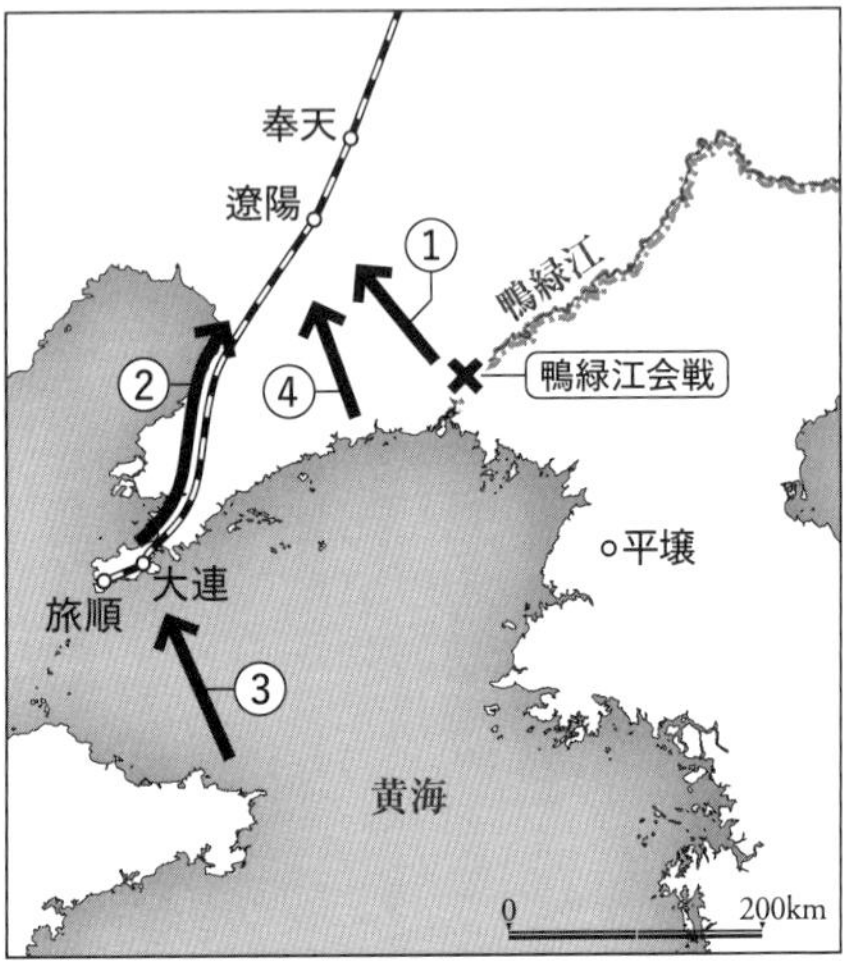

そうこうしているうちに、六月三〇日の「デイリー・メール」紙に、日本が新たに起債しようとしているとの噂が掲載された。

第一回公債募集以来、順調に上昇してきた日本の公債価格だったが、この日を境に調整に入った。市場は日本公債の追加発行を容認しなかったのだ。

日本政府としては、第一回募集の際に、鴨緑江の戦勝が募集の成功に大きく影響したと考えていた。そのため、それ以降は何か大きな作戦があると、それに合わせて募集を行うように高橋に指示を出すようになる。

旅順の第一回総攻撃は八月一九日、大規模な陸戦が想定される遼陽の会戦も同月下旬に予定されていた。政府はもちろん自信満々であった。日本は勝たなければならないのである。

しかし、こうした会戦の結果は、果たして政府の思惑どおりに公債価格に影響を及ぼしたのだろうか？

黄海海戦・遼陽会戦

鴨緑江を越えた黒木為楨大将率いる第一軍は、遼陽を目指していた。また、奥保鞏大将率いる第二軍は大連北方に上陸後、大連の街を守る南山を制覇した後は、鉄道線路沿いに北上し、これもまた遼陽を目指していた。次の大規模な陸軍の会戦は遼陽で八月頃に生起するだろう、というのが大方の予測であった。

一方、海軍側では旅順港内に逃げ込んだロシア太平洋艦隊を封じ込めるために、狭くなっている湾口に、古くなった船を沈める閉塞作戦を実施していた。これは二月末から五月にかけて計三回実施されたが、思わしい効果も出ないままに中止となるのであった。

これを受けて、乃木希典大将を軍司令官とする第三軍が五月末に編制され、既に第二軍が落とした大連に入り、ここから第二軍とは反対に南下し、旅順を攻略する事になった。

ロシア側から見ると、旅順はすでに北方のロシア軍本体とは分断されており、孤立している状態となっていた。さらに野津《のづ》道貫《みちつら》大将の第四軍が編制され、遼陽に向う第一軍と第二軍の間隙を埋めていくことになる。

①黒木第一軍―満州・朝鮮国境の鴨緑江を渡河して遼陽へ
②奥第二軍―大連から後の南満洲鉄道を北上し遼陽へ
③乃木第三軍―大連から南西に旅順へ
④野津第四軍―大孤山から遼陽へ

ロシア太平洋艦隊は、旅順要塞砲の射程距離から外へは出て行かない。日本としては、艦隊同士の海戦もできない。そうかと言って、旅順港の封鎖を継続しなければ日本海の制海権は保てない。日本は既に大量の陸軍を大陸に進出させていたので、補給路の確保は生命線だったのである。そのため、連合艦隊は旅順港封鎖を目的に、近辺の海域で待機している必要があった。こうした中で、ロシアのニコライ二世は日本の連合艦隊に匹敵する戦力のバルチック艦隊を編制し、極東に派遣する事を決定した。ロジェストビンスキー中将が艦隊司令官に任命された。

　これが五月二日の事で、高橋達が第一回の公債募集に取り組んでいる真っ最中のことだった。旅順にいる太平洋艦隊とバルチック艦隊が合流すれば、連合艦隊の約二倍近い戦力となってしまう。日本としては、計算上勝てる可能性がほとんどなくなってしまうだろう。またこの当時、日本近海を荒らしまわっていたウラジオ艦隊などはたった四隻の装甲巡洋艦の編制だったにも拘らず、日本の輸送船を沈め大きな脅威になっていた。太平洋艦隊やバルチック艦隊の一部勢力でも極東に残してしまえば、日本と大陸の間の制海権の確保はおぼつかなくなる。ここはどうしてもバルチック艦隊が来航するまでに太平洋艦隊を個別に撃滅しておき、バルチック艦隊来航時の連合艦隊との戦力比をイーブンにしておく必要があった。

　乃木第三軍が旅順要塞攻略の布陣を終えると、海軍は黒井悌次郎中佐の海軍陸戦重砲隊を旅順に送り込み、八月七日から旅順港に向け砲撃を始めた。装備は一二・二センチ速射砲六門、一二斤砲二〇門だった。巨大な二八センチ榴弾砲が旅順に持ち込まれるのは、これより後の事である。一二斤とは、砲弾の重さを表わしている。一斤は約六〇〇グラムだから、重量約七キロの砲弾を発射する砲の呼び名である。

目標地点である旅順港は直接目視できないために、地図上にマス目を引き座標を決めて、それを順番に撃ってグリッドを潰していく、という方法で砲撃がおこなわれた。黒井は、三日間で一三〇〇発砲撃、それらは兵舎や市街地にも着弾し、威嚇の効果をあげた。しかしなによりも、停泊中の戦艦「レトヴィザン」の吃水部に至近弾を送り込み、七〇〇トンの浸水被害を与えた事が、ロシア側に対し大きなショックを与えた。

この浸水被害は、ロシア太平洋艦隊にとって、このまま旅順港に居座っていても、見えないところから飛んでくる砲弾によって艦船が破壊されてしまうという恐怖感を植え付けた。本国からバルチック艦隊が来航し合流するまでに、港の中で座したまま艦隊が壊滅されては元も子もなかった。

また、ニコライ二世はバルチック艦隊の派遣を決定した際に、太平洋艦隊はウラジオストックへ脱出し、来るべきバルチック艦隊と合流せよ、との命令を下していた。日本陸軍によって分断されすでに満州から孤立してしまっている旅順に留まっていても、艦船の修理や弾薬糧食の補給もままならない。しかしそうは言っても、太平洋艦隊にすれば、ひとたび旅順港を出ると東郷の連合艦隊が待ち受けていたのである。自重して旅順に残るか、思い切って外に出て、ニコライ二世の命令どおりウラジオストックまで強行突破するか――。このストレスのかかる微妙なバランスが、黒井悌次郎率いる海軍重砲隊の砲撃によってくずれてしまったのである。

こうして、封鎖にあたる日本海軍を前に出撃を躊躇していたヴィトゲフト艦隊長官が、とうとう旅順港から強行脱出を図ることを決心する。これが黄海海戦であった。黒井中佐の砲撃から三日後の、八月一〇日のことだった。

ロシア太平洋艦隊は戦艦六隻、巡洋艦四隻の編制で、未だに堂々たるものだった。この時の日本連合艦隊の主力艦は戦艦四、装甲巡洋艦二の編制だった。連合艦隊は緒戦から旗艦「ツェザレウィッチ」に砲弾を集中する。それが見事に的中し、マカロフの後を継いでいたヴィトゲフト長官が早々と戦死してしまったのである。後は、ロシア艦隊の指揮系統は大混乱をきたしてしまい、結局、艦隊はウラジオストックへの強行突破を断念して、安全地帯である旅順港に再び引き返さざるをえなかった。何とか帰還できたものの、戦艦五隻、巡洋艦一隻に減っていた。

逃げ帰ったロシア太平洋艦隊各艦の被害は甚大で、補給の途切れた旅順では修理もままならず戦闘能力を完全に喪失してしまうことになる。以後の旅順港からの脱出は、想定できなくなってしまったのである。仕方なく、移設できる艦砲は陸にあげ要塞砲として固定し、ロシア太平洋艦隊は事実上壊滅してしまった。

ロシア側は旅順要塞の軍港としての戦略的な意義を喪失してしまい、これ以降はただ単に要塞を守るという事だけが空しい目標となった。唯一、ロシア陸軍主力が遼陽から日本陸軍を南に押し戻した時に、挟み撃ちにする作戦の可能性だけは残されていたといえるだろう。ロシアは、遼陽の主力が日本軍を南へ押し戻すという展開を新たな戦略目標としていたのである。

ロシア太平洋艦隊は壊滅したともいえた。しかし、日本側ではこの要塞内部の事情は分からなかったので、依然として戦艦五隻を擁する太平洋艦隊の脅威は消えなかった。旅順の艦隊はバルチック艦隊がヨーロッパから派遣される前に、どうしても壊滅しておく必要があった。海戦でけりをつけられないのならば、陸上から要塞を陥落させる以外に方法はない。海軍としては陸軍を後押しし、旅順要塞を陸側から占領する事をさらに強く要請するようになった。それも出来る限り速やかに、陥落させて欲しかったのである。バルチック艦隊が来航する前に、連合艦隊は艦船の性能を劣化させる艦底に付着した貝殻などを除去し、石炭を燃やすボイラーの清掃等のメンテナンスを行っておく必要があったためである。

松尾日銀総裁の六月時点での戦費見積もりの前提では、旅順陥落は七月の予定だったが、これは日清戦争時に旅順要塞を一日で陥落させた事例が根拠になっていた。しかし、今回は要塞周辺への部隊の配備だけでとうとう八月に入ってしまい、大きく予定が遅れ始めたのである。予定の遅れは、すなわち予算の拡大に直結した。

ウラジオストックを拠点とするウラジオ艦隊は、開戦当初から日本近海に出没し、朝鮮半島と日本の間を結ぶ輸送船を臨検し、軍輸送船と見れば片端から砲撃し撃沈していた。東京湾付近に現れた時にはイギリスやドイツ船籍の船も臨検し、日本政府はもちろんのこと、国際世論においても、この艦隊の存在は大きく問題視されていた。

六月には対馬海峡に現れて、陸軍輸送船「和泉丸」、「常陸《ひたち》丸」を撃沈し、戦場へ向かう陸兵二〇〇〇名が戦死するなど、日本のシーレーン確保の重大脅威となっていたのである。ロンドン証券市場でも、常陸丸事件は不安材料視され、日本の公債価格が弱含む状況もみられた。

上村中将率いる日本の第二艦隊がこのウラジオ艦隊を追いかけていたのだが、なかなか捕捉出

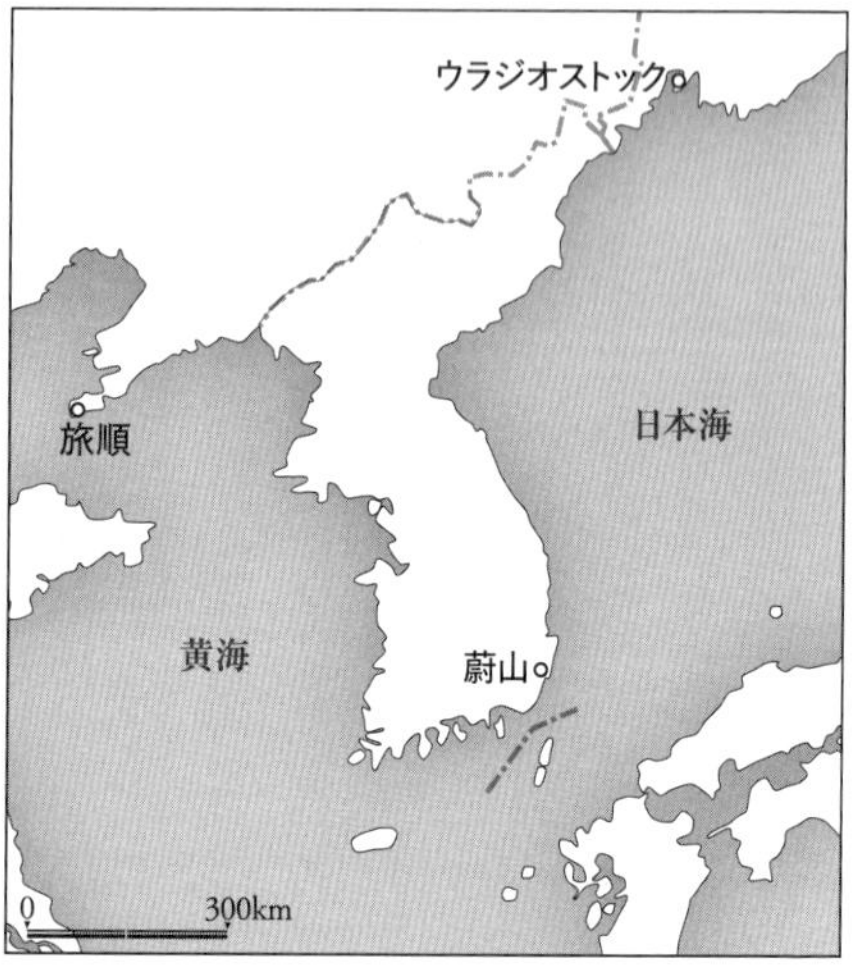

来ず、国民からは無能呼ばわりされ、ロシアのスパイである「露探艦隊」とも揶揄されていた。

上村は、ウラジオ艦隊は今回の旅順太平洋艦隊の出航に合わせて出撃してくるはずだと読み、黄海海戦直後からこれを迎え撃つ位置につき待ち構えていた。ウラジオ艦隊の捕捉が可能な数少ないチャンスだった。

上村の読み通り、ウラジオ艦隊は旅順の艦隊からウラジオへの脱出作戦決行の電報を受け取ると、途中で出迎えて合流しようと出撃していった。しかし、当時の無線設備の性能は電波の到達範囲がせいぜい一五〇キロほど、一旦出航してしまうと連絡がつかなくなってしまう。太平洋艦隊は、再び旅順へ逃げ帰った事を、急ぎウラジオストックに打電したのだが、電報が到着した時にはウラジオ艦隊は既に電波の到達圏外を航走していた。そのためウラジオ艦隊は、太平洋艦隊が日本海を北上して来ているものと疑わず、合流するために南下を続けていたのだった。

ウラジオストックと旅順は二二〇〇キロ離れている。巡航速度一二ノット（時速二二・二キロ）で走っても、一〇〇時間はかかる計算である。こうして黄海海戦から四日後の八月一四日に、上村艦隊は朝鮮半島南東部の蔚山沖でウラジオ艦隊をついに捕捉することができたのである。これは蔚山沖海戦と呼ばれている。この結果、ウラジオ艦隊は戦力を喪失し、日本海における日本輸送船団の脅威は取り除かれシーレーンは確保されることとなったのである。

陸軍のほうの動向も見ておく。海軍の黄海海戦、蔚山沖海戦に続き、陸軍では第一回旅順要塞攻撃と遼陽の会戦があった。まず旅順要塞の第一回総攻撃は八月一九日から始まり、あっけなく失敗に終わってしまった。

ベルツの七月一〇日の日記より。第一回旅順攻撃の一ヶ月前である。

日本人が旅順陥落を必至と見る自信たるや、まったく恐ろしいほどである。東京の全市街では軒なみに、あるいは道路越しに、支柱を建てまわしたり、針金を張りめぐらして、ちょうちんや旗をつるすようにしてある。隣りの家では、先日、装飾電球をいくつか特別に注文しようと思ったところ、どこへ行っても、「旅順陥落祝いで仕事がつかえていて、ご注文には応じられません」との返事だった。

こうした日本国内での様子にもかかわらず、旅順要塞攻略は成功しなかった。「旅順陥落ならず」はニュースにならないので、いつまでも陥落の報道が無いことが必然的に世間が知る「結果」となっていた。一方で、大山巌元帥の満州軍総司令部は黄海海戦が生起する約一月前の七月一五日になって、大連に上陸していた。開戦からは既に五ヶ月が経過していたのである。満州に上陸した各軍団を統括して、八月に想定される遼陽の戦いに備えるのが当初の目的であった。

遼陽は奉天（現在の瀋陽）の南南西六〇キロの地点にあり、当時も今も交通の要衝である。八月二六日に黒木為楨大将率いる第一軍、奥保鞏大将率いる第二軍に野津道貫大将の第四軍を加えた総勢一三万四五〇〇名の日本軍は、クロパトキン率いる一九万六〇〇〇名[2]のロシア軍と遼陽で戦端を開いた。これが遼陽の会戦である。

第一軍の参謀長藤井茂太は、「一兵の予備なし、敵は三、四倍なり、砲弾もなし。もう軍司令官は眠るより外にすることがないのではないか」と参謀たちに言ってきかせるほど、ロシア軍の集中的な攻撃を受け、兵員、弾薬不足に悩まされた。だが、クロパトキンは日本側から見れば、唐突に奉天まで撤退し、戦いはあっけない結末を迎えたのである。

九月四日、日本軍が遼陽に入城する事によって戦いは日本側の勝利に終わるが、ロシア側のクロパトキンとしては、これは「敗北では無く戦略的撤退である」と主張し、またそのように欧州では報道された。ロシア軍得意の「戦術」と言ったところである。

特に、遼陽の会戦での死傷者は日本軍が二万三〇〇〇名、ロシア軍が二万名、さらに日本軍はこの会戦直前の第一回旅順総攻撃で一万五八〇〇名の死傷者を出しており、日露戦争は既に消耗戦の様相を呈していた。日本の常備軍兵力は二〇万しかなかったので、これらの損害は相当に大きなものだった。日本側からみれば、ロシア軍が撤退した以上、遼陽の会戦は勝利であると考えていたが、だからと言ってロシアが降伏したわけでも無く、陸戦は次のステージである奉天に移っていくことになった。国際世論では、日本軍が北東に満州奥深く進軍していけば日本の補給路は長くなり、長引けばそれだけ国力に余裕のない日本には不利になってしまうと考えられていた。開戦時にはまだ完成していなかったシベリア鉄道は九月に全通し、増強されるロシア軍に対して、日本軍は兵力不足、弾薬不足が早くも問題となり始めていた。

日本軍は遼陽戦後、国内に残してきた最後の二個師団を満州に呼び寄せ、国内の予備兵力は完全に枯渇してしまった。これは他国と陸地で接していない島国であるからこそ可能なのである。政府は急遽、徴兵令を改正し、後備兵の服役年限を五年から一〇年に延長した。その結果、日本軍は開戦後わずか半年で年をとった兵隊が増え始めることになったのだった。また砲弾も不足し始め、国内生産のキャパシティーでは間に合わず、海外に発注する事になった。日本にとっての日露戦争は最初から総力戦の様相になってしまったのである。これでは戦費の見積もりは増加せざるを得ないし、弾薬を始めとする輸入物資の増加は高橋達の外貨調達の必要量を必然的に増やしていくことになるのだった。

ここで、それぞれの戦いと日本の公債価格の関係について見ておく（次頁のグラフ参照）。市場は、五月の第一回六％公債募集以降順調に上昇を続けていた。六月一五日以後の下落の原因はウラジオ艦隊による常陸丸事件である。ここでは一旦売られるが、直ぐに切り返している。前述したが、市場の材料としては、むしろ六月三〇日の日本による第二回目の資金調達の噂の方が価格に大きく影響していた。

八月の二つの丸い点は黄海海戦と蔚山沖海戦で、四角の点が失敗に終わった第一回旅順要塞攻

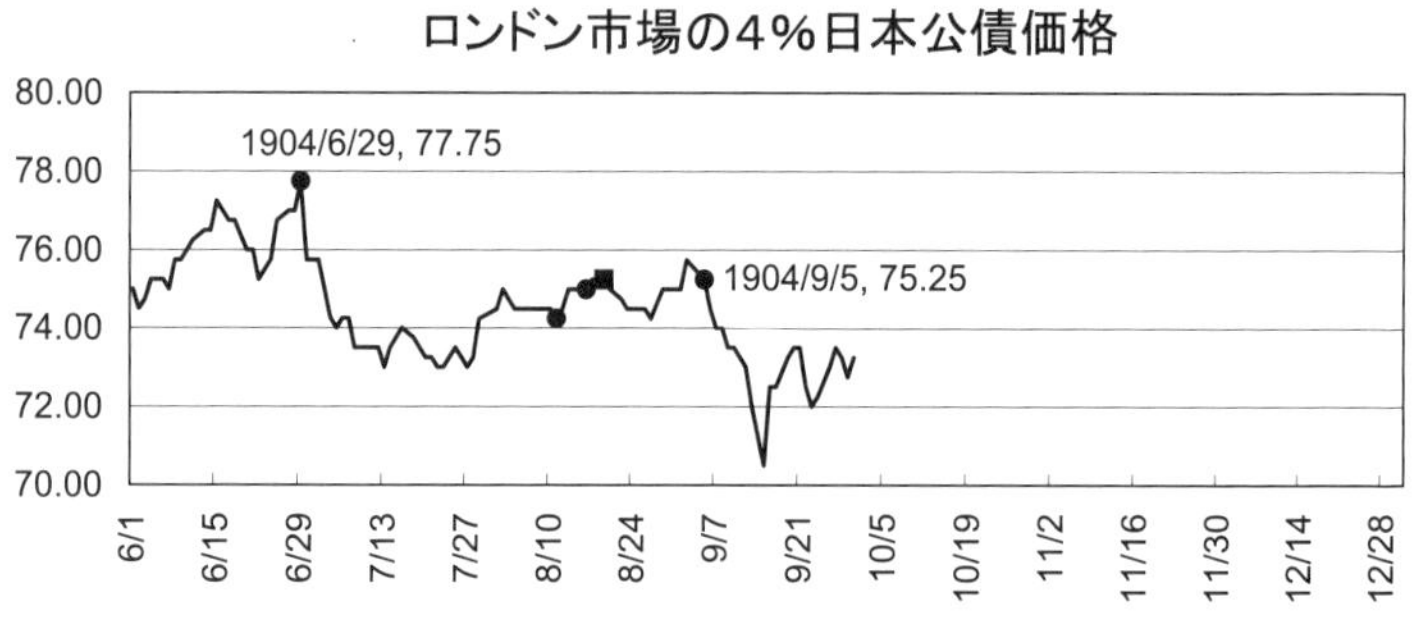

撃である。どれも追加の資金調達の噂よりは市場に影響を与えてはいない。証券価格は問題の本質を捉えている。証券の需給関係である。

それよりも注目すべきは、九月四日に終了した遼陽会戦の方の影響だろう。地勢的には日本軍が勝利を収めたが、日本公債は逆に大きく売られたのである。

五日の「タイムズ」紙上に発表された遼陽会戦の戦闘の詳細は、日露戦争がこれまでの戦争と異なり、恐ろしく兵員と資金を消費する戦いである事を欧州の投資家に認識させた。投資家サイドから見れば、戦争全般のコストについて再考し、日本の継戦能力に対して考え直す時期にあったといえるだろう。

国内の株式市場も見ておく。六月から九月末までの指標銘柄である東株の推移である（次頁）。

六月一五日の常陸丸事件には反応しているが、六月三〇日にロンドンで流れた日本の再度の資金調達の噂にはほとんど反応していない。また八月一〇日の黄海海戦、一四日の蔚山沖海戦にも無反応。一九日からの第一回旅順攻略（四角黒の点）では、直前に一旦期待感で盛り上がるが、直ぐに失敗と判明して下げてしまっている。そ

東京株式取引所株の推移

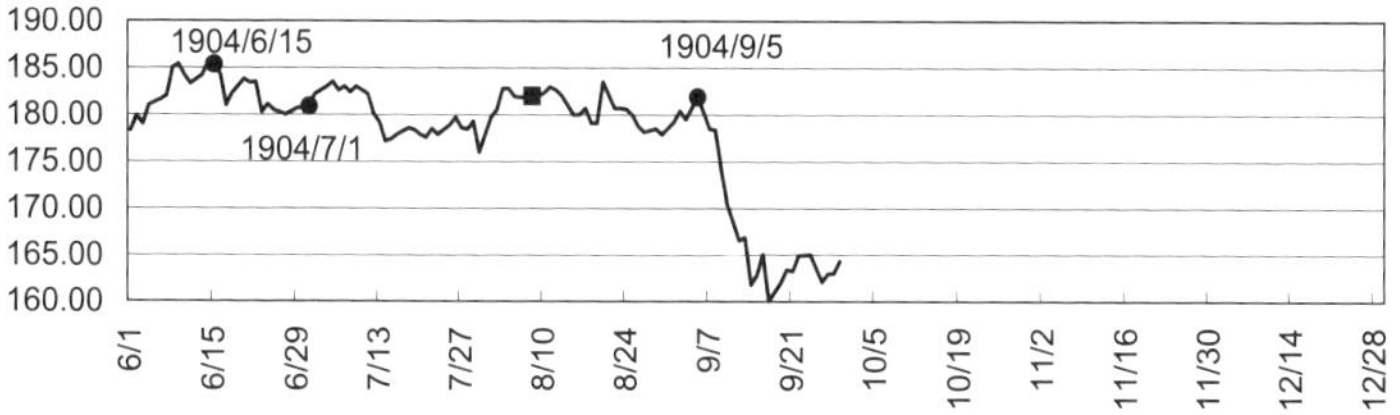

して九月四日に終了した遼陽会戦の結果は、ロンドンの公債市場と同じように株式市場にとっては失望に値するものだったのである。遼陽会戦は新聞紙上において大勝利と喧伝されたが、株式市場は醒めた目で見ていたことになる。

　ロンドン公債市場、兜町株式市場とも金融市場は陸戦や海戦の勝利にも反応は乏しく、むしろファイナンスの噂や遼陽会戦勝利後の日本の経済的な継戦能力に反応して下げているのが特徴である。

　こうした状況下、ロンドンにいる高橋に本国政府からは、日本軍は連戦連勝なのだから資金調達を急げとの非情な督促が届く。だが、実態はこのような状況だったのである。日本政府の考える連戦連勝に財政的に有利な意味、もっというならば戦争の帰趨への影響は全く無かったのである。

　ロンドンの荒川領事は日本が連戦連勝にもかかわらず、何故公債価格は下がるのか、小村外務大臣宛に電報を発信している。

　九月一六日発、在倫敦《ロンドン》荒川領事より小村外務大臣宛[3]

【倫敦に於ける日本公債相場下落に関し大蔵大臣へ報告の件】機密送第六号

（要約）

●遼陽会戦の結果が予想の如くロシア軍の全滅とならなかったこと。英国一般では遼陽のロシア軍の状況は普仏戦争において退路の断たれたフランス軍の「セダン要塞」のように考えていた。セダンでは一〇万人の兵と皇帝ナポレオン三世も降伏した。ところが今回のロシア軍は降伏せずに無事に撤退してしまった。
●旅順がまだ陥落しないこと。
●ロシアが和平を望んでいないこと。
●大陸筋の売り崩しがあること。

最後の「大陸筋の売り崩し」とは、ロシアがフランスの投機筋を通じて日本公債の募集を妨害する目的で「売り崩し」を行っていると、市場関係者は考えていたからである。また荒川領事は公債価格を上げる方法として、二つのことを提案している。

●価格を維持するために買い支えすること、ロシア側の売り崩しは三〇万から四〇万ポンドであるが一〇万から二〇万ポンドもあれば充分だろう。
●ロンドンに高橋がいると投資家筋は日本が再び公債募集をするとの思惑がはたらくので、しばらくはどこかに転地されること。

連戦連勝にもかかわらず日本公債の価格が上がらない一方で、ロシア公債の価格は連戦連敗にもかかわらずしっかりと推移していた。そして高橋がロンドンにいることは、市場関係者に次の戦費調達を想起させてしまうようであった。「もう日本には資金調達は必要ない」と新聞紙上で宣言したはずの臨時の財政代理人がずっとロンドンにいるのは、確かに理屈に合わなかったのである。

当時の「東京朝日新聞」の「日露の公債市価[4]」という記事では、ロンドンの雑誌「エコノミスト」や「スタチスト」から記事を引用しこう書いている。要約しておく。

日本軍が遼陽において光輝ある戦勝を得たる結果、我が公債は却って下落した。だが、英国の資本家達にも、やはりこれは不思議らしい。「エコノミスト」が書くには、日本公債の特に安いのは日本の富力が公債の元利金を償還できないという理由では無く、日本が今後も度々ロンドンにおいて外債を発行するとの予測に基づくもののようである。またもし平和になっても、日本は戦後経営のために外債を起こす必要があるだろうというものだ。しかし「エコノミスト」記者は、これでは満足できずに「この事情は露国においても矢張り同様なり」と書いている。

一方で「スタチスト」が書くには、ロシア公債が主に上場されているパリでは、フランス人はロシアがいつかこうした失敗を回復すると信じているから公債価格は下がらないのだ、という。一方で、我が日本では国内の株価までが下がっている。内地の資本家にも、もう少し自信を持って冷静沈着に行動して欲しいものである。

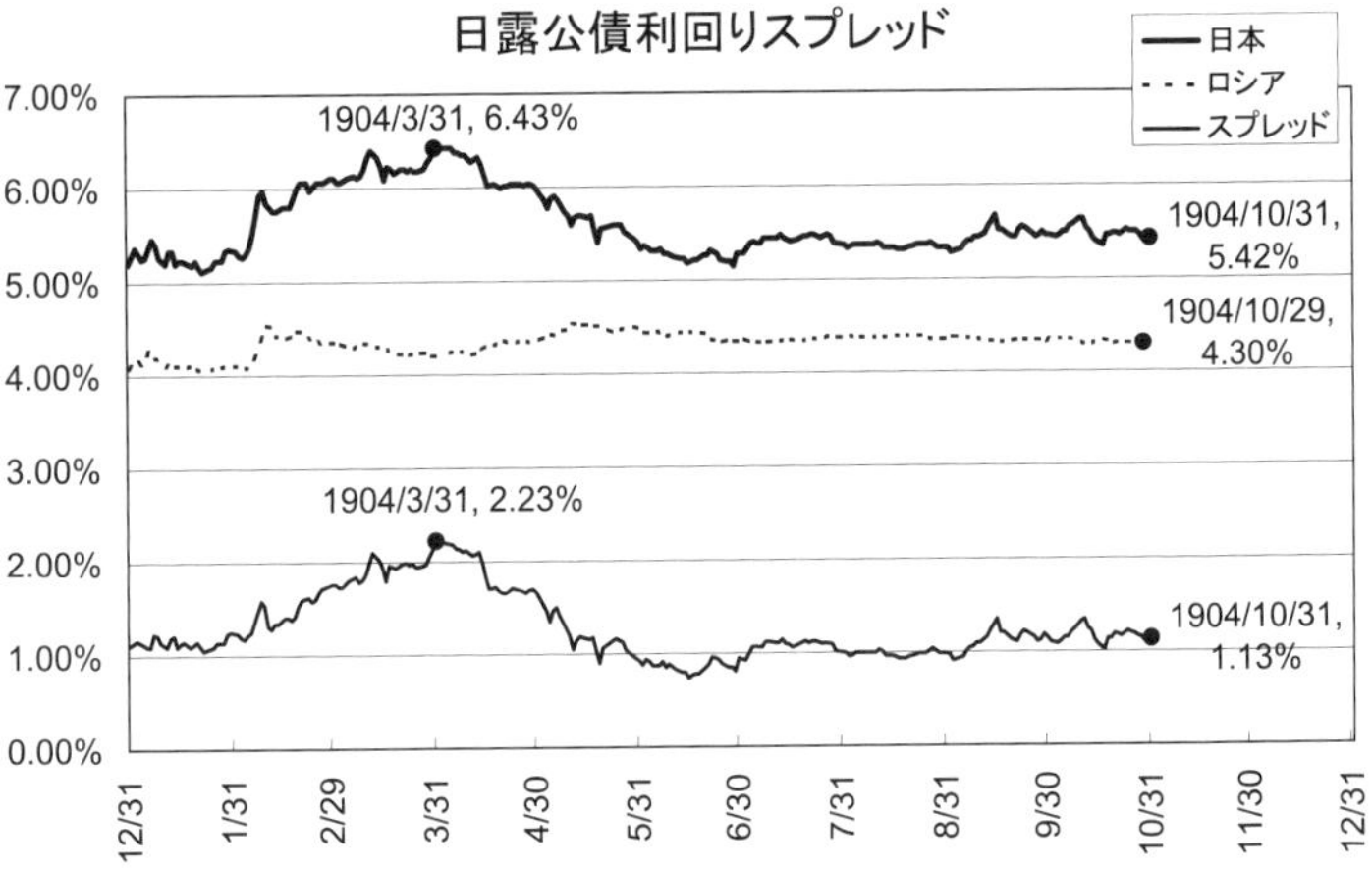

上のグラフは、開戦以来、一〇月末までの両国公債の利回りスプレッドである。六月中旬に一旦〇・七六%まで狭まったスプレッドも、その後、再び乖離が広がっていったのである。

日本は連戦連勝に浮かれているような状況ではなかった。要するにお金がなかったのである。

また、ロシアは財務大臣ココフツォフが言っていたように、パリ市場での自国公債の買い支えと新聞記事の買収を行っていたので、それが奏効して価格が安定していたのかもしれない。しかしいずれにせよ、両軍が大量の兵力を維持し遼陽と奉天で睨み合っている以上、ロシアも日本も戦費はどんどん消耗されていく一方だった。

ロンドンの公債価格がさえないなか、日本政府は高橋に次のファイナンスを迫らなければならなかった。正貨が枯渇し、余裕が全くなかったのである。

旅順陥落を待つべし

一〇月に入ると、日本の第二回公債発行の概要が固まりつつあった。資金調達の噂だけで公債価格が下がってしまうような状況であるから、前回よりも有利な条件での発行は困難だった。特に、銀行団との価格交渉の過程では、今回も現実にはアメリカのクーン・ローブ商会とカッセル卿やベアリング商会が仲間内で条件を決めているような雰囲気があり、高橋が日々接しているパーズ銀行や香港上海銀行ではコントロールし切れないところがあった。

高橋は銀行団とすり合わせた上で、今回もクーポン六％、発行価格は少し下げて九〇で発行する考えであった。だが、発行価格は最後まで揉めることになる。高橋は、ディール・メーカーであるマーチャント・バンクやインベストメント・バンクと比較して、株式銀行の無力さを痛感していた[5]。

高橋は、第一回の条件決定のなされ方やこの時の交渉過程で、今後誰とどういうリレーションを構築すべきか考えさせられていた。つまり銀行団にまかせず、クーン・ローブ商会のシフやカッセル卿、あるいはベアリング商会のレベルストーク卿などと、直接交渉をする必要性を感じたのである。高橋は後にシフやカッセル卿と濃密なリレーションを築きディールをスムーズにこなしていくことになるが、第二回のこの時期では、まだそうしたリレーションは出来ていなかった。

シフとロンドン銀行団の間で発行価格にようやく折り合いがついた頃に、シフがパーズ銀行を通じて高橋に送るように頼んだ電文がある。高橋が条件に不満であることを見越した上で打った電報だが、直接、高橋には送られず、パーズ銀行を経由していたのである。

「われわれは、満足のいく妥当な条件で交渉を進めることを望んではいるが、われわれにとっては、日本政府が持ちこたえることができるよう、もう一度支援することが最大の目的である。それが、この恐ろしい戦争を一日でも早く終結に導く最も確実な方法である。私の代わりにこのことを特別財務官（筆者注：高橋）にお伝えいただきたい」[6]

高橋は価格面で譲歩する代わりに、担保は前回に引き続き関税収入ですませる事にした。鉄道収入やタバコ税も手持ちの駒にあったのだが、高橋自身は今後も日本政府による発行は続くだろうとの見通しで、担保の枠確保を優先した。

ドキュメンテーションの方は前回とあまり変わらないので、事務的には前回よりも楽だっただろう。深井もこの方面では少し余裕があったようだが、日本の関係者からの問い合わせ、特に本国からの価格に関する不満等には参ってしまったようだ。現地の事情がわからない本国からの不満は、いつの時代も駐在員にはつきものである。本国としても国内の株価も冴えない動きをしていたのであるから、発行価格が冴えないことも理解できそうなものだが。

一〇月一五日、ロシア・バルチック艦隊がバルト海のリバウ港を出発し、日本海へ向かったと報道された。出発前に旅順が陥落していれば、あるいはこの航海は中止されたのかもしれないが、ロシア皇帝ニコライ二世の戦争への意志は強いようだった。日本側は、まだ健在だと信じているロシア太平洋艦隊との合流を妨げるために、旅順は早く陥落させねばならなかった。

一方でロンドンの投資家から見ると、日本の戦争の継続性についての疑義が出た以上、小規模戦闘の帰趨は、この際、重要ではなくなっていた。当面は旅順を早く陥落させる事が焦点となり始めたのである。これが、この時の日本陸海軍の目の前にある一番重要なテーマだった。

林公使はいつも高橋の味方だった。

一〇月一二日発、在英国林公使より小村外務大臣宛

【高橋日銀副総裁が纏めたる新起債条件認可方】　第三〇五号

「金融社会においては戦争は永びくべく又永引きたる結局には、尚露国の勝味に変わるであろうとの懸念があるから、此の事情においては、高橋が纏めたる条件以上の威効を望むことは困難である。公債価格は今差し迫りたる戦争並びに旅順攻めの結果を待ちて取り決めるの他が無いのだから、目下の状況においては高橋の相談済みの案をご認可あらんことを望む」

一〇月一九日発、小村外務大臣より在英国林公使宛

【新起債の政府手取額増加方努力につき訓令の件】　第四七一号

「高橋副総裁の来電によれば、公債談はその条件ほぼ纏まりたるも政府手取りの相談まだ折り合わず、銀行家の意向八五乃至八七・五とあるのは、連戦連勝の今日当方一般人心到底満足せず政府においてその苦慮するについては、閣下は高橋より委細の状況を聞き取り政府手取りを九〇以上となることに精々御尽力ありたし」

小村外務大臣は、連戦連勝にうかれる日本の新聞やそれに煽られる一般民衆の意見が不利な条件での発行を許さないと伝えている。しかし残念ながら、国際金融市場での公債価格はそうした国民感情で決められるものではなかった。

一〇月二〇日発、林在英国公使より小村外務大臣宛　第三二一号
【新起債の政府手取額増加方努力に関する件】
「（要約）連戦連勝の今日においては、前回の六％公債などは利息が高くさらに担保まであるのだから、すぐにでも額面に達しそうなところですが、現在は九四・五程度で取引されていま す。それは、今後戦争が長引き、且つ今後日本公債は必ず多く発行されるだろうと恐れられているからだ、と言うのが当地の金融家の意見です。従って手取価格の八七・五は仕方のないところでしょう」

林公使は、いくら連戦連勝であってもロンドン市場での日本公債の相場が上昇しない以上仕方があるまいと、小村外相を説得していたのである。ロンドンで市場に密着している者の意見である。

一〇月二二日発、小村外務大臣より在英国林公使宛　第四七五号
【新起債の政府手取額増加方努力に関する件】

「(要約) 別記のとおり、高橋には別に訓令してあります。

別記:如何にしても政府手取を八七・五以上に出来ないのであれば、旅順は今月中に始末がつくし、また奉天方面は心配がないので、出来る限り決定を延ばして、価格を引き上げて下さい。但し市場の状況により不利と認めるときは、直ちに申し出て下さい。林公使とは熟議を望みます。尚今月中に旅順への総攻撃があることは堅く秘密にして下さい」

遼陽会戦で勝利したものの、日本公債は日本の戦争継続性を懸念して売られていたし、簡単に陥落すると思われた旅順要塞は、八月に第一回総攻撃を実施したものの失敗し、特に旅順攻略にかかる兵力の損失と砲弾の使用量は非常に大きくなっていた。松尾日銀総裁も旅順は七月陥落を予測し、国民も戦勝祝賀のために電球が売り切れるほどであったので、当初は非常に楽観的に見ていた。しかし、既に一〇月も終わろうというこの時期でも、旅順要塞は陥落していなかった。予想、あるいは国民の期待と、現実とのギャップは大きいものだったのである。

小村外務大臣は、高橋に近々再び旅順要塞総攻撃があるので、その結果を待って募集すればよかろうと指示している。この電報でいう旅順攻撃とは、一〇月二六日から始まった第二回の総攻撃のことだった。

この時期の日本では、バルチック艦隊の極東到着をいつごろだと考えていたのだろうか。日本軍から見ると、旅順要塞はその頃までに陥落させる必要があった。

ベルツの日記一〇月一三日。

バルチック艦隊は、本当に出航した由。だが、旅順はこの艦隊の到着まで、すなわち十二月末まで持ちこたえ得るかどうか？

バルチック艦隊は年内に極東に達すると、考えられていたのである。

北海海上で起きた「ハル事件」

小村外務大臣が高橋に旅順が直ぐにでも陥落するから、それまで公債発行の条件決定を待てと指示している頃、ロシア・バルチック艦隊は一〇月一五日にリバウ港を出発していた。リバウは現在のラトビアのリエパーヤである。ニコライ二世が艦隊の極東派遣を決定してから既に五ヶ月が経過していた。日本の当初の計画では、戦争がほとんど終結していてもおかしくない時期だった。

艦隊は約一週間をかけ、デンマークとスウェーデンの間のスカゲラック海峡を抜けてイギリスに接する北海に近づいていた。そしてここで、国際的にロシア艦隊の悪名を轟かせてしまい、日露戦争にとっては重大な意味をもつ事件を引き起こしたのであった。

ロンドンとエジンバラのちょうど中間あたり、イースト・ヨークシャーの北海沿い、ハル河の河口を少し遡上したところに、キングストン・アポン・ハル市、通称ハルという街がある。ここは北海のドッガーバンクを漁場とする漁師が多数住み、毎日四、五〇隻のトロール船が出漁して、ヒラメやカレイ、フィッシュ・アンド・チップスの食材となるタラなどを捕っていた。

この漁船団が十月二二日の夜、突然ロシア海軍バルチック艦隊に襲撃されるという事件が発生した。この事件は「ハル事件」、「グウル事件（ドイツ語）」、もしくは「ドッガーバンク事件」と呼ばれた。

この漁船団のニックネームこそ「にわとり艦隊」（the Game Cook and Northern fleet）だったが、バルチック艦隊が襲撃した相手は、敵対する戦闘艦隊などではなく、中立国の、しかも日本と同盟を結んでいるイギリスの非武装の漁船団だったのだ。

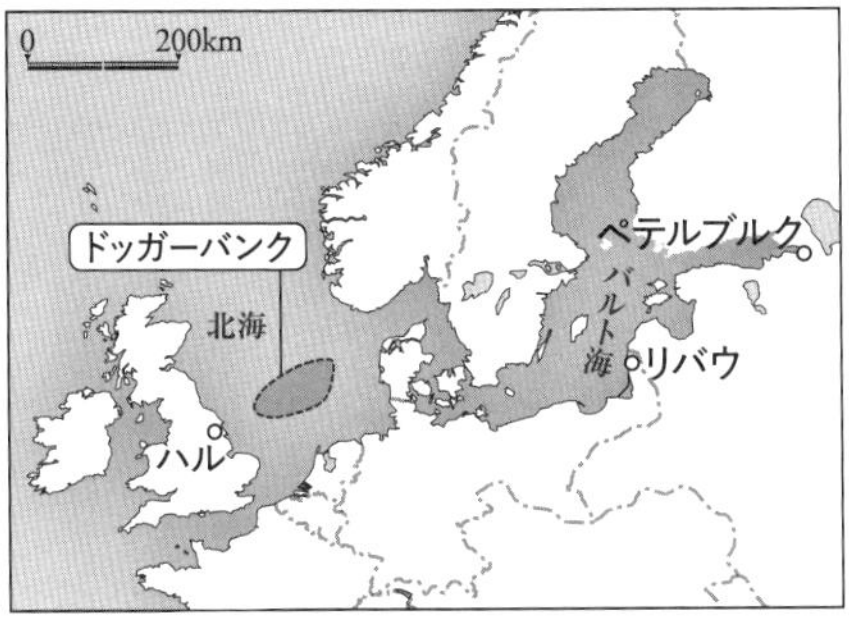

バルチック艦隊は極東に駐留するロシア太平洋艦隊と合流すべく本国を出発したが、行く先々での情報収集を目的に、エージェントを雇っていた。特に日本海軍は日英同盟をベースにヨーロッパにも潜水艦や水雷艇を派遣しているという噂があったので、これに関する情報を収集するのが目的だった。もちろん日本はまだ潜水艦を持ってはいなかったが、ロシア海軍自体は潜水艦の研究に積極的だったので、[7]それが転じて日本海軍が装備していると疑心暗鬼になってしまっていた。[8]

そのエージェントの情報の中に、イギリスの制海圏内である北海に、日本の水雷艇が潜んでいるとの情報が多数入っていたので、バルチック艦隊は北海近辺での警戒が強くなりすぎていたのだろう。

夜の海に数多く浮かぶ漁船団の無数の灯りを、日本の水雷艇と見誤ったと後に証言している。戦艦「アリョール」だけでも砲弾五〇〇発を発射したとされている。漁船側は一艘が撃沈され五艘が中破、二名が死亡、六名が負傷した。またこの混乱で味方であるはずのバルチック艦隊の巡洋艦「アウロラ」、「ドミトリー・ドンスコイ」にも命中弾を与え、一名が死亡、数名の負傷者を出している。[9]

しかもさらに、誤射に気づいた後も、被害を受けた漁船の救助もせずに立ち去ってしまった事がいけなかった。人道上の問題を喚起してしまったのである。少し前に極東で発生した蔚山沖海戦では、上村艦隊がロシア巡洋艦「リューリク」の乗員を積極的に救助し、イギリスでも美談として話題になっていたので、これはあまりにも対照的となってしまったのである。

二四日の「タイムズ」の一報を見ると、標題は単に「バルチック艦隊」だったが、二五日の「タイムズ」からは、標題が「北海の暴力行為[10]」に変わり、現場の様子が生々しく特集されている。その後、「タイムズ」の特集記事は数日間続き、この事件が国際裁判となった後も長く新聞紙上を賑わせることになったのである。この事件は各紙にも連日報道され、ロシアに対するイギリスの世論を燃え上がらせる結果となった。

イギリス海軍は巡洋艦隊をスクランブル出撃させ、バルチック艦隊をスペインの北部ビーゴの港まで追いかけた。イギリスはスペイン政府に対して、石炭、真水（飲料と蒸気機関に必要だった）をバルチック艦隊に給すれば中立違反とみなすと警告を送り、英露間に戦争開始も辞さないような緊張が走る事態となったのである。

イギリスの世論は、政府の強硬な対応を支持した。国民の世論という点ではその国民性にもよるのだろうが、イギリスはアメリカの大袈裟とも言える日本に対する同情論に比較すると、少し冷めているところもあった。しかし、この事件以降は大きく変わる事になる。これまでも英国は、政府としては日本を色々とサポートしてくれたが、さらに露骨にバルチック艦隊の航海に嫌がらせを始めるようになった。世論が、それを支持するようになったからである。

一〇月二三日のベルツの日記。さすがに彼は、事件直後の日本での報道の前にすでにこの情報を持っていた。

北海における珍らしい出来事が、イギリスを極度の興奮に陥れた。バルチック艦隊が、罪のないイギリス漁船を砲撃し、二隻を沈没せしめ、多数の人々を殺傷したのである。まだ公表はないが、強いて説明をつければ、露艦が盲目的な対日恐怖感から、(理性のある者なら、どうして日本の軍艦がそんな場所に現われるか、想像もできないはずなのに)罪のないイギリス漁船を日本の水雷艇と誤認したものと解釈するよりほかはない。

この頃の高橋は、第二回旅順総攻撃に時期をあわせて、一一月に募集の予定である公債の概要を決めてタイミング待ちの状態だった。しかしこの事件以降、日本公債の価格は徐々に回復をし始めてきたのだった。

この事件はイギリス国民を怒らせただけでなく、ロシア艦隊の技術的な信頼性も疑わせること

ロンドン市場の4%日本公債価格

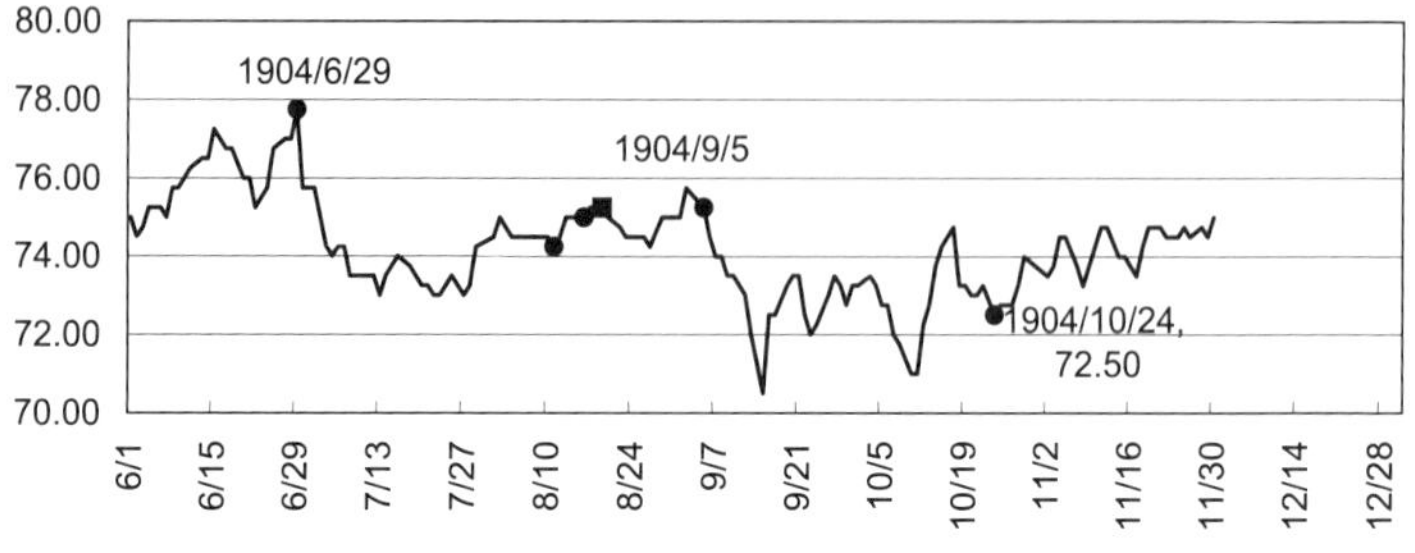

になった。「にわとり艦隊」ですら誤認し、撃滅もできなかったからである。

またイギリスによるバルチック艦隊への嫌がらせは、ロシアのドイツへの依存度を大きく引き上げることになった。艦隊の燃料である石炭の供給を全面的にドイツに依存することにならざるをえなかった。ロシア皇帝ニコライ二世は、ドイツ皇帝ウィルヘルム二世との交渉で大きなカードを渡してしまったことになった[11]。

事後的に日本公債の価格推移を見ると、この日を境に年末に向けて徐々に上昇している。目立たないが、この事件の影響はイギリス海軍によるバルチック艦隊への露骨ないやがらせとともに、日露戦争の帰趨に大きく影響を及ぼしたのである。

日本公債は、六月二九日をピークに日本の新たな資金調達の噂で下げた。九月五日は、遼陽会戦勝利に拘らず、逆に日本の継戦能力が疑われ下落している。その後一旦戻すのであるが、一〇月八日からの沙河《さか》会戦で、ロンドンでは日本軍敗北の噂が流れ下落した。そして一〇月二四日報道の「ハル事件」である。一一月に入ると、第二回旅順要塞総攻撃失敗のニュースが伝わるが、もはや公債価格には影響しなくなっていた。旅順要塞が簡単には陥落しないことは既に市場に織り込まれていたのだろう。

第二回公債発行

一〇月末の第二回旅順要塞総攻撃が失敗した以上、高橋達にすれば募集時期に関してもう待つべき好材料はなかった。ハル事件は連日新聞紙上を賑わせていたが、証券市場へのインパクトはまだ大きいものだとは考えられていなかったのである。条件の改善を見ないままに、第二回目の公債発行は一一月七日に仮契約、一四日の募集開始となった。市場では募集前から既に一・二五ポンドのプレミアムがついていた。シフやカッセル卿、それに銀行団にすれば、価格設定を低めにとって日本公債の順調な消化を狙ったのだった。発行条件は第一回の発行価格九三・五に対して、九〇・五、政府手取は九〇・〇に対して八六・五と悪化したが、第一回と比較するならば妥当な値付けといえるだろう。

第二回　六％ポンド建て日本公債

- 公債発行総額　一二〇〇万ポンド
- 利率　六％
- 発行価格　九〇・五
- 政府手取　八六・五
- 償還期限　七年

●関税収入を以て元利償還を担保すること
発行金利　六・六三％　（七・七九％）
調達金利　六・九二％　（八・六一％）　筆者注：（　）内は現代の計算法
発行銀行　ロンドン六〇〇万ポンド、ニューヨーク六〇〇万ポンド
　　　　　イギリス＝横浜正金銀行、パーズ銀行、香港上海銀行
　　　　　アメリカ＝クーン・ローブ商会、ナショナル・シティ・バンク、ナショナル・バンク・オブ・コマース

幹事団のメンバーは前回と同じだった。募集倍率は、ロンドン一三・四倍、ニューヨークで一・五倍である。旅順総攻撃失敗にもかかわらず、ハル事件の影響で応募はロンドンでは順調であった。既発債を価格の安いニューヨークで買って、ロンドンで売る裁定取引をするものも現れたと記録されている。

アメリカにいる金子堅太郎から桂総理と小村外務大臣あてに、アメリカの専門家達からの意見として電報が届いた。金子は、二回目の公債発行の条件があまり良くないことを気にやんでいた。電報には、「公債発行を小規模で繰り返すと条件は回を重ねる毎に悪化するし、それは日本の財務的基盤の脆弱さをさらけ出すようなものであるから、必要金額を一度に募集した方が賢明である。またアメリカにおける募集期間が短すぎるので三週間程度は見た方が良い」というような意見具申が書いてあった。[12] ニューヨークの募集倍率の一・五倍が、よほど低すぎると感じたのだろ

う。

これに対し、曾禰大蔵大臣から金子に返事が電信された。

「貴電の趣は今後の発行について参考になります。尚高橋副総裁は来月上旬にニューヨークへいくので委細の意見は当人に直接お伝え下さい」

公募仮契約の後、高橋には一一月一一日に帰国許可が出ていた。第一回、第二回と発行条件が悪いとの日本国内での高橋に対する評価に対し、高橋としては早く帰国し実情を説明する必要があると考えていたのである。

「東京朝日新聞」の論評、「第二回外債条件[13]」を見ておく。この二回目の外債発行は朝日の記者にとって、つまり日本の大衆にとって少し意外だったようである。マスコミと大衆は日本の正貨準備の逼迫した状況を知らなかった。したがって、この時期の外債募集が必要だったとは思ってもみなかったのである。

（要約）外電の伝えるところでは今回政府は一二〇〇万ポンド、一億二〇〇〇万円の外債を発行したと言う。直ぐに内地でも発表となるところだろう。今春の議会では三億八〇〇〇万円の借入枠を決定し、内一億円は外債で、残りは内国債で既に調達してしまっていたので、この発行には新たな枠を設定するための緊急勅令が必要なはずである。

今回は六%クーポンで価格は九〇・五なので、前回よりも二ポンド[14]も低い。もちろん公債価格は発行総額が増えれば下落するのが原則であるが、第一回の値決めの時には鴨緑江会戦前であったので高利になったのは仕方がないが、今回は我が軍が連戦連勝の時である、旅順も今は陥落していないが遠からず陥落するだろう。

今回、日本にとって発行条件が悪い原因は、以下の二つの理由によると考える。

一、前回は価格設定が安過ぎたが、今回もシンジケートがこれを基準にした。

二、当局者による発行のタイミングが悪過ぎる。

旅順陥落はよほど間近に迫っているのだから、もう少し待てばよかろう。正貨準備補充のために外債を発行するのは仕方がないとしても、これほど悪い条件で起債する担当者の責任は政治的な問題になるかもしれない。

記事中に高橋是清の名前こそ出てこないが、出張中の財務委員への批難がはっきりと書かれていたのである。中央官僚のなかでも公然と高橋を批判する者も多かったようである。現実の一九〇四年末データでは、発行通貨量が約三億九五〇〇万円[15]、正貨準備は八三五八万円しかなく準備率は二一・一%だった。第二回公債募集のロンドン分が分割払いなので、翌年払い分の二六〇〇万円が新たに入金されても、準備率は二七・七%にしかならず、日本の金本位制は綱渡りのような状況だったことがわかる。連戦連勝にもかかわらず日本公債の価格が上がらなかったのは、こうした金本位制度維持の危うい状況を見越した国際金融市場の値付けが正しかったのだろうが、

東京株式取引所株の推移

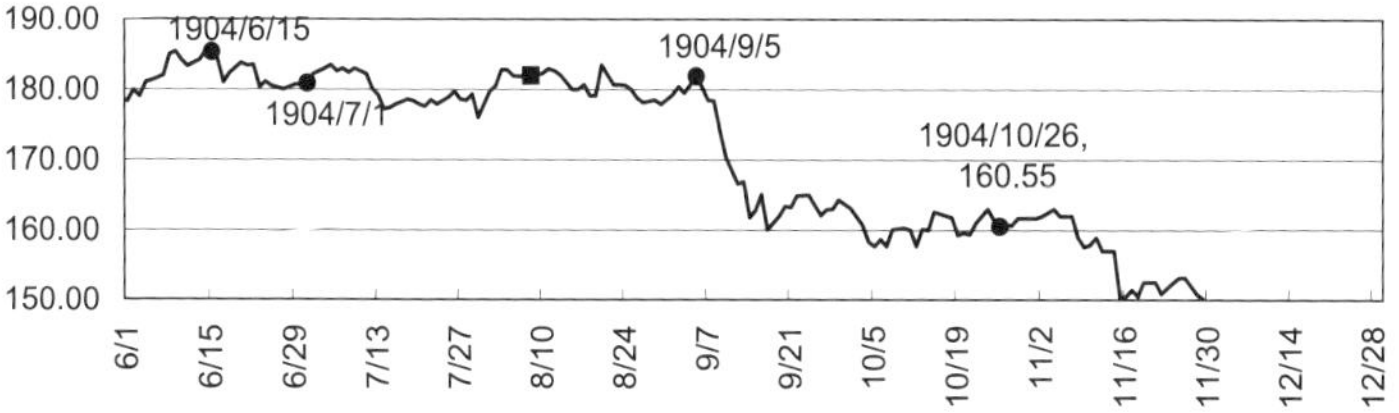

マスコミや大衆は全くそのことを知らなかったのである。

そして、一一月一一日のベルツの日記では。

形勢の良い現在ですらすでに、かくも多額の支払を必要とするならば、一体、敗北の後であれば、どんな有様だろうか。そんなことを、（筆者注：日本人は）考えたくはなかろう。

続いて一二日のベルツの日記。

新公債は、お世辞たっぷりの友邦イギリスと、アメリカが、いかに日本の財政に信用をおいていないかを、如実に示している。日本は額面百円につき、実際は単に八十六円五十銭を受取るのみで、六分の利子を支払い、しかも関税を抵当に入れねばならないのだ！

東京株式市場では、ロンドン市場とは異なりハル事件も遠くの出来事であり、良い材料にはなっていなかった。それよりも、一一月に入って遅れて知らされた旅順総攻撃の失敗や外国公債発行条件の悪さ、さらには奉天におけるロシアの戦力増強などを材料に大きく売られてしまったのである。

新聞紙上で報道される連戦連勝に沸く大衆と、金融市場の間に明らかな情報ギャップが見られる。
また一方では、戦時の増税が国民生活に重くのしかかっていた。

一二月一五日のベルツの日記。

租税は重い。地租は、宅地が二倍、耕地が五割の値上げとなった。その他に塩専売、関税引上げ、営業税、増税のビールとアルコール飲料税、所得税、相続税があり、それに通行税までが加わるのだが、この通行税は、電車の場合には、総収入の三割五分を下らぬ額に達する!!

ロシアでは、大蔵大臣ココフツォフの国家財政逼迫の悩みをよそに、ニコライ二世はまだ楽天的とも言える希望に燃えていた。旅順が頑健に闘っていたこともあっただろう。ロジェストビンスキー率いるバルチック艦隊が日本の艦隊を駆逐し日本海の制海権を獲得する、そして奉天にいるクロパトキンが日本軍を南へ押し出し旅順要塞と合流するというシナリオであった。さらに、もしその時に英米連合が干渉してくるならば、つまり戦いを挑んでくるならば、新戦力を用いてこれに対抗するとまで考えていたのである。

大蔵大臣ココフツォフは一一月に「財力の実勢概算[16]」を皇帝に提出した。

● 来年一九〇五年全一年を通じてパリ、ベルリン、ロシアでの起債可能額は五億ルーブルを

超えられないだろうこと

● もし起債が出来たとしても、戦費が月六〇〇〇万ルーブルとして残りは八ヶ月分しかないこと

日本と戦うだけでも予算が足りるかどうか判らないのに、英米連合に対抗する力などはロシアに残っていなかったのである。ニコライ二世の壮大な希望は、その当時であっても、財政の実務家から見れば夢想の類でしかなかった。

ロシアは年末からベルリン市場で起債交渉に入るが、バルチック艦隊への補給という人質を取られていることもあり、色々と条件をつけられながらも二億三〇〇〇万ルーブルの起債になんとか成功する。ドイツやフランスは、まだ最終的な勝利はロシアになるだろうと考えていたのである。ロシアにとって、この時期はまだ起債の条件は和平よりも、むしろ戦争継続の約束だったのである。

半年以上も遅れた旅順要塞陥落

松尾日銀総裁が六月の予算見積り時に予測していたように旅順陥落は七月頃から「今に落ちる」と毎回言われ続けてきたが、一二月に入ってもまだ陥落しなかった。

このことは、戦争全般の行方に対して兜町の株式市場のみならず、日本全体に暗い影を落とし始めていた。ロシアのバルチック艦隊も遅い速度ではあったが確実に日本に近づいており、それ

が何時《いつ》になるのかはわからないが、日本の海軍艦艇の修理整備に必要なタイムリミットは刻々と近づいていたのである。

一二月に入り、児玉満州軍総参謀長は旅順攻略を担当する乃木軍が最後の予備隊まで投入したことを聞き、急遽旅順方面の乃木の司令部を訪問した。児玉は砲兵隊を敵陣地に近づけ兵力の集中投入を行い、事態は急速に進展していくのである。

戦闘の詳細は省くが、乃木第三軍の旅順要塞攻撃を時系列で見ておく。

一九〇四年
六月一日　乃木第三軍司令部広島宇品出発
八月六日　旅順要塞包囲網完成
八月七〜九日　海軍陸戦重砲隊旅順港を砲撃　黄海海戦が起こる
八月一九〜二四日　第一回総攻撃
九月二四日　二八センチ榴弾砲到着
九月二九日　二〇三高地攻略失敗
一〇月二五〜三一日　第二回総攻撃失敗
一一月二六日　第三回総攻撃開始、白襷隊出撃
一一月二九日　最後の予備隊である第七師団投入、児玉総参謀長旅順へ
一一月三〇日　二〇三高地一旦奪取

一二月一日　ロシア軍二〇三高地再奪取、児玉第三軍司令部へ到着
一二月五日　日本軍二〇三高地確保
一二月六日　砲兵観測班頂上派遣、旅順港砲撃開始
一二月一八日　正面突撃でなく坑道法で最大堡塁東鶏冠山北砲台破壊
一九〇五年
一月一日　ロシア軍降伏
一月一三日　日本軍旅順入城

旅順要塞攻撃に合わせて、九月以降年末までの公債価格の推移も見ておく。

一二月八日以降、二〇三高地奪取後の旅順要塞攻略の進展によって日本公債価格が上のグラフのように順調に上昇している様子が見られるだろう。また一〇月二二日のハル事件がボディブローのように公債価格に影響を与えていると筆者は考えている。

一方、ロシア公債は一二月に入り九三・〇で不自然に価格を維持した後、最大堡塁である東鶏冠山北砲台破壊をきっかけに、旅順陥落を予想した売りによって下落が始まっている（次頁のグラフ参照）。但しロシア公債の場合は他の要因もあったのだが、それは後に説明することにする。

国内株式は、一二月に入ると日銀による利子引き上げ、第三回内国債の払込みが続くなど資金逼迫があったが、新聞の市場欄では、単に「気ぐされ」と相場用語で説明されている。ろくな材料も無いということである。

ロシア公債の価格推移

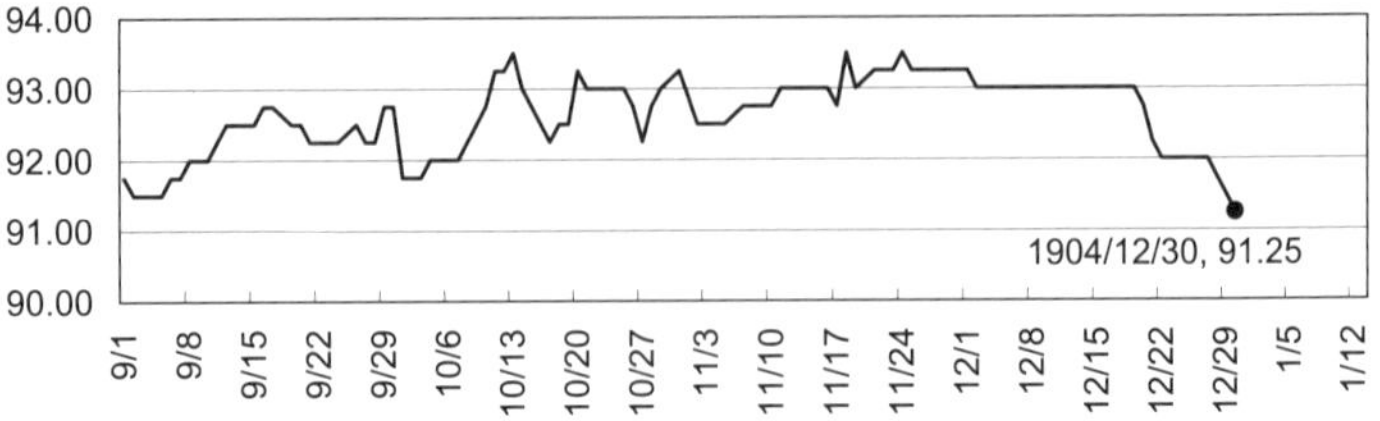

通常の戦史では、二〇三高地奪取とそれによる旅順港内のロシア太平洋艦隊への砲撃で旅順の戦いは一段落ついた印象を受けるが、株式市場では、五日の二〇三高地占領は重要視されていないし、旅順港内のロシア艦隊壊滅は早くも九日に報じられているのだが、これも材料視されてはいないのである。ロシア太平洋艦隊の壊滅は既に織り込みずみであったのだろう。それでもやはり一八日の最大堡塁である東鶏冠山北砲台破壊は大きく評価されたようで、これで旅順も陥落したと東株は年末に向けて高くなっていくのである。

本書は金融市場と日露戦争の関係を記述することが目的であって、戦闘経過の区々とした事項に触れることは趣旨ではないが、この二〇三高地奪取と旅順港内ロシア艦船砲撃に関しては少々疑問に思ったので調べてみた。それは、二〇三高地奪取に対する兜町の証券価格に反応が無か

東京株式取引所株の推移

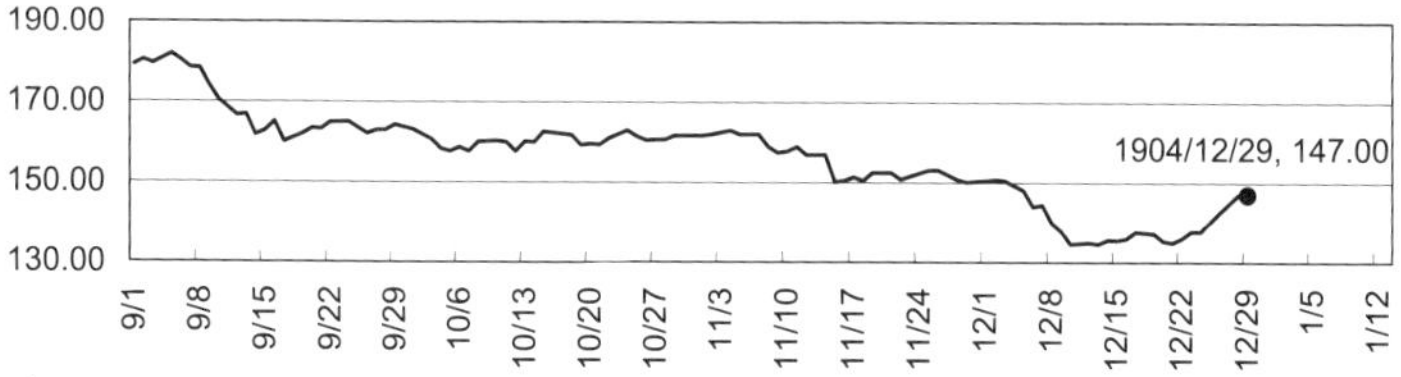

ったからである。通常はこうした大きなニュースに、株価は反応するものなのである。

『坂の上の雲』では、一二月五日の二〇三高地占領直後に観測将校が頂上に派遣され、ようやく砲撃を開始したことになっており、懸念であったロシア太平洋艦隊が破壊されるわけであるから、筆者もひとつの区切りとしてこれは証券価格に影響があるものと考えていた。しかし、旅順港内への砲撃は二〇三高地奪取以前から行われ、満州軍では太平洋艦隊は既に破壊されているとの認識もあったようなのである。海軍として二〇三高地にここまでこだわったのは、目視によるロシア艦隊壊滅の確証が欲しかったからではないだろうか。一二月の目視による実際の砲撃は、二〇三高地占領の三日前である一二月二日から開始されている。

例えば、一二月六日の大本営公報では、「一二月三日海軍砲にて敵艦を射撃し『ポベーダ』に六発『レトウィザン』らしきものに八発其他の軍艦に十六発の命中弾あり十二月五日亦同砲にて射撃し『ポベーダ』に七発『ポルタワ』に十一発『レトウィザン』に十一発の命中弾あり（中略）又同日重砲にて敵艦を射撃し『ペレスウエット』に二発其他の軍艦に二発命中し『ポルタワ』らしき軍艦は約一時間大爆煙を揚げたり」[17]と、二〇三高地奪取以前にも砲撃が開始されていたことが記述されている。

また一二月七日に、小村外務大臣が在韓国林公使、および在上海小田切総領事に送った電報がある。

【我が砲撃の成果に関し旅順海軍砲隊指揮官報告の件[18]】

「旅順に於ける海軍砲隊指揮官十二月六日報告

本月二日以来水師営附近の高地にて観測を為しつつ引続毎日白玉山南側に碇泊せる敵艦隊を砲撃しつつあり本日までの合計命中弾『ポベーダ』らしきものへ三十四発『レトヴィザン』又は『パルラダ』三十二発『ポルタワ』十一発其他へ五十発

今六日二〇三高地より港内を観測せしに『ポルタワ』は沈没して海底に膠着し『レトヴィザン』は著しく左舷に傾けり右二艦は到底戦闘航海に耐えざるものと確認す（略）」

二〇三高地占領によって攻撃を開始したのではなく、占領によって視界が開け損害の確証が得られたのと同時にそれまで見えなかった艦船も視界に入ったのだろう。

旅順要塞陥落の結果、日本とロシアの公債スプレッドは〇・七四%まで縮小した（次頁グラフ参照）。それでもまだ〇・七四%も差があるのだが、開戦前よりは低いスプレッドになったのである。金融市場における信用という意味では、日本の破綻確率はロシアよりもまだ高いと見られていたのだった。

旅順陥落によって、ロシア太平洋艦隊は完全に消滅した。心配していたバルチック艦隊もハル

日露公債利回りスプレッド

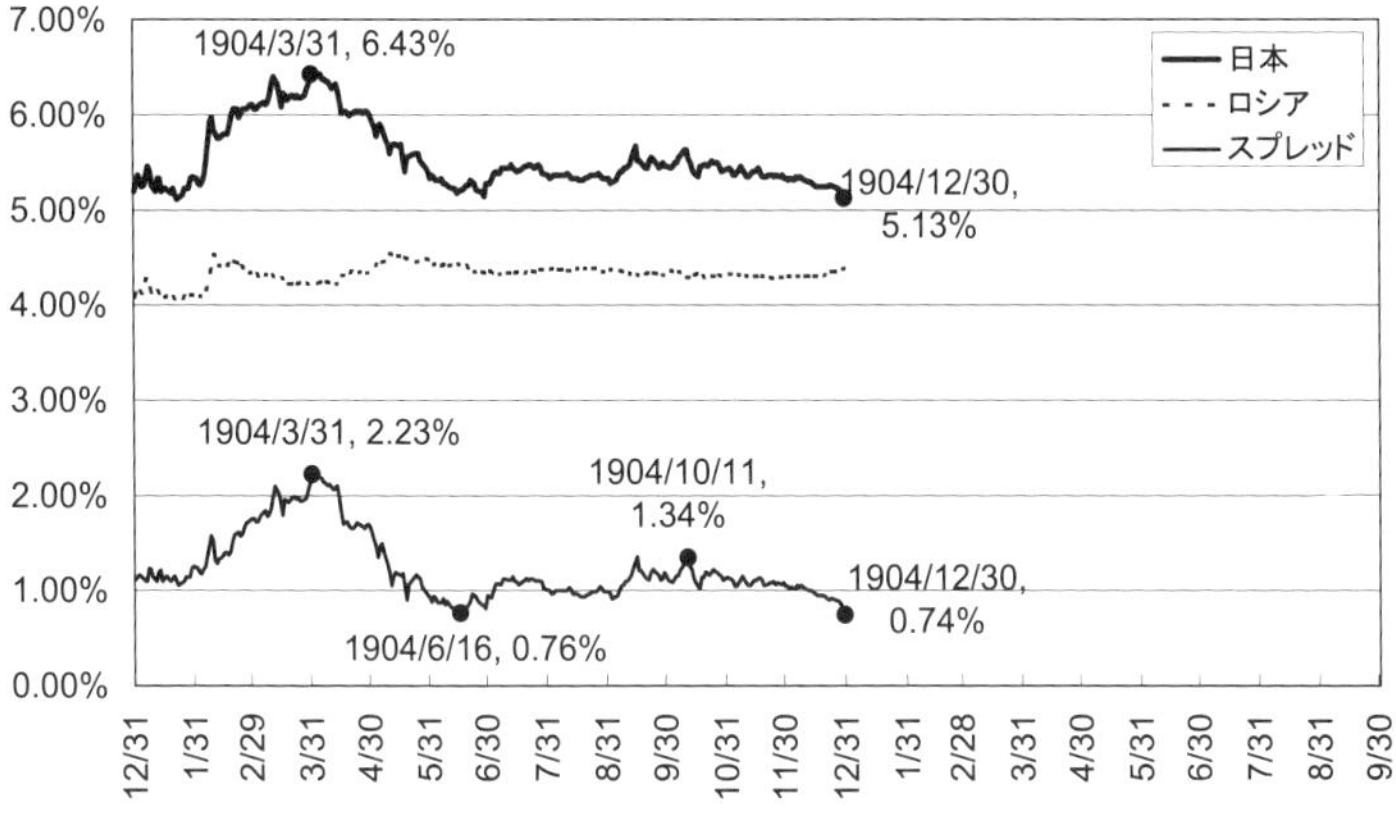

事件以降、英国海軍による執拗な妨害もあってこの時期はまだアフリカ西海岸を喜望峰めざして南下中であり、当初年内と考えられていた極東への到着はいつになるかはまだわからない状況だった。この艦隊は合流すべき太平洋艦隊を失くし、拠点となるべき旅順港を失い、日本近海の制海権奪還という戦略的目標の達成はかなり怪しくなってきた。

乃木将軍は、要塞陥落前に旅順要塞司令官ステッセル将軍に降伏勧告状を送っていた。このやりとりは公開されていたので、旅順陥落前にアメリカのメディアにも伝わっており、折からの武士道ブームもあってアメリカでは人気を博したそうである。これは、アメリカに滞在してルーズベルト大統領対策、および国家広報に奮闘している金子堅太郎の話である。金子の話は講談のように脚色され正確性はともかく、いつも興味深いのである。

勧告状にはこう書いてあった。

「我が天皇陛下はいたずらに無辜の兵を殺し、無益の血を流すをもって非人道と思し召さる。この際投降せば武人の名誉を保って帯剣のまま旅順を出で北方の露軍に投軍することを聴許あるべし」

日本の天皇は、人が死ぬ事を非常に悲しんでいる。今投降すれば、武人としての名誉を守り帯剣のまま北方へ解放するだろう。この武士道精神にアメリカ世論は感動したそうである。実際に、旅順の投降兵は二度とこの戦争に参加しないという宣誓書にサインすれば、解放されたのであった。

ただ、これに対し、ステッセルも負けてはいなかった。以下のように答えている。

「我輩は決して降伏はせぬ。臣（ステッセル）は日本皇帝の降伏勧告を拒絶したのみならず、臣はここに祖国に対し最後の訣別をなす。臣は旅順をもって墳墓の地となさんと決心す」

この電報は、旅順からニコライ二世に電送され、そしてアメリカの新聞に発表された。このステッセルの武人としての潔さも、またアメリカ人の感動を呼んだのである。もちろん電報を受け取ったニコライ二世も感激したのだろう。

だが、年も明けた一九〇五年一月一日、ステッセルは反対する配下各司令官を振り切り降伏を申し出た。

その時に、ステッセル以下、幕僚は非常にきれいな服装で登場したのだが、兵は破れた軍服に破れた靴でボロボロになってあらわれた。このステッセルの、兵とは対照的な綺麗な姿は、アメリカ人に対して非常に悪い感情をもたらした。本当に最後まで戦ったのか、まだ戦えたのではないかと――。

また、ステッセルは降伏後、ロシアへの帰途、長崎に立ち寄り、夫人とともに五〇〇〇ドルほどの土産物や美術品を買ったと報道されると、「何が墳墓の地だ」と、最初の期待が大きい分だけ、「ロシア人は綺麗事ばかり言う」とアメリカでの人気は最悪になった、と金子は伝えている。[19]ステッセルは、要塞にはまだ弾薬も糧食も残っており充分に戦えたとして、戦後の軍法会議にかけられて死刑宣告を受けるが、乃木大将などの減刑嘆願などもあり、後に禁錮刑一〇年に減刑されている。

日本軍は旅順要塞攻略戦に一三万名が参加、死傷者五万九三〇四名、死傷率四五・六％という恐るべき数字を残して、ようやく旅順要塞を陥落させたのである。

一月三日のベルツの日記。

東京はもちろん、旅順陥落の慶びで大騒ぎだ。夜、全市にイルミネーションが施された。銀座は壮観を呈している。趣向をこらして飾り立てられた電車は、まるで妖精のようだ。

半年前から電球が売り切れるほど待ち焦がれた祝賀の準備は、ようやく出番となったのであった。しかし、戦争は当初考えていたよりもはるかに時間のかかるものになった。陸軍兵を大陸に張りつけている以上、時間の経過はコストの上昇を意味した。

ようやくなされた一時帰国

ロンドンからの帰国許可が出た高橋達は、一二月八日にニューヨークに立ち寄った。旅順では二〇三高地に観測将校が上り、旅順港内のロシア太平洋艦隊に砲撃を加えている頃である。到着した時、シフは訪米中のカッセル卿とともにアメリカ国内を旅行中であった。この二人は本当に親密だったのである。

第一回、第二回公債発行の価格決定プロセスでシフやカッセル卿の力をいやと言うほど味わっていた高橋にしてみれば、短い期間であるが、彼らとリレーションを築くまたとない機会だった。高橋は到着した八日にシフの息子であるモーティマー・シフとクーン・ローブ商会の番頭格であるオットー・カーンの出迎えを受け、九日にはシフの娘婿の兄でドイツの有力マーチャント・バンカーであるマックス・ウォーバーグに、一四日にはナショナル・シティ・バンクのスティルマンに、一五日にはモルガン商会のパートナーであるチャールズ・コナントと面会し、一六日にはシフの家で開かれた晩餐会で、多分これが初めてだっただろうが、カッセル卿に会っている。高橋はこの時に、シフとの間に濃密なリレーションをつくることに成功している。シフとはよほどうまが合ったようである。

また一三日には金子堅太郎と会い、金子から、モルガンは日本に対して敵対的であるという情報をもらっているが、これは日記の記述が今ひとつ明確ではない。そして高橋の手帳のメモ、つまり「外債募集日記」は、一二月一八日を最後に終了してしまうのである。

高橋はこの時、ニューヨークで調達した資金の預け先、つまり運用先をシフに相談している。シフは銀行に預けておいても二・五%の利息にしかならないが、ギャランティ・トラストなら三%になるからと、信託会社を勧めている。高橋にすれば、「Guaranty Trust Company」であるから「BANK」、銀行というワードがないため、彼は一般会社への貸付と混同して資金を預ける代わりに担保を要求して恥をかくという一幕もあった。まだ日本には信託銀行法がなかったので、仕方の無いことだったろう。ギャランティ・トラストはクーン・ローブ金融グループの信託銀行だったが、後にモルガン・グループに買収される。しかし、八%近い金利の日本の調達資金を三%で運用していては、五%の逆ざやである。これはまさに金本位制度維持のためにかかるコストであった。

高橋は、翌一九〇五年一月一〇日に、横浜に到着した。一一日には松尾日銀総裁、一二日、曾禰荒助大蔵大臣、一三日、元老松方正義、一五日、元老井上馨、桂太郎総理大臣と、帰朝報告を連日こなし、一六日には皇居に参内している。

この頃の高橋に対する国内の評価は、先述の「東京朝日新聞」の記事のとおり厳しいものがあった。それらの論拠は、高橋達がロンドンで本国からの電報によって責められていたのと同質のものであった。つまり、「軍部が連戦連勝を続けているのに募集に手間取り、発行価格も低すぎる、また高橋が同じ業者ばかりを使いすぎるのではないか」というようなものだった。これればかりは現場にいないで表面的な数字ばかりを見ていても、理解できないことである。高橋にすれば、随分と言い分もあっただろう。もっとも、元老達は皆、高橋の功績をしっかりと評価していた。

高橋は今回の外債発行の功を認められ、位二級進級し従四位に叙せられている。貴族院議員にも勅撰された。さらに今回は閣議決定により、「帝国日本政府特派財務委員」に正式に任ぜられたのである。これで、海外での交渉において最初に明確な地位を相手に提示することができるし、業者からの提案の窓口も絞ることができる。また、このポストの設定は職務の継続性の問題もあった。実際にこの国際財務官とも呼ばれる仕事は、後に若槻礼次郎に引き継がれるが、仕事に就くにあたって内外に余計な説明が必要でなくなることになる。またロンドンにいるからといって、次の公債発行に対する思惑をひきおこすことも少なくなるだろう。

さらには、高橋が手配して、昨年度の海外募集で功労のあった外国人に対して叙勲もなされることになった。高橋がかかわった一連の金融業者達である。国家としてのお礼の意味合いであるが、彼らに対して高橋にはそうした叙勲者を推薦する力があることの誇示にもなったのである。

ベアリング商会のレベルストーク卿に勲一等瑞宝章、ヤコブ・シフには勲二等瑞宝章、香港上海銀行のサー・ジャクソンには勲三等瑞宝章等、その他、数名に勲章が渡される事になった。発行銀行に参加していないベアリング商会もコーディネーターとして活躍していたことがわかるだろう。この叙勲の報告も、クーン・ローブ商会には間にベアリング商会を挟んで伝達された。レベルストーク卿よりもシフの方が低い叙勲であったのは、クーン・ローブ商会はあくまでベアリング商会の下請業者として扱われていたからだろう。現代から見れば、少しとんちんかんな感じがしないでもない。

以下、『高橋是清自伝』からの要約である。[20]

一月の下旬に、高橋が桂首相に呼ばれて首相官邸に赴くと、伊藤博文、山縣有朋、松方正義、井上馨の元老達が揃っていた。

桂は「この際、さらに二億ないし二億五〇〇〇万円の公債を募集したいが、出来るだろうか」と高橋に尋ねた。

「二億五〇〇〇万くらいなら確かにできます。私の電信一本で出来ます」と、高橋が答えると、井上馨が口を挟んだ。

「それは電信などではいかぬ。ぜひお前が行かなけりゃならぬ」といったが、その時、伊藤博文が山縣有朋を見て、「高橋は金は出来るというじゃないか」と言うと、山縣は立ちあがってポケットに両手を突っ込み、少しうつむきかげんに室内を歩きながら独り言のようにつぶやいた。

「経済でなら仕方ないが、いくさということでは」。

すると桂が、突然、それを補足説明するように、「いくさに負けても出来るか」と聞いてきたのである。

高橋は「戦いに負けるにしても負け方による、いくら負けと言ってもどこかで踏みとどまる時があるだろう、その場合もちろん条件は悪くはなるが、まさか一気に朝鮮まで追いまくられる事もないでしょう」と答えたとしている。

この会話は少し解り辛いところがある。元老達があと二億円から二億五〇〇〇万円の資金を必要としていることはよくわかる。しかし、伊藤が山縣に言った「高橋は金は出来るというじゃないか」とは、山縣は資金調達がこれ以上出来ないという懸念を抱いていたということだろう。

またここでの「いくさ」とは、その頃、奉天の南で対峙しているロシア軍と日本軍の次の衝突である奉天会戦のことと思われる。

旅順要塞を陥落させた乃木第三軍は、のちの南満洲鉄道沿いに北上し奉天の日本軍との合流を目指していた。事実上、日本陸軍のありったけの全戦力が奉天に集中することになるのである。元老達の計算では、日本は戦力面からも財政面からも、大きな会戦は後一回しかできないと覚悟を決めていたのでは無いだろうか。

旅順がやっと陥落したというのに、勝利を得て次のステップを踏むたびに、事態はさらに困難になっていく。つまり多くの兵力と資金がさらに必要となっていくのである。この時点で、日露戦争は日本の体力を超えるものだったと、元老達が真剣に認識し始めたと言えるのではないだろうか。戦闘には勝っているのに、戦争には勝てない。戦術では勝っても、戦略では勝てない。冬が終わる前には奉天の会戦が、その後はバルチック艦隊の来航がまだ控えていたのである。そして金本位制維持の為の正貨はまたしても不足しており、高橋はさらに二億円から二億五〇〇〇万円のあらたな資金調達をしなくてはならなかった。

高橋は再度の資金調達に旅立つ前に伊藤博文に呼ばれ、杉田にあった伊藤の別荘を訪問している。

「我が国はまだ細かな財政処置でどうこう変わるというような成熟した国ではない、戦争が終了したならば、大方針を立て直し国の力に見合った計画を立てるべきだ。海軍は戦後の計画を既に立て始めて拡大志向にあるが、このままでは金兌換が困難になり金本位制すら困難になってしまう」

伊藤は高橋に対して、外貨の必要性について滔々と語ったことになっている。

以下は、高橋の自伝からであるから、高橋が後から自分に都合よく書いた部分もあるとも考えられる。しかし重要な事なので抜粋・要約して箇条書きにしておく。

一、戦後の財政は大方針を決め自国の力の範囲において計画しなければならない。財政計画を誤れば明治一四年当時の西南戦争後の通貨乱発によるインフレーション、そして松方財政によるその後のデフレのように財政経済困難の再現となるかもしれない。

二、外貨獲得のため外国客の誘致策は急務である。イタリア政府は力を入れているが日本も見習わなければいけない。フローレンス市だけでも外人の落とす金は年間一億フランを下らないそうだ。

三、東清鉄道のハルビン以南大連までは、ロシアは既に二億ないし三億ルーブルを投資している。この鉄道は日本が取っても他国から文句は出ないだろう。当面利益は出ないだろうが将来性があれば外国人は喜んで出資してくれるだろう。

四、なるべく早く戦争を終結したいがまだ見込みは立たない。夏には終わって欲しいと思う。

五、戦争終了後、高橋達が帰国しても今回の発行業務の関係者とは縁が切れないようにして欲しい。また直ぐにでも外貨獲得が必要となる可能性が高い。

六、次回二億円の外債を募集すれば、帝国の公債は内外合わせて七億円にもおよぶ。利子だけでも毎年三五〇〇万円も支払わなければならない。これは簡単な事ではない。次回の外債でこの戦争を終結させなければ、我が国は非常な困難に陥ってしまう。政府としては次回の外貨調達で戦争を終結させるつもりだ。

伊藤は今度の募集が最終であり、それで戦争を終わらせなければ、例え戦争に勝利しても財政的に破綻の可能性がある事を認識していたことになる。また外貨獲得の為の外人観光客の誘致などは現代と同じ政策で、一〇〇年も前から同じ事を考えていたとは興味深いものがあるだろう。注目すべきは、東清鉄道のハルビン以南、これは後の南満洲鉄道である。伊藤は外人投資家の参入を何の抵抗も無く視野に入れているところである。ひとつには日本の資金不足もあったのだろうが、ロシアと同じように日本がこれを独占すれば、やがて他国との軋轢を生む事は明らかだと、高橋は伊藤の口を借りて語っているのではないだろうか。もちろん伊藤は、こうした列強との協調的な考えを持っていた。外人投資家が半分近くの株式を保有してくれれば他国からの圧力もよほど違ったものになり、満州平野でのパワー・バランスにも微妙な変化を与えるに違いない。

これは高橋が後のハリマン事件を意識して書き加えた項目かもしれないが、この時の軍資金に悩む元老達の姿を考慮すれば必然性の高い項目でもあるだろう。

二月一七日、約一ヶ月の一時帰国の後、高橋は深井と、日銀の横部書記も新たにメンバーに加えた三人で出発することとなり、カナディアン・パシフィック社の「エンプレス・オブ・インディア号」でバンクーバーに向かった。カナディアン・パシフィック鉄道はベアリング商会がファイナンスを付けている。

松方は再び渡欧する高橋の送別会の席で、密かに高橋にこう告げた。

「戦争が長引くならば、第三次の募集を終えるとともに国内の兌換を中止せねばならぬ」

松方は、自身が心血を注いだ金本位制までもが部分的にせよ維持困難になると考え始めていたのである。よほど戦費の消耗が激しかったのだろう。

また、これから外貨調達に向う財務官としては、兌換の停止は聞き捨てならないセリフであっただろう。募集した直後に金本位制度を放棄してしまうなどは、投資家を騙す行為に他ならなかったからである。

しかし、日露戦争はロシアが独り相撲をとっているようなところがあった。ロシアは、ハル事件のように日本と直接に関係の無いところでオウン・ゴールを繰り返すのであった。

血の日曜日事件

連戦連勝の日本が旅順要塞陥落にもかかわらず、財政的な行き詰まりを感じている頃、連戦連敗のロシアが無事である道理もなかった。

満州軍司令官クロパトキンの戦略では、日本軍に損耗を与えつつ大連からハルビンに通じる鉄道線路沿いに計画的に北上し、撤退を続けることであった。そうすれば日本軍は補給線が伸び、その補給線を守備する兵力も必要になってくる。鉄道沿いに北へ戦線が移動する事はこれまでロシア軍を不利にしていた要素が、今度は逆に日本軍の負担となってくるという考えだった。兵力に限りのある日本軍に対してシベリア鉄道は既に全通し、ロシア陸軍の新戦力は続々と欧州から移動しつつあったので、クロパトキンとしては奉天での兵力の集中使用が可能になったのである。

しかしどう説明しようとも、クロパトキンの戦線は前進する事なく後退を続けていた。どう見ても負けは負けにしか見えなかったのである。こうなると連戦連敗のニュースを聞くロシア国民からは、弱い軍への批判のみならず、為政者の無能さやロシアの国家体制そのものに対しての不満も国内に満ち始めた。

二〇世紀初頭のロシアの内務大臣は、暗殺が続いていた。一九〇〇年に内務大臣に就任したドミトリー・シピャーギンは、一九〇二年にマリインスキー宮殿で社会革命党員ステパン・バルマショフによって暗殺されている。これを継いだヴャチェスラフ・コンスタンチノヴィッチ・プレーヴェは、帝政ロシアの警察官僚出身で無慈悲なまでに厳格と言われており、反ユダヤ主義、保守反動政治家として有名であった。ロシアにおけるユダヤ人迫害であるポグロムが日露戦争開戦前後に欧州において大きく問題化したのも、プレーヴェに拠るところが多いと言われている。そして彼もまた、日露戦争開戦間もない、前年一九〇四年七月に、社会革命党のエゴール・サゾーノフによって暗殺されてしまったのである。プレーヴェの後釜の内相には、ピョートル・ドミトリエヴィッチ・スヴャトポルク＝ミルスキー公爵が就任した。これにはロシア宮廷内の派閥争いなど様々な事情はあったものの、自由主義者による保守主義者に対する勝利と、国民からは受け止められた。

ミルスキーは、リトアニア、ベラルーシを管轄とする北西管区総督就任時にポグロムや少数民族に対する抑圧を転換し、自由主義的な改革を実施した為、穏健派と目されていたのである。辛口の人物評で知られる元大蔵大臣のウィッテも、「ミルスキーの任命は、正に国旗を掲げるに足るべき慶事である」と、評価しているほどである。[21]

ミルスキーは地方自治権を強化し、ロシア社会民主労働党を合法化、出版、信教の自由、ポグロム等の緩和、さらには専制主義から立憲主義体制への転換までもくろみ、議会開設、憲法制定まで計画した。皇帝ニコライ二世はこれに積極的ではなかったが、ロシアは日露戦争中に、急速に政治・社会制度の近代化を進めようとしていたのである。

しかし、抑圧されすぎた民衆のコントロールほど難しいものはなかった。こうした自由主義的な政策は、公然と集会をひらき政治問題を討議する風潮を生み出した。そこへきての、東洋の黄色人種で非キリスト教徒の小国日本軍に対する連戦連敗だった。無能な政治と弱い軍指導部に対する不満は、皮肉なことに今や公然と語られるようになったのである。

二〇三高地が奪取され太平洋艦隊が旅順港内で破壊された一二月に入ると、学生たちが首都ペテルブルクの目抜き通りでデモを始めた。スローガンは「打倒専制」であり、「戦争中止」であった。またこの頃には組合活動をしていた労働者の解雇事件などもあり、一〇万人規模のストライキも発生していたのである。

こうした状況下に、旅順要塞陥落のニュースが飛び込んできた。「陸軍はまたもや負けた」と。ベルツの一月二〇日の日記、血の日曜日事件の二日前である。

　ロシアの内情は、いよいよ険悪の模様である。政治的要求を掲げた大ストライキは、日常茶飯事である。おまけに今度は、大増税が行われるそうだ。

一九〇五年一月二二日、日曜日、ロシア正教司祭ガボンに引率された六万人規模の一群がニコライ二世に対し、「労働条件の改善」、「政治的権利の付与」、「憲法の制定」、「日露戦争の中止」を請願する為に、冬宮前広場に参集した。この頃のロシア民衆は皇帝崇拝の観念を持っていたので、ニコライ二世にお願いすれば状況が改善されると素朴に信じていた。決して打倒皇帝を叫ぶようなデモ行進ではなかった。「打倒専制」ではあっても、「打倒皇帝」では、最初は無かったのである。にもかかわらず皇帝側は、群衆に対して歩兵部隊による発砲と騎馬部隊による切り込みという手段で制圧してしまったのだった。

これが「血の日曜日事件」である。既に数多く発生していたデモの中で、政府側が銃と剣を使って制圧したことが事件となったのだ。

「ニコライ二世に救いを求める国民の集団に軍隊が発砲し射殺した」

ウィッテの記憶では死傷者は二〇〇人ほどだったが、このニュースがロシア国内を駆け巡る頃には、死傷者は数千人に誇張され全国規模にデモが拡散していく。皇帝崇拝の幻想は完全に打ち砕かれてしまったのである。穏健派のミルスキーは内相を解任され、デモを弾圧する行為が繰り返された。この一連の事件は「ロシア騒擾」として世界中に報道され、広く知られてしまうようになったのである。一月中だけでも四四万人がストライキに参加、この騒擾はこの年の一一月まで拡大を見せた。こうなると世界中がロシアの戦争継続能力を疑うようになった。また鉄道員のストライキは、満州への兵員や軍事物資輸送の障害になった。

一月二四日、在ベルリン井上公使発の電文では、

「露京における最近の出来事に関しベルリン諸新聞は露国革命既に萌芽せりと言うに於いて一致し又同国政府今回の軍事的鎮圧を以て抵抗力なき職工に対する虐殺なりとし又何れも右事件を以て一八世紀末仏国大革命に類似するものとなせり……」

同日、在パリ本野公使発。

「一月二十二日の露京虐殺は当パリに於いて大驚愕を惹起し各新聞何れも之に関する報道と論

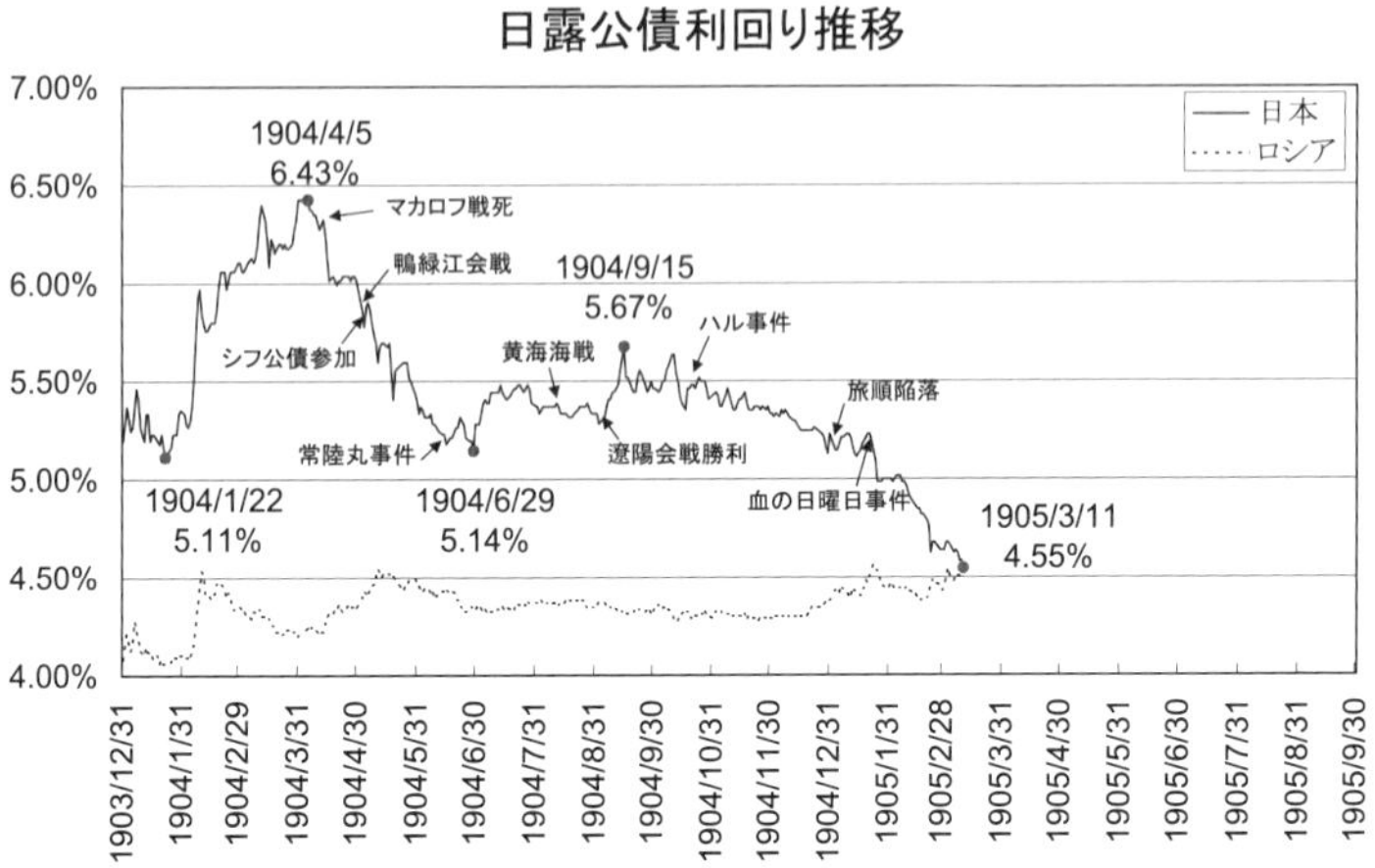

評とを以て充満せりパリ取引所は為に激烈なる影響を受け左なきだに数週間来徐々と下落しつつありし露国公債は一月二十三日八九フランより八七フラン一〇、最近数カ月来未曾有の最低相場に降と……」

この事件の証券価格への影響は言葉で多くを語るよりも、公債利回りのチャートを見た方が早いであろう。血の日曜日事件をきっかけに日本公債は買われ、ロシア公債は売り込まれてしまった。そして、三月初旬には両者の利回り格差はとうとう無くなってしまったのである。こうしてチャートを見ると、ハル事件や血の日曜日事件の持つ市場へのインパクトの大きさがよくわかるだろう。

日露両国の公債利回りの推移を見る上で、戦争全期間を通じてこの事件が一番大きな材料となっているのである。ロシアは国内に革命を抱えながら戦争を継続しなければならなかった。民衆は戦争の終結を求めたが、ニコライ二世にすれば、むしろここで敗戦を認め

東株の推移

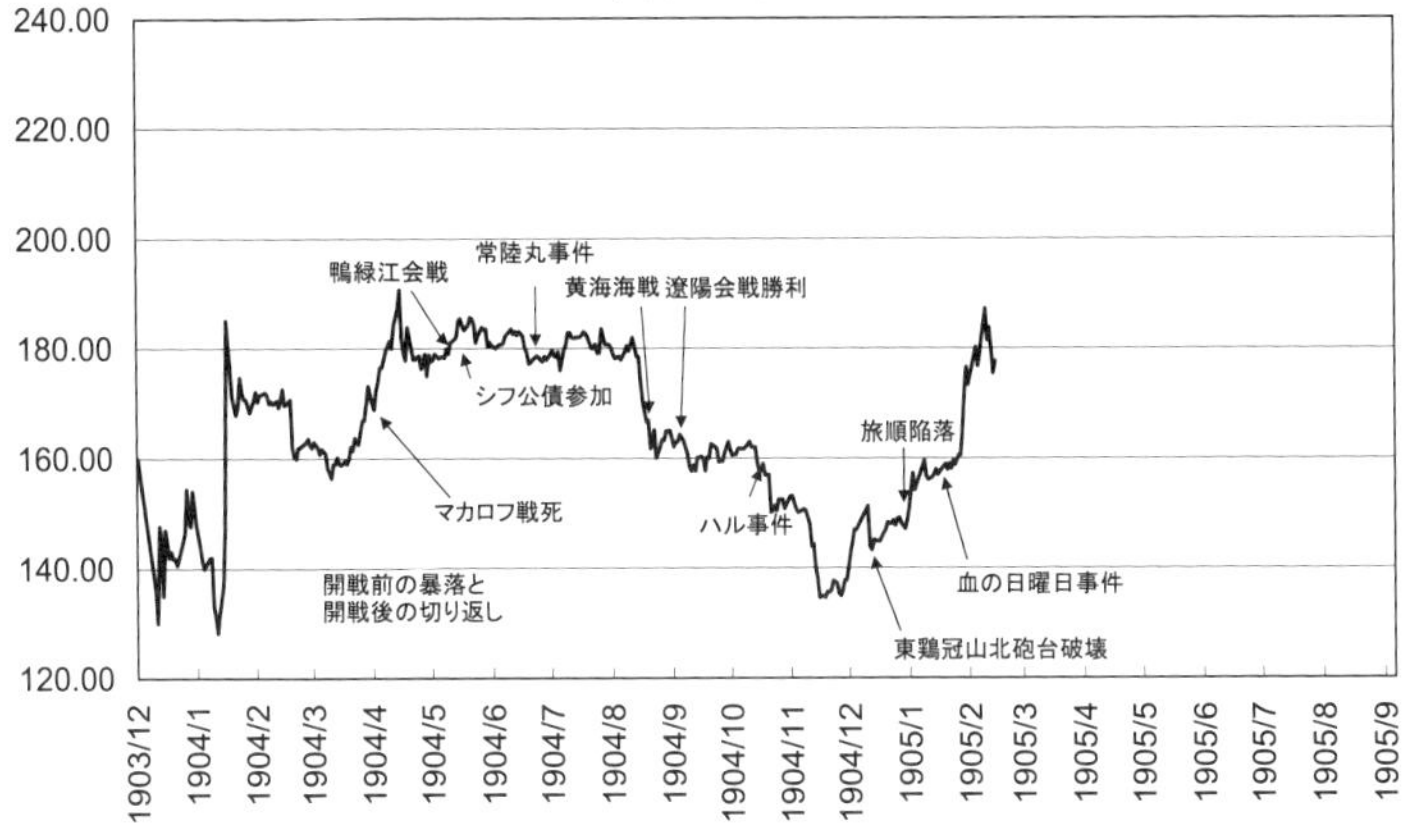

てしまうことは体制の崩壊、ひいては自身の生命にとって危険なことになると考え始めたのである。

日本では、旅順陥落以降、毎日がお祭り気分だった。祝賀行列、イルミネーション、花火は毎日のように打ち上げられていた。

ベルツの日記、一月二二日の記述。

> 一昨日は、大商人連がどえらい祝賀をやり、行列は最後に市立公園に集ったが、その数約五万人だった。昨年から市立公園になった日比谷の旧練兵場――広さ十二ヘクタール――は今では、あらゆる公けの祝賀行事の中心点だが、その位置と電気（筆者注：市電）の接続がよいため、恰好の場所である。

旅順がなかなか陥落しないことが、日本国民の心に余程の重しとなっていたのだろう。この交通の便の良い日比谷公園は、後に祝賀行事から一転し、ポーツマス条約への反対集会が開催され、日比谷焼打事件の舞台となるのであるが。

こうした世間での連日のお祭り気分とともに、兜町の株式取引所も活況を呈するようになってきた。開戦以来の東株の株式チャートを振り返る。

開戦直後は上昇したものの、その後、陰鬱な気分が兜町を支配していたことがよくわかるだろう。特に遼陽会戦勝利後は、予想される戦費負担とそれに伴う重税、またなかなか陥落しない旅順に失望感が蔓延していたことも見てとれる。映画や小説で伝えられる連戦連勝に沸くというような相場つきでは決して無かったのである。そして日本の株式相場も旅順陥落、血の日曜日事件で大きく変化を迎えることになった。

皇帝による専制政治体制を倒そうとするロシア民衆の動きは、約一世紀前のフランス革命のイメージと重なり、イギリスのビクトリア女王の孫でありロシアのニコライ二世の従兄弟でもある隣国ドイツのウィルヘルム二世の心を大きく刺激したのであった。

ウィルヘルム二世の密書

当時のヨーロッパ列強の国際関係ほど複雑なものはない。ウィルヘルム二世のドイツは、露仏同盟によって軍事的にフランス側とロシア側東西両面に仮想敵国を持っていた。彼は従兄弟であるロシア皇帝ニコライ二世を焚き付け、「西方は安心していい。ドイツは何らの行動もしないから」と、ロシアを日露戦争へと誘導したのだった。

その意図は強大なロシア陸軍兵力を極東へ移動させるだけではなく、ドイツがロシアに攻め込まない対価として、ドイツにとって有利な高率関税による露独通商条約の締結があった。[22]この通商条約締結の返礼として、ドイツ金融市場のロシアへの開放も約束されていたのである。ロシアのドイツ市場での外債発行は、これを根拠にしていた。ドイツは国境の安全保障と資本市場を開放し、ロシアは高関税の不利な露独通商条約を呑んだのである。

一方で、同盟関係にあるロシアの兵力が極東に移動してしまったフランスとしては、ドイツに対する脅威が高まってしまう。そのためフランスは、イギリスとの間で長年の懸案であった英仏協商を日露開戦後の一九〇四年四月に結び、ロシアへの依存度を落としていた。同盟国ロシアが日本との戦闘に負ければ負けるほど、フランスとしては安全保障の見地からイギリスに近づく必要があった。フランスはロシアに対して、次第に冷たくなっていくのである。

ロシアが旅順要塞を失い国内騒擾問題に揺れる状況下で、ワシントン外交筋の間ではとある噂が持ち上がった。二月八日、ニューヨークにいた金子堅太郎は高平駐米公使に依頼され、ワシントンを訪れた。

「ドイツ皇帝が日露講和に関して、ルーズベルト大統領に親書を送ったらしい」

駅からの馬車の中で、「それはこのくらいの大きさで封蠟がついており、そこにはドイツ皇帝の印が押してある」と高平が手で大きさを示した。そして「それを見た人がいる」と言うのが噂の根拠だった。

日本としては講和の条件の落とし所がどのあたりにあるのか、またドイツ皇帝がこの戦争の帰結をどのように見ているのか、あるいはロシア皇帝はまだまだ戦争を続ける気なのか、こうした情報は喉から手が出るほどにほしかった。

そこで高平は、早速ルーズベルトのもとにその親書の存在を確認に行っている。だが、ルーズベルトからは「断じてそのような親書などない」と、にべもなく否定されてしまうだけだった。そこで高平としては、「ルーズベルト大統領と親しい金子さんに、是非、真相を聞いてきてほしい」という経緯だったのである。

金子は公使館に着くと、直ぐにホワイトハウスに電話をかけた。すると、その日の夜一〇時の約束がとれた。ルーズベルトには外交団の晩餐会が入っていたので、「その後ならば」ということだった。

金子がホワイトハウスを訪ねると、玄関先でルーズベルトから「何の用だ」と聞かれた。金子は「ここでは話ができない」と答え、二人は二階の書斎に移ることにした。

「晩餐会でお世辞ばかり喋ったので疲れている。申し訳ないが、横にならせてもらう。ケンタロウ、何か飲むか？」

金子は下戸だったので、二人はソーダを飲みながら話す事になった。

「ドイツ皇帝から手紙を貰ったか？」

「いや、何も」

金子は「高平公使から聞いたが、外交関係者の間では、このことはすでに噂になっているぞ」とルーズベルトにかまをかけた。それに対して、「その噂とやらでは、手紙には何と書いてあるのだ」と、ルーズベルトが乗ってきた。金子はこれで、ルーズベルトは手紙を貰ったに違いないと確信した。

さらに、金子はハッタリを効かせる。

「そこにはドイツ皇帝ウィルヘルム二世と君との間で、日本とロシアの講和話をまとめる代わり、膠州湾はドイツの勢力範囲にすると書いてある」

「そんな事は書いてない」

「そんな事はないと言うからには、君は親書をもらっているに違いないな？」

「……確かにもらっている。しかし、君の言うような事は何も書いていない。日本にとっては大変良い事が書いてある」

「見せてくれたまえ」

「ケンタロウ、この手紙は国務長官のジョン・ヘイにすら見せていないのだから、君に見せるわけにはいかない。しかしお前は私の友達だ。話だけは聞かせてやろう」

「友達だと言うなら、お願いだから見せてくれ。私は日本を背負ってここにきているのだ」

金子の粘り腰にとうとうルーズベルトは、「絶対に秘密にしてくれ」と約束させた上で、この親書を金子に見せてくれたのだった。

ところが手紙を見せてもらうまでにはこぎつけた金子だったが、予想外のことにたじろいでしまう。親書はフランス語で書かれていたのだ。金子は、フランス語の単語を追いかける程度なら出来たが、読むことはできなかった。

「おい、悪いが翻訳してくれ」

ルーズベルトはあきれた。

「ケンタロウ、読めないのならば見てもしょうがないだろう……」

結局、その晩、ホワイトハウス二階にある書斎は深夜一二時まで煌々と灯りがともされていた。晩餐会で疲れきったルーズベルトは、ウィルヘルム二世からの手紙を一語一語翻訳しては、金子に聞かせてやったそうである。

その手紙は、次のようであった。


「余は支那に寸地をも希望せず、又山東省をも占領せざるべし。平和回復のことは一に貴下の意見にまかす」


つまりドイツは、日本とロシアとの講和には容喙しない。だから是非、ルーズベルトが日露講和の話をまとめてくれ、という内容だったのである。日清戦争の三国干渉がトラウマになっている日本から見れば、これはルーズベルトの言うとおり朗報だった。

「ケンタロウ、ニコライ二世は旅順陥落ではまだ負けたとは思っていない。とにかく全ては奉天の会戦が終わってからだ」

金子がホワイトハウスの玄関口を出ると、新聞記者が一四、五人集まって「講和談判の話か？」と詰め寄ってきた。しかし、金子は「旧友と夜話をしていただけだ」と振り切って、公使館へ戻っていった。帰るとすぐにウィルヘルム二世の手紙の話を英文に直し、それを公使館員に渡し、暗号化して東京の小村外相に送ったのは言うまでもない。公使館は徹夜であった。

このウィルヘルム二世からルーズベルトへの手紙の本意は、「日本の領土要求のない形で、早く講和が締結されるように働きかけるべきだ」ということであった。ウィルヘルム二世は、国内騒擾に荒れるロシアに早く戦争を止めて欲しいと考えるようになっていたのである。ロシアと表面上関係の良いドイツから見ても、ロシアはもう講和すべきだと考えていること、また日本の元老達の大きな不安要素であったドイツの干渉が今回はない事が判明したわけで、これは日本にとって大きなニュースだった。桂首相は余程うれしかったのだろう、この電報を明治帝にまで見せている。ロシアに対する財務的な支援者であるドイツも、フランスも、ロシアに対してもうそろそろ戦争を止めたほうが良い、と考え始めていたのである。国内騒擾は、同盟国にとっても隣国にとっても迷惑な話だったのだ。

そしてルーズベルトも語るように、奉天の戦いに世界の耳目が集まった。奉天は氷が溶けると大軍の渡河や道がぬかるみ、移動が困難になるので、その前に大会戦が生起すると見るのが、当時のコンセンサスだった。

二月一六日のベルツの日記である。彼は、ある人物の送別会で、小村外務大臣と話し合う機会があった。

戦争について小村男爵はいった「三月の初めまでは、重要な報道を期待してもだめだ。そのころになれば、おそらく大勢を決するような一大会戦が行われるだろう」と。
外務大臣ともあろう人間が、在日外人コミュニティーの中心にいる人物に、軍事機密を漏らすのである。これは機密でも何でもなかったのだろう。

奉天会戦での分かれ目

二月下旬の満州奉天では、街の南を流れる沙河《さか》を南北にはさんで大山巌率いる日本軍とクロパトキンのロシア軍が対峙していた。日本から見れば、時間が経過すればするほど、昨年全通したシベリア鉄道によってロシア軍の戦力は増強されていってしまう。ロシアにすれば、本来は慌てて攻勢に出る必要はなかったが、何と言ってもクロパトキンは連敗続きであった。また騒擾に揺れる本国からは、早く日本軍を南へ追い立てろと、急き立てるような督促が次々届いていたのである。

満州では、厳寒期が過ぎて沙河の氷が溶けると、渡河作戦は困難になるばかりでなく、雪解けの道の泥濘によって大軍の移動に支障をきたす。二月の終わりから三月にかけて奉天で大会戦が起きるだろうというのは、衆目の一致するところであった。特に天候、戦力、そして財力の充実度を考慮に入れると、日本軍による攻勢のタイミングはこの時期しか残されていなかったのである。

日本軍は遼陽を攻略した第一、二、四軍に、旅順攻略戦を終えたばかりの乃木第三軍と朝鮮半島の鴨緑江軍が加わり、総兵力は二五万名、砲九九二門、機関銃二六八丁の陣容であった。まさに日本陸軍ありったけの兵力が奉天近郊に結集していたのである。対するロシア軍は、ソビエト時代の戦史によると総兵力二九万二三〇〇名、砲一三八六門、機関銃五六丁であった[23]。因みにそれ以前の戦史では、ロシア側総兵力は三六万七二〇〇名とされていた。いつの時代のどの国でも「寡兵よく大軍を破る」のが、戦史上評価された。

旅順要塞攻防戦におけるロシア軍の機関銃攻撃の印象が強いせいもあり、日本側の機関銃の印象は濃くはないが、実際には日本軍はロシア軍よりもはるかに多くの機関銃が装備されていた。このあたりが昭和の陸軍とは異なるところである。

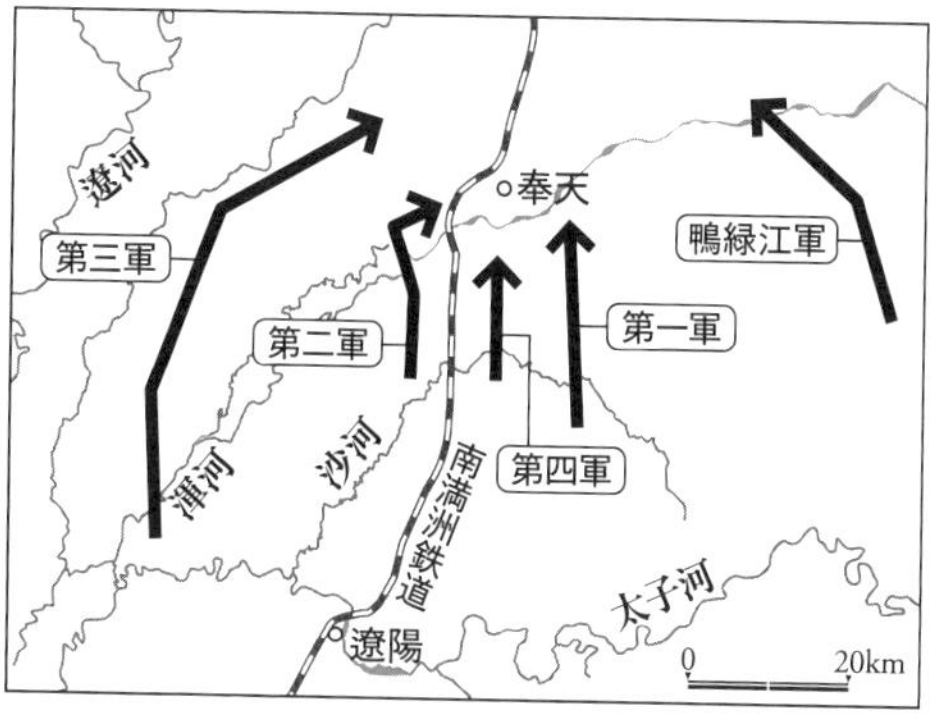

日本軍は遼陽会戦で勝利したにもかかわらずロシア軍の退却を容認したため、日本の継戦能力に対して疑問がついてしまった。そのために公債価格が下落したのであった。連戦連勝といっても、形式的なあるいは地理的な前進は、あまり評価されなかったのである。

したがって日本軍は、この戦を決戦とせねばならなかった。決戦とするためには、ロシア軍を包囲殲滅、あるいは捕虜として事後の作戦行動を不可能にする必要があった。そのためには、ロシア軍を包み込むように攻め、ロシアが退却する前に奉天北方の鉄道を抑え退路を断たなければならなかった。

日本軍は二月二二日に最右翼の鴨緑江軍から戦端をひらき、左翼では乃木第三軍がロシア軍の退路を断つために、西側から包みこむように攻勢をかけた。一方ロシアでは、既に退却将軍と言われていたクロパトキンも、今回だけは奉天からは一歩も退却してはならないと配下諸将に厳命していた。こうして両軍あわせて五〇万人を超える、史上最大の大会戦となった。

三月一日に、日本軍は中央からの全軍総攻撃をかけた。戦況は一進一退を続けていたが、三月七日にクロパトキンはこれまでの会戦と同様に再び撤退を決意し、ロシア軍は北方へ陸続と撤退していったのである。但しこれは堂々とした戦術的な撤退などではなく、軍隊秩序も乱れ敗残兵そのものであったと伝えられている。

九日には、クロパトキンが奉天北東七〇キロの鉄嶺よりもさらに以北に撤退を命令。一〇日には、日本軍が奉天を占領するが、ロシア軍は後退を続けていた。日本軍は砲弾・戦力不足でロシア軍をそれ以上に追尾殲滅できず、結局は日本軍の意図した決戦とはならずに終わってしまった。いかに敗残兵とはいえ撤退後のロシア軍の兵力は、遼陽会戦に続いて再び残されてしまったのである。

世論がいかにロシア軍の「撤退」ではなく「殲滅」に注目していたのか、新聞記事がある。三月一六日の「東京朝日新聞」は、「敵の殲滅加減」という論評でこう書いている。


今度の奉天大勝利については、奉天そのものの占領よりも、また撫順の占領よりも尚また鉄嶺の占領よりも世人の知りたいところがある。それは敵の殲滅加減である。

この時点ではロシアの損害二〇万人という風説が出ていたので、敵の戦力は約半分になったと喜んでいたのだが、時間が経つにつれロシア陸軍がいまだに健在であることが解ってくる。

ニコライ二世は、敗戦の責任を問いクロパトキン将軍を解任したが、まだ満州方面での攻勢をあきらめたわけではなく、後任にはリネヴィッチ将軍を任命した。そして、ハルビンにはシベリア鉄道を使って新しい兵力と物資を続々と送り込んだ。

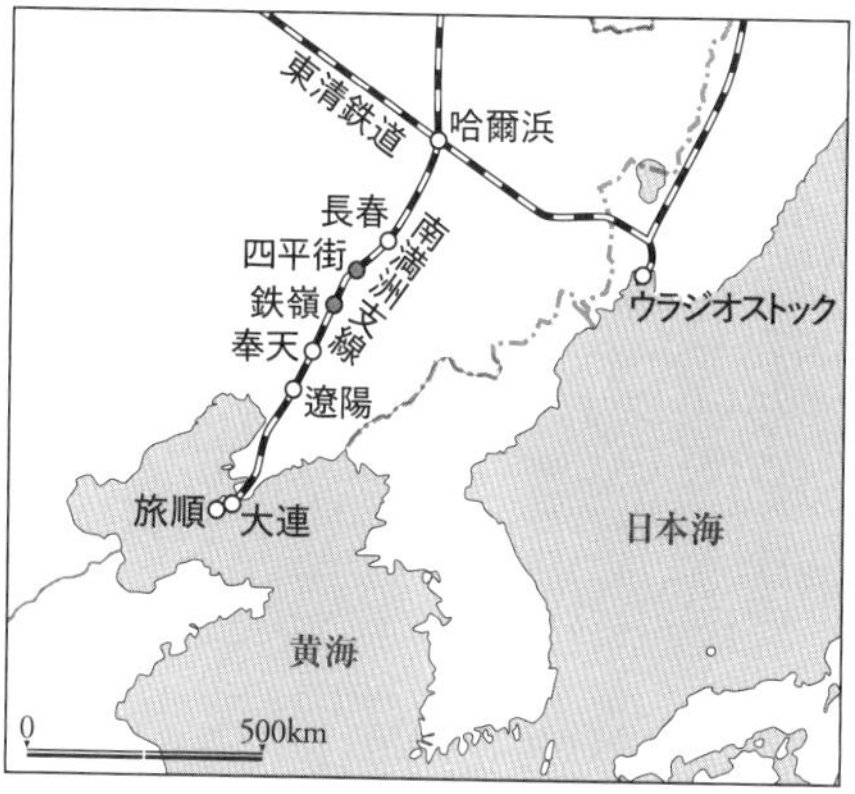

しかし、ロシア軍側の実際の死傷者は二〇万人ではないにせよ九万人にも及び、戦力の回復は秋頃までかかる状況になっていた。ロシア大蔵大臣ココフツォフにすれば、この年に五億ルーブルの資金調達ができたとして八ヶ月しか戦えない計算だったので、財務的には継戦は不可能な状況だったのである。一方で日本側も死傷者が七万人。特に下級将校、下士官の損耗率が一〇～一二%と高く、仮に資金調達が出来たとしても、再び大きな会戦を戦うことは人員的にほぼ不可能な状態になっていた。日本は兵と資金が足らず、ロシアも資金が無くなってしまったのである。

日本にある陸軍参謀本部は、前線の状況把握が甘く、奉天占領を知ると、三月一一日には、早速、新たな作戦方針を策定し、ウラジオストック、樺太、鉄嶺までの占領計画を作成した。これに対して一四日に満州軍の大山巌総司令官は新規の攻勢は不可能であって、今後は持久戦にならざるを得ない事を参謀本部に電報したのである。また同時に、児玉参謀長を東京に派遣した。

児玉は三月二八日に東京に着くと山縣有朋や元老達と面会し、もし今後一年間ロシアと戦うのであれば二五万人の兵と一五億円の戦費が必要であり、これ以上の大きな会戦は財務的に困難な状況であることを説いた。[24] これを受けて、さすがに山縣も継戦をあきらめざるをえなかった。四月八日には早くも講和に向けた動きが見られるのである。「作戦並に外交歩調一致に関する件」、および二一日には「講和条件予定の件」が閣議決定されている。

こうして日本政府としては講和に向けて動き出すことになるのであるが、ニコライ二世の戦争継続への意志は強く、今や彼がすがるようにして期待するロシア・バルチック艦隊は、総ての局面打開の重責を背負うことになったのである。

この艦隊は、ノシベに到着した一月六日に、旅順要塞陥落、太平洋艦隊壊滅のニュースに接し、続けて「血の日曜日事件」を無検閲の外地の新聞で読み、艦隊内では反乱すら起きていた。

奉天会戦が戦われている頃、ロシア蔵相ココフツォフはペテルブルクでフランス銀行団と公債募集の交渉をしていた。彼の計算する一九〇五年の資金調達可能限度額は五億ルーブルであったが、年初にベルリンで二億三〇〇〇万ルーブルを既にファイナンスしてあったので、残りの三億ルーブルをパリ市場で調達しようとしていた。

交渉中、奉天での戦闘経過が報告されるたびに、フランスの銀行代表者はパリに電報を打ち、指示を仰ぎ直していた。そのため交渉は長引いた。

それでもロシア軍の奉天退却のニュースが入った二日後には、一応、起債交渉はまとまっていた。ココフツォフもほっとしたところだった。ところが、翌日の借款調印式にフランス銀行団は出席しなかった。調印せずに挨拶も無く、パリに帰ってしまったのである。ロシア人はよくよく詩的表現が好きなのだろう、ロシアの歴史家ロマーノフはこれを「前代未聞の非礼[25]」と表現している。

奉天会戦ではロシア軍を殲滅できず、日本から見れば、戦略的には決定打を与えられず不本意な結果だったが、しかし一方で、ロシアに対して資金調達の途を閉ざすという強烈なボディブローを浴びせていたのである。

三月二三日　在米国高平公使より小村外務大臣宛　第六一号
【ドイツにおける日露の募債に関し駐米独大使の談話報告の件】
「（略）私の接した情報によれば、仏国に於ける露国公債募集は失敗に終わり、ロシアは毎月八千万円にのぼる軍費の支払いには困難をきたすことになる模様」

この資金調達の失敗を受けて、ココフツォフは「委細書」をニコライ二世に提出した。これまでの一三ヶ月間の交戦が一〇億ルーブルの出費であったこと、今後の戦争の継続には非常に巨額の出費を必要とすること、国内での起債は困難であることなど、戦争の継続が財務的に困難であることを報告した。ところが、ニコライ二世から資金調達は「絶対に無理か」と問われ、「絶対では無い」と答えてしまうのである。[26] 専制体制のなせる業だろう。

再び、ロシア人の詩的表現を借りて言うならば、「哀れなココフツォフ」は、フランスでの起債をあきらめ、四月に再度ベルリンで一億五〇〇〇万ルーブルを調達することになる。しかし、これは長期の公債（ボンド）ではなかった。日本が開戦当初に悩みぬいた短期の大蔵省証券（ビル）でしかなかったのである。実利回りは七％であり、しかも「ウィルヘルム二世の人質」と言われるほどドイツからは恩着せがましくされてしまった。

開戦当初の日本がそうであったように、いくら公債価格が値付けされ市場で一定の利回りで取引されていようとも、市場へのアクセスが閉ざされてしまえば、資金調達というものは不可能になる。奉天会戦の後、既に日本にもロシアにも戦争継続のための経済的な余裕は無くなっていたのだった。

一方で、奉天会戦の勝利は戦後の中国市場における権益保護など様々な思惑とともに、フランスとドイツをして日本に接近させることになる。彼らにすれば、いつまでもニコライ二世に付き合っている義理はなかった。

好転した第三回公債発行

「血の日曜日事件」を受けて、ロシアの戦争遂行が困難だと判断したロンドン市場では、日本公債が一月の終わり頃から継続して買われはじめていた。これを見たロンドンの業者達は、高橋達がまだ日本に帰国しているのにもかかわらず、次の日本公債の発行を考え始めていた。

パンミュール・ゴードン商会のコッホなど下請けの業者や発行銀行は、横浜正金銀行ロンドン支店の山川に接触して次のビジネスをプッシュしてきたのである。彼らは次回発行の日本公債のクーポンをこれまでの六%から一%下げて、五%程度で考えていた。日本公債はジャンク債（高リスク債券）から、投資適格債（公的な資金を投資しても良いレベル）の最下位ぐらいにまでグレード・アップしたことになるだろう。

また既にベアリング商会とクーン・ローブ商会の間では、同じ理由で次回の日本公債発行がやりとりされていた。彼らもこのタイミングはビジネスに踏み出すチャンスだと考えていた。借金は状況の良い時には、こちらから頼まなくても業者が勝手に準備してくれるものなのである。

二月一日、ベアリング商会のレベルストーク卿は日本政府からシフの叙勲を電報で伝えた。その電報の折り返しに、シフから「アメリカでは日本公債の追加の募集が可能だ」との返信があった。レベルストーク卿はそれに対して、「タバコか酒税を担保にするのが望ましい」と返信していたのである。[27]

高橋達は二月一七日に横浜を出発し、三月六日にはニューヨークに着いている。

彼らの出発の頃には、血の日曜日事件に続くロシアの鉄道員による大規模なストライキが伝えられ、ロシアは混迷を極めていた。また到着する頃は、満州ではちょうど奉天会戦の最中だった。

日露4%公債ロンドン市場価格推移

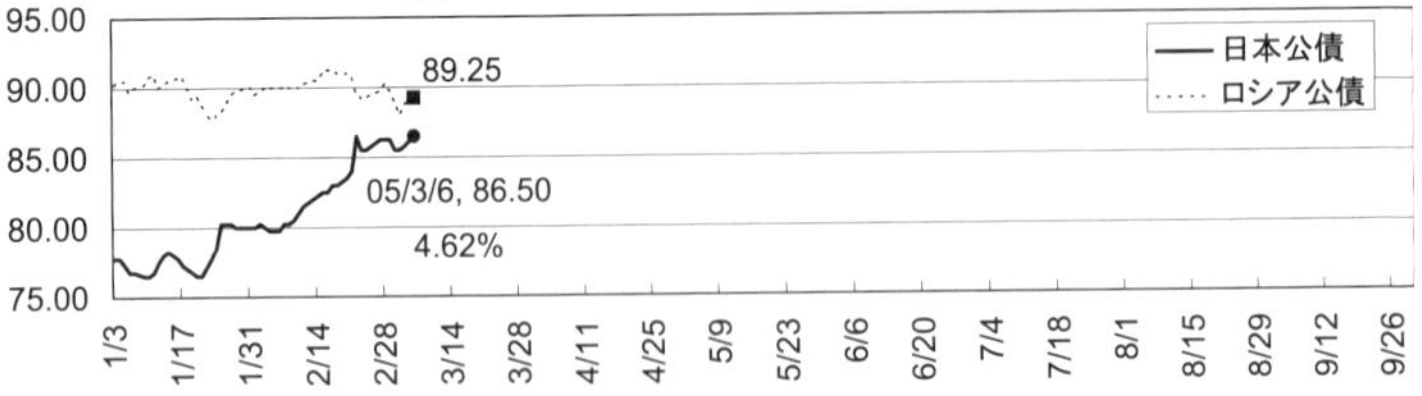

その間も日本公債の価格は上昇を続けていた。高橋は出発前に渡された訓令[28]でもう後二億円の資金調達の指示を受けていたので、早速、クーン・ローブ商会のシフと会い直接相談したのである。前回の高橋のニューヨーク訪問で、二人の間には親密な関係が出来上がっていた。

今回の公債募集でこれまでと異なる点は、ロンドン市場に上場する日本公債の金利水準である。血の日曜日事件以降に大きく水準を落とし、利回りは五%を切り、六日には四・六二%まで低下していた。

第一回公債発行時のロンドン市場上場、四%公債の利回り水準は六%前後であり、二回目は五・五%前後だったから、今回は当時からみれば一%から一・五%も改善していた。

また、今回はドイツ銀行団の日本公債募集参加への観測が出始めたことを特筆しておかなければならない。ドイツは一月にロシアの起債に応じていたが、ロシアに不利な戦況を見て中立の立場を打ち出す必要が出てきていたのだ。ドイツとしてはロシアが負けた場合の中国利権確保のために、日本にいい顔をしておく必要もあった。ウィルヘルム二世がルーズベルトに送った密書でも講和を勧めているように、ドイツは既に戦後を見据え始めていたといえるだろう。

二月二七日　在独国井上公使より小村外務大臣宛　機密第八号

【独逸に於ける帝国公債募集好望の観測に関し稟申の件】

「(要約) 知己の銀行家と話をしていると、ドイツ市場において日本公債を募集することに賛同の意を表するのみならず、ハンブルクのある有力な銀行家は条件次第では成功するだろうと見ているそうです」

日本公債はロンドン市場で連日高騰していたので、ドイツ政府の思惑とは別に、ドイツの金融業者達は彼らのビジネス上の魅力的な商品として日本公債が是非欲しいところだったのだろう。井上公使は、早速、ドイツの外務大臣に面会してこの件について尋ねた。つまり、これまでロシア寄りだったドイツにおいて、日本が起債してもドイツ政府として、政治的、外交的に問題は無いのかどうかを、ドイツ政府に直接問い合わせたのである。

三月三日、在独国井上公使発小村外務大臣宛　第八六号

【日本が独国に於いて募集の場合独逸政府は干渉せざるべしとの独逸外相相談報告の件】

「(要約) ドイツの銀行家の中には、日本の公債募集を引受けたいと希望する者もいるようだと、ドイツ外相と話をしたところ、ドイツ政府としては、何等の干渉もするつもりはない。ロシアの募集の場合と同じく中立を守る所存であるとのこと」

また、アメリカ鉄道資本グループの中でモルガン商会、クーン・ローブ商会に次いで三番目にあたるスパイヤー商会が、日本政府に好条件での新規参入を目論んでいた。後発であるから条件で勝負に出てきたが、高橋としては既存業者との信頼関係を大切にして相手にしていない。しかし、このことはシフやロンドン銀行団への牽制にはなったのである。「ロシアの国内騒擾」で俄然有利になった日本には、業者が群がってきたのであった。

さらにこれまでと異なるのは、金利水準やドイツの業者やスパイヤー商会の参加可能性だけではなく、公債談判における高橋の立ち位置だろう。これまでのようにシフとの条件交渉の間に横浜正金銀行やパーズ銀行などロンドン銀行団を挟まずに、今回は直接ディール・メーカーであるシフと話をしているのである。

三月八日、高橋は政府からの命令である調達目標金額二億円に対して、三億円を募集したいとシフに相談した。高橋が一年前、最初にニューヨークに来た時、「ニューヨーク・タイムズ」の取材に対して、日本は戦争のための外債の発行は必要が無いと見得を切った。また一回目の募集時には、今後はもう募集の必要は無いと言い切った。そして回を重ねて、とうとう今回で三回目になる。小さく募集を何度もするよりは、今後一年間の戦費分としてまとめて募集してしまおうという腹づもりだったのである。

シフも「今後一年分ということであれば」と、これに即答で賛成した。金子堅太郎もアドバイスしたように、市場に対して今後も日本公債の発行が続き、需給が悪くなると感じさせてはいけない。一度に募集してしまうというアイデアは悪くはないのである。シフはさらに自分の娘婿であるドイツのマックス・ウォーバーグにも声をかけてはどうかと、高橋に提案した。

ウォーバーグ家はロンドンでのロスチャイルド家よりも古く、一七九八年にはハンブルクで創業していたユダヤ系のマーチャント・バンクである。

マックス・ウォーバーグは、皇帝ウィルヘルム二世に近侍していた。マックスは皇帝のロシア一辺倒からの転換を早くも感じ取っていたのか、あるいは皇帝から日本公債募集に参加するように、直接示唆されていたのではないだろうか。

ヤコブ・シフはイギリスの盟友カッセル卿がエドワード七世の友人であり、ドイツにいる娘婿マックス・ウォーバーグはウィルヘルム二世に近接していたのである。世界情勢に関する情報収集力では、日本政府を優に上回っていたことは間違い無いだろう。高橋もシフとのリレーションを築くことによって、こうしたネットワークの恩恵を受けていくことになった。

八日のアメリカの新聞には既に陥落直前の奉天市内の大混乱が報道され、日本の勝利はほぼ確定していた。シフにすれば、少々大量の発行だろうとも日本公債の消化には確信が持てたのである。アメリカでの話は簡単に終了して、高橋は一一日にはロンドンに向かった。誰にも相手にされなかった昨年とは大変な違いだった。発行条件の概要は、この時には既に決まっていた。クーポンは前回の六%から四・五%へと低下し、償還期間は七年から二〇年にまで伸びたのである。

一九日にはロンドンに到着。その間、ロンドン市場の日本とロシアの公債価格はついに八七・〇で同じ価格に並び、四・六〇%と同じ利回りになっていたのである。

両者には開戦前の通常の状態で、一%強のスプレッドがあった。日本の利回りが高かったのだ。

開戦二ヶ月経過後の一九〇四年三月末には二・二三%までスプレッドが広がっていた。それが今や「血の日曜日事件」や奉天の会戦を経て、ついに〇%になってしまったのである。

一年前の日本からロンドンまでの旅程では、日本公債の価格は日を追う毎に下がっていったが、今回は正反対であった。時間が経てば、条件はどんどん良くなっていったのである。高橋は、三月二〇日に、早速、ロンドン銀行団を招集した。今回の高橋はアメリカでシフとの打ち合わせを既に終えていたので、銀行団の会議には香港上海銀行、パーズ銀行、横浜正金銀行などの発行銀行だけでなく、ベアリング商会のレベルストーク卿も呼び寄せていた。イニシアティブは完全に高橋が握っていたのである。それでもドイツ銀行団やスパイヤー商会の発行銀行としての参加については、イギリス銀行団が強硬に反対した。高橋はそれももっともだと思い、ドイツとスパイヤー商会は下請けの販売シンジケートに加えることでロンドン銀行団とは話をつけた。これにスパイヤー商会は納得したが、ドイツ銀行団は発行銀行で無いのならばと参加を断ってきた。

公債発行条件は、たったの一日でまとまってしまった。何しろシフが既に了承していたので話は早かった。カッセル卿を通じて、銀行団にも根回しが出来ていたのだろう。

- 公債発行総額　三〇〇〇万ポンド
- クーポン　四・五%
- 償還期間　二〇年
- 発行価格　九〇ポンド

●正味受取　八五・五
●発行金利　五％（五・三二％）
●調達金利　五・二六％（五・七三％）　筆者注：（　）内は現代の計算法
●担保　たばこ税

二〇日の四％クーポン債の利回りが四・六一％であるから、プレミアムは〇・四％ほどであった。

政府からも、早速、承認の電報がきた。

三月二五日　小村外務大臣より在英国林公使宛　第九八号

【高橋日銀副総裁の我新起債条件を我政府承認の件】

「（要約）政府は高橋から申し出のあった新公債発行の条件を承認することに決定し、既にその旨を高橋に打電しました。民間では多少の議論はあるようですが、政府としては右の条件が現在最上の条件であると確信しています」

伊藤や井上、松方など元老達にすれば、二億円の要求のところ三億円も調達してくれて、尚且つクーポンもこれまでの六％に対して四・五％であるから、文句の出ようはずも無かった。第三回の公債募集はすべてが順調に進んだ。

三月二八日　目論見書配布
三月二九日　募集開始

引受はロンドン一五〇〇万ポンド、アメリカ一五〇〇万ポンド、ドイツの参加はロンドン銀行団の反対によって見送られた。募集倍率は、ロンドン一一倍、ニューヨーク七倍だった。ロンドンでは大陸からの申し込みが多く、またアメリカでは小口の投資家が多く参加した。

三月二七日の「東京朝日新聞」、「新外債成立」の記事から。

（要約）第三回の外債はクーポンが四・五％、価格九〇、二〇年償還という好条件である。利回りでは五・五％にあたる。これまでの一回、二回に比べれば非常に都合好き条件といえる。条件の悪い時には一億、一億二〇〇〇万と少なめに調達し、好条件の今回にまとめて三億円を借り入れたのは満足である。今やロシアは五％クーポン、価格九〇の発行をパリにおいて拒絶されたのに比べれば、我が国は本年度中の戦費を確保したのだ。吾人は彼我を対照して愉快の情に堪えざるなり。

「東京朝日新聞」の記者もこれまでの批判はどこへやら、随分とご機嫌が良い書きぶりであった。この発行によって、高橋の国内での評価もさぞかし上がったことだろう。

同日のベルツの日記である。

自分が日本のためにいだいていた唯一の懸念、すなわち財政上の懸念は一掃された。遼陽の戦勝後においてすら、ロシアの公債はまだすこぶる高値を保ち、日本のは安値だった。ロシアは到るところで、たやすく金を調達できたが、日本は自己の同盟国から、最もひどい募集条件を甘受せねばならなかった。今はそれが逆である。ロシアにはもう誰も貢ごうとしない。反対に日本へは、われもわれもとひしめき合って、金を貸そうとしている。

『高橋是清自伝』の以下の部分には、高橋のリレーション・マネジメントの進歩を示す事例として、ロンドン・ロスチャイルドとの逸話が書かれている。

ロスチャイルドを訪問するのが三月二六日とあるので目論見書配布の直前であり、奉天会戦も終了し「講和」が話題に上がっている。ロスチャイルドは交戦中の国家に対しては発行銀行にはならないとの態度を取っていたが、販売引き受けシンジケートには参加したり市場で日本公債を投資目的で買ったりしていた。高橋は目先はともかく、戦争終了後の低クーポンへの借り換債発行の時を考慮して、ロスチャイルドと交際を続けていたのである。また例えビジネスが無くともロスチャイルドに出入りがあるということは、当時のロンドン金融市場では重要な事だった。この時、兄のネイサンと弟のアルフレッド・ロスチャイルドが席にいたが、高橋は自伝の中で彼らにこう言わせている。

「今度講和談判が始まるについては、金融財政のことに最も精通した者を委員に選ぶことが必要であろうに、貴君はなぜその委員となって行かないのか」

これに答えて高橋は、

「なあに、日本には財務に明るい人はたくさんにあるから、あえて自分が行かなくもよい」

と言っている。

この記述はその後のポーツマス会議を意識して、もちろん本当に在った話だろうが、後に高橋が挿入した逸話である可能性もある。ポーツマスの日本代表には財務畑の人間はいなかった。もし自分が代表として出ていれば、という思いがあったのではないだろうか。また、高橋がこの時得意の絶頂にいたことも確かだろう。

第三回公債発行は奉天会戦の勝利と重なり、ロスチャイルドも言うようにロシアがもう戦争をあきらめて、講和が近づくのではないかとの思惑によって大成功に終わったのである。当時、ロシア国内で閑職にいた元大蔵大臣ウィッテはこう書いている。

奉天附近の会戦がまたまた我が軍の惨敗に終わり、しかもその敗走の状態が甚はだ見苦しいものであったのを知ると共に、ロシア人中の多少とも常識ある者はいずれもこの戦争は『この上継続すべきでない。出来るだけ（筆者注：ロシアの）体面を傷けない範囲において一日も早く終局すべきである』――という観念が日と共に濃厚になって来た。[29]

ロシア国内世論も国際世論も、ロシアは戦争を止めるべきだと考え始めたのである。

ドイツとフランスの思惑

高橋は、第三回の公債発行においてシフと直接交渉することで、初めて条件交渉の主導権を握った。また獲得したクーポンの四・五％という水準は、戦時公債としてはかなり良い条件と言えたが、さらに特筆すべきは従来の英米のみならず、本来であればロシアをサポートするべきドイツからの日本公債募集への参加要請と、フランスから高橋への接触があったことだろう。

ドイツはシフの娘婿であるマックス・ウォーバーグが仲介して、ドイツ銀行団が公債発行に参加の意志を示した。またドイツ政府としてもこれを容認していたのだが、イギリス銀行団の反対によって、発行銀行としての参加は実現しなかった。それでもドイツ銀行団は次回のファイナンスに期待して、高橋に対して丁寧に挨拶をして営業活動を継続していたのである。

以下はドイツの新聞における日本の第三回公債発行に対する論評を、在ドイツ公使が本国に紹介した電報である。

三月二六日　在独国井上公使より小村外務大臣宛　第一三八号

【我公債に独国の不参加に関する新聞論調報告】

「（要約）当地の新聞論調では、三〇〇〇万ポンドの我新公債がドイツ銀行家の参加することなく成立したのは、当国金融業者と資本家に失望の念を抱かせたとしています。またベルリン諸新聞は、ドイツ銀行団が参加しなかったのは発行銀行団に加われず下請け引受団の地位しか与えられなかったからだ、と説明しています」

三月二七日　在独国井上公使より小村外務大臣宛　第一四〇号

【我公債に関するベルリン・ロカル・アンツァイゲル社説報告の件】

「（要約）日本人は満州の戦場においてのみならず、今回、欧米における財政上の処置に於いても、また絶大なる戦略者たるを示した。日本の開戦間もない第一回公債発行に英国が応えたことの勇気には驚かされたが、今や日本公債に参加することは競争となっている。ドイツ銀行団も加わろうとしたが、今回は「ブリトン」や「ヤンキー」の風下に立つことを辞退した。日本はドイツが資本市場を日本に開放しようとする機会に乗じ、三国をうまく競争させ有利な条件を得ることができた。対照的に戦敗大国（ロシア）が外国資本の助力を得る道は途絶された」

「うまく競争させ有利な条件を得ることができた」とは、高橋に対して最大の賛辞だっただろう。

また、ロシアの、ドイツでのファイナンスが最早困難になったことが明確に書いてある。これらの電報の日付をよく見ると、児玉源太郎が、日本の戦闘継続が不可能であることを伝えに満州から帰ってきたのが三月二八日であるから、この時期に山縣や元老達がすっかり浮かれていた様子が想像される。児玉の報告は、〝逆上《のぼ》せ上がった〟山縣達の頭に冷水を浴びせかけたのではないだろうか。

一方でフランスは、ロシアとのファイナンス交渉中に奉天会戦の戦況報告に不安をおぼえ、調印の日に交渉の場から忽然と姿を消したのだが、実はその直後に、また日本と接触を開始していたのである。普仏戦争以降、ドイツに脅威を感じているフランスとしては、ドイツに国境を接し露仏同盟を結んでいる敗戦続きのロシアに、これ以上の戦争継続は止めて欲しかった。ましてやロシア陸軍のヨーロッパでの兵力を、これ以上極東にシフトされてはかなわなかった。

第三回公債目論見書配布の三月二八日、パンミュール・ゴードン商会のコッホの手引きでパリ証券取引所仲買委員長[30]のベルヌーイが、高橋に面会を求めてきた。フランス大蔵大臣ルビエの命で、極秘にわざわざロンドンにまでやってきたのである。もちろんロシア側に発覚すると大問題になっただろう。

パリ証券取引所、いわゆる〝Bourse（ブルス）〟は現在ではユーロネクストになっているが、一八二六年に、建築士、ブロニアールの設計で建てられた壮大な建物は今でも残っており、見学することが出来る。当時のパリ市場はロンドンやニューヨークと比べると、政府関与の強い市場であった。取引所の会員は六〇名から七〇名のオフィシャル・ブローカーから成り、その上に取引所仲買委員長が政府から任命されていたのである。

フランスの代表的な株価指数に「ＣＡＣ40」がある。今ではクォート・システムである“Cotation Assistée en Continu”の略とされているが、以前はこのオフィシャル・ブローカーである“Compagnie des Agents de Change”の略だとされていた。

この取引所では、公定相場表というものが発行され、ここにリストされた銘柄については、会員以外の取引を禁止していた。リスト以外の銘柄はオープン・ブローカーと言われ、信用度の落ちるブローカー達によって取引される仕組みだった。

つまり、公定相場表に掲載される銘柄は一流であると認定される事になるのだが、その認定は証券取引委員長の権限だった。取引委員長が政府の任命であるから、要するにパリ市場の公定相場は政府関与の度合いが非常に高いという事だった。当時のパリ証券市場は、国の外交政策に大きく影響されていたのである。

日本公債をパリで販売したいのであれば、先ず取引委員長と面談して日本公債が公定相場表に掲載できるようにお願いする必要があったわけだ。ところが、今回は先方からわざわざ高橋を訪ねてきた。開戦当初にパリ市場での発行は露仏同盟のために全く考えられなかったことを振り返れば、これは大きな出来事だったのである。

面談では、露仏同盟の関係からフランスとしてはパリ市場で交戦中の日本公債は扱えない、ということだった。何故なら政府関与の強いパリ市場では、ロシアに対して民間で勝手に起債したとの言いわけは通じないからである。したがって和平交渉締結後に、パリ市場で、しかも大きなロットで日本公債を販売して欲しい、との要請だったのである。これはロシアに対して巨額の貸付をしているフランスとしては、早く講和に持ち込んで欲しい、との意思表示でもあった。一方でこの訪問はロシア側から見ると、パリ市場におけるロシア公債起債の道も戦争を止めない限り塞がれたことをも意味していたのである。

例えロンドン市場での日本公債とロシア公債の利回りが同じであっても、市場へのアクセスという点でロシアは資金調達できる市場を完全に失ってしまったことになる。当時、外国に貸し出せる程資金のある市場は、英、米、独、仏に限られていたのである。

こうしてドイツやフランスが日本に近づく一方で、アメリカでは日本にとって見逃せない動きも出てくる。

三月二一日のベルツの日記から。

日本の力が増大するのを、合衆国では邪推の眼でみる徴候が、いよいよ著しい。二週間前にはカルフォルニア州の立法議会が、ワシントンで日本移民制限の措置を提案することを決議した。一週間前には議会（筆者注：米国下院）の一委員会の委員長が、アメリカは何時なりと日本にほこ先を向け得るよう、その艦隊を増強せねばならないと公言した。

勝つと売られる日本公債

奉天会戦が勝利に終わると、再び日本の公債価格は軟化しはじめた。もちろん第三回公債募集が三億円と巨額であったために、市場の需給が悪化したということもあっただろう。しかし前回、遼陽会戦での勝利後も、同様に公債が売られたことを思い出す必要がある。

日本は遼陽・奉天両会戦で地理的に勢力を拡大し戦線を満州北方へ押しやったが、ロシア軍を殲滅する作戦意図は達成できなかった。そのためにロシアは、毎回戦争継続の意欲を失わなかった。ロシアは常に回復可能な戦力を維持しながら撤退していった。日本は連戦連勝でありながら、常に次の会戦の為の戦力、継戦能力を問われることになり、ロンドン市場の公債は売られてしまうのであった（利回りは上昇する）。

もうひとつの原因は、奉天会戦の勝利を利用して日本で内国債の販売が行われたことにもあった。第一回、二回の外債発行時には内国債の募集金利が海外より低かったため問題が発生しなかったが、この時期に発行された第五回内国債七年もの一億円は六％のクーポンが付いており、発行利回りが六・六三％もあった。しかも第三回の外債発行から一〇日も経たない内のアナウンスメントであったために、ロンドン銀行団からは激しい抗議がおこったのである。外債は発行金利が低下したが、内国債は発行毎に上昇して行った。こうした高い利回りは、日本国内での国債消化能力が限界に近づいていたことを示していた。高橋は銀行団の意向を受けて政府に抗議するが、内国債募集を延期すると内地払い（政府の支出）の為に兌換券発行が増加し財政上問題があると言うので、内国債を海外に持ち出さない事を条件に話を収めている。しかし基本的に内国債は元利とも円払いなので、ポンド建ての外債に比較してリスクの高い証券であるはずだから、これで正常化したとも言えるのである。

日露公債利回り推移

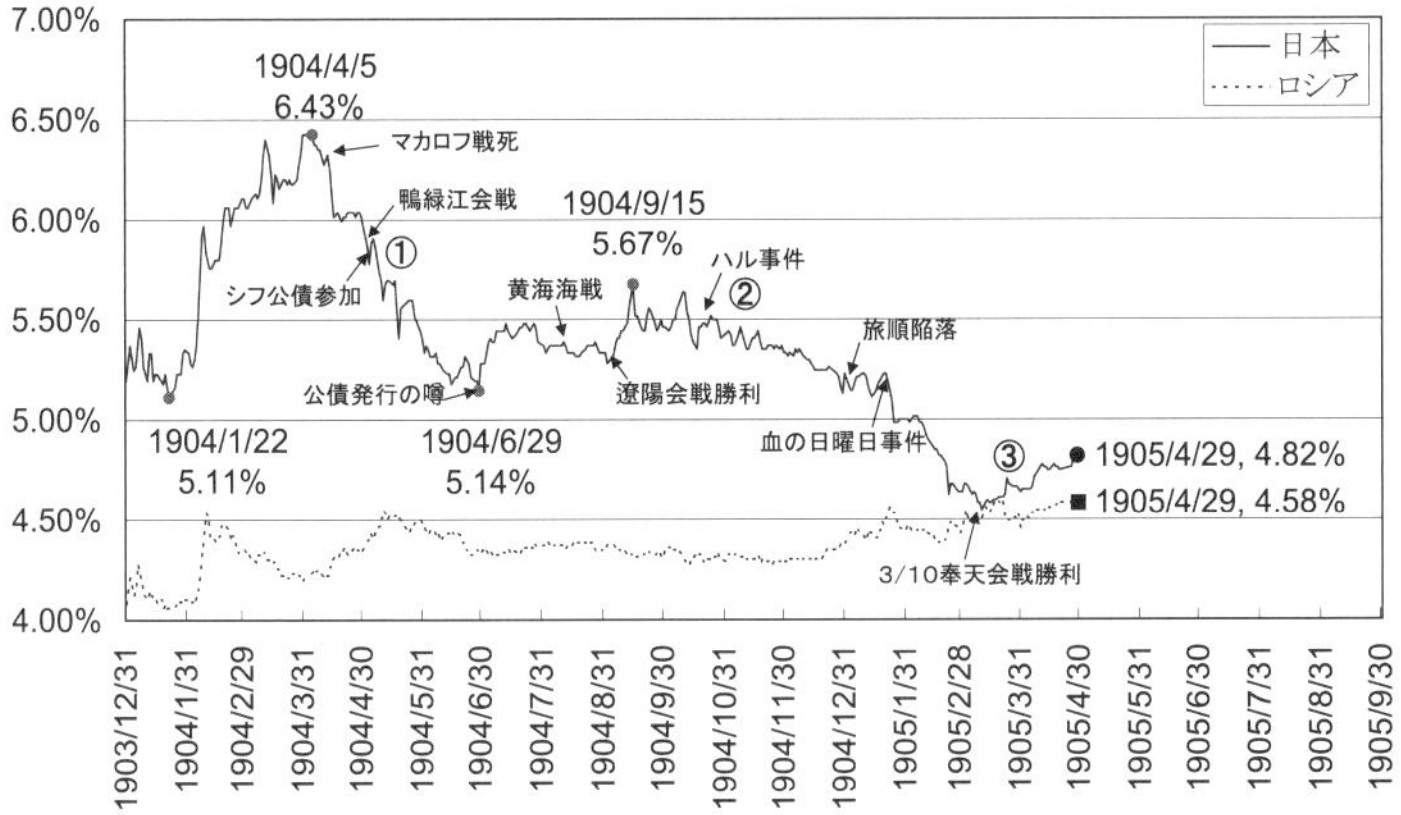

ベアリング商会が鉄道抵当法案の原稿を日本に送付したことは以前述べたが、この年の第二一回帝国議会でこの法案は通過した。これを契機に日本国内で公債を買う外国人も増え始めた頃であった。兜町では外国語が出来るものを外務員として新たに雇い入れ、横浜の外国人商会などに外交営業を始めるところも出て来始めた。兜町国際化の黎明期とも言えるだろう。

ロシア側では、「血の日曜日事件」以降、国内騒擾が拡大を見せていたので、ロシア公債は下げ止まらなかった。奉天会戦以降は、日露両国の公債はともに売られ、市場は両国に早く戦争を止めろと督促するような相場になっていった。

上のグラフ中の番号は、第一回から第三回までの公債発行のタイミングを示している。遼陽、奉天両会戦とも、戦勝後に日本公債は売られている。

一方で兜町に目を移すと、「血の日曜日事件」以降、講和が近づくのではないかとの思惑で順調に上げてきたが、奉天会戦以降はもみあいに入ってしまった。東

株は戦争中の高値水準を抜けないままでいたのである。

東株は東京株式市場の指標銘柄だが、個別銘柄の中には戦争景気によって増収増益の企業もあった。戦時徴用と物資運送で潤う日本郵船と、軍からの綿布の注文が入る鐘紡である。鐘紡は日露戦争が始まるまでは額面の五〇円を割るボロ株と言われていたが、ロシアの「血の日曜日事件」以降、二月に入り額面を取り戻すと、俄に仕手化していった。三井銀行あたりでは鐘紡株の額面での持株もあったが、担保流れの持株も多かったので、六〇円、七〇円がつくと、これ幸いと徐々に売りに出した。それを当時の気鋭の相場師である、堀留町の鈴木久五郎、神戸在住の清商である呉錦堂、麦少鼓などが買い上がったのである[31]。

「鈴久」こと鈴木久五郎は、元々埼玉県粕壁（現春日部市）出身の富豪であるが、あまりに当時の羽振りが良かったので、「成金」という言葉の起源になった人だと言われている。また、花柳界で遊び呆けたエピソードにはこと欠かない人物でもあった。

鐘紡は、一九〇五年末には七〇円台から二九九円まで駆け上り、増資分約半分を落とした後、〇六年末には五〇〇円にまで達する。その時点での鈴久の儲けは一〇〇〇万円（現在で一五〇億円）あったと言うから、当時の日本ではまさに成金だった。その後、鈴久は鐘紡株に固執してしまい、結局、〇七年には破綻してしまうのだが、破産時の鈴久はまだ三〇歳だった。[32]

日本郵船の株は、東株とチャートの形が似ているが、鐘紡の方はどうも、戦況も何もお構いなしだった。上げ相場の始まりの時期を見ると、旅順要塞陥落の頃である。この頃には兜町の相場師達も日本壊滅の危機感から解放され、精神的にやっと落ち着いたのではないだろうか。その余裕が仕手株を持ち上げたのだろう（上のグラフ参照）。

奉天会戦以降の兜町では、北方へ撤退したロシア陸軍の新たな増強への不安がもたげて来る。そして四月八日に、バルチック艦隊がシンガポールを通過したニュースが入ると、新聞市場では連日「波羅的艦隊」、略して、「波艦隊」の文字が踊り、メディアと国民はヒステリックなまでにこれを恐れ、警戒するようになるのである。

もしも波艦隊が日本の連合艦隊に勝ってしまうようなことがあれば、日本海の制海権は奪われ、満州に残された日本陸軍への補給が困難になるだろう。さらに陸軍が大陸から撤退するにしても、兵員の移動手段が無くなってしまう。波艦隊はニコライ二世が期待するように、ロシアに不利になった形勢を一発逆転で振り出しに戻す切り札だったのである。

バルチック艦隊の東航

現在、横須賀に静態保存されている日露戦争当時の連合艦隊旗艦「三笠」は、船体価格が八八万ポンド、兵装機器三二万ポンドの合計一二〇万ポンドで、イギリス・ビッカース社に発注された[33]。

当時の海軍大臣、山本権兵衛による対ロシア戦を想定した連合艦隊の建造計画は、六六艦隊とよばれ、三笠のような主力戦艦六隻と、少し小さめで速度の速い装甲巡洋艦六隻の構成だった。さらに、開戦間際にアルゼンチンがイタリア・アンサルド社に発注していた装甲巡洋艦「日進」と「春日」を買い足していたので、実際には開戦時に六八艦隊の構成になっていた。戦艦六隻が、三笠と同じ価格と想定すれば合計で七二〇万ポンド。装甲巡洋艦は、開戦間際に購入した一番排水量の軽い「日進」「春日」が、それぞれ七五万ポンドであったので一万トン近いその他の巡洋艦はもう少し高かっただろうが、八隻合計で六〇〇万ポンドと概算できるだろう。これで合計は

連合艦隊

戦艦		排水量（トン）	速度（ノット）	進水年	メーカー
	三笠	15,140	18.00	1900/11	ビッカース
x	初瀬	15,000	18.00	1899/06	アームストロング
	朝日	15,200	18.50	1899/03	ジョン・ブラウン
	敷島	14,850	18.00	1898/11	テームズ
	富士	12,500	18.25	1896/03	テームズ
x	八島	12,320	18.25	1896/02	アームストロング
装甲巡洋艦					
	日進	7,700	20.00	1903/02	イタリア:アンサルド
	春日	7,700	20.00	1902/10	イタリア:アンサルド
	磐手	9,750	20.75	1900/03	アームストロング
	出雲	9,750	20.00	1898/09	アームストロング
	八雲	9,695	20.50	1899/07	ドイツ:フルカン造船所
	吾妻	9,326	20.00	1899/06	フランス:ロワール
	常盤	9,700	21.50	1898/07	アームストロング
	浅間	9,700	21.50	1898/03	アームストロング

一三二〇万ポンドであり、約一億三〇〇〇万円に相当する。一九〇三年の一般会計歳出が約二億五〇〇〇万円だったので、年間国家予算の約半分ということになる。もちろんこれは艦の価格だけで、運用、修理などの経費はこれにさらに上乗せされることになるし、輸入であるから正貨、つまりゴールドを必要とする。当時の通貨発行量が約三億円で、金準備率が五〇%とすると、海軍の主力艦だけで日本の通貨の金準備額に相当したのである。

上の表にあるように、連合艦隊の主力艦は総て外国製だった。本書では記述しなかったが、×印の二隻はマカロフが機雷で戦死したように、同時期に同じように機雷で沈没した戦艦である。日本海軍はこれを長い間メディアには秘匿していた。国産の戦艦は一九〇五年五月、つまり日露戦争末期に近いこの時期に起工された「薩摩」が初めてだった。

この頃の船舶関連の技術進歩には、目覚しいものがあった。戦艦の古い方の二隻は「富士型」、新しい方の四隻は「敷島型」と呼ばれる。それぞれ同型艦で基本設計は同じだが、「初瀬」「朝日」ではアーマー（装

バルチック艦隊

戦艦	排水量	速度	進水年	メーカー
スワロフ	13,516	18	1902	バルチック造船所
アレクサンドル三世	13,516	18	1901	バルチック造船所
ボロジノ	13,516	18	1901	アドミラル造船所
オリョール	13,516	18	1902	ガレルニイ島造船所
オスラービヤ	12,674	18	1898	バルチック造船所
シソイ・ウェリーキイ	10,400	16	1894	アドミラル造船所
ナワーリン	10,205	15	1891	ガレルニイ島造船所
ニコライ一世	9,672	14.8	1889	アドミラル造船所
ナヒモフ	8,524	16.7	1885	バルチック造船所
巡洋艦				
オリョーグ	6,675	23	1903	アドミラル造船所
アヴローラ	6,731	20	1900	アドミラル造船所
スウェトラナ	3,727	21	1898	フランス：ラ・ハブレ
ドミトリー・ドンスコイ	6,200	16.5	1885	アドミラル造船所
ウラジーミル・モノマフ	5,593	15.5	1882	バルチック造船所

甲板）にニッケル合金を使用していたために、板厚は「敷島」や富士型の二分の一ですんだ。さらに「三笠」ではニッケル合金を改良したクルップ鋼を使用したために、防御力は同型他艦に比較して格段に向上していた。当時の製造年の違いによる性能差は非常に大きかったのである。

初の国産戦艦「薩摩」（一万九〇〇〇トン）は、準同型艦「安芸」とともに二隻建造され一九一〇年に就役するが、その四年前の一九〇六年にはイギリスで画期的な戦艦である「ドレッドノート」が就役し、両艦は工事中の段階で既に旧態化してしまったのである。「ドレッドノート」では主砲配置の斬新さが特徴であったが、それだけでは無く既にエンジンもレシプロからタービンへと進化し、戦艦の速度は二一ノットまで出せるようになっていた。一時帰国時の高橋との会話で、伊藤博文が海軍の拡張策を批判的に見ていたように、貧乏な日本がこうした建艦競争につきあうと国家予算は大変なことになってしまう。

話がそれたが、日本の六六艦隊は、兵装、速度が同じで、統一行動が取りやすく艦隊としての

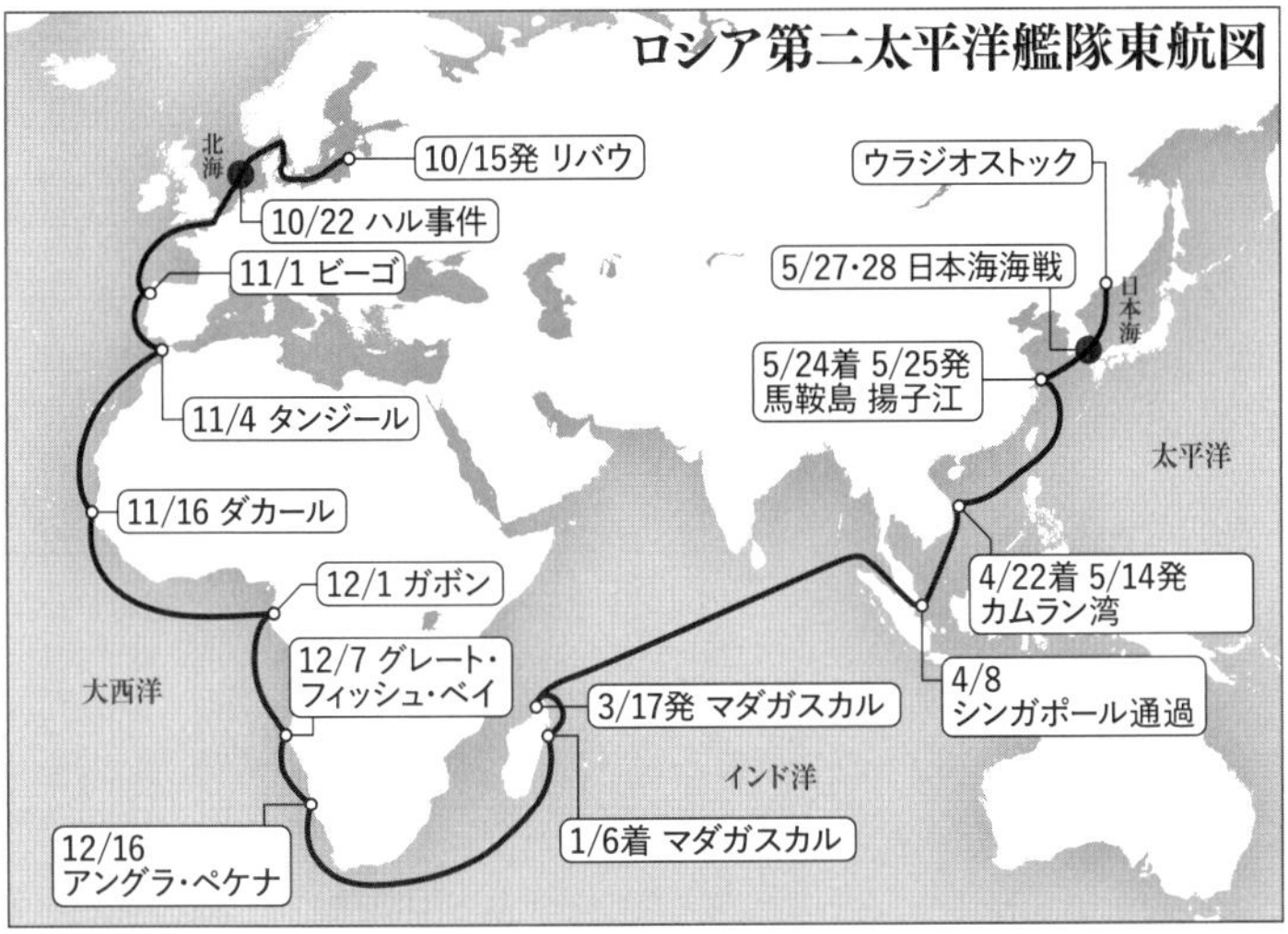

ロシア第二太平洋艦隊東航図

運用を考慮してあった。対するバルチック艦隊は、もともと開戦時にクロンシュタット軍港司令官であり、太平洋艦隊司令長官に任命されたマカロフ提督が、完成間際のスワロフ以下、新型戦艦四隻を極東に派遣しようとしたもので、これに急遽寄せ集められた艦船を随伴させたために、性能がバラバラだった。[34] ロシア側は新しいものもあれば旧式も混ざっていた。速度の遅い旧式艦が混ざると、一番遅い艦に艦隊の速度を合せなければならない。日本の連合艦隊とまともに性能的に対抗できる艦船は、戦艦五隻、巡洋艦三隻しかなかったのである。そしてその殆どがロシア製だった。ロシア製の艦艇がイギリス製に劣っていたという証拠はないが、当時のロシアは欧州列強の中で工業化が遅れていたのは事実である。そしてこの完成間際（進水して後艤装が必要である）の戦艦達は工事が遅れ、その遅れがバルチック艦隊出航の遅れとなった。さらにこれらの艦艇のうち、古いものは旅順で破壊された太平洋艦隊と比較すると、バルト海での近海運用を前提に設計されていたので、そもそも長距離航海には向いていないだけではなく、波の激しい外海用には不向きで海面から低い位置に開口部のある低舷艦設計になっていた。

その艦隊が三万三〇〇〇キロの、大艦隊としては前代未聞の大航海を経て、ウラジオストックを目指したのである。しかも旅の最後には戦いが待っていた。

バルチック艦隊は、欧米のメディアが「Baltic Fleet」と名付けただけで、本来の名称は「ロシア第二太平洋艦隊」である。後にベトナム沖で第三艦隊が合流し、日本海へ向かうことになる。[35]この艦隊に関する史料には、戦艦「オリョール」の水兵ノビコフ＝プリボイによる小説『ツシマ』や戦死した戦艦「スワロフ」の造船技師ポリトゥスキーが妻にあてた手紙、その他にもコスチェンコの報告書や『坂の上の雲』にも登場するロジェストビンスキーの幕僚セミョーノフの『贖罪』、また変わったところでは、アルゼンチン海軍観戦武官マヌエル・ドメック・ガルシア大将による本も邦訳されている。

そうした中で、二〇〇五年に一〇〇年もの歳月を経て、バルチック艦隊司令長官ロジェストビンスキー中将が妻に宛てた手紙約三〇通が発見され、二〇〇九年には日本語訳『もうひとつの日露戦争』として出版されている。

バルチック艦隊は開戦間もない一九〇四年四月には既に極東への派遣が決定されていたが、編制が遅れ、リバウ港出発は一〇月一五日になった。

その後、同月二二日にハル事件を引き起こしたのは前述した通りである。以前の日本海海戦が書かれた書物では、ボリシェヴィキ時代に書かれた『ツシマ』の影響力が強く、ロジェストビンスキーの能力に対して否定的な記述が多くあった。一方、『もうひとつの日露戦争』では、手紙を纏めた著者はできるだけ彼を擁護すべく記述している面もありそうだが、手紙の内容からロジェストビンスキーは、当時のロシア海軍ではやはり抜きん出た存在であったことがよくわかる。彼はバルチック艦隊を率いている間も海軍参謀総長を兼任し、戦いに敗れ捕虜となって帰国した後も、再びその任についているのである。

この艦隊は、全行程約七ヶ月の内、二ヶ月はマダガスカルで過ごし、一ヶ月はベトナム沖でネボガトフの旧式艦で編制された第三艦隊との合流を待つために時間を浪費している。

特にマダガスカルでは、乗組員全員がロシア当局に検閲されていない外地の新聞によって旅順要塞の陥落と「血の日曜日事件」を知ることになったので、ロジェストビンスキーも艦隊派遣が中止になるのではないか、との期待を持った様子も窺える。またベトナム沖では、彼自身が死を覚悟した文面を妻への手紙に書いていた。日本では「波艦隊」と恐れていたが、ロジェストビンスキーにすれば自艦隊の不利は十分に解った上で、絶望的な状態での対馬沖への突入だったのである。

彼の手紙からは、ロシアの専制体制下で硬直化し、機能不全に陥っている官僚政治への恨みが読み取れる。もちろん彼自身もその一部ではあったのだが。

ベトナム沖を五月一四日に出航したバルチック艦隊は、一九日に台湾とフィリッピンとの間の

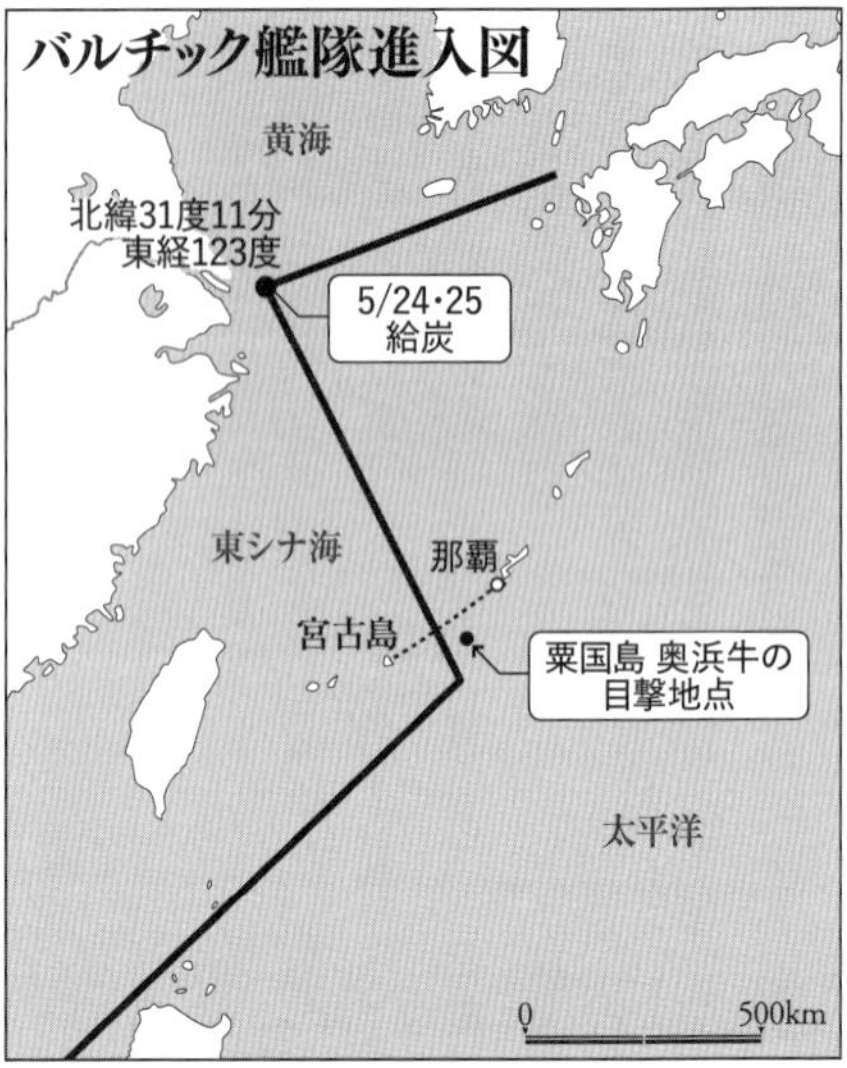

ルソン海峡を通過する。これは明らかに進路の欺瞞が目的だろう。この進路を真っ直ぐ行けば太平洋である。艦隊はここで二隻の一般船舶を臨検する。一隻は拿捕、もう一隻はマニラから長崎へ向かう三井物産の傭船ノルウェーの第二オスカル号であり、こちらは釈放した。艦隊が欺瞞航路をとっている以上、この釈放は正しい判断であった。何故なら第二オスカル号が艦隊の進路を連合艦隊に通報しても、日本側としては進入路が太平洋側か日本海側か判別せず、さらに混乱するだけだからだ。そして、案の定、第二オスカル号は通報した。もし艦隊が台湾の西側、つまり中国側を通過していれば、連合艦隊もバルチック艦隊の航路についてさほど悩むことは無かっただろう。

　その後、艦隊は北西に九〇度近く変針して、沖縄本島と宮古島の間を抜けて上海沖に向かう。栗《あ》国島《ぐにじま》の漁師「奥浜牛」[36]が、那覇から宮古島へ向かう途中でバルチック艦隊を見かけたのは、ここを通過している時である。その後、五月二五日には、『坂の上の雲』の記述によると、

「午前九時をもって艦隊の航路を東北七十度すなわち朝鮮海峡の方向に転じたり」

と、手記はいう。見ようによってはこのまま日本列島の太平洋岸を通るとも思える針路であった。

この二十五日は艦隊にとって特筆すべき変化があった。朝八時、北緯三十一度十一分、東経百二十三度の地点においてロジェストウェンスキー提督は六隻の運送船を分離したのである。[37]

この緯度経度の地点は、上海から四〇海里ほどの揚子江の河口近くの場所であって、上海沖あるいは揚子江河口と書いても、何ら問題は無い。むしろ緯度経度で書く事に意味がない。それに地図を見ると判るが、「見ようによっては太平洋岸を通るとも思える針路であった」と書いてあるが、とてもそんな風には見えない。上海から太平洋に出るにはあまりに遠すぎるのである。上海からウラジオストックまでは約一〇〇〇海里、バルチック艦隊は車で言えば満タンの二〇〇〇海里分の石炭をここで搭載したと考えられる。[38]二〇〇〇海里分と言っても巡航速度での話であるから、海戦が始まれば燃料消費は極端に悪化する。つまり、ここで給炭して輸送船を分離しているということは、すでに最短の対馬コースしか有り得ないということなのである。[39]

ロジェストビンスキーも、彼の艦隊も、長旅に疲弊しきっていた。作戦もなにも一直線にウラジオストックへ強行突破するだけだったのではないか。彼はベトナム・カムラン湾での最後の妻宛の手紙でこう書いていた。

近々の事態がどのようなものになるにせよ、つまり、最終結果だが、ロシアの恥辱に新たな一ページがつけ加えられること以外には何もない。[40]

日本人のバルチック艦隊に対する恐怖をよそに彼は自分達が勝てるとは全く思っていなかったのである。

日本海海戦の衝撃

第三回の公債発行を終えた高橋は、四月二一日にロンドンから再びニューヨークへ渡り、今回募集したアメリカ分一億五〇〇〇万円の資金をシフと相談して、各銀行に分散して預金した。高橋は、政府から要請されていた二億円を上回る三億円もの資金を今後一年間の戦費として既に調達したのであるから、彼にすればもうお役御免のつもりだった。このニューヨーク行きは、日本への帰国の途中だと考えていたのである。

高橋は昨年の第一回募集でのほろ苦い経験以降、顧客として殿様のように構えることを改め頻繁に人と会い、リレーションの範囲を広げていた。銀行関係者のみならず、ロスチャイルドなどマーチャント・バンカー達、またアメリカでシフに会って以降はシフやカッセル卿に特に接近していたことが自伝からは読み取れる。

高橋は、エドワード七世の王妃から、カッセルを通じて日本固有種である犬の狆を所望され、手配している。王妃の依頼であるから適当な犬では済ますことはできない。名古屋に良い犬がいることがわかり、日銀から人を出して四匹を選んだ。日銀ではその後、犬達を半年間ほど調教師に預け、一九〇六年初めには英国王室まで送り届けている。まるで優秀な営業マンさながらの高橋の地道なリレーション・マネジメントが眼にとまるのである。

高橋はニューヨークでの資金処置が終了すると、帰国を希望する旨を東京に問合せた。しかし、東京の松尾総裁からはしばしば現地に留まるように指示が出されたのだった。

「申出の事情は委細承知した。(中略) 目下財政上考慮中のこともあり、その議熟するにおいては、直ちに貴君を煩わすべくしかしてその時期は六月中の見込みゆえ、七月初めまではその地に滞在せられたし」

この電報は、近々、日本政府による再度の資金調達が必要になるかもしれないことを仄めかしていた。日本はこの三月に今後の心配が無いようにと三億円もの大型発行を済ませたばかりだった。高橋は癇癪でも起こしたかのような厳しい返電を打った。「ニューヨークの金融界は休暇を取っているから、自分もニューヨークにいても笑い者になるだけだ」と、五月二四日からボストンへ、勝手に旅行にでかけてしまった。ちょっと子供じみた一面を見せている。

深井は、「私は電信文の按配等で出来るだけ緩和に努めた」[41]と後に書いているように、高橋の激した口頭での電文案を適当に希釈していた様子が窺える。深井にはこうした面で色々と苦労があったのだろう。

高橋がボストンへ出かけた五月二四日は、バルチック艦隊が上海沖にいた頃である。あるいはまだ上海に向けてゆっくりと進んでいたのかもしれない。日本国民がヒステリックなまでに恐れていたこの艦隊は、日本の新聞紙上で連日「どこそこにいた」というような記事になり、様々な憶測を呼んでいたが、五月一四日にベトナム沖を出航して後、一九日にフィリッピン、ルソン海峡を通過したとの情報以降、その行方がわからなくなっていたのである。ルソン海峡をまっすぐ進めば太平洋に出る。連合艦隊だけではなく、日本中が、あるいは世界中がバルチック艦隊の行方を固唾を呑んで追いかけていたのだった。

五月二七日、日本時間の午前四時四五分、上海沖を出発し五島列島西方を航行するバルチック艦隊は、信濃丸によって発見された。同船から発見電報が発信され、対馬に停泊していた巡洋艦「厳島」を経由して、五時五分には朝鮮半島南部鎮海湾にいた旗艦「三笠」に入電した。二〇分間かかっている。いや、これは、たったの二〇分とも言えるかもしれない。当時の電波の到達距離は、短いために海軍は事前に中継ポイントのネットワーク体制を敷いていた。連合艦隊はすぐさま作戦行動を開始した。

「敵艦見ゆとの警報に接し、連合艦隊は直ちに出動、之を撃沈滅[42]せんとす。本日天気晴朗なれども波高し」という有名な電報が発信されたのは、この時である。こうして、旗艦「三笠」は午後一時三九分にバルチック艦隊を発見し、日本海海戦の火蓋が切られたのである。この五月二七日は土曜日だった。

五月二七日のベルツの日記から。

午後――

号外――ロシア艦隊は対馬の近海に現われ、海戦が行われていると。今し方、自分のところに居ったグリスコム米国公使の話によると、この報道が真実である旨の情報を、公使はうけていると。

こうしておそらく、自分が今これを書いている最中に、世界歴史の重要な一ページが決定されているのだ。

この日、ニューヨークにいた金子堅太郎もバルチック艦隊発見に関するニュースを待ちわびていたが、何も目新しいものは入電しなかった。そこで土曜日でもあったので、金子はニュージャージーにあるアトランティック・シティーの海岸に休養のつもりで出かけたのである。秘書を一人連れ、もう一人は念のため連絡用にニューヨークに残しておいた。リアル・タイムでは、既に日本海海戦の大勢が決している時間であった。

この当時のアトランティック・シティーは、ニューヨークのコニー・アイランドと並んで手近な保養地で、今よりももっと一般向けでメジャーな存在だった。海岸沿いにはボード・ウォークが連なり、それに沿って高級ホテルが林立していた。ニューヨークからのアクセスはクーン・ロープ系のペンシルバニア鉄道が二系統とJPモルガン系のリーディング鉄道が入り込み、競争は激しかったようだ。自動車はまだ出始めだったので、鉄道がレジャーの主役だった。

一夜明けたあくる二八日、[43]日曜日の夜、金子は友人宅で食事をして深夜一一時頃にはホテルに戻った。ホテルに入ると夜も更けているにもかかわらず、ロビーには人が集り、ざわざわとちょっとした騒ぎになっていた。ホテルのフロントの従業員は金子の顔を見つけると、慌てた様子で電報を手に持って走り寄ってきたのである。手にしている電報はニューヨークに残した秘書が打ってきたものだった。ロビーにいた人達は待ちかねたように金子のまわりに集まってくると、「電報を読み上げろ」と迫った。日本海海戦の噂は、アトランティック・シティーでも既に一般に広がっていたのである。金子は講演会等を通じて一種の人気者であったから、彼に情報が集まることを皆が知っていたのだろう。

金子は自分でひととおり電報に目を通すと、周囲の要望に答えるべく、一息おいて大きな張りのある声で電報を読み上げた。演説はお手のものだ。

「長崎駐在のアメリカ総領事チャールズ・ハリスの電報によれば、ロジェストビンスキーの艦隊と東郷の艦隊が対馬海峡で衝突した。敵の戦艦六隻を撃沈し九隻を捕獲し東郷艦隊無事」

金子が電報を読み上げるや、周囲にいた人達は歓声をあげ、日本の勝利の報告に興奮状態になった。主人公である金子は人に囲まれた輪の形でそのままレストランに連れていかれ、シャンパンが次々と抜かれた。握手は求めてくるし抱きついてくる者もいる。「日本の大勝利」と絶叫している者もいた。日曜日深夜のリゾート地、アトランティック・シティーのホテルは、日本海海戦の勝利を祝うパーティー会場と化したのである。

しかし歓喜の絵図の中で、実は金子だけは少し冷めていた。

「電報の内容が、あまりにも虫が良すぎる」

バルチック艦隊をほとんど撃滅して東郷艦隊も無事だと、電報には書いてあった。つまり日本側には損害が全く無いということなのか、そんなことがあるのか……、金子にはにわかには信じられなかったのである。

この電報は、元々米国の長崎総領事が発信したものだった。長崎から打った電報は上海に渡り、フィリッピン、ハワイを経由して、太平洋を渡り、アメリカに到達する。日本からの電報では、長崎発がアメリカに一番早く到着する。途中で何度もオペレーターによって打ち継がれていたのである。金子にすれば、明日にでも本当の電報が来て、ひょっとしたら「間違いでした」と言うのではないだろうかと、疑心暗鬼にもなったのであった。金子はその夜は考えすぎて、とうとう一睡もできなかった。下戸なので酒の力も借りられなかった。

夜が白々と明け始める頃、金子は朝一番の列車でニューヨークへ帰ることを決め、アトランティック・シティーの駅まで向かった。保養地の月曜日の早朝は、人影もまばらだった。駅に着くと、三井物産ニューヨーク支店から金子宛に駅留の電報が届いていた。

その電報には、撃沈したバルチック艦隊の艦船、捕獲した船のリストまで詳細に書き連ねてあった。金子は、それでやっと日本海軍の勝利を確信したのだった。

ニューヨークへ向かう列車の中では途中駅から積み込まれた号外が配られ、誰彼となく金子に握手を求めてきた。この頃は、後にヤコブ・シフが作ることになる、ハドソン河をくぐりマンハッタンに渡るトンネルはまだできていない。ニュージャージー側の対岸の駅につくと、マンハッタンへ向かうフェリーに乗らなければならなかった。金子はフェリーを降りて馬車に乗ると、左右の家にはどこから調達したのか、どの玄関にも日章旗が立てられていた。通行人が金子の顔を見ると、帽子をとって万歳と叫ぶ。ニューヨークは日本海海戦の戦勝を祝い、街をあげての大騒ぎになっていたのである。

二九日の「タイムズ」の記事には、「ワシントン米国政府筋の情報によると日本が海戦に勝利した事は間違いがないようだが、日本はまだ正式に戦勝報告を発表していない」と書いてある。ここでのワシントン政府筋の情報というのは、金子が受け取った米国長崎総領事発と同じものだったのだろう。「ニューヨーク・タイムズ」では、東京、二九日月曜日午後二時一五分発の記事で、"TOGO SMASHES RUSSIAN FLEET" と一面を飾ってはいたが、内容は乏しく、「一二隻を撃沈もしくは拿捕」とあるだけだった。海軍専門家の話として、第一報での戦果が圧倒的にすぎるので、通常の艦砲の攻撃ではありえず魚雷が使われたに違いない、という意見も載せられていた。詳細は三〇日を待たなければならなかった。

一方、ロシア海軍はバルチック艦隊からの戦闘報告を待っていたが、壊滅したこの艦隊の通信手段は限られていた。艦隊の一部がウラジオストックまで到達するか、あるいは中立国の港まで逃げ込んで艦隊の誰かが一般の電報で報告する以外に、本国と連絡を取る方法はなかった。もっとも報告できる立場の人間はすべて戦死しているか捕虜になっていたので、その可能性も低かっただろう。したがって本国のロシア海軍では「ロイター電」か「タイムズ」など新聞の記事だけが頼りだという、心もとない状態だったのである。つまり、ロシア側はどこかの国のロシア領事

東株の推移

が新聞を読み、その内容を電報しなければ、海戦の詳細は正確には分からないという状態だった。

ペテルブルクは、二九日のこの時点でも海戦の結果に楽観的だった。しかしその根拠は、「ロジェストビンスキーの性格から判断して」などと、あくまで主観的で希望的な観測でしかなかったのである。

休み明け五月二九日月曜日の東京株式市場、兜町は街をあげて興奮のルツボと化した。日曜日の号外には「対馬沖砲声あり」の記事、午前中は続々と号外が発行された。何処から入ったのか、市場ではもう既に勝ち戦の噂で持ちきりだった。前場は出来高が多すぎて事務処理が追いつかず、後場は遅れての寄り付きとなった。

翌三〇日火曜日の朝刊は、「大海戦大勝利」を報じた。東株が上場来初めて二〇〇円に乗せると、諸株は一斉に高騰、普段は用無しの製麻株あたりまで激しく買われる事となった。海戦の報告は日を追って追加さ

日露公債利回り推移

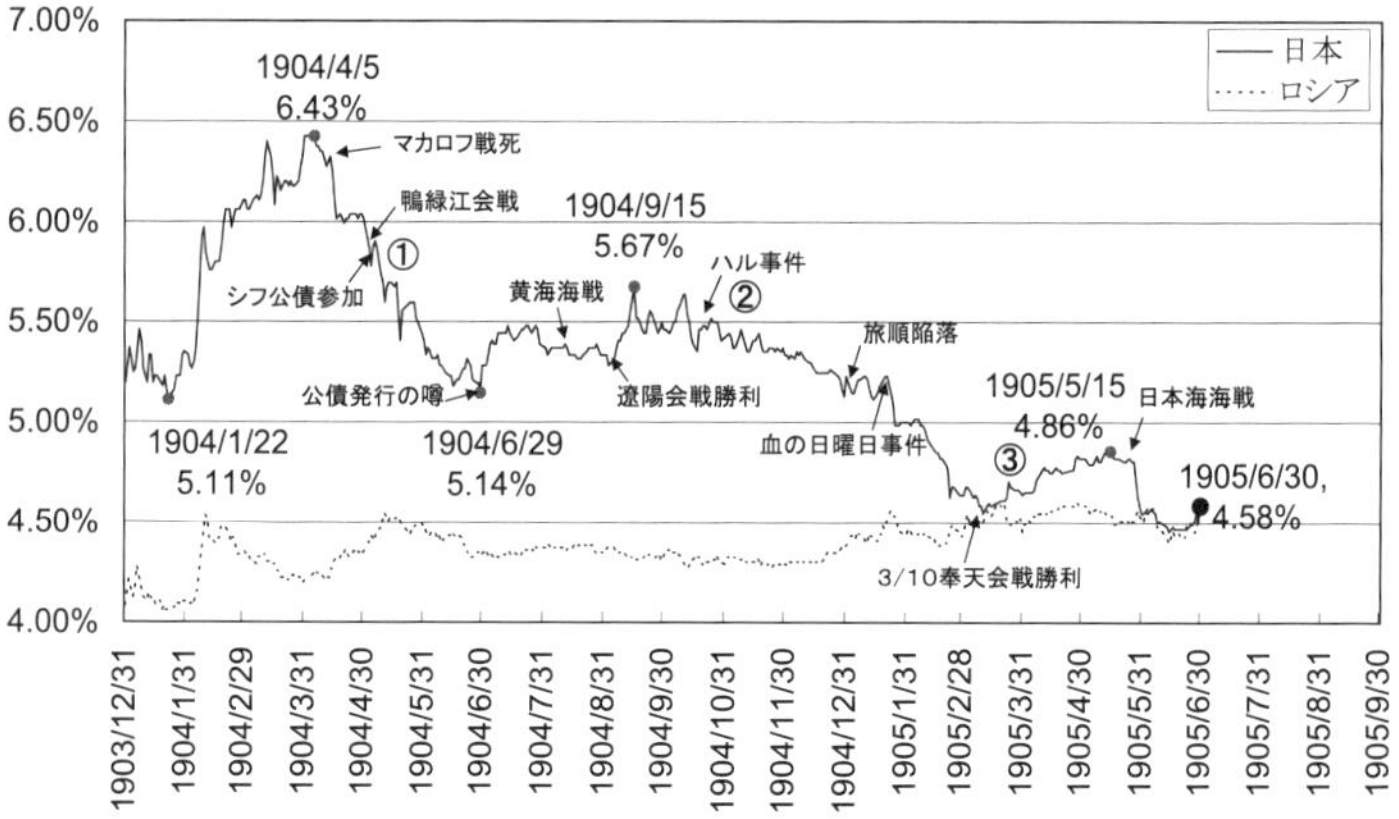

れ、想像以上の完全な勝利であることが判明する。また六月一日にはロンドン市場での本邦公債騰貴のニュースを受けて、東京株式市場はしばらく買い一色の状態となったのである。日本にとって最後で最大の不安であったバルチック艦隊が消滅してしまったのだから、その市場に与えるインパクトはとてつもなく大きなものだった。日露戦勝間違いなし、早期講和成立、賠償金獲得と、兜町の期待は膨らんでいったのである。どのぐらいの暴騰であったのか、ここはもうチャートを見た方が早いだろう。

東株は五月二七日の一八八・八から、六月一四日二七九・九まで一四八・三%も一気に駆け上ったのである。こうした動きを証券界では、「真空地帯を駆け上る」と表現する者もいる。開戦以来の陰鬱な気分がすっかり晴れてしまった。滞っていたパワーが一気に開放されたチャートの形である。

郵船は東株と同じように暴騰したが、鐘紡は当時既に仕手化していたので日本海海戦以前に早くからこの銘柄だけが上げていた。そのため、海戦結果発表を受けて、とにかく手垢のついてない株や代表銘柄である東株を買う動きが見られたので、鐘紡株は利食われてしまい他の株ほどは上昇しなかった。

一方、ロンドン市場の公債価格は最初の日本戦勝の記事が書かれた二九日に八六・五（＋）三・二五と大暴騰した（利回りは低下）。

翌三〇日の「タイムズ」では、日本海軍の詳細なオフィシャル・レポートが発表され、東郷艦隊、バルチック艦隊両方の艦艇のリストが表になった。撃沈された船はイタリックで記され、捕獲された船には頭にCaptureのCのマークが既に入れられていた。またロシアの首都ペテルブルクからは、“Feelings in St.Petersburg”とのヘッド・ラインで「ロシアは海戦の結果をまだ信じていないがロシア側からの情報は全くない、ニコライ二世はバルチック艦隊にすべてをかけていたから落胆は大きいだろう」という記事が発信された。

パリからは、“French hopes for peace”の記事が早くも配信されていた。同盟国でありロシアに対する多額の債権者であるフランスとしては、負け続けているロシアには早く戦争をやめて国力の低下を止めてほしいところだった。この日の日本公債は八七・二五（＋）一・二五、これも公債としては大暴騰だった。

公債を価格ではなく、利回りでも見ておく。前頁のグラフの番号は日本の公債発行の時期を示している。

遼陽会戦もそうであったが、日本は陸戦で大勝するたびに、投資家から継戦能力を疑われ公債価格は売られる傾向にあった。奉天会戦の勝利後も一旦は利回りでロシア公債に追いついたにもかかわらず、再び売られていたのである。

日本海海戦の勝利で、日本公債の利回りはもう一度ロシア公債と同じ利回りまで追いついた。しかしそれにしても、ロシア公債は極東における海軍勢力が消滅し制海権を全く失ったにもかかわらず、しっかりとしているものである。やはり基本的な国力の違いなのだろうか。これはひとつにはバルチック艦隊消滅により講和への期待が出てきたことがあっただろう。戦争さえやらなければ、ロシアの国力は十分借金に耐えられると考えられていた。ロシアの抱える問題はただひとつだけであった。ニコライ二世が戦争継続をあきらめるのかどうか。これに尽きたのだ。

六月二日の「東京朝日新聞」では、日本海海戦に対するイギリスとフランスの新聞論評をまとめてある。イギリスの新聞はおしなべて、ロシアが海軍国の地位を失ったことを強調し、早く講和に向うべきであるとの論調であった。同様にロシアの同盟国であるフランスの「ル・タン」紙でさえも、「既に定まれる運命の前に叩頭すべし」と、講和をすすめる社説を掲載していた。一方で東京朝日新聞社自身の論調では、ロシア海軍は到底今後十年は海軍力で日本に追いつけないのであるから「日本に和を乞うべし」と、かなり上からの目線になった上で、もしニコライ二世が継戦を望むのであれば日本は皇帝の望む通り、ロシアに攻め入って露国を破壊すべきであると主張している。

東京市場での株式の暴騰ぶりとロンドン市場での公債価格の変化を比べれば、日本国民の戦勝に対する価値判断が欧州の金融市場と少し乖離し始めた状態が見てとれる。これまでバルチック艦隊に圧迫されていた日本の世論が明らかに増長し始めていたのである。

六月七日、ベルツの日記。

ロシアはまたしても、以前に増して頑強に戦争を続けるはらであるかのごとき態度を見せている。本心とは思えない。おそらく例の手だろう――こけおどし！　だが、日本もまた、平和を望んでいるのだ。もしもロシア軍が、本当にシベリアへ後退すれば、日本軍にとっては、全く厄介なことになるだろう。

ベルツはこの月の一〇日に二九年間にわたる日本滞在を終えて、故国ドイツへと旅立っている。ベルツが愛し、その効能を評価した草津温泉には現在ベルツ記念館が建てられている。

参考までに、「東京朝日新聞」六月一五日号には、日本海海戦後の列国海軍戦力比較が掲載されている。

一等戦艦の数では、英四三、仏一一、米一二、独一六、伊四、日五、露二となっている。また各国総トン数比較では、日本を一とすると、英七・〇、仏二・九、米二・六、独一・九、伊一・二、露〇・八となっている。こうした数字からは、改めて当時のイギリス海軍の大きさがよくわかると同時に、日本海軍の小ささもわかるのである。

日本海海戦に勝利し、一等国の仲間入りを果たしたという自負を持つに至った帝国海軍や民衆が、日露戦争後の財政難にもかかわらず戦力拡大を指向した理由は、気分的には十分に理解できるのである。

シフとの関係で乗り切った第四回公債発行

ボストンに旅行に出ていた高橋は、五月二九日にニューヨークに戻ってきた。日本海海戦の話を聞いて、急いで戻ってきたのだろう。帰りの汽車の中では日本海海戦勝利の号外を読んだだろうが、細かい事はまだ判っていなかったに違いない。宿泊先のウォルドルフ・アストリア・ホテルに戻ると、深井が松尾日銀総裁から届いた電報を高橋に渡したが、その電文もごく短いものだった。

「一昨日午後より対馬海峡にて大海戦あり、我が艦隊は大勝利を得た」

三一日になると、再び松尾総裁から、「今度の対馬海戦は敵艦隊を全滅せしめ、ロゼストウェンスキー、ネボカトフ、エンクエスト三提督を捕虜とした。この戦捷を機とし、整理公債三億円あるいはそれ以上を英米において募集することは出来ざるや」と、要するに資金調達の依頼の電報が届いた。松尾総裁は、「整理公債」という言葉を使っていた。高橋にすれば、整理公債は講和が成立してから発行するものであると考えていた。講和が成立して戦争が終われば、日本公債も国家滅亡のリスクが減り利回りが下がるだろう。その時に低い利回りで公債を発行し、その代金をもって戦中に発行した高利回りの公債を償還するのが整理公債である。

高橋は、「欧米の投資家は今回の日本海海戦の大勝によって講和が近いと感じて、日本公債を買っているのであるから、日本がここで再び戦費調達のために公債を募集するとは予想していない。さらに三月に三億円の募集をしたばかりで、欧米の理財家は日本が在外正貨を持ち過ぎていると考えているので、今の時期の募集は適当ではない」と、松尾総裁に返電した。すると六月三日には、松尾総裁からあらたに電報が届いた。

「戦争がこの上継続すれば戦局は拡張せらるるをもって、軍事の予算は七億八千万[44]円の巨額に膨張する。ゆえにどうしてもさらに三億円ぐらいの外債を募集せねばならぬ」

たったの二ヶ月前の募集以降に一体何が起こったのだろうか。高橋としては、二億円と頼まれたところ、一億円余分に三億円も調達したのである。戦費の殆どは陸軍の費用だから、やはり奉天会戦でロシア軍を殲滅できなかった事が、予算の膨張を招いているに違いない。それにしても、これは整理公債ではなかった。

高橋は返電した。

「外債募集の時期は来る十月中旬以前には来るまい。最も好き時機は来年の三、四月ごろと思う。この際ひとまず帰朝を差許さるるよう取計らって貰いたい」

高橋が松尾日銀総裁との間でこうした電報のやりとりをしている六月七日、金子堅太郎はルーズベルト大統領に呼ばれて、ホワイトハウスを訪ねていた。ルーズベルトは日本海海戦の結果を受けて、日露講和談判の調停に入っていたのだった。

ルーズベルトは、ロシアのカシニー駐米大使にニコライ二世宛の講和へのメッセージを送っていた。しかし、どうも皇帝には正しく伝わっていない様子だった。ロシア帝国の官僚組織が正しく伝えていないようであった。そこで今度はチャンネルを変え、米国のマイヤー駐露大使を通じて直接ニコライ二世に働きかけることにしたのだった。

ルーズベルトが金子を呼んだのは、日本も講和談判の交渉テーブルに着けるかどうか、確認のためだった。この時、ルーズベルトは金子に対して、日本はロシアの国土を少しも侵していない、ニコライ二世への牽制という理由から樺太への侵攻作戦を行なえと勧めた、とされている。日本は日本海の制海権を完全に握っていたので、講和会議の前には既に樺太を占領してしまっていた。

六月一〇日にマイヤー駐露米国大使がニコライ二世を訪ねると、ニコライ二世は自分からの発議では講和を求めないが、第三者が勧めるのであればそれに従う、という返事だった。つまりはプライドの問題だった。こうして、ルーズベルトが講和会議を斡旋する形を採ることになったのである。[45] ロシアではその間も、「血の日曜日事件」以降、国内の革命機運は衰えを見せてはいなかった。六月一四日には、黒海艦隊において映画で有名なポチョムキン号の反乱が発生していた。

一方こうした中で、日本政府の講和に向けての思惑も揺れ動いていた。

六月一四日には、松尾総裁から高橋に帰朝命令が出たが、翌一五日には、井上馨と曾禰大蔵大臣からの伝言として、松尾日銀総裁から長い電文が高橋に届いた。

「(要約)目下平和の兆候はあるが終局は予測することができない。軍事費の予算は今から来年三月までで五億三五〇〇万が予想されるが、この内五億円は公債に依存しなければならない。内地では既に五億円近い公債を発行し、国内各銀行とも巨額の公債を保有しているから新たな内国債の発行は困難である。

そうしたところに、スパイヤー商会から日本の内国公債を引き受け裏書してポンド建てに組み換え、海外で販売するに二億乃至三億円程度引き受けたい、との申し出があった。これは外債を募集することと同じであるから、井上伯爵は従来の銀行団に申し訳が立たないとしてこれを退けた。ゆえにいつでも断ることができるのだが、三億円の外債募集は、是非行わなければならない。平和が訪れ戦費が不必要になれば撤兵の費用にも使えるし、内国債の償還にあててても良い。貴君はそのつもりで従来のシンジケートと相談してなるべく早く帰朝して欲しい」

つまり高橋が調達できないというならば、スパイヤー商会を使ってでも政府は外債の募集を行う、と言う意味であった。こんなことをされては、高橋の信用も、またロンドンの金融界における日本政府の信用も、崩壊してしまうだろう。スパイヤー商会としてはロンドン発行の外債のクーポンが四・五%しかなく、資金逼迫する日本国内事情から内国債のクーポンが六%もある事に注目しての、裁定（サヤ取り）ビジネスだったのである。翌十六日朝、矢継ぎ早に松尾総裁から電報が届いた。

「（要約）露国の現在の行動は、誠意を持って講和を希望しつつありや、疑わしい。ゆえに政府としては軍事上も財政上も戦争は継続するものとして準備を整えることが得策と考える。抵当が必要であるならば、タバコ専売益金または鉄道収入でも良いので三億円を調達して欲しい。貴君の帰朝は以上の話が片付いてからにしてもらう」

一仕事終えて、早速、日本に帰ろうと考えていた高橋にとっては、最悪の展開になってしまった。

前回の発行からまだわずか二ヶ月半、ロンドンでは分割の払込も終了していない。また高橋は、前回三億円の発行時に、わざわざ今後一年分の戦費であると宣言までしていたのだ。今更あと三億円が必要だとは、シフや銀行団にはさすがに言いにくい。

しかし今回の高橋は、ロンドンでは無く、ニューヨークにいた。高橋は電報を読むと、すぐにシフのところを訪ねて相談したのだった。すでにこの頃の高橋とシフとの間は、ファースト・ネームで呼び合うぐらいの関係になっていたことだろう。ディール・メーカーとの間に、リレーションは確立されていたのである。高橋はシフさえイエスと言えば、募集は出来ると考えていた。

高橋は、政府から再度三億円の調達命令が届いたと、シフに切り出した。

「ついこの間、一年分だと言って、三億円調達したばかりではないですか。講和会議も開かれるというのに、どういう理由でしょう」

高橋は日本政府が戦争の継続は望んではいないこと、講和談判中は休戦に入るが満州にいる二〇万の陸軍兵力は戦地に張りつけておく必要があり、経費がかかること、ロシアは日本に戦費が無いために継戦が困難だと考えていること、談判に当たり日本が十分な戦費を持っていればロシアも強気には出られないだろうこと、もし講和談判が決裂となった時に募集に入ってもなかなか応募する投資家はいないだろう、というような理由を、シフに対して縷縷説明したのだった。

『高橋是清自伝』では、シフはこれを受けて、「なるほど、御尤もである。お話の筋もよく解った」と直ぐに納得したとしているが、深井の『人物と思想』の方では、そうは簡単には運ばなかったことが記されている。深井によると、高橋はシフとは直接に会い、ロンドンの銀行団とは電報で相談したが、それぞれから「余程難しい」と言われてしまったのだった。

そこで、高橋さんはシッフを動かすべく熱心にいろ〳〵懇談を試みた。シッフの私宅で午餐を挟み終日懇談した。シッフも始めは話に乗らなかったが、終に何とかやってみようということにまで話が進んだ。[46]

シフはようやく納得すると、前回参加できなかったドイツも今回は参加させようと提案した。

シフは本来、この発行には乗り気では無かったのだろうが、ドイツを巻き込む事でクーン・ローブ・グループの国際ネットワークの強化に役立てられると考えたのではないだろうか。また前回ディールからはずされたドイツには、募集に応ずる資金的余裕があるとも考えただろう。

翌一七日に、高橋がロンドン銀行団に電報を打つのと同時に、シフはドイツにいる娘婿の兄であるマックス・ウォーバーグに「日本政府は今回三億円の公債を発行するが、ドイツで一億円だけ引き受けることが出来るか」と電報を打った。

この時、ウォーバーグは、ハンブルクでヨット・レース観戦の最中だった。彼はヨット・レースを観に来たウィルヘルム二世の御召艦であるヨットに乗っていた。中央銀行総裁他財界巨頭達も乗っているヨットに、シフからの電報が届いたのである。

ウォーバーグはそうした人達に電報を披露すると、彼らは「ぜひ皇帝にお見せしろ」とせかした。そこでウォーバーグはウィルヘルム二世に電報を見せ、直接是非を伺った。すると皇帝は、ただ一言「やってやれ」と答えたのである。

ウォーバーグはドイツ銀行、ドイツ・アジア銀行、ドレスナー銀行など一三行の引受銀行団を早速アレンジしてしまった。多分、皇帝のヨットの中に殆どの主要人物が揃っていたのだろう。翌日には承諾の電報をシフに打電してきた。

一方で、パリ・ロスチャイルドに近いパンミュール・ゴードン商会のコッホは、もしもドイツが発行銀行団に加わるのであれば、将来、フランスでの起債に影響を及ぼすとして、反対にまわった。またロンドン銀行団もドイツの参加以前に、起債そのものに積極的ではなかったのである。

高橋はシフに、「もしロンドンへ行って話が纏まらなければ、ドイツとアメリカだけでも三億円を引受けてくれるか」とたずねた。シフは、「そのことは心配なさるな、多分ロンドンの銀行団も従前通り引受けてくれると自分は信ずるが、万一引受けなかった場合は、ニューヨークで一億五〇〇〇万円、ドイツで一億五〇〇〇万円引受けることにしましょう。とにかく早くロンドンへ行って話を纏めなさるがよい、自分は貴君がロンドンで、英国の銀行家たちと取極められた条件には、一切異存を申さない」と請け合ってくれた。

深井は、こう言っている。

高橋さんはこの時からシッフと肝胆相照すような関係になられたので、それまでは一通りの仕事の上の相手方に過ぎなかったが、この時以来両方とも真に親しい友人の関係になられたようである。

人に物を頼めば、お返しは必要である。二一日に高橋は、クーン・ローブ金融グループの鉄道王ヘンリー・ハリマンから午餐会の招待を受けている。ハリマンはこの時、日本への旅行を計画中であったので、高橋に色々なアレンジを頼んだのだと想像できる。『高橋是清自伝』も深井の『人物と思想』も、これから鉄道王ハリマンの引き起こす「ハリマン事件」に関しては一切沈黙している。したがってここで何が話されたのかは詳しくはわからないが、高橋としては誠心誠意を尽くしたのだと思われる。つまり元老達や政府要人達とのミーティングをセットし、議題になるであろう南満洲鉄道案件の根回しをしたのではないだろうか。当時の感覚で、シフに恩義を感じ無い日本人はいなかっただろう。

また年初の一時帰国時に、高橋が伊藤博文と話した時の内容に、「東清鉄道のハルビン以南大連までは、ロシアは既に二億ないし三億ルーブルを投資している。この鉄道は日本が取っても他国から文句は出ないだろう。当面利益は出ないだろうが、将来性があれば外国人は喜んで出資してくれるだろう」という項目があった。この項目は、高橋が後年、自伝に付け足したものかどうかはわからないが、戦争の資金不足から巨額の外貨建て借入を起こした元老達から見れば、新しく獲得する南満洲鉄道に外資を導入するのは妥当な判断だったのではないだろうか。また、高橋もそう考えたとしても、何の不思議もない。

高橋がハリマンに全面的に協力したことは、疑いの無いところである。

六月二二日、小村外務大臣より在英国林公使宛　第一九九号

【講和談判不調の場合に備え外債募集に決定の件】

「(要約)講和談判開始に関して交渉が進んでいるが、談判開始となってもロシアの国情をみる限り、我々の希望を達し無事に談判を終えることは、すこぶる難しい。談判不調となったら作戦を継続せねばならないし、そのための準備もしておかなければならない。その準備のひとつとして外債を発行するので、近々交渉に入る。在独仏米公使にも極秘で転電せよ」

高橋は六月二四日ニューヨークを出発し、七月二日にロンドンに到着、六日には公債発行の契約を済ませてしまった。アメリカとドイツが公債募集をすると言う以上、国際金融市場の中心であるロンドン銀行団が降りるわけにはいかなかった。

こうして一一日には、第四回日本公債が発行された。発行金額は三〇〇〇万ポンドだった。ロンドンでは当日既に〇・七五ポンドのプレミアムがつき、約一〇倍の申込み、ドイツでも一〇倍、アメリカでは四・五倍の申し込みがあった。

条件はすべて前回と同じだった。

- ●クーポン　四・五％
- ●償還期間　二〇年
- ●発行価格　九〇
- ●正味受取　八五・五
- ●発行金利　五％（五・三二％）
- ●調達金利　五・二六％（五・七三％）　筆者注：（　）内は現在の計算法
- ●担保　たばこ税

引き受けシェアは、イギリス、アメリカ、ドイツとも一〇〇〇万ポンドと、同額である。ロシアを財政的に支援し続けていたドイツが、とうとう日本に対して資金調達に応じたのである。

七月一二日発、桂臨時兼任外務大臣より林在英国公使宛　第二二六号
【新外債募集成功につき大蔵大臣より高橋日銀副総裁へ謝詞伝達方の件】
「貴君より高橋へ左の通り伝えられたき旨、大蔵大臣より依頼ありたり。今回は募集時期の困難なるにも拘らず好結果を得たるは、貴下の迅速なる御尽力に依るものと信じ深く其の労を謝す。英米、独各銀行団その他関係の諸氏にも政府の深厚なる謝意を伝えよ」

東京の小村外務大臣は、日本の全権代表として七月八日横浜発の「ミネソタ号」で講和会議参加のため、アメリカに向かっていたのである。小村が旅立った後は、桂首相が臨時外務大臣を兼務したので、電報の発信者が代わっている。小村も、出発前には契約の話を聞いていたはずだ。交渉のテーブルにつく前に有力な支援材料を手にして、小村代表も少しは安心して旅立てたことだろう。

七月九日の「東京朝日新聞」の「第四回外債成立」の論評。

（要約）今回募集した資金は海外において、一、正貨準備、二、輸入物資の支払いに用いられる。目下政府の所有する正貨は二億円あるべし。日銀はこの他に一億二〇〇〇万円を持っているので、合計では六億円の巨額にのぼる。我が国は今後ロシアと三年間戦争をしても、毫も財政上の苦痛を感じざる金額である。今回の講和全権大使（小村）は、東洋永遠の平和を確保す

るに足るだけの条件を提出し、露国にしてもし応じないのであれば、何の顧慮することも無く、猛然として戦争継続を宣告するべきである。財政成りて政略また成らん。更に以て小村全権を送る。

小村は入れ違いでこの新聞を見てはいないだろうが、新聞や国民は財政事情を楽観視し世論として講和条件への期待が膨らんでいくのがわかる。日本の継戦能力の限界が近づいていることを知る小村の心中は、複雑だったに違いない。現状を知らないマスコミや国民はのぼせ上がっていたのである。

七月二一日、高橋はパーズ銀行の配慮で林公使とともに英国国王エドワード七世への拝謁をたまわった。国王の友人、カッセル卿の尽力があった事は間違いないだろう。一年前の市場に見捨てられた日本の財務担当官の姿は、そこにはもうなかったのである。

深井には、兄事する徳富蘇峰から手紙が届いていた。手紙はニューヨークから転送されロンドンまで届けられた。蘇峰が六月末に書いたものである。

「貴兄はまだニューヨークにいると仮定してこの手紙を差し出した」から始まるこの手紙には、国内の様子が書かれていた。当時、蘇峰の国民新聞は桂内閣の御用新聞と呼ばれ、政府寄りの記事を掲載していたが、それだけに政府の実情について、蘇峰はよく理解できていたのである。

（要約）日本軍は強かったが戦争に対する総ての力を出し切ってしまった。この上は兵が足りない。お金は借りる事ができても兵の不足には閉口する。国民新聞は世俗的には大繁盛している。勢力もあり信用もあり足らぬものは金だけだ。小生も自ら驚くほど健全です。貴兄のご家内も健康です。面白き書籍あらば携帯を願申上候

猪一郎（筆者注：蘇峰）[47]

ロシアの大蔵大臣ココフツォフから見ると、フランス銀行団が奉天会戦の途中で逃げ去り、ドイツもとうとう日本の公債募集の引き受けに参加した以上、ロシアが戦争を続けている限り、外貨調達はほぼ絶望となったのである。一方で小村にしても、児玉源太郎が継戦の費用を一〇億や一五億円と見積もる以上、今回のファイナンスで充分に資金調達が出来たわけでもなかった。日本とロシアは両国とも虚勢を張り合いながらも、実情は軍資金不足で講和へ向かわざるを得なかったのである。

珍客万来、米国の紳商

当時の「東京朝日新聞」を読んでいると、外国航路の船が横浜港に到着するたびに、来日した貴賓や有名な外国人が記事となり紹介されている。日本海海戦後にはバルチック艦隊も消滅し、極東の海に平和が訪れたので日本への往来も盛んになっていた。

因みにベルツによると、一九〇五年初頭の東京在留外国人の数は清国人九五四名、アメリカ人二九六名、イギリス人一九六名、韓国人一〇四名、フランス人九一名、ドイツ人七七名となって

いる。

一九〇五年六月一四日、「米国の珍客来る」の記事では、アメリカから横浜に到着したシベリア号の乗客が紹介されている。新任の駐韓米国公使モルガン氏が赴任途中で立ち寄った事、もう一人は米国万国興業会社総裁クレメント・アクトン・グリスコム氏の来日。彼は、駐日米国公使グリスコムの父親である。また米国統計学者で米国商務省統計局課長オースチンの来日も告げている。珍客というのは、現代の表現とは少し違う意味で使われている。また変わったところでは「清国高僧来京、清国湖南の高僧、笠雲他三名が日本の曹洞宗の歓迎を受けた」という記事なども掲載されていて、面白い。あくまで私見であるが、昭和初期の新聞に較べると清国人への敬意が感じられる。

七月一五日、「東京朝日新聞」には掲載されなかったが、中国革命の父である孫文がマルセイユからの船便で横浜に到着している。日本人の支援者である宮崎滔天らは遠慮したが、港には百余の中国人留学生が出迎えたという。

後のことになるが、一九二四年に神戸で三〇〇〇人の聴衆を集めた講演会の際、孫文は、「大アジア主義」というテーマで、この時の欧州からの船旅の体験談を語っている。孫文がスエズ運河を通過した時にアラビア人がやってきて、「日本人か」と聞かれ、彼は「中国人である」と答えた。「アラビア人は東洋人である日本人が白色人種であるロシアの艦隊を打ち破ったことを大変喜んでいる、日本海海戦の勝利はアジアの全民族に影響を与えた」と、声をかけられたと言うのである。そして孫文は、アジア民族の独立運動が日本海海戦の勝利をきっかけとして始まったと、演説で述べた。

七月二五日には、太平洋郵船会社マンチュリア号がアメリカから到着している。

この時は二六日の新聞に、「米国貴賓来着」として大きな記事になっている。米国陸軍長官タフトと議員団、それにルーズベルト大統領の長女アリスがフィリッピンへの旅行の途中で日本に立ち寄ったのである。タフトは後にルーズベルトの後継者として第二七代大統領になるが、現職の陸軍長官になる前はフィリッピンの初代総督を務めていた。記事は横浜港に到着してから鉄道で新橋を経て米国大使館に入るまでの様子を、現代のテレビ実況中継さながらに紙面の八割を使って詳細に伝えている。

「アリス嬢は白き袖に薄紫の胴を付けたる服を着し白花を飾れるボンネットを頂き色白く眼清く最も品格ある妙齢の処女にして長途の疲労も見せず挙止活発始終微笑を湛えて歓迎者に挨拶したり」、と絶賛しているのである。

タフトはこの訪問で、桂太郎首相との間に「桂・タフト協定」を結んだ。「協定」というのは、条約では無く合意を記したメモでしかないが、それは日本はアメリカの植民地であるフィリッピンに野心を持たないかわりに、アメリカは日本の韓国における指導的地位を認めるというものだった。つまりアメリカは、この時に日本が韓国を保護国化することを認めたのである。一方で満州については何もなかった。この協定は当時は秘密とされ、一九二四年まで公表されなかった。これは明らかにアメリカによる日露戦争の戦後処理であり、東アジア随一の海軍国となってしまった日本への牽制に他ならなかった。「妙齢の処女アリス嬢」はこうした秘密協定を隠蔽するために、米大統領が送り込んだ「目眩まし」だったのかもしれない。

一方で、シフの盟友である鉄道王エドワード・ハリマンは、八月三一日にシベリア号で横浜に到着している。こちらは九月三日の「国民新聞」が、「米国紳商の来遊」と伝えている。

米国ユニオン太平洋鉄道会社及太平洋郵船会社の大株主にして社長たるイー・エッチ・ハリマン氏は、家族及社員数名を伴い、東西両洋汽船会社支配人ジューエン氏と共に八月三十一日横浜入港のサイベリア号にて来着し、二日午後五時二〇分新橋着特別列車にて入京したり……

ハリマンは記録によると、四月に駐日米国公使グリスコムから急な招待を受けて、家族旅行で日本を訪問したことになっている。[48] 四月時点では、バルチック艦隊に対して日本全体がヒステリックになっていた時期であるから、家族旅行を計画するというのは疑わしい。ハリマンがグリスコム公使に書いたレターでは、「太平洋からアメリカの権益が消え去ることを防がなければならない」と書いてあった。

彼は訪問計画時には、確実なプランというものは持ちあわせていなかったようである。但し漠然としたアイデアとして、世界を一周する鉄道網を作り上げようとの野望を抱いていた。野望と書くとニュアンス的に悪いもののようであるが、計画というよりは野望に近かったと言えよう。

その手始めは、日本がポーツマス条約で獲得するであろう東清鉄道南満洲支線に資本参加して運営権あるいは経営権を確保することだった。日本が資金難であることを欧米の資本家は解っていたので、戦争で傷んだ南満洲鉄道の修復資金に困るだろうと読んでいた。また高橋が一時帰国時に伊藤博文から聞いた話として、「南満洲鉄道に外国人が出資してくれるだろう」と記述しているように、高橋からこうした話が持ちかけられていたのかも知れない。しかし真相は不明である。

ハリマンは、南満洲鉄道の次には、ロシアの保有するシベリア鉄道のショートカット線である東清鉄道を買収する考えだった。ロシアは旅順を失った以上、東清鉄道は不必要になり売りに出されると読んでいたのである。そして、ヨーロッパまでのシベリア鉄道の運営権、運行権を契約で取得する。こうして自身の持つアメリカ大陸横断鉄道、太平洋郵船と接続し大連から満州、シベリアを経由してバルト海まで進出する、という考えを持っていた。但し大西洋航路はモルガン・グループのIMM、イギリス政府の後押しするキュナード、ドイツの商船隊と当時の競争は激しいものがあったし、こうした計画はモルガンと協調路線をとるクーン・ローブ・グループの支援を受けられたのかどうかはわからない。

ともかくハリマンの性格からすれば、綿密な計画というよりは、出たとこ勝負で、取り敢えず日本に来たと言うのが、正しかったのではないだろうか。この件は、後ほど触れることになるが、ともかくハリマンは、ポーツマス会議終了間際の混乱した時期に日本に上陸したのである。

翻弄されるポーツマス会議

ポーツマス会議は、アメリカ・ルーズベルト大統領の斡旋によって八月九日の両代表引合せの後、一〇日からニューハンプシャー州ポーツマスで開催される事になった。ロンドン市場の日本公債も、また日本の株式市場も、ポーツマス会議の進展に大きく影響を受けることになる。

会議の日本側全権代表は外務大臣小村寿太郎と駐米公使高平小五郎、ロシア側は元大蔵大臣セルゲイ・ウィッテと、もう一人は、何かと評判の悪かったカシニーと交替した新駐米大使で、開戦時は駐日公使であった、ロマン・ローゼンの二人が送り込まれた。ローゼン夫人は開戦時、東京を退去する際に皇后陛下から記念品をさずかり大感激するなど、夫妻は大の親日家であった。

ウィッテは、ニコライ二世から疎まれていたので、最初は代表に選ばれなかったが、ロシア高官の間ではこの割の悪そうな負け戦の交渉役を断る者が続出した。当初、ロシア政府はネドリフ駐仏大使を選び、次に日露戦争の根本原因となるロシアの旅順進出を決めた時の外務大臣であるムラビヨフ駐イタリア大使を選んだが、順に断られ仕方なくウィッテにお鉢がまわってきたのだ。[49]

七月八日付け「東京朝日新聞」には両国代表四人の写真が掲載されているが、そこにはまだムラビヨフ伯爵の姿が掲載されていた。余談になるが、「東京朝日新聞」に挿絵に替わって写真が掲載され始めたのも、この頃が最初である。

ロシア側はウィッテが元大蔵大臣であり、随員の中にもN・シボフと言う大蔵省理財局長がメンバーに入っていたが、日本側は駐在武官を除くとすべて外交官で構成されているのが際立っていた。

ロスチャイルドが高橋との会話の中で言った、「講和談判が始まれば、日本は一番財務に強い者がいくべきだ。あなたは、何故委員となって行かないのだ？」との言葉は、高橋が後に意図的に彼の自伝の中で語らせたのかどうかは分からない。しかし、この時代の戦争の構成要素を乱暴に言うならば、陸軍、海軍、大蔵（財務）とも言えるだろう。こうした代表に日本は、何故財務官的な人間を混ぜないのか、と高橋が考えたのも理解できないではない。

　ロシア側代表、セルゲイ・ウィッテは、ロシア大蔵省の管轄である鉄道管理局長官として頭角を現し、日露戦争直前の一九〇三年までの約一〇年間を大蔵大臣としてロシアの近代化に努めた。シベリア鉄道建設、ロシアの金本位制採用などは彼の業績である。今回の戦争で資金調達に奔走したココフツォフは、彼の右腕と言われた男だったが、ウィッテ自身は実は彼をあまり評価していなかった。ウィッテは『ウィッテ伯回想記』を残しているが、他人に対する評価は概して辛辣である。それでもウィッテはロシアで最も開明的な政治家として知られ、開明的であるがゆえに日本との戦争に反対し政敵の讒言に会い、ニコライ二世に疎まれ、日露戦争直前には閑職にまわされていたのだった。

　しかし、どのような経緯で選ばれたにせよ、ウィッテがロシア代表になったことは、ニコライ二世にとってまさに神の思し召しであった。ウィッテはポーツマスの地で大逆転劇を演じるのであるから。

　伊藤博文はウィッテが全権代表に選ばれた時に、彼に向けて電報を打っている。「今度は自分が出かけて貴下と愉快な話を交換する事の出来ないのを遺憾に思う」[50]。まだ優雅な外交ができる時代だったのだろう。

アメリカが講和会議開催地をポーツマスに選んだ理由は、ここが小さい街で、中心を流れる川の中洲に海軍造船所があり、セキュリティ上、都合が良かったことがある。会議は造船所内の八六号棟という味気のない名前の建物で行われた。

全権代表達の宿泊は、近在に一件しかないリゾートホテルであるウェントワース・バイ・ザ・シーであった。このホテルは近年リストアされ、綺麗な状態でリオープンし歴史観光資源として復活している。

日露戦争はここまでの資金調達の経緯を見てもわかるように、有線であれ無線であれ通信技術の進歩が戦争の動向に大きな影響をおよぼしていた。この戦争はある意味では、電報によって、世界各国の新聞紙上で、当時の基準で言えばリアル・タイムに報道された、一大ショーでもあったのだ。したがって、新聞や「ロイター」などのメディアが戦争の趨勢に深く関わり合いを持つようになった。

交戦国の国民のみならず、アメリカやヨーロッパやその他の国々でも、おおよそ新聞の販売される地域の世界中の人々が、ニュースに一喜一憂し戦況を見守っていたのである。

そうした意味で、この戦争はいくつもの多面的な対立軸を持っていたといえる。白色人種対有色人種、キリスト教対非キリスト教、専制君主国家対立憲君主国家、大国対小国、反ユダヤ主義対ユダヤ資本、帝国主義国家対植民地。好むと好まざるとに関係なくこの対立軸に関わり合いを持つ人間は、世界中に大勢存在していた。したがって日露戦争というコンテンツは、新聞にとっても非常に価値の高いものだったのだ。

世界中から一〇〇人近くの報道陣がアメリカの片田舎にある小さな街に詰めかけ、両国の代表を追いかけまわす事になった。川の中洲にある会議場が厳しく警備されている以上、報道陣が自由に取材できるのはホテルや会議時間外での代表団に限られ、代表団のふるまいや記者との接触の仕方が、新聞に掲載されるコンテンツを左右する重大な要素となったのである。

取材対象の限定される報道陣は、地元の人達の意見も取材対象とせざるを得ない。開催地であるアメリカでの、特にポーツマスという小さい都市での評判が、逆に両国の世界中での評判を決定づけていった。

また新聞記事による両代表の評判は、アメリカ市民の世論を形成していく。仲裁役であるルーズベルトは、選挙で選ばれている民主主義国家の大統領である。アメリカの国民が何を期待するのかは、当然ながら、彼の行動にも大きく影響を及ぼすのである。

そうした意味でロシア随一の開明家、ウィッテは、心得ていた。総ては計画的に行われていた。[51]ホテルの従業員や地元の人達にフランクに接し、報道陣には出来る限り愛想良く振る舞ったのである。記者には記事を書きやすいように気軽に取材に応じ、交渉の状況を適時リークした。情報に飢えた記者達にとってウィッテはありがたい存在となったので、自然と彼に対する好意的な記事が増えていった。

「ニューヨーク・タイムズ」では、ウィッテの人気ぶりを書きたてている。ホテルの従業員や地元の人達と気さくに会話する姿は、アメリカ人好みだった。しかし実際は、ウィッテもそうした態度をとることに随分と無理をしていたようである。

こんな態度で押し通すことは私には随分な重荷であった。今日までの生活において、場合によって態度を二三にすることに全然慣れなかった私が、急に役者の様な所作をするのである。自分ながらおかしくもあり、苦しくもあった。

と、回想記では告白している。

金子堅太郎は、ウィッテがニューヨークに到着した時の様子を伝えている。

その日の景況は小村の時とは雲泥の差であった。ウィッテの乗船がニューヨーク港に入るやロシア人はもちろん、新聞社は数十艘の小蒸気を出して海上に出迎えた……

そして記者が乗船すると、ウィッテは事前に準備してあったパンフレットを配布し、シャンパンを抜き乾杯をしたのだった。

当時は、インターネットもテレビもラジオも無かった時代である。新聞というメディアが全てだった。大衆は新聞を通じて世論を形成し、政治家は新聞を通して世論を知り行動したのである。

金子堅太郎が述懐するには、「談判の始まる前までは新聞記者の九割は皆親日なりしがたちまちひるがえりて親露なるもの九割と変転し」とある。こうなると日本の出す要求はアメリカ大衆の支持を得難くなる。せっかく戦争中、日本の味方であったアメリカでの交渉は有利に働かなくなってしまっていたのだった。

講和会議が終了してからしばらくたった一〇月二〇日付けの「大阪朝日新聞」は、「『われわれはポーツマスへ新聞の種を作らんがために来たのではない。談判するためなり』とは小村男の言なり。ウィッテはポーツマスで新聞記者を集め『今回平和の成立を見るにいたれるは一に諸君の力なり』」と、ウィッテのリップ・サービスの模様を書き、小村のメディア対策の失敗を攻撃している。

講和条件を整理しておく。

小村が出発前に譲れない条件として政府から与えられていたのは、以下である。

一、朝鮮からロシア権益を一切撤去し、同国は日本の利益下におく事。
一、日露両軍は満州から撤退する事。
一、旅順、大連その他、遼東半島の租借権、およびハルビン以南の鉄道、炭鉱を日本に譲渡する事。

日本政府としては最も重要なポイントを平和回復におき、終戦のドタバタに乗じて占領した樺太の割譲と賠償金に関しては、最悪の場合には譲歩しても良いと考えていた。とにかく戦争を止めなければならなかったのである。もはや日本には陸軍兵力の中でも特に教育期間の必要な将校が不足しており、大規模な陸戦には耐えられなかった。また高橋達が苦労しているように、戦争遂行用の資金が枯渇していたのである。小村は最初からその方針に従って交渉に臨んだ。

しかしながら、日々連戦連勝の景気の良い新聞記事に馴染んだ日本国民のコンセンサスはこうした詳細な情報を持ちようも無く、また発行部数の欲しい新聞もそうした受けの悪いネガティブな記事を書くはずもない。もちろん政府としても、そうした談判上不利な情報を流したりはできなかっただろう。国民はこれまでの世界中の戦争の事例どおり、また日清戦争の時と同じようにロシアからの賠償金は当然貰えるだろうと考えていたのであった。

一方で、ウィッテがニコライ二世から与えられた命令は、もう少し単純だった。「如何なる場合でも、一銭の償金も一握の領土も譲渡するものではあってはならぬ」と、厳命されていた。本来であれば、これでは交渉にも何もならなかったはずなのだ。

ウィッテには、ロシアも日本と同様に財政的に非常に困難な状況にある事はわかっていた。さらに「血の日曜日事件」以降の国内騒擾は広がる一方であって、戦争を一刻も早く止めたい気持ちは小村と同じだった。

しかしニコライ二世が賠償金も領土も全く譲る気が無い以上、交渉は難航せざるを得なかった。ニコライ二世にしてみれば、奉天で負け、バルチック艦隊が消滅しようとも、それは局地戦で負けただけであって、戦争そのものは自らの敗戦として終結していなかったのである。日本とロシアが戦ったのは韓国と清国の領土であって、ロシアは決して自国の領土を侵されたわけではなか

日露4%公債ロンドン市場価格推移

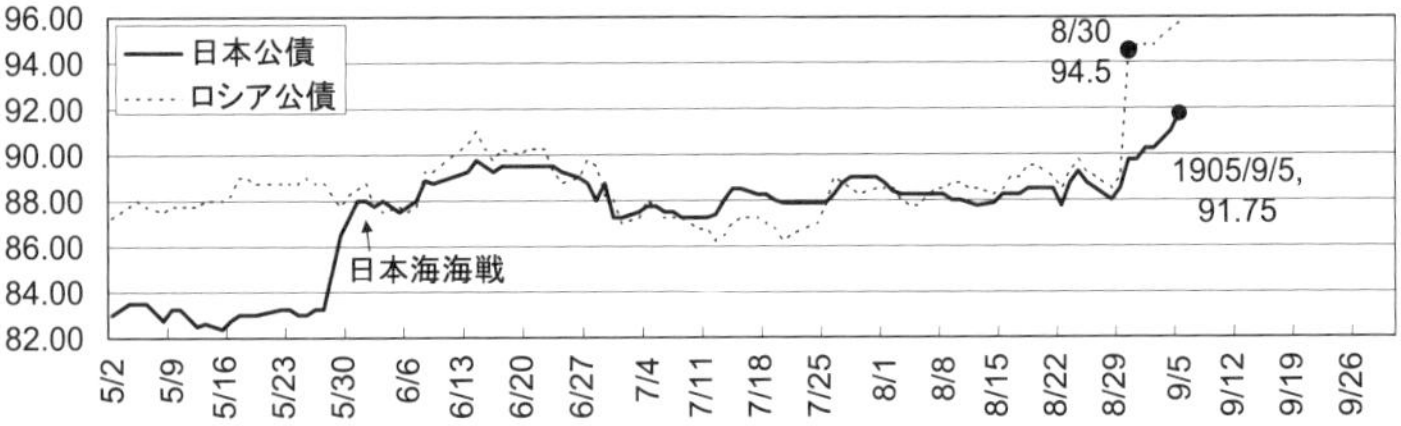

った。

ロシアがもしニコライ二世による専制国家ではなく、議会がコントロールする立憲君主国家であれば、多分、戦争はもう少し早く終結していただろう。ロシアの台所は火の車であったが、専制国家ではすべてが皇帝の意志のままに動くのである。ニコライ二世の強気には財政的な根拠が全く欠落していた。

会議は八月五日からほぼ一ヶ月間続き、非公式な会合も含め、都合一六回開催された。ロシアは日本が絶対に譲れない条件としていた項目に関しては、あっさりと認めた。両国が戦場とし領有権を主張しているのは、独立国たる韓国や中国の領土であって、そもそも日本やロシアのものではないのだ。問題は、日本がどさくさにまぎれて占領した樺太の領土と賠償金の二点に絞られたのである。樺太でさえ、そもそもどちらが領有権を持つのか、明確だったわけではない。日本はもともと日本の領土であると主張していたのである。

小村はウィッテとの間で事前に交渉の経過は秘密にすると合意していたので、律儀に報道陣には何も漏らさなかったが、ウィッテは影響力の大きい記事配信会社である「AP通信」社に特別に情報をリークし続け、アメリカの、そして世界の世論をロシアが有利になるようにコントロールした。記者にすれば、取材源がロシア側にしかなければそちらの意見に傾かざるを得ないだろう。

こうした状況の中で、小村とウィッテの交渉は展開し、賠償金支払いに応じられないウィッテは「日本は金欲しさのために血を流そうとしている」というような、アメリカの一般大衆が最も嫌悪しそうなキーワードをちらつかせ、世論操作を行っていった。

こうした経緯があり、二九日には日本側は賠償金の請求を断念した。ロシアは「樺太の南半分は従来からのロシアの領土ではない」という解釈をニコライ二世が受け入れたために、ロシアは決して「領土を奪われるわけではない」との理屈を展開し、日本は樺太の半分だけを得ることになった。つまり日本が絶対に譲れない条件以上に獲得できたものは、後に「鮭の尻尾」と揶揄される、樺太の南半分だけだったのである。日本の株式市場の暴騰が示していたように、日本海海戦以降、日本国民が期待した賠償金はゼロだったのである。

この日本国民にとっては受け入れがたい交渉結果は、国際メディアからも「日本の外交上の敗北」として大々的に報道された。

ロンドンの公債価格にも交渉結果が明確に反映された。ロシア公債は三〇日に九四・五（＋）五・五と大暴騰したのである。しかし注意が必要なのは、日本公債も決して下がったわけではなく、むしろ買われているという点である。

ロンドン金融市場は、何よりも両国の戦争終結を評価した。それでもロシア公債が買われているということは、賠償金は支払われるべきであったと考えるのが、市場コンセンサスだったのだろう。したがってこれは、日本の「外交上の敗北」であることは間違いなかった。この場合の勝敗は賠償金の有無を意味していた。

八月三〇日の「ニューヨーク・タイムズ」は、「日本の譲歩によって平和はもたらされた。賠償金は無くロシアはサハリンの半分を手にした」と書いた。「日本が樺太の半分を得た」では無く、日本は全樺太（サハリン）を占領しているにもかかわらず、「半分をロシアに返した」事になっていたのである。ここには、一八七五年の樺太・千島条約以前の樺太はもともと日本の領土であったと言う国際的な認識も働いていただろう。

また、この記事では「Baron Komura in Tears」とくやし涙を流す小村が描かれていたが、彼の責任で交渉に破れたわけでは無く、本国政府（Mikado の意志を代行する伊藤博文）の決断によって日本は和平を選んだのである、との認識になっている。帰国後に小村は日本国民から激しい仕打ちを一身に受けることになるが、確かに小村の一存で決定できることではなかった。小村

1905年９月３日の「時事新報」に掲載された小村寿太郎の風刺画

の失策もあっただろうが、小村が勝手に交渉に負けたわけではなかったのだ。さらにこの記事では、「今回の講和会議のなりゆきを見た者はロシア支持であれ、日本支持であれ、ロシアのこの条約における勝利は外交史上でかつてないほどの驚くべき結果であると考えている。各戦闘で捕虜になり打ちのめされ惨めなほどに敗北し、その海軍は海上から抹殺されてしまった国家が、その勝者に対して休戦条件を押し付けたのだから」と評価している。要するに、ポーツマス会議は日本海海戦で日本が奇跡的な勝利をあげたように、今度はロシアが外交交渉において奇跡的な勝利を得たと認識されたのである。

九月三日の「時事新報」に掲載された風刺画は、大袈裟な仕組みの凱旋門の頂上に立つ小村が鮭の尻尾半分、つまり樺太の南半分だけを手に持っていた。このユーモアには脱帽せざるをえないが、各紙の記事の内容は小村や政府にとって厳しいものだった。

日本の「万朝報」は、「帝国の光栄を抹殺し戦勝国の顔に泥を塗りたるは我が全権なり。国民は断じて帰朝を迎うる事なかれ。之を迎うるには弔旗を以てせよ。帰朝の日は市民一斉に閉戸して顔を反けよ。千古の軟骨漢を歓迎せんとする者は、血なく骨なく公心なく義憤なき醜奴のみ」と報じている。「都新聞」は、「此の屈辱条約に満足する者ありとせば、四千万の同胞中僅かに十六人あるのみ。其の十人は内閣員なり、他の二人は高平全権委員と徳富蘇峰なり、快なる哉此の異彩」と、激しく小村や高平、また政府の考えを代表していた国民新聞社の徳富蘇峰を攻撃していた。

深井の兄事する徳富蘇峰の「国民新聞」は御用新聞と呼ばれ、国民の憎しみの対象と成り始め

東株の推移

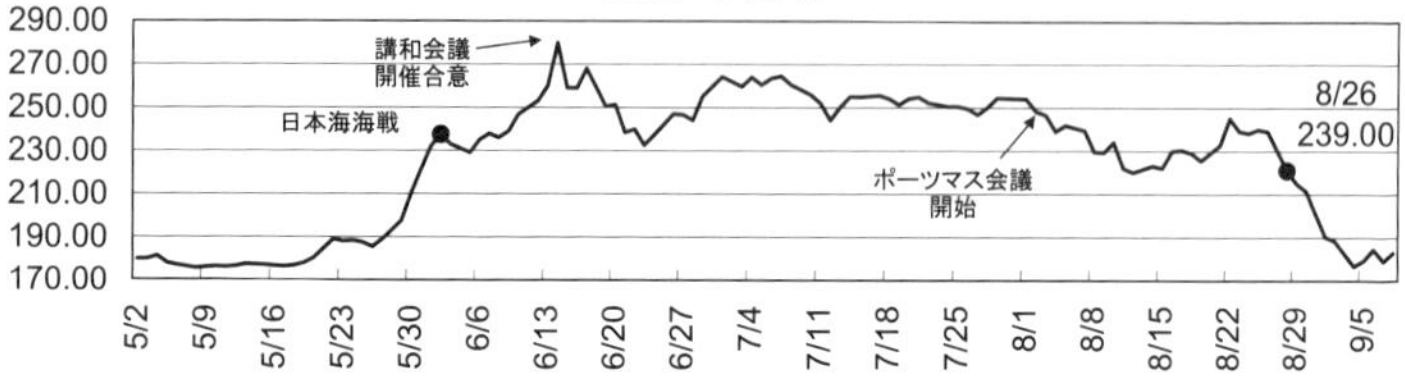

ていた。国民は、日本のもはやどうにもならない兵力の枯渇と財政上の困難を知らされていなかった。もちろん義憤にかられた誠実な記者も多くいたのだろうが、発行部数欲しさの新聞が煽ったことに違いはない。また仮に国民が日本の苦境を知らされていたとしても、戦争中に厳しい増税や徴兵に圧迫され我慢を強いられた国民からすれば、ポーツマス条約の内容は受け入れ難かったに違いない。国民から見れば、日清戦争以降、臥薪嘗胆のもとに困窮に耐え軍備を整え、さらに日露戦争勃発以降の重税に耐え、生活を切り詰め、公債を購入した努力に対する見返りが、何もないに等しかったのである。

日本は後の南満洲鉄道を獲得し、ロシア南下政策の脅威を取り除いたのであるから、国の財政状況、陸軍の継戦能力など詳細を理解するならば、この結果はそれほど悪い条件では無かった。しかし国民目線で見るならば、ただ単に賠償金が貰えなかったという事実だけがクローズアップされたのである。しかも戦闘で勝ったのに、外交交渉で負けたというストーリーは、同胞の血を流したという意識のある国民から見れば、許容できるものではなかったのだ。小村は格好のスケープ・ゴートにされたのである。

ポーツマス会議は八月二九日に条件がまとまり、条約は九月五日に調印された。ウィッテの帰国はあたかも凱旋将軍のようにロシア国民から大歓迎され、ウィッテを個人的には好きではなかったニコライ二世も彼の業績を認め伯爵位を与えたのだった。

では、賠償金をあてにしていた兜町はどう反応したのだろうか。

日本海海戦の勝利で暴騰した後も、次には講和への期待が出て、株価はさらに騰勢を強めていた。日本とロシア双方がルーズベルトの講和勧告を受け入れたとの報道が六月一〇日に発表され、一旦これをはやすものの、「『ロシア人のことだ、果たして本当に講和談判に入るだろうか』とロシアの誠意を疑うものもあり、市場には、それに絡んで、とかくの流言飛語が飛び」調整に入ったと『兜町盛衰記』[52]は伝えている。

その後、天候不順が続き、米作の方の不安もあって、軟調な展開が続いた。当時の日本は米が収穫できないと外米を輸入する必要があったので、正貨の流出の心配をせねばならなかった。日本はまだ農業国だったのである。

そして、ポーツマス会議が始まった。

ロシアから貰えるであろう賠償金の読みは、伊藤博文が「学のあるバカほど恐ろしい者はない」と言った件の東大七博士が三〇億円。[53]世間一般の見方では、戦費プラス諸雑費で、後は「計算上の違い[54]」という程度で、二〇億円前後がコンセンサスだった。またどさくさにまぎれて占領した樺太は、当然、全島日本のものであるとの認識だった。

兜町でも賠償金の見積もりは、最初が二〇億円。講和会議の進展につれてまあ駄目でも一〇億円だろう、いや五億円と下がって行った。しかし結果はといえば、賠償金はゼロ。「鮭の尻尾の樺太だけ」となってしまった。市場は、八月二八日月曜日から下げ始め大暴落となったのである。九月九日発行の英国「スタチスト」誌（当時は「エコノミスト」と並び権威のある経済専門誌だった）は日本とロシアの戦費見積り比較をして、この講和条件を評価している。この記事は残念ながらすべての騒動が収まった、一〇月二一日に「大阪毎日新聞」によって和訳された。

（要約）日本の戦費調達は内国債五〇〇〇万ポンド、外国債八二〇〇万ポンドで、負債累計は一億三二〇〇万ポンドとなった。これに非常特別税を戦費に充当しているので、合計は一億五三五〇万ポンドにもなるだろう。さらに日清戦争・三国干渉以降の陸海軍の拡張分も加えると、日露戦争の費用は約二億ポンドに達する。ロシアは直接の戦費として三億ポンドを計上しているが、戦場が遠く極東にあった事から間接戦費を加えれば、日本の戦費の二倍にもなるだろう。米国の南北戦争が四億ポンド、一八七〇年の普仏戦争ではプロシアはフランスに対し二億ポンドの償金を要求したが、領土上の利益は無かった。さらに英国のボーア戦争の戦費が二億三〇〇〇万ポンドであった事等を考えれば、旅順および遼東半島を得て、さらに韓国をもって保護領とし満州の制御権を得た結果は、採算面では決して悪くはないだろう。日本がポーツマスにおいて賠償金にこだわらずに戦争を終結させた事は評価されるべきである。

しかし調印がなされる九月五日の時点で、そんな冷静な意見を持つ日本人がいるはずもなかった。日清戦争以降、臥薪嘗胆の一〇年間の労苦に加え、戦争中の増税、公債の発行、さらに大勢の身の回りの兵士が死んでいたのである。事情を知らない国民の怒りは頂点に達した。新聞が煽り、そうした新聞がまた売れた。戦力的、財務的に終戦に持ち込まざるを得ない政府と、強硬論に走る新聞、民衆とのギャップは広がっていくのだった。

一方ロシア全権ウィッテは、会議の終了後に、JPモルガンの招待を受け、彼のヨットであるコルセア号に乗船してハドソン川の溯上クルーズを楽しんでいる。その際、ウィッテは、ピアポント・モルガンに、「もしロシアが募債する場合にはあなたも参加する意志があるかどうか」と訊ねている。それに対してモルガンは、「参加するどころではない。自分が一切引受けるから、シーフを首脳とするユダヤ人財団には話をしないでくれ」と、答えたといわれている。[55]またウィッテは、ロシアへの帰途パリに立ち寄り、パリ・ロスチャイルドと公債発行の話をしているが、こちらは相手にしてもらえなかったそうである。

この後、ロシアは一〇月に入り、ペテルブルクに銀行団を呼び寄せ公債募集の交渉をしたが、フランスに断られ、ウィルヘルム二世のドイツにも断られてしまう。そこでウィッテは、「一切を引受ける」と言ってくれたアメリカのモルガンを頼みに連絡をとってみた。すると、過日は確かに公債引き受けを請け合ってくれたピアポント・モルガンであったが、結局は「尻込み」してしまい、実現されなかったのであった。モルガンが断った理由は明らかではないが、多分、ロシアの国内騒擾が一一月まで続いていたため、ロシア公債に投資妙味が無かったのが原因だろう。

日比谷焼打事件、「ハリマン博士一行の災難」

八月二七、八日に講和条件の概要が次第に判明してくると、日本ではポーツマス条約の調印に先だって全国各地で不平集会が数多く開催された。日本時間の九月五日の条約調印当日には東京日比谷公園で、講和条約反対を唱える講和問題同志連合会が午後一時に演説会を計画していた。これまで戦勝祝いに使われていたこの公園が一転し、今度は不平大会が行われるようになったのである。政府は大会中止の内命を下し警官隊に日比谷公園の封鎖を命じたが、それにもかかわらず、午前一〇時頃から人が集まり始め、昼には日比谷公園の六つの門に数万人の群集が押し寄せた。参加者の数が増えるとともに、興奮した群集は公園内に入れろと口々に「二〇三高地占領！」と叫び始めた。

同志連合会のメンバーである内田良平が右翼団体黒龍会の猛者を率い何処からか現れ、鹿砦で固められた門を突破すると、警官隊は背後からの襲撃を警戒し、残りの五つの門も開放した。群集はこれに従い、一斉に各門を通り広場に集まった。群集の数は三万人とも言われた。内田は日比谷公園内の現存する西洋料理店「松本楼」に日の丸に喪章をつけた小旗数千本を預けておいたが、それも瞬く間になくなってしまった。[56] 集会では、条約否認を決議した。ポーツマス条約を破棄して、ロシアに攻め入れと言うのである。弁士の演説があり演説会は三〇分ほどであっさりと閉会したが、集まった有志達を検挙しようと警官隊が抜刀するにおよんで民衆は激昂したのだった。

こうして日比谷公園の集会は騒擾事件となり、民衆は徒党を組み東京中を暴れまわったのであるった。

当初のターゲットは、不甲斐ない政府の手先である警官であり交番だった。因みに、当時の警官はサーベルのみの装備で拳銃はまだ所持していない。もし持っていれば発砲していたかも知れない。当時の新聞には護身用の拳銃の宣伝が掲載され、許可制で銃の所持が可能だった。よくぞ凶悪事件が頻発しなかったものだと、驚かされてしまう。

暴徒は交番を焼き、開通したばかりの路面電車を燃やし、焼き打ちは日比谷から都内各地へと拡がっていった。集会のテーマは「講和破棄」であったが、日清戦争以来の長年にわたる増税や困窮に対する国民の鬱積が爆発したことが根本原因であった。ロシアに対し弱腰で無能に見えた桂内閣に対する不満が、怒りとなり燃え上がったのだ。

日比谷焼打事件は、ロシアの「血の日曜日事件」とは本質的に違うものの、警官隊が抜刀し対処に当ったのは事実である。こうした事実だけから、海外で報じられるニュースのヘッド・ラインは同じような扱いにならざるをえなかった。外地にいる高橋達は、ロシアの「血の日曜日事件」でロシア公債が大暴落をしたことを見ているだけに、さぞや気を揉んだことだろう。

さらに騒擾の対象は、警官や政府施設のみならず、深井英五の兄事する御用新聞と呼ばれた「国民新聞」の徳富蘇峰にも向かった。その他の新聞が大衆を煽る一方で、「国民新聞」だけは政府の意向を受け、後世から見れば皮肉にも正論を貫いていたのである。日比谷公園を出た群集は、なんとライバル紙である「万朝報」記者、中島を先頭に、京橋日吉町（現在の銀座八丁目並木通り）にある赤煉瓦二階建ての国民新聞社におしかけたのだった。

一団は「売国奴徳富を出せ」と叫びながら、石や煉瓦を社屋に投げ込んだ。不幸な事に銀座一帯はちょうど路面電車の線路敷設工事の最中で、敷石用の石が多数積み上げられていた。群衆はこれを割って投石としたのである。そのうちに燃える物を建物に投げ込み始め、暴徒の一部が社内に侵入し、社員との間に鉄棒や棍棒での格闘となった。徳富は当局に出兵を求めるが、とうてい埒があかない。そのうちに警官憲兵一〇〇名が到着した。だが、それでも群集は収まらなかったのである。当時の国民は警察を政府の手先であると考え、信頼していなかった。

第一、警察はこの暴動の対象の一部なのだから、当然であった。「国民新聞」では、社員二名が日本刀を振りかざして社外に斬って出たものの、ピストルの弾に当たって膝に怪我をしている。もみ合い押し合い斬り合いの乱闘は、翌六日夜の戒厳令による軍の出動まで続くことになった。軍が出動し、ようやく収まったのである。国民から見れば、軍隊は国民の味方であると信用していた。国民新聞社への襲撃は、刀やピストルが登場した割には死人が出ていない。実態は双方とも威嚇のし合いだったのかもしれない。

徳富蘇峰は、この時の籠城戦の様子をロンドンにいる深井に手紙で知らせている。[57] 蘇峰は御用新聞と揶揄されながらも、ジャーナリストとしての強烈な自負のもとで籠城戦に耐えていたのである。因みに憎まれ役の「国民新聞」は、皮肉にもこの事件を通じて発行部数を八万部に伸ばしている。これは前年同期比の四倍にも相当した。

九月六日の「東京朝日新聞」には、内相官邸や警察焼打を報道する中に「巡査殆ど狂乱す」などという記事も混ざっている。ここでは群衆ではなく、警察が狂乱したことになっている。そう

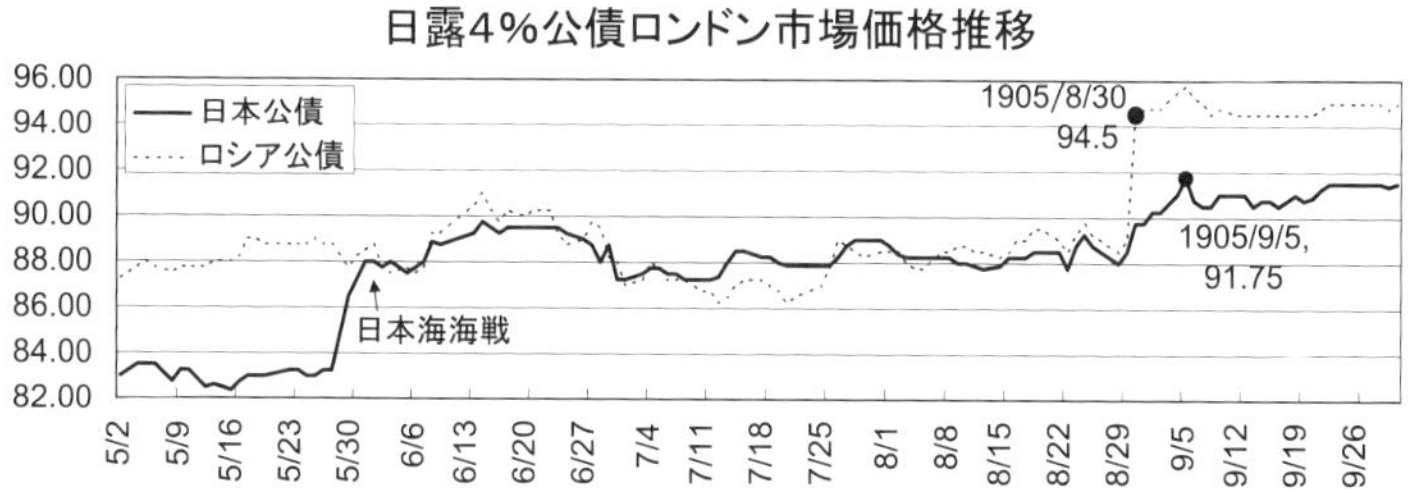

した記事の中に「外人間の評判に曰く」という欄があり、当時の日本にいた外国人が、五日時点で日比谷焼打事件をどのように受け止めていたかが書かれていて興味深い。恐らく帝国ホテルから事件を眺めていた外国人から話を聞いたのだろう。

（要約）欧州大都市の示威運動と言えば乱暴なもので、関係のない通行人に対しても危害を加えるものであるが、日本の運動は関係の無い者には一指も触れない。ホテルの屋上から見ていると、若い女性が普段と変わりなくデモの横を通り抜けているし、外人が群衆の中央を何事も無くすり抜けているのも見える。

九月七日の同じく「東京朝日新聞」には、「ハリマン博士一行の災難」という目立たない記事がある。なぜ鉄道王のハリマンが「博士」なのかわからないが、コロンビア大学などに寄付が多かったので、博士号ぐらいは貰っていたのかも知れない。日比谷焼打事件の余韻の残る中で、まさか「南満洲鉄道を買収のため来日したアメリカの鉄道王ハリマン氏」とは、新聞も書けなかったのかもしれない。あるいは新聞記者の単なる勘違いかもしれない。

日露公債利回り推移

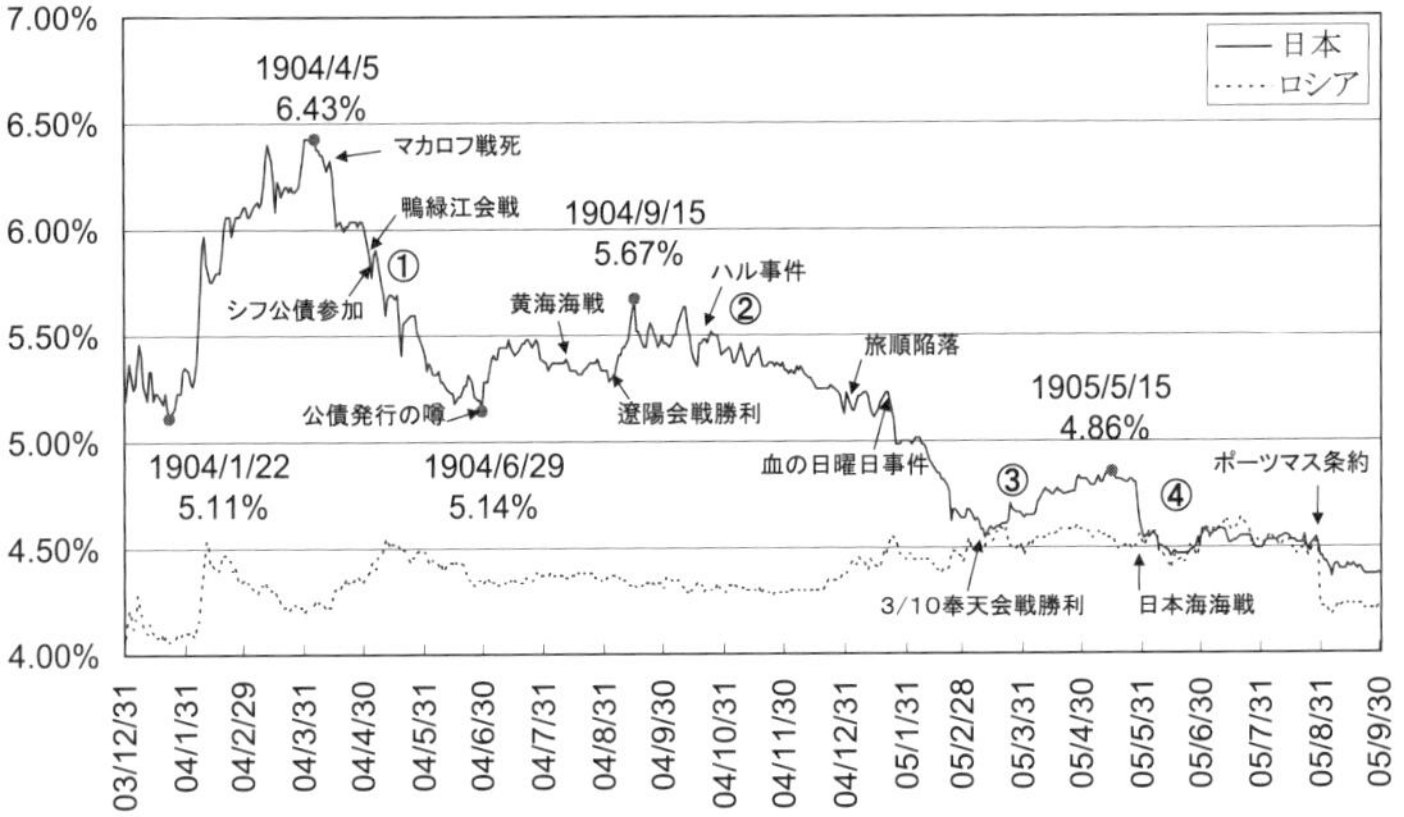

（要約）本邦視察のためにこの程来朝している米人ハリマン博士一行は、大蔵大臣の晩餐会に臨みし、帰途、赤坂溜池付近で日比谷から引き上げる一団から石を投げられ、ドクトルライル氏が肩部に微傷を負いたり、深厚なる同情を有する外人に対して何等の悪意なきは瞭然たれども、かくの如き間違いを生じたるは誠に遺憾の事というべし。

とある。外人への被害としては、この他にも教会が焼かれたりしていた。

日本公債は少し売られる局面もあったが、深刻な悪材料としては受け取られていなかった。ハリマンも事件に関し、被害は軽微であって米国人を狙って襲ったものではなく、いわば一種の事故であると本国に報告して、これが「ニューヨーク・タイムズ」の記事になっている。外国から見れば、日比谷焼打事件はロシアの国内騒擾のように本質的なものでは無く、日本の政

東株の推移

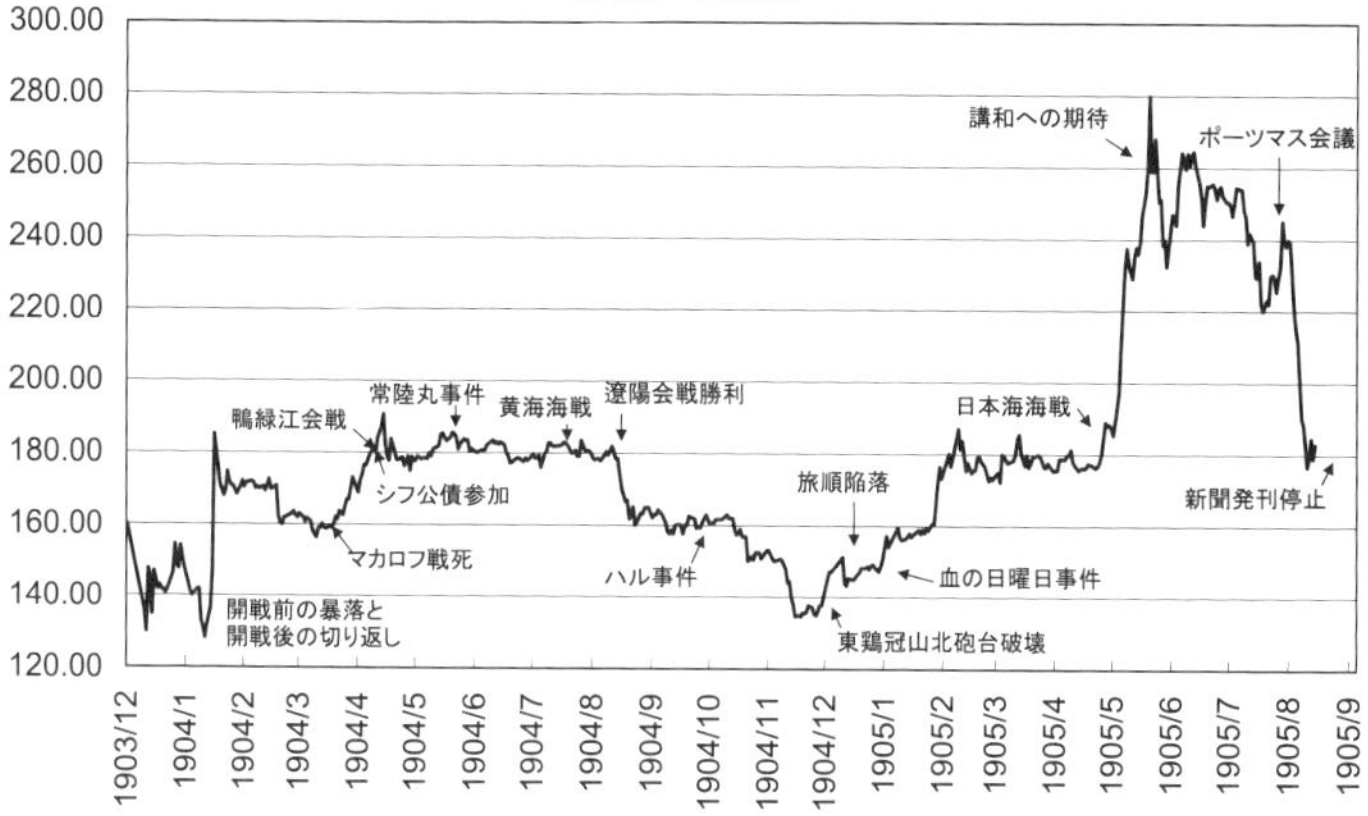

情は安定していると見られていたのである。

さて、この章の終りにあたり、戦争期間全体のイベントと公債価格の関係を振り返っておきたい。

開戦前の年末に約一・一%あった日本とロシアの利回りの差は、開戦直後の四月には最大で二・二三%まで開いたが、シフの公債募集参加によって再び一%前後まで縮小した。その後しばらくこの差は縮まらなかったが、ロシアの「血の日曜日事件」によって両者の差は無くなったのであった。日本の奉天会戦の勝利においてもロシアは講和に入ろうとはせずに、戦争継続への危惧から両者の利回り格差は再び拡がり日本海海戦でまた元に戻したのである。結局、ポーツマス会議後の九月末のロシア公債利回りは四・二一%。日本公債は四・三七%の水準だった。これはほとんど賠償金の有無の差だと言えるだろう。

ロシア公債は講和が成立すると、結局、開戦前の水準に戻ってしまったが、日本はその利回りを大きく下げた。

日本はこの戦争を通じて、国際金融市場における国家としての地位を大きく飛躍させたのである。クーポン三%が一流国としてのレートであるならば、日本は国際金融市場において、開戦直後のジャンク債からロシア並の一・五流国程度には地位が上がった。これは日露戦争の戦果の一つに付け加えても良いだろう。但し一方で、戦争を通じて莫大な債務を負ってしまったのでもあった。

兜町の方も見ておく。

開戦前にロシアへの不安から大きく下げ、開戦とともに開き直ったように切り返した東株だったが、日本海海戦までは戦争期間全般を通して冴えない展開が続いていた。決して連戦連勝に沸く相場では無かったのである。日本海海戦の勝利で早期講和、賠償金獲得と期待が膨らんだが、結局、ポーツマス条約での結果を受けて、「行って来い」の相場になった。

前頁のグラフでは、日次データが欠損しているが、その後、急激に切り返していることがわかるだろう。これは投資家が冷静に平和のメリットを考え直したからである。

データの欠損は日比谷焼打事件以降の新聞各紙の過激な政府批判の記事に対して、発刊禁止の措置が取られたためだ。本書の株式日次データは「東京朝日新聞」から取得しているので、この間のデータが無いのである。

第六章　戦後と南満洲鉄道

　この章では、鉄道王ハリマンによる南満洲鉄道買収と、それを阻止したと伝えられる小村寿太郎との間に発生した「ハリマン事件」、それにその延長線上にある南満洲鉄道設立までの経緯を追跡する。また、高橋是清は戦中に発行した高クーポン債の低利借り換えに奔走しながらも、この事件に関わっていくのである。

　南満洲鉄道の日米共同経営を目指した「桂・ハリマン協定」の評価は、時代とともに変わってきた。日本の満州経営が順調に見えた頃には協定成立を阻止した小村は英雄であったが、第二次世界大戦後は「もし南満洲鉄道が日米共同経営ならば」と、日米間に戦争を生起せしめた遠因としての評価を受けてしまう。

　この事件の多くの史料が第二次大戦前に書かれたものが多く、また事件の経緯もすべて秘密裡に行われているため、新聞記事や外務省の記録にも多くは残されていない。これまでの章とは異なり、ここからは筆者による推測が多少なりとも混ざるようになるが、予めご了承いただきたい。

桂・ハリマン覚書

ハリマンは、ポーツマス会議が終わろうとする一九〇五年八月三一日に来日した。彼は横浜に到着後、早速、伏見宮、桂首相、井上馨など政府関係者や岩崎小弥太、渋沢栄一など財界人と面談を重ねた。九月四日には、グリスコム米国公使によるハリマンの歓迎会が開催されている。この会は政財界からの出席者一〇〇〇名を超える盛大なものであった[1]。彼はここでユーラシア大陸横断鉄道の大構想を披露し、南満洲鉄道に対する投資意欲を説明している。唐突にこんな話をすれば問題になりかねないであろうから、到着前に既に大蔵省や日銀を通じて根回しが出来ていたのだろう。これはもちろん高橋是清が井上馨や伊藤博文の意を受けてアレンジしていたのである。

五日は、前述の事件のとおりハリマン歓迎の曾禰荒助大蔵大臣主催晩餐会があった。この帰りにハリマンの一行は焼打事件の暴徒に投石され、「ハリマン博士」として新聞記事になったのである。

六日は、予定されていた夜の華族会館での晩餐会は中止になったが、三井倶楽部でのランチに招待され、ハリマンは近くにあった宿泊先の帝国ホテルから娘達を連れて訪れている。この倶楽部は欧米の紳士倶楽部を模倣したもので、紳士の社交場として三井男爵によって運営されていた。場所は現在の日比谷交差点の角、日比谷公園の正面である。

三井男爵は、日本文化を紹介する意図で柔道など武術の実技をハリマン一行に披露すべく手配させた。これを受けたのが、黒龍会の内田良平である。前日、警官が押さえる日比谷公園の入り口を先頭に立って打ち破った男であった。彼は、この会場の設営準備中に抜けだして日比谷公園に乗り込んだそうである。

内田は、当時、顧問を務めていた慶應義塾柔道部を連れ、内田自身がハリマン一行の前で講道館柔道を披露した。内田があまりにも華麗に技を決めるので、ハリマン一行の中の一八〇センチ近い大男がイカサマではないかと内田に挑んだが、やはり犬のようにころころと投げ飛ばされてしまった。ハリマンの娘達は大喝采だったとある。[2] ハリマンは一六四センチで当時のアメリカ人としても小男であったから、何か感じ入るところがあったのだろう。彼はこれを機会に柔道をおおいに気に入り、翌年には日本の武道家をニューヨークに招待しコロンビア大学などで実演会を主催している。

ハリマンは七日から日本鉄道の特別列車で日光に行き、東照宮や中禅寺湖を観光した。これは、当時の来日外国人の定番のコースであった。当時、既に開業していた日光金谷ホテルに滞在したはずである。

ハリマンは九日に東京に戻ると、グリスコム米国公使と南満洲鉄道投資案件の打ち合わせをしている。ここで、これまで面会した政財界の人物達や歓迎会での反応を見て、協定の概要を決めたのだろう。その後、伊藤博文や大隈重信などの重鎮やその他関係する大臣クラス、さらに日本興業銀行の添田総裁などを訪問し、大筋での合意を求めて行ったのである。井上馨や伊藤博文が後押ししていたので、スムーズに事は運んだはずである。基本的に南満洲鉄道は日本国の管理下におかれるが、ハリマンが資本金の半分である一億円を出資して彼が経営をするというアイデアだった。

井上や伊藤達元老がこの案に賛同した理由は、何も日本の資金不足のために南満洲鉄道経営が重荷であると考えただけではなかった。新たに日本が経営する南満洲鉄道は北から常にロシアの圧迫を受けることになるだろう。日露戦争が終結し、再び力を蓄えたロシアが南下してくる危険性は充分に考えられた。その際に、南満洲鉄道にアメリカの資本が入っていれば、日露二国間の問題では済まされずロシアも簡単には侵攻できないと考えたのである。また日本は、日露戦争開戦や資金調達時の建前に「満州の門戸開放」を謳っていたので、これとも整合性が取れたのである。

伊藤博文は、まだ戦争中の一九〇四年一一月に、イギリス公使館ホラー書記官に対して既に南満洲鉄道の中立論を説いていたし、それを受けたマクドナルド英国公使の公式文書にも「こうした穏和な見解は、きわめて一般的である」と残されている。[3] したがってこの時点では、「桂・ハリマン協定」は国際的に見てもそれほどおかしいものでは無く、日本の政財界のコンセンサスに沿ったものだったのである。

また、戦費のファイナンスで日本がお世話になったクーン・ローブ・グループが南満洲鉄道に出資するというのも不自然なことでは全くなかった。

ハリマンは一応の根回しが終わると、協定の作成をグリスコム米国公使、日本興業銀行の添田総裁と日本政府のアドバイザーであるダラム・W・スティーブンスの三人に任せてしまう。[4] そうしてハリマンは、一九日に家族を連れて京都と神戸を経て大連に至る旅行に出発したのである。グリスコム公使を通じて旅順への特別の訪問許可も桂首相から取り付けていた。ハリマンとしては表向きが家族旅行でも、実際には投資予定の物件調査の目的があった。船で旅順に到着後はターミナル予定地の大連を視察し、鉄道で朝鮮半島を南下して釜山まで移動している。

ダラム・スティーブンスは、一八八三年からワシントンの日本公使館で働き、日本の条約改正に力を尽くしていた。後に日本支配下にある韓国政府顧問となり、一九〇八年にサンフランシスコで韓国の愛国者によるテロで殺害されてしまう人物である。

いずれにせよ、「桂・ハリマン協定」はハリマンが日本の政府高官を騙したり、一方的に突きつけたものでは無く、米国政府を代表する公使と、日本政府アドバイザーと日本興業銀行総裁の三名によって作成されたものだったのである。

余談になるが、この時ハリマンの旅行した経路は、翌年来日したヤコブ・シフがほぼ同じルートを旅している。シフの旅行に関しては二〇〇五年に旅日記が日本語に翻訳され『日露戦争に投資した男』[5]として出版されている。

ハリマンは視察旅行を終え一〇月九日に東京に戻ると、一二日には桂首相との間で「桂・ハリマン協定」に合意している。

「南満洲鉄道及ビ付属財産ノ買収、改築、整備、延長、並ニ大連ニ於ケル鉄道終端ノ改善及ビ完成ノタメ、資金ヲ充実セシムル目的デ、一ツノ日米シンジケートヲ組織スルコト」から始まる十一項からなる覚書は、

● 日本政府とハリマンが折半出資したシンジケートが南満洲鉄道を買収する。
● 両者は全く同じ権限を持つイコール・パートナーである。
● シンジケート会社は日本法の下に設立される。
● 緊急事態下には会社は日本政府のコントロールに入る。
● もし中国やロシアと戦争になった場合、兵員、糧食の輸送等は日本政府の指図のもとに行う。[6]

というようなものであった。

ただしハリマンとしては、彼がシンジケートを経営しなければ出資する意味がなかった。彼は世界一の鉄道経営者であるとの自負があっただろうから、日本人側に任せようとは思っていなかっただろう。ここで彼が投資する一億円は、偶然ではあるがユニオン・パシフィックがノーザン・パシフィック事件で稼いだキャピタル・ゲインと同じ金額であった。

この協定覚書交換後の調印は、帰国準備のため横浜のホテルに宿泊しているハリマンのもとを逓信省鉄道局長平井清二郎が訪ね、そこで調印する段取りであった。しかし最後にこの計画に一人だけ反対していた大浦逓信相が桂首相に対し、「小村外相の帰国を待ったほうが良い」と諫めたために、ハリマンはとうとう調印しないままにアメリカに帰らざるをえないことになったのである。それが、「協定」にならずに「覚書」になってしまった、という意味である。しかし、ハリマンとしては一国の首相と覚書を交換しているのであるから、協定は成立したも同然と考えていた。

一〇月一三日、横浜発太平洋郵船「シベリア号」でハリマンは帰国の途についている。この船には、フィリッピンから戻ったルーズベルト大統領の長女アリスや陸軍長官タフトと議員団も乗っていた。ハリマンとタフトの間では、さぞかし南満洲鉄道への投資で話がはずんだことだろう。

一行はサンフランシスコ到着後もハリマンと同行し、ハリマンの仕立てた特別列車に乗ってユニオン・パシフィック鉄道でアメリカ大陸をニューヨークまで横断している。

この列車はニューヨークまで通常は五日間の旅程を、ハリマンのはからいで七三時間という速さで到着したが、ハリマンは到着後、アリスに対して「大陸横断新記録を作れずに申し訳ない」と謝ったそうである。

満州版「東インド会社」

一九〇五年九月五日は、ポーツマス条約調印の日である。東京では日比谷焼打事件があり、ハリマンが日本の政財界による歓迎会に忙しい頃でもあった。満州では九月一日の休戦協定以降戦火は収まっていたが、日露両軍はまだ戦闘態勢を崩さずに対峙していた。そうした、まだ戦場を支配する緊張感の残る中、満州軍総司令部のある奉天に台湾総督府の民政長官である後藤新平が三人の随行員とともに到着した。

後藤は満州軍総司令部の用意した馬を使い、随行員は馬車に乗って北小辺門の総司令部に向かった。そこには満州軍参謀総長でもあり、台湾総督までも兼任する児玉源太郎が待っていたのであった。

日本で植民地経営を実地でこなし成功していた人材は、台湾経営の児玉源太郎をおいて他にはいなかった。日露戦争で新たに獲得した満州は、児玉が総参謀長として作戦を立案し前線で軍を率い、ぎりぎりのところでロシアの勢力を追い出したものだった。そこでは多くの将兵が凍結した地面に露営し、戦いに血を流し、生きて祖国日本に還ることはなかった。児玉はそのことにいたく心を痛めていた。軍人である彼にすれば、南満洲鉄道とは日本人の血で購ったものだったのである。いわば児玉にとって、占領した遼東半島や南満洲鉄道を今後どのように管理し経営していくかを考えるのは、自分をおいて他には誰もいないと考えていたはずである。

児玉は、バランス感覚に優れ、国際情勢に詳しく、基本的に国力に見合った軍隊を持てば良い、との考えの持ち主であった。それが証拠に、日露戦争後の陸軍の拡張策にも断固反対している。ただそんな彼にとっても、アメリカの鉄道王が南満洲鉄道の半分に出資し経営するなどという藪から棒な話は全くの想定外のことだった。満州軍総司令部と東京との連絡の悪さは、奉天会戦終了後に大本営が新たに侵攻計画を立案し、児玉がそれを止めるためにわざわざ東京まで帰ったことでもわかるだろう。

児玉を訪ねてきた台湾総督府民政長官である後藤新平は、一八五七年の生まれである。現在の岩手県、陸奥国胆沢郡出身で高野長英の親戚筋であり元々は医者だった。須賀川医学校を卒業し二四歳で愛知県医学校の学校長兼病院長となったが、その後、内務省衛生局に転じて医師としてよりも官僚として行政に従事した。ドイツ留学を経て内務省衛生局長に就任するが、精神病患者の扱いを巡る「相馬事件」に絡み五ヶ月間にわたって収監されてしまう。この事件では、結局、無罪となるものの、衛生局長は免職となり、一時は生活にも逼迫することになった。

その後、臨時陸軍検疫部事務次官として官界に復帰し、日清戦争の帰還兵に対する検疫業務を広島・宇品港で行っている時に、その手際のよさを認めたのが陸軍参謀児玉源太郎だったのだ。

一八九八年から台湾総督の任にあった児玉は、後藤を抜擢し総督府民政長官に据え、それまで樺山、桂、乃木と誰も成し得なかった台湾統治に成功したのである。

後藤は台湾統治において、「生物学の原則」つまり「社会の習慣や制度は、生物と同様で相応の理由と必要性から発生したものであり、無理に変更すれば当然大きな反発を招く。よって現地を知悉し、状況に合わせた施政をおこなっていくべきである」との考えの下、無理な日本化を推進せず、現地住民を理解した施政で、統治への抵抗運動をほぼ完全に抑え込んでいくのである。児玉が台湾総督でありながら内務大臣や満州軍参謀総長を兼務できたのも、後藤新平が民政長官として児玉の留守居役をしっかりと勤めていたからである。児玉の後藤への信頼は格別のものがあった。

また、後藤は「大風呂敷」とあだ名されるほど、規模の大きい計画を発案、推進する才能があったと言われている。桂太郎が首相の時に頻繁に後藤と面談するので、ある人が桂に聞いたところ、「後藤は実に様々なアイデアを持ってくる。そのアイデアの四つのうち一つは実際に使えそうだから会っているのだ」と答えたそうである。
日露開戦直後、陸軍が鴨緑江を渡河し朝鮮半島から満州に侵入し始めた頃、児玉は陸軍奏任通訳であった上田恭輔に、イギリスの「東インド会社」について調べるように依頼していた。このきっかけは、後藤の提言からきていた。後藤はかねて、戦後の満州経営にはイギリス東インド会社の方式が適していると考えていた。すなわち国家や軍政による統治ではなく、「会社の形態」をとって経済貿易などの面から植民地支配をしようと考えたのである。

ポーツマス条約が締結され日露戦争が終戦を迎えたこの日、奉天に児玉を訪ねた後藤の手には、「満州経営策梗概」という、後の満鉄の基本企画書に相当する草案が携えられていた。[7]

（要約）戦後満州経営唯一の要訣は、陽に鉄道経営の仮面を装い、陰に百般の施設を実行することにある。この要訣に従い、租借地内の統治機関と、獲得した鉄道の経営機関とは全くこれを別個のものとし、鉄道以外には少しも政治や軍事に関係していないように仮装すべきである。租借地の統治機関は、現在検討中の遼東総督府を以てこれにあてる。鉄道の経営機関として、別に満州鉄道庁をおこし、政府直轄の機関とし、鉄道の営業、線路の守備、鉱山の採掘、移民の奨励、地方の警察、農工の改良、露国及び清国との交渉事件ならびに軍事的諜報勤務を整理して、兼ねて平時鉄道隊技術教育の一部を担任させる……

ここでの満州鉄道庁が後に南満洲鉄道株式会社、俗に言う国策会社「満鉄」に変わるだけであって、満州経営の基本形はこの時の後藤の手にあったのだ。

イギリスやアメリカは満州における日本の鉄道利権は認めるものの、満州は「門戸開放」されるべきであると考えていた。また日本も「門戸開放」を開戦のひとつの理由とし、資金調達の際にもこれをアピールしてきたのであった。ところがその一方で、児玉は開戦間もない時期から既に鉄道会社を中心に据えた満州の植民地経営を考えていたのである。「門戸開放」と植民地経営は相容れない。当然、ここに摩擦が発生するのである。

乏しい国内資金の都合からハリマンなど外資を歓迎する井上馨や財界の渋沢栄一、またイギリス・アメリカやロシアの国力を恐れる伊藤博文らの思惑とは別に、日露戦争の実行部隊であり、計画者でもあり大殊勲者でもある児玉源太郎は占領後の満州経営のあり方を植民地として考えていた。

児玉はこの終戦の年の一二月七日、満州軍総司令部の復員とともに帰京し、翌年一月には満州経営推進委員会委員長に就任したのである。

モルガン商会からの提案

ポーツマス条約調印を終えた小村は、九月一四日に汽車でニューヨークを発ち、二〇日シアトル発の「ダコタ号」で日本へ帰る予定だった。もしこのスケジュールで帰っていれば、「桂・ハリマン協定」には間に合っていたのである。

しかし小村は、条約交渉の極度の過労からニューヨークのウォルドルフ・アストリア・ホテル滞在中に病気にかかり、高熱を出して寝込んでしまっていた。彼は病床で東京の日比谷焼打事件を聞き、条約交渉に敗北した小村に対し激高した群衆のために、家族の安否をも心配しなければならなかった。東京から入ってくる情報は、兵力・資金不足のために一日も早く戦争を終結したかった政府の思惑とはおおよそかけ離れたものであった。伝えられる新聞記事や国民の反応は講和条件に不満であり、条約を破棄し再びロシアと戦火を交えよ、というものだった。小村の病状では、当初の予定である一四日の汽車には乗れそうもなかったので、随行員に条約の書類を持たせ先に帰らせる事にし、これも帰国予定の金子堅太郎が小村に付き添って別の便で一緒に帰る事となったのである。

小村と桂首相兼任外務大臣との電文交換は、仔細にわたるまでカバーされたものだったので、病床にある小村は、ハリマンが南満洲鉄道に出資するため日本に滞在している事は知っていたはずである。記録には残っていないが、当時の外地からの電報は外務省経由が基本であったから、ハリマン訪日の意図も小村が日本を出発する以前の段階で認識していたはずなのである。しかし、ポーツマスで賠償金を取れず樺太の南半分しか獲得できなかった結果に対する新聞や国民の反応を考えると、せっかくの戦利品である南満洲鉄道を外資に委ねることは、さらに世論を沸騰させることになりかねなかった。

元老達は、日本国内には南満洲鉄道を整備し周辺を開発していくだけの資金が無いと考えていたので、もし小村がハリマンの計画を覆すとすれば、それ相応の海外からの資金調達が欠かせなかったわけである。外貨資金調達と言えば、財務委員の高橋是清が担当であるが、ハリマン来日をアレンジした彼に頼むわけにもいかなかった。するとそこに小村の苦悩を見かねた金子堅太郎が、実に都合よく話を持ってきたのである。[8]

ハリマンの南満洲鉄道への資本参加を面白くないと考える人間が、アメリカにもいた。JPモルガンである。モルガンは、モルガン商会のパートナーであり、大統領の従兄弟でもあって、且つ金子と懇意である、モンゴメリー・ルーズベルトを、金子のもとに送り込んだ。

モンゴメリーはハリマンの一件を金子に話すと、「日本の日露戦争の数少ない戦利品が刈り取られてしまう」と金子に警告した。そして、南満洲鉄道の必要資金をモルガン商会が幹事となって、米国五大銀行を中心に日本に融資するという提案を持込んだのであった。さらにモンゴメリーは、この提案はルーズベルト大統領の賛意と支持を得ていると付言した。融資条件は四から五〇〇〇万円を五％でというものであった。[9]少なくとも金子の話では、そうなっている。

ここでも史料によって、融資（ローン）と外債発行（ボンド）が混在しているが、サイズから考えると外債発行のことだろう。つまり金子によれば、モルガン商会主幹事で五〇〇〇万円ほどの南満洲鉄道による外債発行の提案があった、ということである。そして、そこでの主なアンダーライターは米国の五大銀行が担当することになっていた。

小村にすれば、銀行からの融資かあるいは外債であるならば、ハリマンのように株式による出資とは異なり会社の議決権を持たない。これであればアメリカに南満洲鉄道を売却した事にはならないだろうと考えた。言い換えるなら、条約に不満を持つ国民の怒りにも触れないだろうと解釈したのであった。とにかくポーツマス条約がこれほど不評である以上、この資金話を持って早く日本に帰り、ハリマンの話だけでも阻止しなくてはならないと考えたのである。

小村は、カナディアン・パシフィック鉄道経由で、一〇月二日、バンクーバー発の「エンプレス・オブ・インディア号」のチケットが取れた。九月二七日に、小村は担架に乗せられたまま特別車両で金子とともにニューヨークを出発したのだった。

ハリマンやタフト、アリス・ルーズベルト達が横浜を出航し、アメリカへの帰途についたその三日後の一〇月一六日に、小村は横浜に到着している。一七日の新聞各紙は、小村の進退を問い、国民がいかに冷たい態度で小村を出迎えたかを伝えている。

小村は帰国するや、「桂・ハリマン協定」に対して、猛然と巻き返しに入った。大浦逓信相の機転により桂首相が合意書にサインしていなかったのが、せめてもの幸いであった。「桂・ハリマン協定」に積極的に賛成している井上馨や伊藤博文の説得には、資金面の根拠、つまりモルガン商会からの外債発行引受の話が役立った。それだけではなかった。小村には資金の問題とは別に「桂・ハリマン協定」を阻止できる法的な根拠もあった。

小村は、彼がサインしてきたばかりのポーツマス条約の第六条、「露西亜帝国政府ハ長春（寛城子）旅順口間ノ鉄道及其ノ一切ノ支線並同地方ニ於テ之ニ附属スル一切ノ権利、特権及財産及同地方ニ於テ該鉄道ニ属シ又ハ其ノ利益ノ為ニ経営セラルル一切ノ炭坑ヲ補償ヲ受クルコトナク且清国政府ノ承諾ヲ以テ日本帝国政府ニ移転譲渡スヘキコトヲ約ス　両締約国ハ前記規定ニ係ル清国政府ノ承諾ヲ得ヘキコトヲ互ニ約ス」に注目したのである。

　この中で、南満洲鉄道およびその付属利権の譲渡に関しては「清国政府の承諾が必要である」という点で、ハリマン合意書は無効であると主張したのだ。確かに、これはそのとおりだった。清国の意向抜きでは決められないことになっていた。さらに「日本人の血を代償に獲得した戦利品である南満洲鉄道を金で売るなどという事は、国民に申し訳が立たず到底できない」という小村の主張に、元老達も納得せざるを得なかっただろう。

　この「日本人の血を代償に獲得した南満洲鉄道……」のお題目は、やがて「二十億の軍資金と十万の大和民族が流した血潮によって獲得されたもの」（犬養毅）となり、昭和三年には「日清、日露の役で将兵の血で購われた満州が、今や奉天軍閥の許に一切を蹂躙されんとしている」（張作霖爆殺を計画した関東軍高級参謀河本大佐[10]）というふうに、日本を満州に固執させ、やがて第二次世界大戦へと導いていく呪文のようになっていく。ただ、こうしたことは日本独自の民族性によるものであるかといえば、そうでもない。ウィンストン・チャーチルの書いた回顧録である『第二次世界大戦』では、第一次大戦の勝者のパリ講和条約における態度をこのように表現している。


もし講和会議の席上で、兵士たちが血で染めた幾百の戦場で勝ち取ったものを捨てるようなことでもあれば、それこそただではすまされないぞという情勢であった。[11]

こうした言葉もさることながら、元老達や桂首相には、小村を講和談判のスケープゴートにして辛い思いをさせてしまったという負い目もあっただろう。こうした種々の要因があり、小村の奔走によって「桂・ハリマン協定」の破棄が閣議で決められたのである。もちろん、満州で児玉源太郎と打ち合わせを終えて日本に帰っていた後藤新平の携えていたアイデアも、大きく影響を及ぼしただろうと考えられる。何故なら、その後の南満洲鉄道、すなわち満州の植民地経営が児玉の手に委ねられていくことは、史実だからである。

桂首相は、太平洋を航海中のハリマンの到着地であるサンフランシスコの領事館に向けてハリマンへの伝言を電信させた。

一〇月二七日、ハリマンが太平洋を横断しサンフランシスコに到着すると、上野サンフランシスコ領事がハリマンを船まで訪ねて、桂首相からの電報を伝えた。

「桂首相から以下のメッセージをハリマン氏到着後、遅滞なく渡すように命じられました。『一〇月一二日の合意書に関してはもう少し調査・研究が必要である事が判明しました。つきましては諸事明らかになりご相談できるようになるまでは合意書は一時停止（abeyance）として頂きたい[12]』」

ハリマンは協定に調印しなかったことを悔み、日本側の対応に当惑こそしたが、これは話し合えば解決する問題だと捉えた。ハリマンが仕立てたニューヨークへの帰りの大陸横断鉄道には、次期大統領となるタフトや議員達も同乗する。話し合う時間は充分にあっただろう。そしてその一〇日後、既にニューヨークに帰着していたハリマンの手元に、サンフランシスコで受け取った電報についての説明の手紙が添田興銀総裁から届いた。

サンフランシスコでお渡ししたメモに関して説明させて頂きます。外務大臣がポーツマス会議から帰朝し、条約に関して書いた報告書を熟読すると、鉄道の譲渡に関しては清国、ロシアとの合意が無ければ、詳細な財産権、譲渡権等は確定できない事がわかりました。このままでは貴殿と日本双方にとって満足な合意が成されるとは考えられません。したがって日本政府としては合意書はしばらくの間、停止の状態にして頂きたく思います。日本政府としては出来る限り速やかに、ポーツマス条約関係の調整を進めて行く所存です。そうした調整の過程で、ハリマン氏との合意書には大幅な変更が必要となるかもしれません。しかしながら、いずれにせよ民間資本が参加する場合には、事前にあなたに相談する事になるでしょう。[13]

日本興業銀行総裁　添田[14]

法的な根拠があるのならば、ハリマンとしては納得せざるをえなかった。彼は法律の隙間を駆使するインベストメント・バンカーでもある。しかし、釈然とするはずがなかった。この件に関して、日本政府が「桂・ハリマン協定」を作成する時点でポーツマス条約を熟読していなかったのだろうか、と疑わざるを得なかった。それでも日本側は協定を一時停止としているのであり、まだ協定はオープンな状態であると理解するしかなかった。ましてやクリティカル・ポイントは清国の同意である。これまで列強国が好き放題にしてきたものだ。ハリマンは、小村が清国との交渉で頑張ればどうにかなると考えていただろう。

病身の小村は、帰国後わずか三週間で、清国との調整のため北京に向かった。清国との会議は一一月二七日から一二月一九日まで行われ、日露戦争後の日本と清国の権利調整を定めた満州善後条約が二二日に調印された。

ここでは日本が南満洲鉄道に守備軍をおくこと、戦時中に敷設した野戦用鉄道の経営権を認めることに加え、南満洲鉄道の所有には日清両国民以外には関係させないという項目が付け加えられた。この三つ目の項目で、ハリマンの計画は完全に頓挫したことになったのである。

一二月二三日の「タイムズ」は、こう伝えている。[15]

二二日北京発。日清協約が結ばれた。清国代表団が語るところでは、この条約は満州問題に限定されたもので、世間で噂されていた日清軍事同盟ではない。

当時の欧米では、白色人種を負かした日本が黄色人種同士である清国と軍事同盟を結んで白人に対抗してくるのではないか、という観測があったのだ。

二二日ワシントン発。米国政府当局は、満州善後条約に関し北京から以下の情報を受け取った。

――清国は遼東半島を日本にリースする。清国は日本による遼東半島から長春までの鉄道の管理権を認める。但し満州におけるその境界は日本とロシアに委ねる。清国は日本の軍用鉄道および軍用道路に沿った鉄道の建設を認めるが、これらは一定期間後に清国に売却するものである。こうした条件の中で最も重要な項目は、ハルビンを含む満州の一六の重要な都市や港湾を門戸開放することである。

南満洲鉄道の所有権が、日本、清国国民に限定されるという、ハリマンにとって重要な項目はこの時には発表されていなかった。また同じソースの記事が「ニューヨーク・タイムズ」にも掲載された[16]。この時点では、イギリスもアメリカの世論も日本が開戦の名目とし、戦費調達において、彼らに約束していた満州の門戸開放を素直に喜んだのであった。

筆者は、この金子によるモルガンの資金調達の話を少し怪しいと考えている。『後藤新平伝』、『小村外交史』、『近代日本外交史』、と史料はたくさんあるが、一次史料はすべて金子堅太郎による証言である。

ルーズベルト大統領が、グリスコム在日米国公使も全面協力しているハリマンの計画に対して横槍を入れるだろうか？　もともとハリマンの計画はアメリカが強制しているのではなく、日本が望んでいたものである。この状況下でルーズベルトがハリマン計画を潰しにかかる行為は、アメリカの国益に反しているではないか。もしルーズベルトがハリマンの計画に反対であるならば、グリスコム公使にハリマンに協力しないように電報を一本打てば済むことである。

また金融史的な見地からすれば、モルガン商会が五大銀行をまとめて外債発行を斡旋しようとしているが、モルガン系金融グループだけならともかく五大銀行全部がクーン・ローブ・グループに逆らってモルガン商会の話に乗るはずはない。もっと言えば、ハリマンは自己資金だけで南満洲鉄道に出資しようとしていたわけではなく、当然、アメリカ側のシンジケートを組織して資金調達に応じただろう。そこにはクーン・ローブ・グループ内の金融機関だけでは無くシェアは低くともモルガン系の金融機関も入るだろうし、個人投資家にも販売されるはずである。ハリマンは過半数のコントロールだけを確保できれば良いのであって、ハリマン個人ではなく、ハリマンの保有するユニオン・パシフィック社が過半数をコントロールできても良かったのである。

さらにインベストメント・バンクのところで触れたが、この当時、モルガン・グループがこうした姑息な手段でクーン・ローブ・グループと揉め事を起こす可能性は低いと考えられる。ポーツマス講和会議後にJPモルガンがロシア代表ウィッテを彼のヨットに招待したように、クーン・ローブ＝日本に対抗して、モルガン商会はロシア・ビジネスを指向していたとも考えられるのである。そして何よりも、後にハリマンの計画が挫折したにもかかわらず、結局、モルガン商会主幹事の公債発行は実現していない。それどころか、南満洲鉄道の資金調達を担当した日本興業銀行は、モルガン商会に資金調達の打診すらしていない。

筆者が推測するに、このモルガン商会による提案は国内世論で激しい非難を浴びていた小村の評判を失地回復する為に、後に金子が捏造した方便だったのだろうと考える。また満州経営が上手く運んでいると考えられた時期には、こうした話は「手柄話」として講演会等で大衆受けが良かったのだろう。

俗説ではこの話にさらに尾ひれが付く。

（略）幸いにも小村侯の如き非凡の偉人がありましたから、侯が帰国されるや否や、この事を聞いて非常に憤慨し、猛烈なる運動の結果、元老、先輩及び内閣諸公を説伏して、ハリマンが丁度サンフランシスコに着いた時に、日本政府は電報一本で契約を破棄致しました。[17]

そしてこの電報を見たハリマンは怒り心頭で、「今日より十年の内に、日本政府は満洲鉄道の経営に付きて米国人と共同せさりしを悔ゆる時あらん云々[18]」と語ったと、まるで講談話のようになってしまうのである。確かにハリマンは高橋是清に対してこのセリフを吐くが、それは翌年に南満洲鉄道のＩＰＯが完了し外人株主を排除し日清共同所有を謳っていたにもかかわらず、株主が一〇〇％日本人であることが判明した時点でのことなのである。言うならば、日本は「電報一本で契約を破棄」などと恰好の良いことをしておらず、この時期のハリマンは健気に日本からの良い返事を待っていた。日本はゆっくりと、ハリマンやイギリスとアメリカの世論を騙していくのである。

第四章で、高橋是清と金子堅太郎のアメリカ行きの船が同じであったことを述べた。そして不思議なことに高橋、金子双方の自伝類ではお互いについての記述がほとんど無いことも述べた。もし金子がモルガンの融資を捏造してハリマン計画を潰していたとすれば、そして高橋がそれに気づいていたとすれば、両者がお互いを避けるようになったのも合点がいくのである。推測であるが、このモルガンの融資の件で金子と高橋はひと悶着があったのではないかと、筆者は考えている。

ハリマンがこの時点で日本を嫌悪していなかった状況証拠があるが、その前に高橋是清の戦後の資金調達を見ておく。日露戦争の資金調達はロスチャイルドによってなされたという伝説もあるが、実態は、戦中発行分についてロスチャイルドは一度も発行銀行として参加していない。

ロスチャイルドは戦後の借り換債発行には、発行銀行として加わってくる。高橋は、この日のために戦中もロスチャイルドとのリレーションを大事にしていたのである。

ロスチャイルドが参加した借り換債

ポーツマス会議の頃まで、また少し時間が戻る。

高橋是清は、ポーツマス講和会議の期間中はロンドンに留まっていた。終戦となれば日本公債のデフォルト・リスクが低下するだろうから、戦時中に発行した六％クーポン公債を買い戻し、新たに低クーポンの借り換債を発行して、日本政府の金利負担を低減しようと考えていたのである。借り換債は整理公債ともいう。

高橋は今回の発行市場のターゲットに、パリ市場も含めるつもりであった。彼は奉天会戦後にパリ証券取引所のベルヌーイ委員長と面会していたが、その時に、交戦中はフランスが日本公債をファイナンスする事は困難だが、講和成立後には是非ともパリで発行してもらいたい、という話があったからである。

高橋がパリ出張の訓令を貰う件について、面白い電報が残っている。桂首相臨時兼任外務大臣からポーツマスへ移動中の小村寿太郎全権委員に宛て、シアトルに発信した電報である。

七月一八日桂臨時兼任外務大臣より在米国小村全権委員　在シヤトル久水領事気付

【仏国に於ける我起債問題につき在英国高橋日銀副総裁に与えたる指示に関し電報の件】

「(要約) 四月の始め、高橋はパリ取引所の最有力なる役員とロンドンで会ったが、先方は平和回復後、速やかにかなり巨額の日本公債を募集することを希望しているとの事。パリへの出張を希望する高橋に対して、訓令を出して許可しておきました」

この電報からは、桂臨時兼任外務大臣から小村全権への連絡はかなり詳細にわたっていたことが窺い知れる。ならば「桂・ハリマン協定」のサインの時、桂から小村への連絡手はずは、一体どうだったのか疑問がわくところであるが、当時は小村が太平洋の帰国の船中にあったので、連絡が付かなかったのだと推察される。それにしても小村は、「桂・ハリマン協定」の概要は知っていたはずである。

九月一日、ポーツマス条約の条件が決まった翌日である。曾禰大蔵大臣から高橋に電報が入った。

「講和談判はほぼ結了した。償金はなし、ついてはすでに発行したる公債整理のためこの際二億乃至三億円の外債を発行したきところ、英米仏独等の人気いかにや、至急資本家の意向を探り報知せよ」

高橋は折り返し返電した。

「(要約)日本が償金問題を譲り、平和を求めた事は大いに評判が良い。新聞紙上を賑わす交渉の拙劣では無く、償金問題にこだわらず講和条約を優先した日本の評判は悪くはない。公債の整理の為の外債が必要であるのならば、今が良い時期だろう、ロシアは取り敢えず短期債である大蔵省証券を発行して、信用の回復を待ち後に長期債を発行するという市場での話である。

日本がもし海外で整理公債を発行するのであれば整理する公債を明示し、現金が必要であるならばその使途を明らかにする必要がある。フランス市場ではクーポン四%。価格九〇での発行も可能だが、その際には、これまでロンドンで発行した六%クーポンの公債に対し、多少の利を乗せて新しい公債と交換できるようにしておく事が重要だ。以上の条件が満たされないならば難しいと思う。なおこの際、内より亡国論などが出て海外の信用を失墜するような事が起これば、海外では簡単に人気が失墜するので心配である」

高橋は、血の日曜日事件を始めとするロシアの国内騒擾で、ロシア公債が大きく売られたことを経験していたので、日本国内で似たような騒擾が発生することを恐れていたのである。

これと相前後して、松尾日銀総裁から電報が入る。

「日本銀行が内外に所有する正貨、及び第四回外債の未収入額を合計しても五億一八〇〇万円にしかならない。現在月額三〇〇〇万円見当で外貨が流出しているのでこのままでは二〇ヶ月程度で正貨準備は尽きてしまう。さらに本年は米不作につき、米を輸入する必要もあり事態は差し迫っている。尚米国ハリマンは一昨日来着しそれぞれの待遇手配しておいた」

先ず、日銀総裁からハリマンの待遇について手配が無事に進んでいる連絡がある。ハリマン来訪には高橋が関係していることがよくわかるだろう。また日本は、金本位制下の準備正貨を五億一八〇〇万円も保有している。当時の日銀券発行残高が三億円程度であるから、準備正貨が通貨発行量を上まわっている。これは、高橋がこの年の三月から二回にわたって合計六億円の外債を発行したからであった。しかし、問題は月に三〇〇〇万円のペースで正貨が流出していることだ。

戦争前の日本の一般会計が約二億五〇〇〇万円しかないのだから、この数字は由々しき事態だった。また大蔵省や日銀関係者から見れば、占領後の満州経営にハリマンのような外資を導入する必要があると考えるのは当然だったのである。

高橋はこの正貨流出に危機感を覚えて、政府に向けて電報を打ったと自伝は伝えている。長い文章であるが読んでいるうちに、現代の我々にも既視感が出てくることだろう。

「御申越しの件はすこぶる重大の件なるをもって事実の調査に基かざれば意見立ち難し。しかれども今や上下とも非常の決心断行を要するの時にして、戦争中のごとく警戒を弛めず、奢侈を斥け、遊惰を戒め、この際原料品もしくは生産的資本に属する機械類のごとき物品以外の輸入品には国家の力をもって干渉し、関税を重課してその輸入増進を防遏《ぼうあつ》するの方針を立て、一方生産的事業資金はなるべくこれを供給する途を明け、かつ欧米観光客の誘致策を案じ、政府は率先して自ら戒め、政府事業中殖産興業に縁遠きものは、当分出来る限りこれを繰延べ、海陸軍備の補充拡張のごときも断乎たる決心をもってこれを抑え、決して国力以上の施設を為さざるよう注意肝要なるべし。しかしてこの際財政に関しては特別の御宸襟を煩わし奉り、諸般の施設ことに陸海軍の設備に関しては、果して国力のこれに堪ゆるや否やという点につき、畏くも常に関係大臣をお膝元に御召相成親しく御裁断有之様、希望に堪えず」

高橋は、借金で得た資金に麻痺し際限を知らず膨張を続ける財政支出を止めるには、もはや明治天皇のお力を借りる以外にはないだろうと考え、政府に苦言を呈したのである。これは昭和十一年に刊行された『高橋是清自伝』の一節であるが、高橋は日露戦争時の回顧の形を借りながら、自伝を書いている昭和の今の時代について警告を発しているのではないだろうか。「国力以上の施設を為さざるよう注意肝要なるべし」は言うまでも無く、軍人が権力を掌握し始めた昭和一〇年代、そしてポピュリズムに翻弄される現代にもあてはまることだろう。

ポーツマス会議も終了した九月八日には政府から緊急電が入った。

「第一回と第二回六％ポンド建て公債二二〇〇万ポンド、内国第四回、第五回六％クーポン国庫債券二億円を整理するため、仏国を加え無抵当四％クーポン長期公債を九〇以上で三億円乃至四億円発行できれば幸いである。金融業者達と検討して欲しい」

高橋は命令通りにカッセル卿やパーズ銀行など銀行団と協議したが、借り換債は良いとしても、この年、既に欧米で六億円も日本公債を発行していることから市場は飽和状態にあると、銀行団は難色を示したのである。高橋がその旨を本国に打電すると、折り返し返電があった。

「公債募集を来春まで延ばす事は不可能である。平和が回復したとしても軍隊の引き揚げを終

債を整理するための外国債を発行しなければならない」

しようにも講和条件の関係で国内ではとにかく公債は不人気でそれも難しい。したがって内国

えるまでに莫大な費用がいる。来春三月迄の分としても二億円が必要で、これを内国債で発行

日本政府は五億円超の正貨を保有していても、まだ足りないと言っている。本来、今回は借り換債のはずであったが、政府は前倒しで余分に正貨を確保しようとしていた。高橋はロンドン銀行団が積極的では無いので、彼らに事情を説明して九月一六日にパリに向かった。パリ市場を主体に資金調達をしようと考えたのである。

九月二〇日　在仏国本野公使より桂臨時兼任外務大臣宛　第一八三号

【仏国に於ける我起債の準備に関する件】

「（要約）九月一九日、高橋と仏国総理大臣と会見の結果によれば、仏国政府は日本が仏国において公債を発行することについて異存はないが、露国政府に対して従来の関係上、平和回復後には直ちに公債発行を許可すべき約束あるにより、露国に先立ちて之を日本に許可するを得ずも、露国は近々の内に之を発行すべき筈なれば、日本には之に続き発行して差し支えなきとのこと」

ロシア全権代表ウィッテはポーツマス会議の帰りにパリ・ロスチャイルドを訪ね、ロシア公債

の引受を依頼して断られたが、一〇月中旬になると、ロシア大蔵大臣ココフッォフは、公債発行相談のため関係国の銀行代表団をペテルブルクに招集していた。公債発行は一時纏まりそうになり、一一月一〇日前後の発行になるのではないかと市場で噂が流れた。だがロシア国内の騒擾が悪化し、延期されることになった。ロシアは結局、翌年の六月まで公債を発行できなかったのである。

このロシア公債発行の延期を受けて、高橋がフランスのルビエ首相に相談したところ、対ロシア政策上フランスがロシア公債発行を断った直後に、自主的に日本公債を発行したと捉えられると困るので、日本公使館から正式にフランス政府に依頼して欲しいとの事であった。電報が残っている。

一一月四日桂臨時兼任外務大臣より在仏国本野公使宛　第二二八号

【仏国における我起債に関し訓令の件】

「(要約) 政府は戦時公債整理の為平和克服直後に欧米において公債を発行するの必要を認めたが、今般露国募債談延期せられたるにつき、この機に乗じて速やかに我公債を発行せしむ事を期し、目下高橋財務委員は巴里において右発行の尽力中なり、就いては高橋委員と「ルビエ」氏との間に下相談整い次第、貴官は同委員の申し出に応じ、「ルビエ」首相と会見して表向き右公債の発行を協議せらるべし」

当時のフランスとロシアは、建前を非常に重要視していたことがわかるであろう。また高橋が、フランスの首相ルビエと堂々と渡り合っているのが印象的である。

高橋はパリの政府筋と交渉する一方で、既にリレーションの出来ていたロンドンのNMロスチャイルドを通じて、今回の公債募集をフランスのロスチャイルドが中心になるように準備を進めていた。カッセル卿やロンドン銀行団が発行を渋っている状況であるから、高橋としては看板としてロスチャイルドの名前が欲しかったのである。ロスチャイルドが発行銀行になってくれるのであれば、パリ市場においても公債の人気は上がるはずである。これは現代の信用格付けのようなものだった。

パリ・ロスチャイルドは、もしロンドンのNMロスチャイルドが参加するのであれば、自分達も参加しても良いと条件を付けてくるが、NMロスチャイルドはこう言っていた。


戦争中、ロンドンの銀行家はわれわれを排除して巨額の発行を成功させたのに、今さらわれわれが必要だといってのこのこやってきた。[19]

ロスチャイルドは、日本公債の不人気な開戦時はともかく、血の日曜日事件以降のリスクの少ない発行に、自分達を参加させなかった事を不満に思っていたのである。当時は、シフとカッセル卿がベアリング商会のレベルストーク卿と絡んで日本公債発行ディールを仕切っていたので、それも不満だったのだろう。それでも高橋は、NMロスチャイルドと非常に良好なリレーションを確立していた。何とか説得して、ロンドン・パリ両ロスチャイルドを参加させてしまったのである。高橋が偉いのはシフと偶然に出会った事のみに満足せず、フランスの首相ルビエやロスチャイルドなど、リレーションの構築が多方面にわたって非常に巧妙だったことでは無いだろうか。ロスチャイルドに、ベアリング商会に、カッセル卿と、当時のロンドン市場の中心的マーチャント・バンクをすべて押さえていたのである。

ここで銀行団に別の問題が生じる。ロスチャイルドが参加してくれる事は投資家受けがとても良いので募集には有利なのであるが、なにしろロスチャイルドとなると、目論見書や新聞に掲載される発行シンジケートの名前の表示順位を一番上にしなければならない。つまりは、銀行の格付けをどうするか、の問題である。しかしそうなると、これまで主導してきたパーズ銀行や香港上海銀行としては、不愉快な話である。ところが、高橋がロスチャイルドに事情を話すと、ロスチャイルドは下位に名前が出る事をあっさりと承諾してくれたのである。ロスチャイルドは大物であるから気にしなかったのかも知れないが、通常では考えられないことである。高橋がよほど食い込んでいたのだろう。この発行はロスチャイルドに助けられたようなものだったのである。

一方で、パーズ銀行としては、ロスチャイルドの上に自行の名前が書かれる事になり、これはもちろん創業来初めての事であって、「まるで鬼の首でもとったように喜んだ」と高橋は伝えている。現代の金融界でもツームストーン（墓碑広告）における証券会社の順位は、引受マンにとって、最も重要なものである。

こうして第五回ポンド建て日本公債の概要が決まった。総額五〇〇〇万ポンドの大型である。この内、半分の二五〇〇万ポンドを内国公債の借換えを目的としてとりあえず発行し、残りの二五〇〇万ポンドは、第一回、第二回六%ポンド建て外国公債の借り換用として保留し、来年三月以降に発行するという手順となった。発行日は一九〇五年一一月二八日、一二〇〇万ポンドをパリで引受け、残りの一三〇〇万ポンドを英米独で三分した。また戦争は既に終了していたので、担保は不要となったのである。今回は列強国全部が揃っているのであるから真にグローバルな発行と言えただろう。

第五回ポンド建て日本公債

- 発行総額二五〇〇万ポンド
- クーポン　四・〇%
- 償還期限　二五年
- 発行価格　九〇
- 政府手取額　八八
- 発行金利　四・四四%
- 調達金利　四・五四%

幹事団　イギリス=パーズ銀行、香港上海銀行、NMロスチャイルド、横浜正金銀行
アメリカ=クーン・ローブ商会、ナショナル・シティ・バンク、ナショナル・バンク・オブ・コマース
ドイツ=ウォーバーグ商会、ドイツ・アジア銀行他

フランス＝ロスチャイルド

応募はパリ二〇倍、ロンドン二七倍、ニューヨーク四倍、ドイツが一〇倍であった。クーン・ローブ商会のシフは、自分達の引き受け分が少ない事をパーズ銀行に対してクレームをつけている。これまでの発行と異なり、クーン・ローブ商会は主役ではなかったのである。

日本公債のクーポン・レートはとうとう四％まで下がり、担保も不要となった。日本は国際金融市場において、ようやく一流国の末席に位置を占めたことになったのである。高橋は一二月二〇日にロンドンを発ち、一年ぶりにニューヨーク経由で日本へ帰ることになった。すべてが丸く収まってようやく肩の荷が降りたところだったろう。

しかしニューヨークでは、日本興業銀行添田総裁の手紙を持った鉄道王エドワード・ヘンリー・ハリマンが待ち受けていたのである。

ハリマンの豪華パーティー

一九〇六年一月一〇日の「ニューヨーク・タイムズ」は、八日にメトロポリタン・クラブで開催されたハリマン主催の豪華なパーティーの模様を伝えている。

メトロポリタン・クラブは、一八九一年に創立された当時のニューヨークでは最高のエリート・プライベート・クラブで、初代会長はジョン・ピアポント・モルガンが務めていた。このクラブは、現在でも創業時の姿のまま五番街六〇丁目セントラル・パーク沿いで営業している。

パーティーの主賓は、高橋是清、深井英五、その他、横浜正金銀行今西ニューヨーク支店長、内田在ニューヨーク領事。もちろんハリマンの盟友クーン・ローブ商会のヤコブ・シフも主催者に名前を連ねていた。

ゲストは六〇名と人数は少ないが、このパーティー会場の飾り付けは尋常ではなく贅の限りをつくしていたとある。部屋の中央に仏教寺院の五重の塔の模型を設え、テーブルの端には錦鯉の泳ぐ池が造られ、部屋全体がまるで日本庭園のように飾りつけてあった。

この晩餐会には、前年、日本訪問時に手厚い歓迎を受けたハリマンの日本に対する感謝の気持ちが表現されていた。ハリマンは日本を大変気に入っていた。特に、訪問をアレンジしてくれた高橋へのお礼の意味もあっただろうが、当時のアメリカの富豪が感謝の気持ちをお金で表現するとこんな大袈裟なパーティーになってしまったようである。またクーン・ローブ商会のヤコブ・シフも、昨年のハリマンに続いてこの年の二月には家族を連れて日本旅行に出かける予定だったので、宜しくとの意味合いもあったのかもしれない。

ハリマンは、日本滞在中に柔道と剣道にすっかり魅入られてしまっていた。この時、日本から講道館四天王の一人と称される富田常次郎率いる柔道家・剣道家六名をアメリカに招待して、既にアメリカにいた柔道家前田光世を加え、コロンビア大学などでエキシビション・マッチを開催していた[20]。もちろんこのパーティーでも、特別に作ったスペースに畳を用意して模範試合をショーとして企画していた。

ハリマンがどの位の資産家であったかと言うと、一九〇九年に彼が死去した時の遺産が七〇〇〇万ドルから一億ドルと言われている。日本円で約二億円といったところだろうか。ロックフェラーには遠く及ばないが、一九〇三年の日本の一般会計歳出が約二億五〇〇〇万円だったから、その大きさがわかろうかと言うものである。

このパーティーでは、取材に集まった新聞記者達の期待を裏切り、投資に関する話題は一切出なかった。

ハリマンには、日本に関してひとつだけ懸案が残っていた。それは前年、日本を訪問した際に桂首相と交わした「桂・ハリマン協定」である。日本からの帰国時に日本興業銀行の添田総裁からの手紙で一時停止とされて以後何の音沙汰もなかったのである。前年一二月二三日の「ニューヨーク・タイムズ」では、小村外務大臣が清国へ赴き「満州善後条約」が結ばれたと報じられていた。そしてそこには、清国が満州の一六の港湾とハルビンを含む都市を国際的に開放する、と書いてあった。ハリマンはまだ日本政府の対応に期待していたと考えられる。筆者の推定であるが、ハリマンはこのパーティーの前後に、高橋に対して「桂・ハリマン協定」に対する日本政府の回答を迫ったのだと考える。何故ならばこのパーティーの直後に、日本興業銀行からハリマン宛に電報が届いているからである。

一月一五日、日本興業銀行添田総裁発　ハリマン宛

「(要約) 小村男爵は一月一日に帰朝し、七日から新内閣が組閣されました。私は事の経緯を早くあなたに知らせるべきだと急かしましたところ、首相から次のように連絡するよう指示を

受けました。ポーツマス条約第六条にからむ南満洲鉄道の譲渡先に関しては、元々ロシアに与えられていた契約を尊重し、日本人か、もしくは清国人の株主で構成された会社に限定される事になりました。首相からは『このような制約下では昨年一〇月一二日に貴兄と交換した合意書を無効にして頂く他はありませんし、これをベースにいかなる調整を成す事も出来ないことを残念に思います』との事です。しかしながら、日本政府は日本と清国の資本だけで南満洲鉄道の設備更新や拡張ができるかどうかに関しては疑いを持っており、それゆえ将来は海外資本に開放するような機会が必ずくるかと思います。その時にはまた新しくご相談したく思います。なお桂首相は退任し、この電報は新しく首相になった西園寺侯《ママ》爵と相談の上発信した事を付言しておきます。　添田[21]」

覚書は、サンフランシスコでハリマンが受けた電報の「一時停止」から、今回は完全に「無効」になってしまったのであった。

また、覚書のアメリカ側の作成者であるグリスコム駐日公使宛に、日本の外務省顧問であるヘンリー・ウィラード・デニソンから手紙が届き、それを公使がハリマンに転送してきた。

（一部省略）日本政府は南満洲鉄道の譲渡に関する同意を得たが、以前のロシアへ譲渡していたときと同じ条件を清国側は求めてきた。それによると、鉄道は日本と清国の株主で構成された会社によって運営される必要がある。もし清国が満州の企業の半分の資本を提供できるのであれば、一〇月一二日の覚書は実行不可能である。現在、清国では外国への譲渡等に対する非常に激しい反対運動が展開されている。清国政府としては、何とかして過去に譲渡したものを取り戻そうと努力しているところである。ロシアの撤退によって破綻したものは破棄し、破綻しないものは買い戻そうとしている。こうした考え方がベースになっている以上、清国は南満洲鉄道の半分に資本を投入してくるだろう。もし新しい路線であれば外資の参入も可能かもしれないが、その場合はハリマン氏のような強いネゴシエーターでなければ参入は困難だろうと思う。[22]

そこには、参考までに小村代表が清国と結んだ満州善後条約の新聞記事の写しが添付されていた。もちろん国家機密である条約そのものではなかった。

ハリマンは勿論のこと、これを知った高橋も釈然としないものを感じただろう。日露戦争のファイナンスにおいて、日本はロシアに実質占領されていた満州の「門戸開放」を謳い文句にしていた。ハリマンの南満洲鉄道に対する半分の出資が困難であるならば、過半数以下にするとか、あるいはイギリスも参加させるとか、いくらでも方法はあったはずである。しかし、ここではオール・オア・ナッシングになっていたのである。それならば、伊藤博文なども、早い時期から南満洲鉄道への外資の導入などと言わなければよかったということになる。ハリマンの日本への不信感は募るが、条約で日本人と清国人でなければ南満洲鉄道の株主になれないのであれば、仕方の無いことであった。清国領内の鉄道なのであるから、これには一定の説得力があった。しかしここで注意しなければならないことは、清国人にも満鉄への出資を認めているという点である。鉄道は日本が管理下に置くが、満州は「門戸開放」させる意思があるように見えるのである。そうであれば、欧米にもビジネス・チャンスは残されているはずだった。

高橋は、一月二三日、サンフランシスコ発「シベリア号」で帰朝した。またシフは、この一ヶ月後の二月二二日に家族を引き連れニューヨークを出発し、前年ハリマンが辿ったのと同じルートで日本を訪問し観光している。ハリマンにすれば、後の交渉はシフに委せるしかなかったのである。

シフの記録には、ハリマン事件についての記述はない。これは推測であるが、シフはハリマンの計画に、あまり積極的では無かったのかもしれない。南満洲鉄道への資本参加までは良いとしても、ロシアから東清鉄道を買収し、さらにシベリア鉄道の通行権を取得しバルト海まで出たとして、大西洋航路にまで進出するビジネス上のメリットはあるのだろうか、と。シベリアは人口過疎地帯であるし、ロシアの専制政治はどう見ても不安定だった。またただでさえ当時競争の激しかった大西洋航路に、クーン・ローブ・グループが参入したとしても、モルガン・グループとの不要な摩擦を生みかねない。ある意味でハリマンの壮大な計画は、子供じみた物だったのかもしれない。本来であれば、シフは訪日した時に、日本政府と談判すべきところであるが、彼の日本滞在記[23]はこの件に関して全く沈黙しており、ただ単に充分に日本旅行を満喫した様子が書かれているだけなのである。

東株分割修正後株価

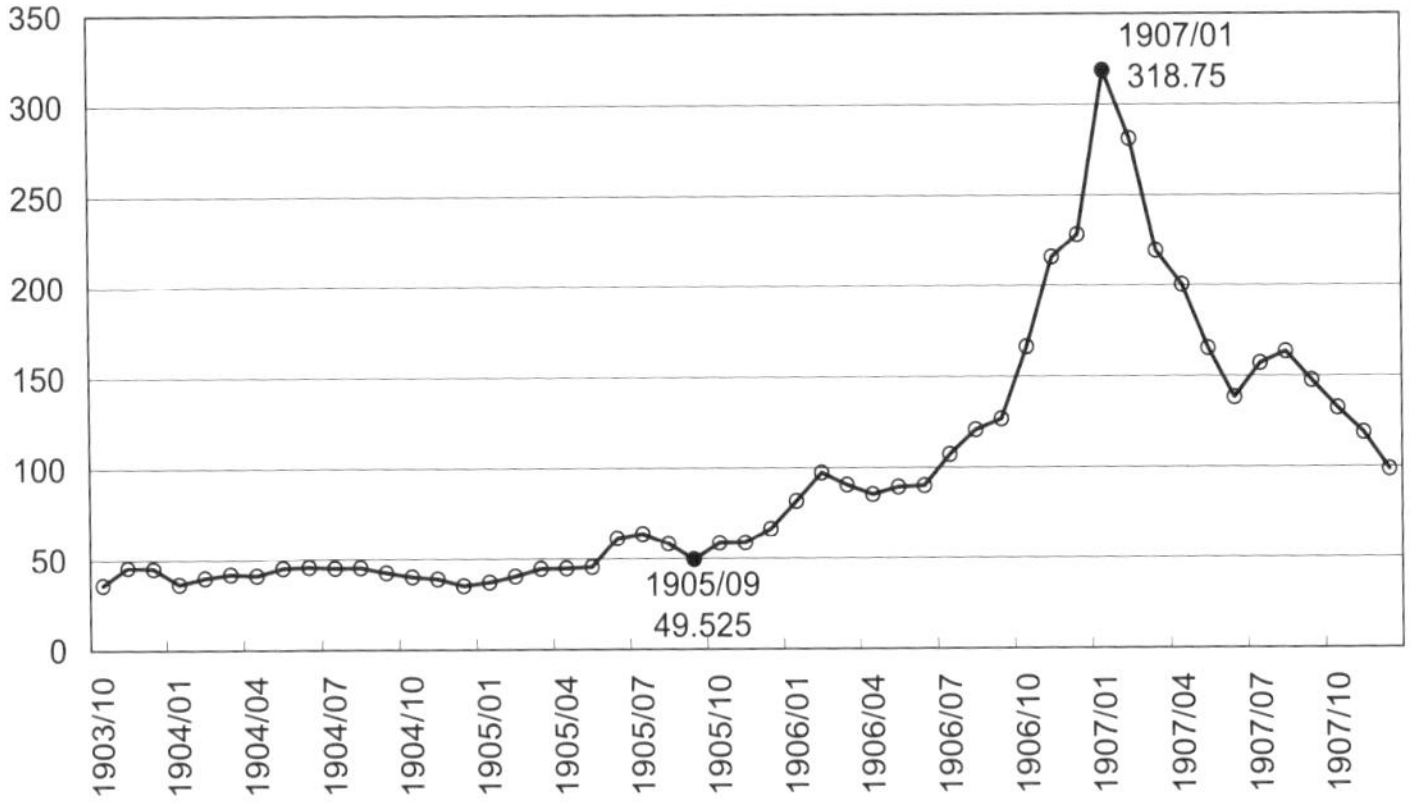

外国人投資家を締め出した鉄道国有法案

ロンドン市場の日本公債は、巨額の債務残高から元利支払能力への疑いが出て、年初は一旦調整に入ったが、日本政府から公債残高を減らすための減債基金案や戦時非常特別税の継続法案が議会を通過すると、財政規律への安心感が拡がり次第に活況を見せ始めた。また、日本国内では戦争中に大量の公債発行によって軍事費としてばらまかれた資金が市中にだぶつき始めているとの認識も広まりだし、株式も堅調な展開になったのである。そこへ高橋がパリを中心に発行した借り換債による内国公債の償還が行われたことによって、資金が開放され、さらに、戦時中から毎月三〇〇〇万から四〇〇〇万円と市場から吸い上げられていた公債募集が前年の九月に無くなったことから、民間の資金は金融市場にだぶつき始めていた。日露戦後のバブルが形成されたのである。

東株は終戦の一九〇五年九月の約五〇円から一年三ヶ月ほどで約六倍にも値上がりした。[24] 日本に帰った高橋是清は一九〇五年に貴族院議員に勅撰されていたので、帰国後は会期中であった第二二回帝国議会に出席した。日露戦後初のこの議会では、桂内閣から引き継がれた「鉄道国有法案」が提出されていた。

富国強兵を旨とする日本では、新橋・横浜間の創業以来、鉄道を国有化しようとする考えはあったが、政府財政の窮乏により叶わぬままになっていた。また私鉄株の株主でもある華族や資本家、地主階級が議会を構成していたので、この法案は何度も提出されたものの議会を通過しなかったのである。

「魅力的な投資先だった新興国・日本」のところで述べたが、外国人投資家が日本の鉄道債券に投資する場合、担保となる不動産や鉱山の所有を認められていなかった。その為に外国人投資家が日本に投資できない環境が続いていたのだが、その解決策としてベアリング商会のレベルストーク卿はロンドンで鉄道抵当法案のドラフトを作成し、日本政府に送付していた。彼らにすれば、対日投資への基盤整備のつもりであった。

このドラフトは手直しされ、鉄道の担保を信託で預かる形で「担保付き社債信託法」として前回の第二一回帝国議会を通過していた。つまり外国人も、間接的に不動産や鉱山を担保として押さえられるようになったのである。こうなると、外国人投資家は日本の鉄道債券のみならず株式も購入し始めたので、軍部や政府としては産業基盤である鉄道が外国人に買収されるのではないかという懸念が、台頭してきたのである。

たとえ買収されなくても、経営状態を株主に開示する事によって軍用列車の運行等軍事上の機密が漏れるのでは無いか、あるいはいざと言う時に外国人の大株主によって軍事輸送を拒否されるのでは無いか、といった懸念が問題視された。確かにハリマンの資産の大きさを見ても、外国人投資家の資金量は脅威であったろうと想像がつく。

鉄道国有法案の審議は大議論を呼んだ。推進派は軍部ばかりだと思われがちだが、財界の一部にもばらばらに私有化され地域独占下にある鉄道に不便さを感じるところがあったし、国民の一部にも実際に交通上の不便な問題があった。

例えば、現在の中央本線である甲武鉄道が甲府から横浜まで貨物を運ぼうとすると、日本鉄道を経由しなければならないが、直通列車の運行に日本鉄道は容易に応じない。[25]また上野から新潟まで行く場合に、線路は繋がっているのに、直通列車がなかった。当時は上越線が開通していないので、日本鉄道で上野から高崎まで出て旧信越本線である官鉄に乗り換え、碓氷峠を越えて、長野経由で直江津まで行くと、そこでまた北越鉄道に乗り換えなければ新潟まで行けなかったのである。運賃面でも長距離割引のメリットがなかった。この直通列車は一九〇五年の七月に、やっと運行されることになったのである。[26]また運賃面でも、地域独占である鉄道会社の横暴に対する非難も数多く起こっていた。鉄道国有化は、軍事上の問題だけではなかったのである。政友会の原敬などは、国有化によって政治主導で鉄道敷設のバラマキが出来ることから、選挙対策を通じた政党基盤の強化を考えて国有化に賛同していた。昔から、やっていることは変わらないのである。

一方、これに反対したのが、渋沢栄一、井上馨、加藤高明外務大臣、阪谷芳郎大蔵大臣、高橋是清達であった。このメンバーは「桂・ハリマン協定」を推進していた人達でもある。このメンバーの中心で国際協調重視派である伊藤博文は、前年一一月の第二次日韓協約による大韓帝国の保護国化により初代韓国統監となり、この頃は多忙を極めていた。見方によっては、体良く発言力を落とされていたとも言えた。

反対派の加藤高明は、この件で外務大臣を辞職するが、その際に反対の理由をまとめている。「鉄道株主の私的所有権の侵害である。日本の産業資本は、今後、外資に期待するところが多いのに、これでは外国からの信頼を得られない。私設鉄道買収の為に今後四億から五億円の公債を発行する必要があり、これは公債価格の下落を招き、政府の財政的信用を保てない」[27]

高橋も同様に、公債発行の増発による日本政府の信用の失墜を理由に、反対派の急先鋒となっていた。戦費調達の殊勲者であるから、発言力も強くなっていたようである。

局面の打開を探る西園寺首相は、井上馨、高橋や阪谷を集め、こう説得した。

「私鉄買収費として発行する鉄道公債は、現在、市場に流通している株式社債券二億二五〇〇万円に代わり市場に出現するのであるから、我が国の証券購買力には影響を与えない、ましてや鉄道は生産的なものであるから、発行した債券の元利支払いには困らない」

加藤高明は反対を貫き辞任したが、高橋はその矛先を収めてしまった。前出のスメサースト氏は、これを「高橋の出世欲もあるが、それよりも彼が政府内での影響力を保持する為に妥協したのではないか」と推察している。[28]

この法案可決によって、全国一七の私鉄が買収されることになった。二五〇〇キロあった官営鉄道の路線に総延長四五〇〇キロが加えられ、買収金額は四億八〇〇〇万円にのぼったのである。

ロンドンのネイサン・ロスチャイルドが、パリのジェーム・ド・ロスチャイルドに出した手紙がある。パリ・ロスチャイルドのジェームは前年秋に日本公債を引き受けたばかりだったので、日本政府の財政負担になる鉄道国有化を懸念していた。

「実をいうと、私はそれほど心配していない。こんな法案が通るはずはないからだ」と、書いている。日本公債に投資する海外の投資家から見れば、鉄道国有法案通過は望ましくない結果であったし、ビジネス面でも新興国投資の対象が減ってしまうことでもあった。

三月一七日の「ニューヨーク・タイムズ」の記事である。

（意訳）東京一六日発。日本の衆議院において鉄道国有法案が二四三対一〇九で通過した。日本国内の私鉄同様に、漢城釜山鉄道の買収案も通過すると見られている。買収規模は二億五〇〇〇万ドルで、買収は五年以内に行われ、市場が混乱することは無いだろうとのことだ。加藤外務大臣は、この法案に反対を表明し辞任している。この鉄道国有法案は、ハリマン氏がファイナンスの約束とともにコンサルトしたものだと考えられる。現在、日本を訪問中のシフ氏も、これに絡んでいることは間違いない。何故ならば、シフ氏の会社は日露戦争以来の日本政府の財務エージェントでもあるからだ。昨年、ハリマン氏は日本を訪問した。当時はハリマン氏所有の太平洋郵船の日本政府による買収案件であると考えられていたが、今となってはこの鉄道国有化が訪問時の大きな議題であったことが想像される。この件に関して、タイムズの記者が内田ニューヨーク総領事に問い合わせたが、"Really" とだけ言って、今日は眠いので明日にしてくれと言ったそうである。[29]

この記事は「ニューヨーク・タイムズ」の観測記事でしかないが、「桂・ハリマン協定」は完全に秘密が守られていたことがわかる。また、シフの訪日目的が日本の鉄道国有化に伴うファイナンスであったと推定しているところが、大変興味深いのである。実際には、ハリマンは南満洲鉄道を買収したかっただけなのであるから。いずれにせよ、「桂・ハリマン協定破棄」をもってアメリカ一般大衆の対日感情が悪化したとは言えないのである。少なくともこの時点では、メディアも大衆もこの事件のことは何も知らなかった。

鉄道国有法案は、三月二七日に貴族院で投票があり、議決されている。当時、日本を訪問中だったヤコブ・シフはその日記に、「見学中の貴族院の特別席から『鉄道国有化法案』の投票を目の前で見た」というようなことを、書き記している。[30]

国内の私鉄を軍事上の理由からわざわざ買収して国有化する国である。シフはこの光景を見て、ハリマンの南満洲鉄道への資本参加は絶望的だと考えたのではないだろうか。

また外国人投資家が日本に資本投下できるようにと担保付社債信託法案のドラフトを準備して協力した、ベアリング商会のレベルストーク卿にすれば、全くの「やぶ蛇」になってしまったのであった。現代でも綿々と受け継がれる、外資による買収恐怖症の原型がここにあったとも言えるだろう。

南満洲鉄道、IPOの開始

日露戦争が終了して約半年も経過したというのに、日本軍の満州地区からの撤兵は遅れ気味で、現地では依然として軍政を布《し》き続けていた。こうした日本の姿勢に対して、前年末の「満州善後条約」によって、満州が門戸開放されたと考えていたイギリスやアメリカからは、クレームが付き始めた。

二月一四日　加藤外務大臣より寺内陸軍大臣宛　第九一号
【満州が英国貿易の為に開放せらるべき時期に付き問合の件】
「（要約）日本人は既に当地に於いて事業を開始しているようであるが、英国貿易商に対してはいつごろ開放されるのであるか、マクドナルド在日英国大使より問合せがありました」

二月二三日　在本邦米国代理公使ウィルソンより加藤外務大臣宛　第二一四号
【満州に於ける米国の商業に対する差別待遇に関し取調方依頼の件】
「（要約）帝国政府は門戸開放策を実行すると理解しておりますが、現地の一部下級官僚においては差別的な扱いがあるようですのでお調べ下さい」

二月二七日　英国マクドナルド大使より加藤外務大臣宛（大使より直電）

【満州の門戸開放に関し回答方督促の件】

「（要約）一三日にお問い合わせした門戸開放策について、早くご回答下さい（一四日の電報の件）」

この電報では、日本政府は満州の「門戸開放政策」の具体的なプランについて回答できないでいた様子がわかる。まだ具体的な計画が定まっていなかったのである。

三月六日　在英国林大使より西園寺兼任外務大臣宛　第三九号

【日本官憲に依る英国の満州貿易阻害の事実に関し英国国会に於ける質疑応答の件】

「（要約）英国国会において満州の日本官憲が日本人以外の外国人に対して貿易を妨害しているることを知っているかどうか英国外務大臣に対して議員から質問がありました」

いよいよ英国議会で問題となったのである。

三月一五日　在本邦米国臨時代理公使より西園寺兼任外務大臣宛書状持参

【満州に於ける機会均等主義違反の問題に関し督促の件】

「（要約）一月二三日に取り調べを依頼した件は既に三週間が経過しておりますが、未だ回答を頂いておりません」

こうした状況をイギリスやアメリカがどう考えていたのか、よく解る書簡がある。以下は三月一九日に駐日英国大使マクドナルド（前年八月に公使館から大使館に格上げされた）が、韓国統監伊藤博文にあてた私信である。きちんと回答しない日本政府にしびれを切らして、伊藤に直接訴えた手紙を書いたのであろう。

日露戦争に際し諸外国が日本に同情を寄せ軍費を供給したるは、日本が門戸開放主義を代表し、此主義のために戦うを明知したるが為なり。然るに、日本の軍事的方面に於いて唱導せらるる説を聞くに、露国は早晩復讐を企つべきを以て、今日より之に対する設備を満州に於いて為すの必要ありと。此説或いは可ならん。併し乍ら、今日のままにて進まば、日本は与国の同情を失い、将来開戦の場合に於いて非常なる損害を蒙るに到るべし。[31]

これまで見たように、日露戦争はイギリス・アメリカのファイナンス抜きでは日本は戦えなかった。これ以後生起する戦争でも同じことだろう。まさにこの三五年後には、この書簡の言う通りになるのであるが、満州における日本の行為は日露戦争発起の原因となった義和団事件以降のロシアの態度と重なるものがあった。イギリスやアメリカにすれば、満州におけるロシアが日本に替わっただけでしかなかった。

三月二六日に在本邦米国臨時代理大使より西園寺兼任外務大臣宛に【満州の日本軍占領地域に於ける商業上の機会均等主義違反に関し注意喚起の件】が、送付されてきた。この中でアメリカは、日本の満州からの撤兵の遅延が故意のものであるとして、「門戸開放」や満州利権に対する日本の態度を非難し始めるのである。この日は鉄道の国有化が議決される一日前のことであった。こうしたイギリスやアメリカからの非難に対し、日本政府もいつまでもこの問題を放置しておくわけにはいかなかった。

四月八日　西園寺兼任外務大臣より在英国陸奥臨時代理大使宛　第五九号

【満州開放の決定に関し通報の件】

「帝国政府はこれまで満州における撤兵のまだ充分に進捗しないことから、外国人及び外国船舶の同地方に出入、並びに外国領事官の同地方に赴任することを許さなかった。ここにきて撤兵も大いに進捗したことから、これまで主張してきた所の門戸開放機会均等の主義を実行し、五月一日より外国人および外国船舶の安東県大東溝に出入すること並びに外国領事館の安東県に赴任することを許す。六月一日よりは外国領事館の奉天に赴任すること並びに軍事上特に差し支えある場合を除き一般外国人の内地に旅行することを許す……」

この電文は、在英国日本大使館経由で欧州各国の日本公使館、領事館に転送されたのである。英米からの門戸開放への圧力に対して、日本としては満州から兵を引き、軍政を早く終わらせ、それに代わる満州での日本の利権を確保するための「満州経営の枠組み」を早急に取り決める必要が出てきた。

五月二二日に「満州問題に関する協議会」が、首相官邸において開催された。これはイギリスやアメリカからの苦情窓口になってしまっていた、伊藤博文が主催した会議であった。伊藤は国際協調派である。この会議は法律に則った公式のものではなかったが、参加者は山縣、松方、井上、大山元帥の元老ほか、陸・海・大蔵・外務各大臣に元首相の桂陸軍大将、山本海軍大将が名を連ねた。また四月一日付けで、参謀総長となった満州経営推進委員会委員長、児玉源太郎が出揃い、当時の実質的な日本の最高首脳会議だったのである。

この会議において、満州の占領地域における軍政廃止が決定され、これに替わる機関としてかねてより児玉源太郎が温めていた鉄道企業による植民地経営、つまり南満洲鉄道の設立が決められた。こうした日本の事情では、ハリマンが提案したような外資による南満洲鉄道の共同経営などあり得るはずもなかったのだ。

六月八日、「南満洲鉄道株式会社設立の件」(勅令一四二号)が公布され、児玉源太郎が設立委員長に任命された。設立委員は関係各省庁次官・局長クラス、国会議員、財界代表など八〇名からなり、これとは別に一三名からなる定款調査委員会が設けられ、渋沢栄一が委員長となった。まさに政財界一体の取り組みであった。株式は日清両国人に限り所有することが出来る。また、日本政府は鉄道および付属財産、炭鉱を以て、現物にてその出資にあてるとある。現金は払わないのである。

八月一日には、非公開の全文二六条からなる「設立命令書」が公布されたが、この時、委員長である児玉源太郎は日露戦争の心労がたたり、すでに七月二三日に死去していた。委員長職は陸軍大臣、寺内正毅大将に引き継がれていた。南満洲鉄道は同地を軍事占領した陸軍が主導だった。

また児玉の死をきっかけとして、当初、これを固辞していた後藤新平が児玉の遺志を継ぐべく満鉄初代総裁に任命された。これで元々の発案者が満鉄初代総裁に収まったのであった。この非公開の「設立命令書」には、先に公表された「勅令」よりも具体的に業務範囲や資本金、政府の保護、会社に対する政府の命令権などが規定されており、政府機関としての民間会社「南満洲鉄道」がここで初めて具体的な姿となったのである。つまり鉄道附属地という規定のもとに、清国政府の行政権を全く締め出し、守備隊と称する軍事力を常駐させ、植民地的施策を執行できるように規定したのである。附属地と言っても線路の周辺に限定されず駅周辺の市街地が主要な部分を占めており、中国東北部の鉄道に沿った交通の要衝である都市群が日本の植民地として経営されることになった。

後藤新平が構想し、児玉源太郎が採用した半官半民の一企業、香港やシンガポールのように都市を拠点に植民地経営をする「満州版東インド会社」が設立された。あからさまな軍政から、いわば仮面をかぶった軍政に移行したのである。

九月一〇日、南満洲鉄道の第一回株式募集が開始された。南満洲鉄道のＩＰＯ（Initial Public Offering：新規株式公開）である。締切りは一〇月五日だった。会社の資本金は二億円で、その内一億円が政府からの鉄道と付属物による現物出資であり、残りを募集するのである。第一回の募集は、資本金の残りの一億円の二〇％分である二〇〇〇万円だった。

満鉄株の応募状況は、募集株式一〇万株から役員持株一〇〇〇株を除く九万九〇〇〇株の募集に対して、申し込み総株数一億六六四万三〇一六株（申込人数一万一三五六人）と、なんと一〇七七倍もの大盛況となったのである。これには理由があった。一株二〇〇円の額面に対して二〇円ずつの分割払い。さらにこの二〇円に対して、わずか五円の証拠金で申込めたことが大きく影響していた。また四一一頁のグラフにあったように、この時の日本の株式市場は日露戦争後のバブル期に当たり活況を呈していた。いわば株ならば、何を買っても上がるような状況だった。そこへきて二〇〇円の満鉄株が五円で買えたのである。

一般に財界は南満洲鉄道の採算性の観点から、この募集には冷めていたが、その一方で個人投資家の応募が盛況だったのは、南満洲鉄道が日露戦争によるほぼ唯一の収穫物であり、愛国心の発露の場でもあったことが大きく影響している。さらに同社定款五三条によって、払込金に対する年率六％の配当が、政府によって一五年間も保証されていたのだった。銀行も投資家に対して積極的に証拠金の貸付を行なった。日露戦争が終了しても、国家財政の巨額の外債への利払いの負担は変わらない。国民には依然として重税が課せられていた。有利な条件による満鉄ＩＰＯには、こうした国民負担のガス抜きの意味あいもあったのだろうと推察される。

清国人からの申込もあったが、募集が高倍率であったことを理由に全く排除されてしまった。また清国政府は応募に参加せず、そのかわりに清国外務部から事後的に清国公使宛抗議の文書が届いていた。

一一月一九日　在清国林公使より林董外務大臣宛　機密第一五二号

【南満洲鉄道会社に関し清国政府より抗議提出並びに奉天将軍の対日態度に関する件】

「南満洲鉄道は清露合弁である東清鉄道の一部分であるとの議論並びに日清条約第二条露清の原約に照らし以下の点が違反である。

一、会社の設立が日本政府の命令に基づけること

二、鉄道及び付属財産を以て日本政府の出資としたること

三、会社総裁等が日本政府より任命されること」

南満洲鉄道は、もともと清露合弁会社であった。それにも拘らず、付属財産を日本のものとして出資したのはおかしいというのである。ところが、在清国林公使はこれを相手にする必要はないと意見具申し、政府もこれに頬かむりを決めこんだのである。

しかし、国際社会の目からは逃れることはできなかった。日清共同保有を謳いアメリカやその他列強を排除しながら、結局、日本が南満洲鉄道株式の一〇〇％を押さえてしまったのである。これでは、満州における日露戦争以前のロシアが、日本に入れ替わっただけの話だった。一体、

日本は誰の資金で戦争が出来たのか――。これを契機にハリマンが怒り狂ったのも、アメリカが日露戦争後の対日政策をもう一度考え直さざるを得なくなったのも、仕方のないことであろう。

募集は成功した。だが一株二〇〇円が一〇万株分しかなく、さらに分割払いによってその二〇〇円のうち二〇円しか払い込まれていなかった。資本金二億円とはいえ、一億円は政府による現物出資であるから、スタート時点での満鉄のキャッシュは二〇〇万円ほどしかなかった計算になる。満鉄は、直ぐにでも資金調達をしなければならなかった。そのうえ満鉄は、狭軌から標準軌への改軌のための、レールや機関車、車両など大量の資材を輸入に頼ることになる。つまり、満鉄は日本政府と同じように、海外で貿易通貨である正貨を、また早急に調達する必要が出てきたのである。

満鉄の資金調達は、日本興業銀行の仕事であった。その後、添田総裁は自ら海外出張に出向き、高橋是清のように外債発行による調達に奔走することになるが、日本の満州市場における独占化の傾向が明らかになりつつある状況下では、これは容易なことではなかった。しかも、添田が大蔵大臣から与えられた条件はクーポンを五%以下とすること、南満洲鉄道を抵当に入れないことなど、厳しい条件が課せられていたのである。

一九〇七年四月、添田は先ずアメリカに渡りクーン・ローブ商会と話をするが、案の定、断られてしまう。この時、疑問なのは、前述したように「桂・ハリマン協定」を破棄する際に、金子堅太郎と小村が融資の約束をしたはずのモルガン商会には、なぜか行っていないのである。

添田は、結局、ロンドン市場で四〇〇万ポンドの債券を発行するが、これにも日本政府の保証をつけざるをえなかった。[32]

最後の資金調達

前年一一月に、パリ・ロスチャイルドを中心に発行した四%クーポンの日本公債五〇〇〇万ポンドは、半分だけの発行でまだ枠が二五〇〇万ポンド分残っていた。高橋と深井はこの処理のために、一九〇六年の九月に再び日本を離れ、最後の資金調達の旅に出たのである。

南満洲鉄道のIPOが行われる四日前の九月六日に横浜を出発し、ニューヨークでは二七日に、早速、ハリマンと面会している。ところが、ハリマンの高橋への応対は、年初のフレンドリーで派手なパーティーとは打って変わって冷たいものであった。ハリマンは役員会を理由に、ほんの一〇分程度しか時間を作ってくれなかったのである。高橋と深井は応接室で長い時間待たされた。

ハリマンは高橋を見ると、開口一番、日本政府の南満洲鉄道に対する措置が大失策であると決め付け、こう言った。

「私には、三ヶ月で南満洲鉄道の改修を完成する計画がありました。米国の鉄道で使用している資材をそのまま使えば良いと考えていたからです。今、アメリカの鉄道は重量のある貨物を走らせられるように設備更新しているところですから、日本にとっては最も有利な選択であったはずです。

シベリア鉄道に接続して南満洲鉄道を経営するには、アメリカの普通の設備をそのまま使えば良かったのです。だから、今ある資材を満州に運んで改修すれば工期も早く終わり、コストも安くて済んだでしょう。もし私に経営を委任していれば、南満洲鉄道は今頃とっくに完成していたはずです。ま、私としては、責任を逃れて肩の荷がおりたというところですが、日本政府は、今後一〇年以内に、南満洲鉄道の経営を米国人と共同で行わなかったことをきっと後悔することになるでしょう」

高橋も黙ってはいられず、こう切り返した。

「おっしゃることはご尤もですが、南満洲鉄道はロシアの権利を継承したものであって、露清条約をベースとしなくてはならないのです。露清条約では満州の鉄道経営は露清の共同に限るとの規定があるために、日本もこれを継承して鉄道は日清の共同でなければならないと聞いております。アメリカ人と共同経営できないことは遺憾でありますが、こういった事情があることは是非ご理解下さい」

高橋は詭弁を弄するのであるが、この後直ぐに、日本人が南満洲鉄道株の一〇〇%を落札してしまったこと、また前述の清国からの抗議で、苦しい言い訳は破綻してしまうことになる。ただこの時はまだ、ハリマンは高橋のウソを知らないわけであるが、高橋のこの杓子定規な建前論の発言によほど刺激されたのだろう、興奮してさらにこうまくしたてた。

「露清条約のことなどよく知っている。しかし、日本が南満洲鉄道を譲り受けるにあたって、その条件の修正などは小村男爵の腹ひとつにあったはずだ。北京での交渉で清国の同意さえあれば、他の国の人間が関係者となっても何も問題は無かったに違いない。私は小村男爵が、米国人との共同経営に反対の意見を持っていたと聞いています」

ハリマンは続けた。

「自分としては清国人と共同で事業をするより、もしできるならば日本人と一緒にするほうが良いから、機会があればまた日本へ出向いて有力者と話をしてみるつもりだ……」

最後は歯切れも悪かったようである。これだけ話すと、ハリマンは次の会議があるからと、高橋達を残して応接室をさっさと出ていってしまったのであった。

高橋は、この一件を西園寺首相、阪谷大蔵大臣、林外務大臣に報告している。[33] 彼は上記のハリマンの発言に付け加え、自身の所見として、次のような内容の電報を打っている。

ハリマン氏としては国策や政治的な意図は無く、あくまで世界を一周する鉄道網を完成したいのであって、その為には南満洲鉄道を日本と共同経営することが一番の選択であったのだと思います。もし日本にこれ以上の交渉の余地が無いのであれば、ハリマン氏は清国政府と協商し、上海を起点としてシベリア鉄道と連絡するようなこともあるかもしれません。そうなれば、我が国の神戸港を始めとして、南満洲鉄道や大連湾にとって由々しき競争者となるでしょう。ハリマン氏の資本力は強大ですので、これと競争するのは得策ではありません。ハリマン氏は再び来日して交渉するかもしれませんので、この点は是非ご一考願いたい。

（中略）またハリマン氏は、南満洲鉄道用の不要の資材を売りつけて僅かの利益を得ようとするような小人物ではありませんので、南満洲鉄道の資材に関しては取り敢えず米国製の調達をお考え下さい。

結果的に、この電報からはシフやハリマンの恩義に応えられなかった高橋の心情がよく出ていると思うが、高橋にすればこれは恩義の問題だけではなかった。高橋は日露戦争期間の国際金融市場での資金調達を経験して、日本のような小国にとって欧米の金融資本と上手く付き合っていくことがいかに大切であるかを痛感していたのである。これは同時期のロシアの資金調達が困難を極めたことを見ていればよくわかることである。

ただ日本政府から見れば、南満洲鉄道は単なる鉄道会社では無く、植民地経営の政府機関だったのだから、ハリマンの議論とは嚙み合うわけがなかった。すでに日本人株主一〇〇%で株式募集までしている南満洲鉄道の経営については、再考する余地など全くなかったのである。南満洲鉄道は技術的な理由も伴い、当初の資材購入は米国から調達している。米国製機関車は、この時期、技術的進歩が著しく、満鉄技術陣もアメリカ製の資材調達を支持したのである。しかしその為に、今度はもうひとつの調達先候補であるべき、すなわち軍資金調達でお世話になった英国側からクレームがついたのである。

高橋は、ニューヨークでクーン・ローブ商会のシフとも面会し公債募集を協議したが、今度ばかりはシフにも断られてしまった。これはハリマンの件もあるが、シフが断った大きな理由は、彼がニューヨーク市場はいずれ暴落すると予想していたことも関係していただろう。あるいはシフがハリマンのアイデアにこだわらなかった理由も、ここにあるかもしれない。この時期のシフは、市場の先行きに対してすっかり弱気になっていたのである。この年の年頭である一月四日、

ダウ工業株指数と鉄道株指数

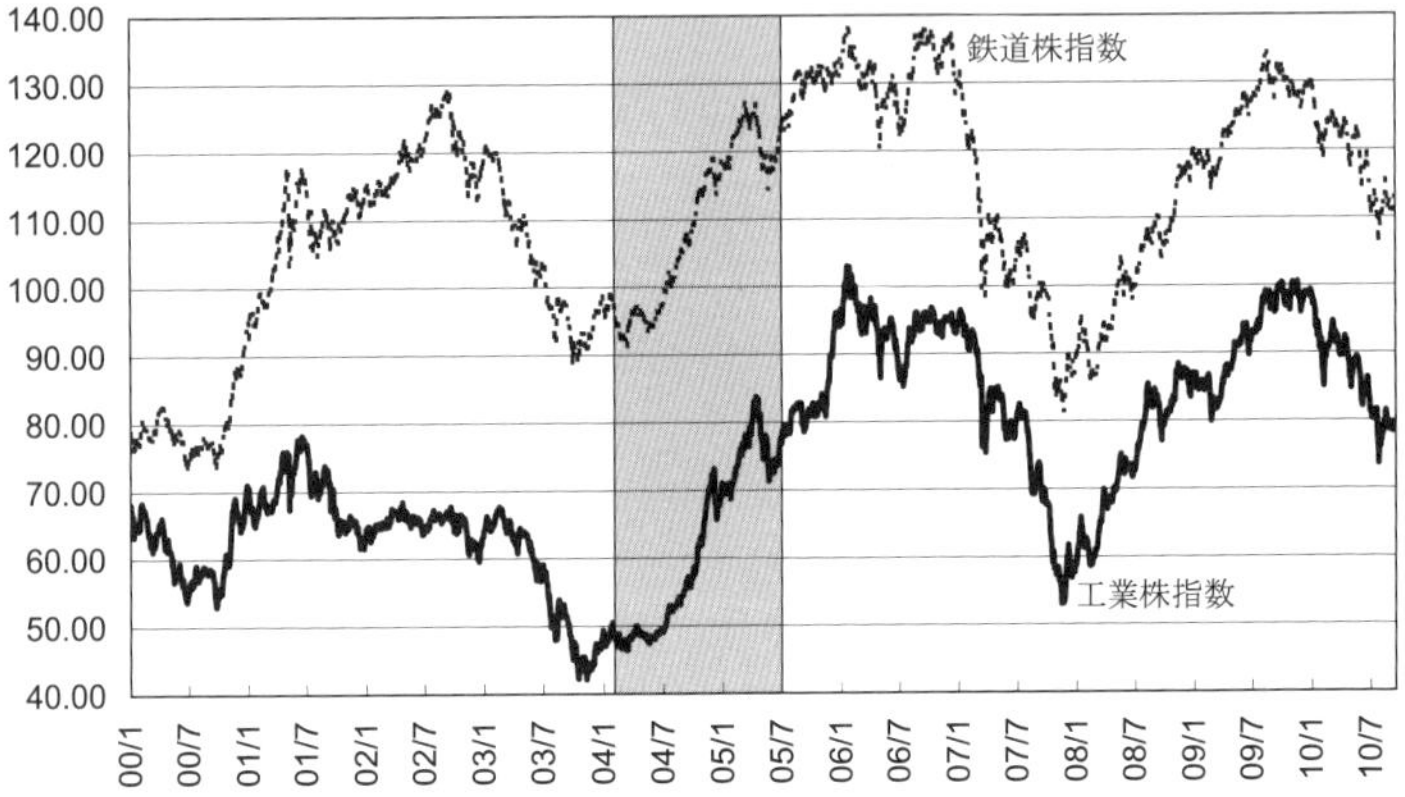

シフが日本旅行に出発する前であり、高橋達の歓迎パーティーの前でもあるが、彼は銀行家の集会で既に次のように述べていた。

「もしわが国の通貨事情が根本的に改められなければ、あなた方は、これまでの恐慌があたかも児戯に見えるようなとてつもない恐慌に見舞われるだろう[34]」

この当時のアメリカの株式ブームは、土地投機も伴って、イギリスの資本家の資金を吸い上げていた。その為、大量の金がイギリスからアメリカに流入し、イングランド銀行の金準備は十数年来の最低水準にまで落ち込んでいた。その結果、イングランド銀行は金利を上昇させ金の流出を防ぐことになり、このことは逆にアメリカからの金の流出、通貨発行量の縮小につながるとシフは読んでいたのである。すなわちアメリカの金融市場はまもなく激しく暴落するに違いないと、シフは警告を発していた。

シフが日本公債発行に協力的だった時期は、アメリカの株式市場も好調を維持していた。高橋が今回シフを訪ねた一九〇六年の九月には、アメリカでは既にシフの懸念していた株式市場の下落が始まっていたのである。

前頁のグラフは、一九〇〇年から一九一〇年までのダウ工業株指数とダウ鉄道株指数の推移である。灰色の部分は日露戦争の期間を示している。アメリカ金融史では一九〇六年以降の下落を「一九〇七年の恐慌」と呼ぶ。


高橋はアメリカでの資金調達をあきらめてイギリスに渡るが、イングランド銀行が金利を上昇させ引き締めに入っている以上、ロンドンでも事情はニューヨークと同じだった。ロンドン銀行団からは、フランスでの調達をすすめられるような状況であった。そこで高橋は、再びフランスのロスチャイルドを頼ることになったのである。

この時期、フランスでは高橋と良好なリレーションにあったルビエ首相がクレマンソー首相と交替していた。クレマンソーは、取引所やロスチャイルド家とはあまり良好な関係ではなかったとされている。高橋はロスチャイルドとの話はうまく運んだのであるが、クレマンソーとの交渉に難航する。クレマンソーは、日本がパリ市場以外で公債を発行出来ないことを知っていた。そのために彼は取引条件として中国利権を絡めたり、某フランス人の極東での個人利権の回復を条件としてつけたりと難癖をつけてきたのだった。そうこうするうちに、結局、翌年の一九〇七年にまで持ち越されてしまったのである。その間、世界の証券市況はどんどん悪化していったのであった。

一九〇七年一月一〇日　在仏国栗野大使より林外務大臣宛　第三号

【日本公債募集の援助に関する仏国政府当局の意向報告の件】

「高橋がカイヨー大蔵大臣と会談した際、同大臣は外務大臣の承諾なき内は日本公債の募集に助力を与えることはできないと言ったので、本官はビション外務大臣に直接会って話をしたところ、『日本公債については露国より、目下、日露商議中の条約締結に至るまでは日本の請求に応じないことを希望されている。露仏同盟の関係からこれを無視することはできない』と答えが返ってきた……」

つまりフランスとしては、ロシアが反対しているから、日本の資金調達には応じられないと言うのである。

この時の英国大使は、林大使からポーツマス会議の全権代表だった小村寿太郎に替わり、林元英国公使は外務大臣になっていた。つまり、小村と林が入れ替わった形である。高橋としては、小村との間に「桂・ハリマン協定」の一件のわだかまりもあって躊躇するところもあった。それでも小村は、元外務大臣の政府高官であり大使である。背に腹は代えられず、高橋は彼に相談に行った。すると高橋の話を聞いた小村は、書記官を呼んで非常に手短に林外務大臣に対する電文を口述筆記させたのであった。

二月七日　在英国小村大使より林外務大臣宛　第九号
【仏国に於ける日本公債発行に関し対露施策上申の件】
「ロシアは日本のフランスに於ける募集に反対するのかということを、閣下から直接ロシアに聞いてみたら如何でしょうか」

この問題は、この一文で簡単に解決してしまった。つまりは、この一件はフランスの腹芸であって、ロシアは日本のフランスでのファイナンスに反対などしていなかったのである。この光景を見ていた深井は、外交の難しさと小村の手際の良さに、すっかり「感嘆した」そうである。こうして高橋達は、小村への信頼感を自然と高めて行くこととなった。

ここで一つ疑問がわく。高橋は金子堅太郎とは仲が悪いと推察されるが、一方で小村を大変に尊敬していた。そうなると、「ハリマン事件」の通説である「小村が奔走して桂・ハリマン協定を潰した」という一件には、もう少し考察が必要なのかもしれない。しかしここではあえて深入りはしない。先を進めよう。

ロシアが日本の公債発行に反対していないと判明しても、フランス政府は頑なであった。また、フランス政府が話に乗って来ない以上、ロンドン銀行団も消極的だった。仕方なく、高橋は、フランスでの発行をあきらめて作戦を練り直すことにした。考えた末、ロンドン市場で好条件での借り換債発行を強行し、もし買い手がつかなければ、現在、日本政府の所有する在外正貨三億円を使用して、余った分をすべて買い上げる、という計画をひねり出したのである。後日、昭和恐慌時に高橋を有名にした、「日銀引き受け」に形態が似ていないこともない。ロンドン銀行団としては、いちかばちかでこうした募集をされて失敗されたらたまらない。軟弱な市況がさらに悪化しかねない。日本は再度資金調達の必要が出てくるだろうし、市場の攪乱要因になってしまうだろう。高橋のこの案は、ファイナンスを渋るロンドン銀行団へのブラフでもあるが、ほとんど博打に近いアイデアであった。元より本国政府の了解は得られない。自分だけの責任で、と腹をくくった高橋であったが、小村だけにはこの大胆な計画を打ち明けておくことにした。

「お話ししたからといって、決して大使に責任を押し付けようというわけではありません。しかし、私の意中は分かっておいていただきたかったのです」

小村は、高橋の思いつめた言葉に対して、こう答えたという。

「自分の賛成など何の役にも立たないかもしれないが、必要の場合があれば、あの時の高橋の決心は至極もっともであって、自分も賛成した、と言明してあげよう」

高橋は、この時から小村をすっかり尊敬するようになったと、深井は伝えている。[35]

この高橋の「脅し」で、ロンドン銀行団も腹をくくることとなる。クーポンを前回の四%から五%に上げる条件で、ディールを行う事になったのである。ロンドン・ロスチャイルドやカッセル卿が尽力したと推察される。これは渋るフランス政府を諦めて、ロンドン市場だけで行こうということである。

しかしここまでやると、フランス政府側から接触があった。

二月二七日　在仏国栗野大使より林外務大臣宛　第一九号
【日本公債パリ発行に付仏国政府より斡旋の意向表明の件】
「本日小村大使経由高橋へ左の通り電報せり。
本日仏国外務大臣から呼ばれて面談したところ、大臣が言うには今回日本公債のパリでの募集を見合わせることは日仏両国間の親密な関係から見て非常に遺憾であると考える。現在ロンドンの銀行団との間で五％公債を談判中だそうだが、もしパリの銀行団との間で話がまとまるようであれば仏国政府としては調停の労を是非にとりたいと」

元々パリ・ロスチャイルドとは話がついていたものを、フランス政府が消極的だっただけなのである。フランスとしては中国利権のこともあるので、イギリスが募集に応じることに反応したのだろう。フランス政府は、早速、役人をわざわざロンドンの高橋のもとにまで寄越して、こう伝えた。
「体裁があるので交渉は、是非、パリに来てお願いします」
こうして、イギリス・フランスの二ヶ国での発行が決まったのである。ドイツに関しては、アメリカのシフが動かない以上、娘婿のウォーバーグは動くことはなかった。

第六回ポンド建て日本公債
発行日　一九〇七年三月二二日

発行金額は二三〇〇万ポンド、英仏折半

●クーポン　五・〇%
●償還期限　四〇年
●発行価格　九九・五
●政府手取額　九五・五
●発行金利　五・〇三%
●調達金利　五・二四%

幹事団　イギリス＝パーズ銀行、香港上海銀行、NMロスチャイルド、横浜正金銀行
　　　　フランス＝ロスチャイルド

二五〇〇万ポンドの残存枠であるのに二三〇〇万ポンドとしたのは、発行価格が高かったため、正味手取りが確保できたからである。

では、一体何故、ロスチャイルドは、シフが敬遠し、ロンドン銀行団が敬遠した日本公債の発行を引き受けたのだろうか。これはロスチャイルドのシフやカッセル卿、ドイツのウォーバーグへの対抗心、あるいはジェラシーとも考えられるのである。シフが日本へ旅行した頃に、ロンドン・ロスチャイルドからパリ・ロスチャイルドに送った手紙がある。

少し前にジェーコブ・シフ氏が休暇のためニューヨークを発ったのはご存知かと思います。

彼がニューヨークを留守にしていたため、ルーズベルト大統領から届いていた鉄道に関する質問もそのままになっています。それはさておき、シフ氏は贅を尽くした私用車両で次から次へと自らがかかわっている鉄道を乗り継いで、大型の蒸気船で横浜入りし、東京では賓客として歓喜をもって歓待されました。おそらく彼は、お世辞に酔いしれていて、アメリカや欧州で起こったことなど意に介していないし、彼の唯一の情報源は、ハンブルクにいる愛しの甥っ子、おとぎ話の中の蛙のように、虚栄心とヨーロッパ市場での自分の力を過信して腹を膨らませているウォーバーグだけです。[36]

せっかく日本の為にファイナンスに応じてくれたロスチャイルドには申し訳ないが、この引受けは、証券用語で言う「高値つかみ」になってしまった。日本公債がまだリスクの高い時に果敢に引き受けたシフやカッセル卿が、いわゆる「美味しいところ」を取って行ってしまったのだ。ベアリング商会のレベルストーク卿も、戦争終結後の最初の四％公債のファイナンスの時に、NMロスチャイルドと共に発行引受銀行になろうとして、ロンドン銀行団のパーズ銀行から次のように咎められている。戦争中、ベアリング商会は販売団には参加していたが、発行銀行にはなっていなかったからである。

日本に対する敵対が起こり始めたとき、「日本政府にとっては価値あるものであったにちがいなかった」ベアリング商会の名称を、同商会は日本政府の戦時公債発行では公に使われたくはなかったのだと指摘した。[37]

こうした経緯もあり、ベアリング商会は最初は発行銀行には加わらず、その結果、後にも参加させて貰えなかったのである。

「マーチャント・バンク」のところで述べたが、当時、こうした伝統的なマーチャント・バンクには人材が不足していたといわれている。モルガンやシフやカッセル卿ら、才能のある個人が、国際金融市場で活躍していた時代だったのである。

高橋はフランスに呼び出された際、深井をロンドンに置いて従僕一人だけを連れてパリに出向いている。今回の出張は儀礼的なものだったからである。ただ休暇は別として、この二人が仕事で別々に行動したのは、一九〇四年三月から始まった三年にわたる資金調達の旅で、これが初めてのことだった。最後の最後に、二人は別々に行動することになったのだ。

高橋是清帝国財務特派員は、深井英五とともに、五月一〇日に帰朝している。これで、三年間にわたる二人の資金調達の任務は、ようやく終了した。高橋是清が海外で募集した公債は、戦時中が八二〇〇万ポンド、戦後の借り換債が四八〇〇万ポンドで、合計一億三〇〇〇万ポンドである。日本円では一二億七〇〇〇万円にも達した。

エピローグ　日露戦争のその後

日本はポーツマス条約で賠償金を取れなかった。そしてその結果として、戦時中に募集した国債が戦後の借金として残ってしまったのである。開戦前の一九〇三年に五六〇〇万円だった内外の公債残高は、一九〇七年には、内国債一〇億一〇〇〇万円、外国債一二億六〇〇〇万円と、合計二二億七〇〇〇万円にまで膨んでいた。これは、この年の名目GNPの六一%、また一般会計歳出六億二〇〇〇万円の三七七%に相当した。[1]

その後も公債残高は微増を続けるが、インフレの影響も受ける名目GNPの増加によって対GNP比率は徐々に低下していった。しかし、第一次世界大戦の始まる直前の一九一四年までに五〇%を下回ることはなかった。

こうした状況下では、公債の償還と利払いの合計である国債費が、財政に重くのしかかってくる。

一九〇三年の一般会計歳出は二億四九六〇万円で、国債費は一一・八%にあたる二九四五万円

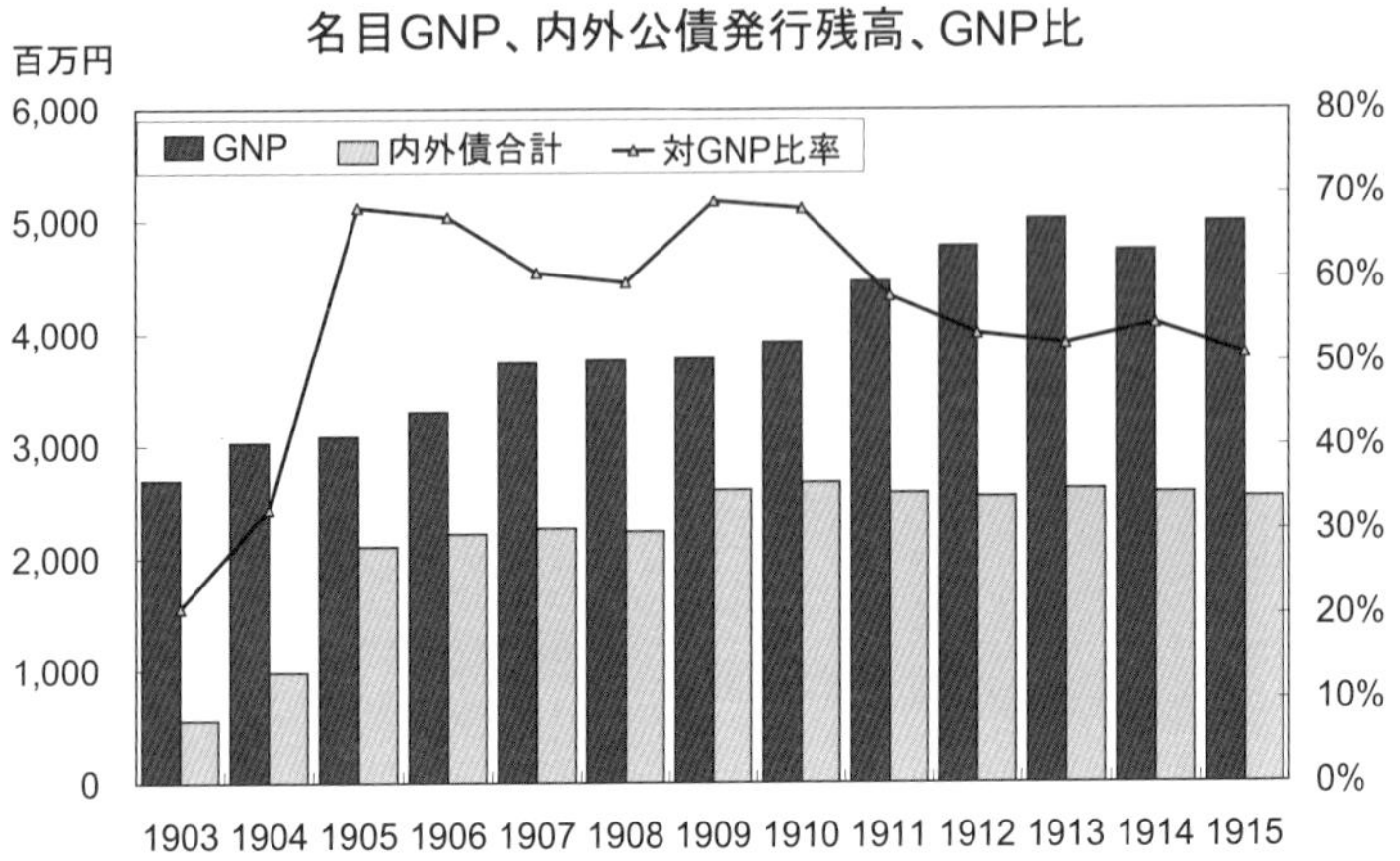

だったが、一九〇七年には歳出六億二〇〇〇万円に対して、国債費は一億九八〇〇万円と約三〇%を占めるに至った。そして、その後も国債費はほぼ三〇%の水準で推移していったのである。また南満洲鉄道を欧米に開放しなかったことから、ロシアによる再度の南下への脅威は消えず、膨張した軍事費は毎年約二億円の負担となっていた。

そのため戦後の軍事費と国債費は、両者とも一般会計歳出の約三〇%と、ほぼ同じような水準で推移した[2]（戦時中の軍事費は戦時の特別予算分を含まない一般会計上の軍事費なので一九〇四〜〇五年の軍事費は逆に低く計上されていることに注意）。

つまり、戦後の一般会計の三割は国債費に、さらに三割は軍事費にと、歳出の約六割は最初から使い途が限定されていたのである。

平成二二年度の一般会計歳出は九二兆円で、国債費は約二一兆円と二二・四%を占めている。社会保障費が約二七兆円で二九・五%であるから、現代の社会保障費と当時の軍事費を入れ替えて考えると、イメージがつかみ

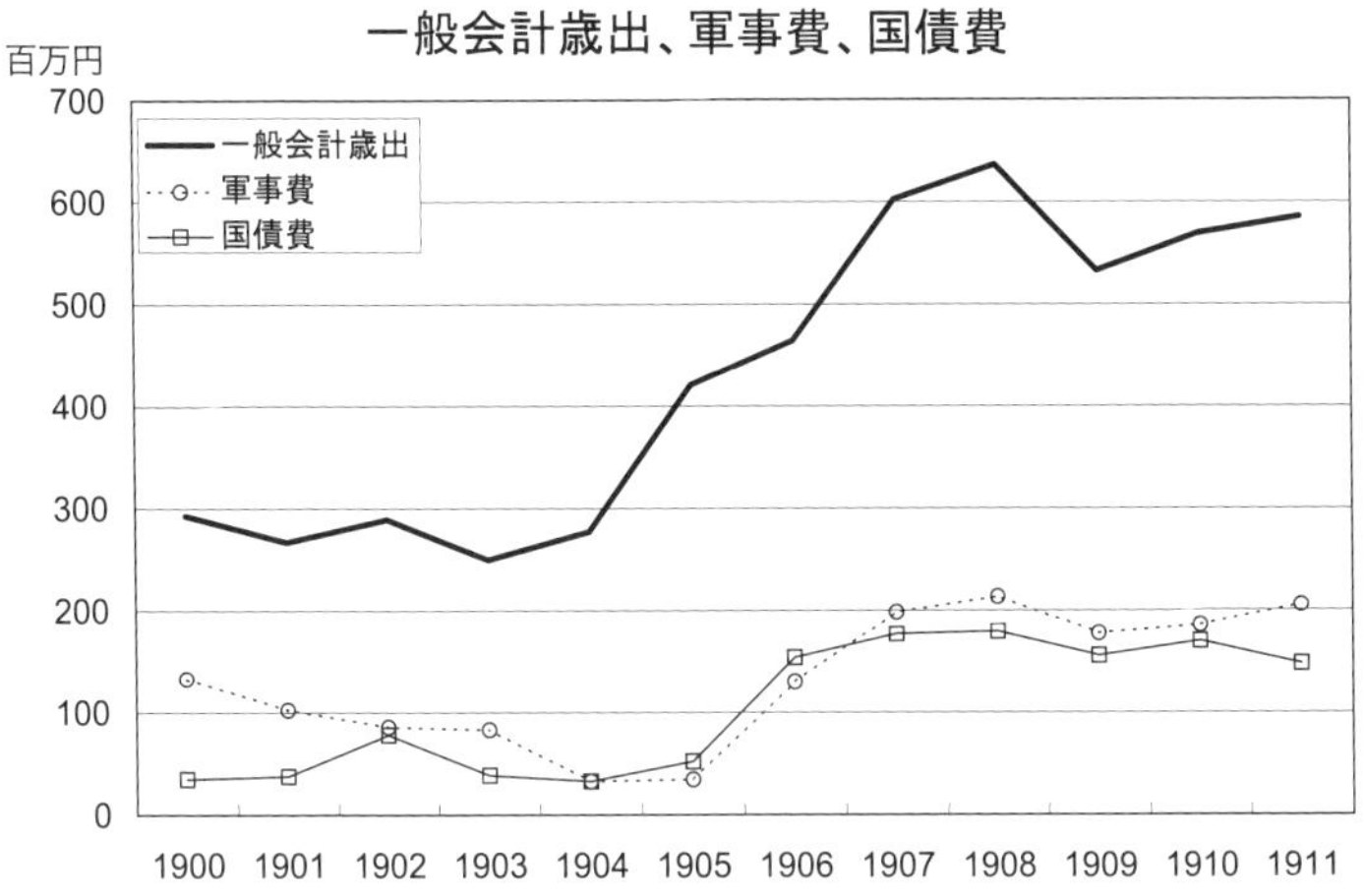

易いかもしれない。平成二二年度末の国・地方の長期債務残高は八六二兆円で対GDP比一八一％、対一般会計歳出比九三六％である。もしも本書を二〇年前の一九九〇年代に書いていれば、日露戦争後の財政がいかに窮屈であり、そのためにいかに重税であったかを語るところなのだろう。だが残念ながら、現在の方が、日露戦争後の苦しい時期よりも、すでに状況は悪いといえるだろう。おまけに増税はなされていない。現在の国債費の比率が低い理由は、当時と比べて金利水準が低いからに他ならない。

日露戦争中の一九〇五年から、臨時軍事費とは別に一般会計の歳出が急激に増加するが、これは急速な経済成長があったからではなく、増加した軍事費と国債費を支払う必要があったからだ。経済成長に見合わない歳出増加は、直接的に租税となり国民負担になる。

次頁左のグラフは、名目GNPと一般会計歳出である（左軸が名目GNP、右軸が一般会計歳出）。GNPが伸びたから歳出が増えたのではなく、国債費が増

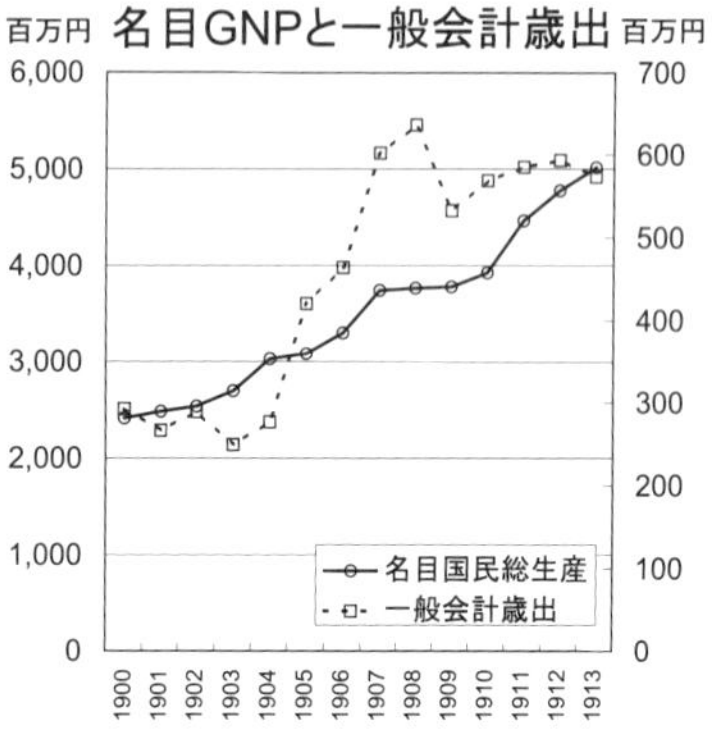

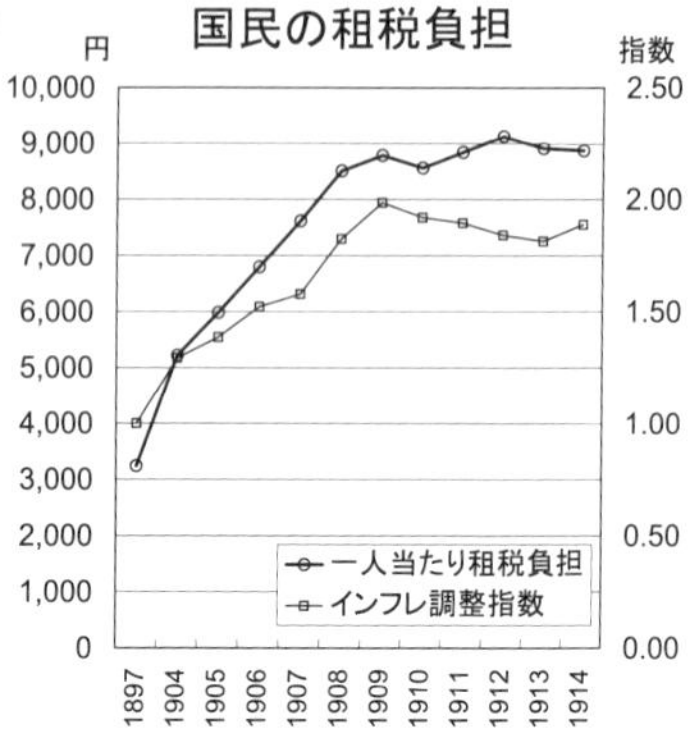

えたから歳出が一気に伸びただけである。

また、右上のグラフは、国民の租税負担を示している。一八九七年の国民一人当り租税負担は、三二四〇円であった。この当時でも、日本は日清戦争以降の臥薪嘗胆で国民は高い租税負担に耐え忍んでいた時期なのであるが、一九〇七年には七六一四円に、〇八年には八五〇八円にまで負担が増えてしまっている。一八九七年を一として卸売物価指数で調整し指数化したもの（右上図のインフレ調整指数）からも、この間に租税負担は約二倍になったと考えられる。[3] 一九〇六、〇七年は戦争後のバブル景気があったが、その後には戦後恐慌が続き、国民は耐乏生活を強いられたのである。こうした状況は一九一四年の第一次世界大戦による戦争特需まで続くことになった。

しかし、悪いことばかりではなかった。日露戦争後は桂園時代と呼ばれ、一九一三年まで桂太郎と西園寺公望が交替で首相になり、政治的には安定した時代だったのである。日露戦争後の恐慌以降は両者とも新規に債券を発行しない非募債主義をとり、行財政整理を行う一方で、鉄道、製鉄所、電話

貿易収支と外債利払い

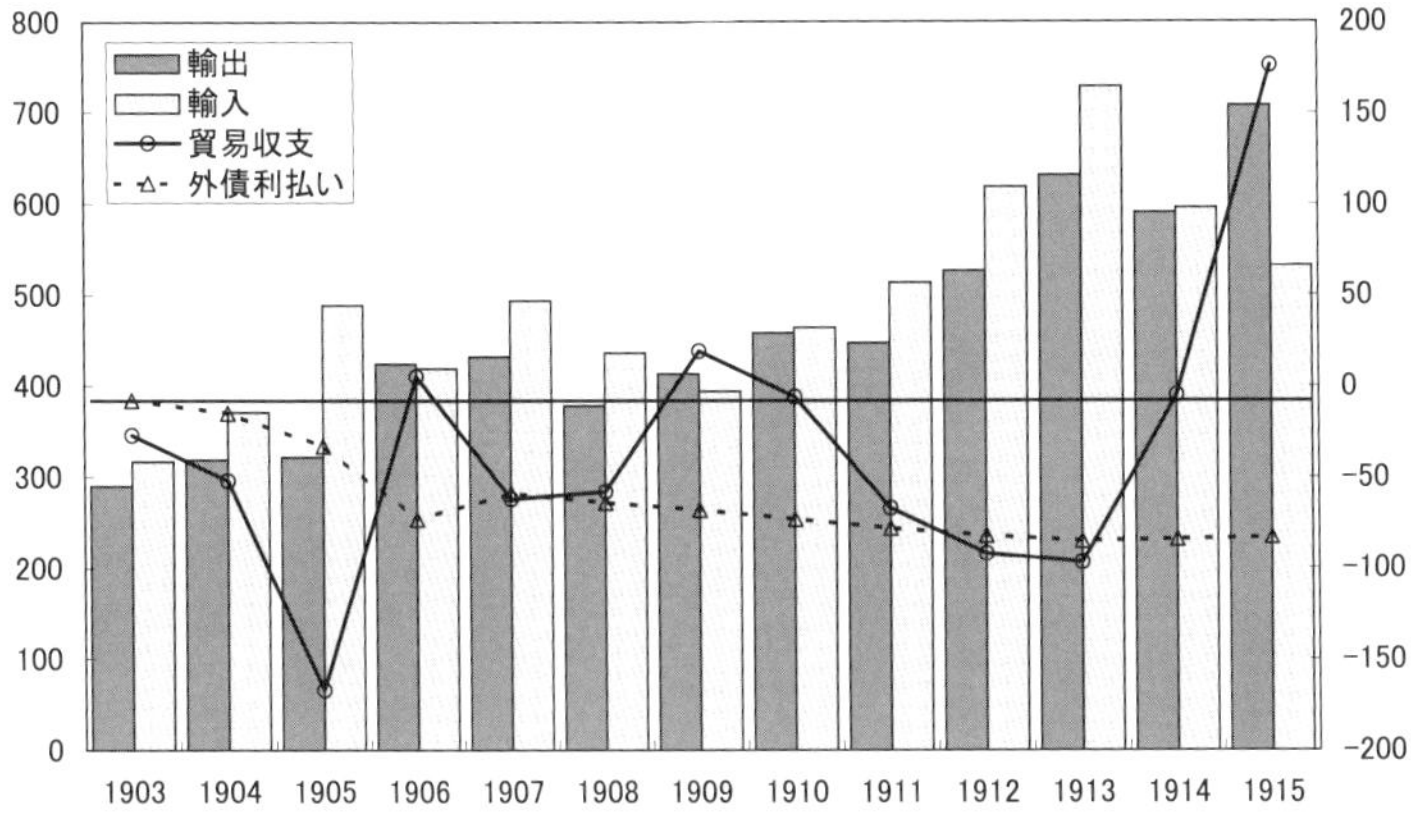

など生産的事業の拡張など産業育成も図っていた。もちろんこれは、西洋諸国に少し遅れた産業革命の時期でもあった。株式市場ではかつての主力株であり国有化され上場廃止となった鉄道株に替わって、繊維や食品を中心とした製造業など新しい企業群が勃興したのである。

また戦後の日本も、国際交易の輪の中にあって金本位制度を維持する必要があったので、戦時中に日銀総裁をさんざん悩ませた正貨流出問題は、日露戦争後も引続き懸案となった。当時の貿易収支、経常収支は基本的に赤字だったので、外債の利払いも含め正貨は流出していくばかりであった。外債の利払い費は一九〇七年に年五九〇〇万円に達すると、その後も増加し、一九一三年には八五〇〇万円にまで増加した[4]。

上の図は、貿易収支と外債利払い。左軸が輸出入、右軸が貿易収支と外債の利払いである（単位は一〇〇万円）。

何故、外債の利払い費が増加したのか（グラフではマイナスが増えている）と言えば、正貨不足を補う為に内債を整理し外債を発行して正貨を補充していったからである。

グラフにもあるように、一九一五年の第一次世界大戦の輸出ブームでこうした正貨不足は一気に解決する。一九一四年末の日本政府の正貨保有額は三億四〇〇〇万円だったが、一九一五年の貿易収支は一億七八〇〇万円の黒字で、経常収支は二億四〇〇〇万円の黒字であった。高橋是清の資金調達は決して「天祐」ではなかったが、遠く欧州の地で生起した第一次世界大戦こそが日本にとっては神風みたいなものだったのである。

高橋是清は、一九一一年に日銀総裁に就任、一九一三年には第一次山本権兵衛内閣の大蔵大臣、一九二一年には第二〇代内閣総理大臣にまで登りつめた。その後も農商務大臣や何度も大蔵大臣になり、昭和金融恐慌や金輸出再禁止等に活躍することは、ご存知のとおりである。

深井英五は資金調達の出張を終えた後、入行以来、通常の日銀の業務をしていないことに悩み、自ら秘書役から営業局に異動させて貰った。一九一八年に日銀理事、一九二八年に副総裁となり、一九三五年に日銀総裁に就任している。この間、第一次大戦後のパリ講和会議、一九二一年からのワシントン会議とそれに続くジェノヴァ国際経済会議、一九三三年のロンドン国際経済会議など、主要な国際会議には日本代表として欠かせない人物となっていった。

ヤコブ・シフは、一九一〇年にハドソン川地下横断トンネル、ニューヨーク・ペンシルバニア駅を建設、その他にもアメリカ躍進期の多くの産業にかかわった。生涯ユダヤ人の保護解放に献

身し、帝政ロシアの資金調達を妨害し続け、レーニンやトロツキーに資金を提供し、ロシア革命を支援した。一九二〇年没。

鉄道王エドワード・ヘンリー・ハリマンは、一九〇九年に死亡するまで世界一周鉄道の夢を追い続けた。一時は、シルクロードに沿ってモンゴルに広がるゴビ砂漠に線路を敷設しようとまで考えた。もう少し長生きしていれば、あるいはユーラシア大陸横断鉄道も実現したかもしれない。ニューヨーク郊外にあったハリマンの別荘地は、ハリマン・ステート・パークとして現在も残され、ハリマン駅には今でも鉄道で行くことができる。

もし現代の我々が、高橋是清の公債募集談から教訓めいたものを得られるとすれば、筆者は三つあると考えている。

一番目は、非常に単純なことである。借りた金は返さなければならないということ。公債の発行は、増税の先送りでしかないと言うことである。これは日露戦争後の税負担を見ればわかることだ。前頁のグラフは、一八八五年から二〇一〇年までの政府債務の対GDP比率である。[5]日露戦争時の政府債務は、第一次世界大戦の「天祐」によって返済がなされた。その後、軍国化が進む中、一九三六年の二・二六事件による高橋是清暗殺以降は、野放図に国債を発行するようになり、第二次世界大戦に至った。この政府債務は、結果として増税に替わる厳しいインフレーションによって返済されることになった。

翻って現在である。日本は戦争を遂行しているのでは無い。戦争の費用と社会保障費を同じ基準で扱うことには問題もあるだろう。しかし、国家の借金としては同じことである。高橋が講和成立後に政府に送った注意を促す電文、「決して国力以上の施設を為さざるよう注意肝要なるべし」は、現代にも生きているのである。

二番目は、市場へのアクセスという問題である。開戦間際の日本に対しては、いくら高利を払おうとも誰も資金を提供してくれなかった。また同様に、戦争後半に国内騒擾によって混乱したロシアも、利回りはさほど上昇しないにもかかわらず、公債発行が不可能になってしまった。海外からの資金調達には良好な国際関係の確立が重要である一方で、市場で公債が取引されていても、発行市場は流通市場とは連続では無いということに注意を払う必要がある。言い換えれば、現在の金利が低利安定しているからといって、もし一度に大量の資金ニーズが発生すれば、市場の様相は一変してしまうこともあるのだ。

三番目は、インベスター・リレーションズである。現在の日本は公債発行を国内資金に頼っているが、投資先にしろ調達元にしろ一ヶ所に集中するほど危険なことはない。本来は資金調達先を分散してリスク回避すべきものなのである。もし債務削減の具体策のない今、海外向けに日本国債のＩＲ活動をしろと言われれば、担当者は相当苦しい目に遭うのではないだろうか。例えば、将来の日本の財政の展望について、きちんと説明できると言えるだろうか。ただ逆に言えば、継続的にこの活動を続ける事ができれば、正しい財政規律のあり方を投資家からフィードバックできることになるかもしれない。日露戦争後の非募債主義も、海外投資家からの厳しい目があったからこそ実行されたのである。

歴史に「たられば」はないが、日本がもう少し柔軟に南満洲鉄道への外資参加を扱えていたら、例えば過半数を日本が押さえるにしても、アメリカやイギリスなどからも資本出資を募っていれば、その後の日本の歴史も大きく変わっていたのかもしれない。しかし、小村寿太郎が「桂・ハリマン協定」を破棄する際に使った論理、「満州は二十億の軍資金と十万の大和民族が流した血潮によって獲得されたもの」は、その後の日本の国際社会における行動を束縛していくことになってしまったわけである。まさに、サンク・コスト（埋没費用）の典型である。こうした教訓も、今日では忘れられがちなのだ。

最後に、当時の欧米の金融市場ではジョン・ピアポント・モルガンや、ヤコブ・シフ、カッセル卿にハリマンなど、大物が跋扈していたが、最初は翻弄されたものの、彼らと対等に渡り合った高橋是清、同時にアメリカ大統領と緊密に連携した金子堅太郎、国際感覚に優れた伊藤博文、涙もろい井上馨、責任感の塊とも言える小村寿太郎など、世界に出て堂々と渡り合える人物が日本には大勢いた。「家貧しくして孝子顕わる」であろうか、改めて明治という時代は人材を輩出したものだと、筆者自身、これを書きながらも感慨深いものがある。

本書は、何かと伝説・誤解の多い日露戦争の公債募集談を、出来る限り正確に書こうと努力したつもりである。本書は学術書では無いが、多くのアカデミックな業績の上に成り立っている。高橋是清の手帳を丹念に分析・解釈した藤村欣市朗氏の仕事がなければ、筆者は触発されることはなかっただろう。改めて感謝の念を禁じえない。

一方で、本書が不完全なものであることを、筆者は充分に認識している。ご意見、間違い等のご指摘をいただければありがたいと思う。

注（引用文献）

序文

1 『人物と思想』 深井英五　日本評論社　p59

第一章　高橋是清と深井英五

1 『高橋是清自伝・上下巻』 高橋是清　中公文庫
2 『回顧七十年』 深井英五　岩波書店
3 『お雇い外国人』 梅溪昇　講談社学術文庫　p126
4 『随想録』 高橋是清　本の森　p54
5 『外交五十年』 幣原喜重郎　中公文庫　p111
6 『高橋是清：日本のケインズ─その生涯と思想』 スメサースト　東洋経済新報社
7 『人物と思想』 p93
8 『回顧七十年』 p37
9 同　p43
10 『日本策士伝』 小島直記　中公文庫　p106
11 『徳富蘇峰』 早川喜代次　徳富蘇峰伝記編纂会

第二章　二〇世紀初頭の金融環境

1　『近代日本経済史要覧』安藤良雄編　東京大学出版会　p2
2　『日露戦争研究の新視点』日露戦争研究会編　成文社　p107
3　データ：『近代日本経済史要覧』東京大学出版会　p70
4　『国債の歴史』富田俊基　東洋経済新報社　p43
5　『高橋是清自伝・下』p125
6　『国債の歴史』p265
7　同　p267
8　『人物と思想』p95
9　『ロンバード街』バジョット　岩波文庫　p70
10　『国債の歴史』p235
11　『100年前の日本国債』富田俊基　知的資産創造　2005年4月号
12　スペイン独立戦争、ナポレオン対スペイン、ポルトガル、イギリス
13　「三田商学研究　14(6)」玉置紀夫　1972
14　アメリカのJPモルガンのカウンター・パーティー、後にモルガン・グレンフェルになる。
15　日経平均や日本国債デリバティブ取引の損失を架空口座に入れ隠蔽していた事件。ベアリングはこの事件で消滅した。
16　金融システム全体へのリスク。
17　"The London Stock Exchange" Ronald Michie Oxford　p88
18　『産業革命と企業経営1882―1914：第一次世界大戦前のロンドン金融市場と日本企業』鈴木俊夫　ミネルヴァ書房　p282
19　『兜町盛衰記　第一巻』長谷川光太郎　図書出版　p265
20　金融用語として定義付けするのであればグラス・スティーガル法によって銀証分離された証券側を指すのが適当だろうが、こ

21 こでは「原形」という意味で敢えて用語「インベストメント・バンク」を使用する。
22 データはエール大学ロバート・シラー教授のHPより http://www.econ.yale.edu/~shiller/
『アメリカ金融資本成立史』呉天降　有斐閣　p66。鉄道証券に占める株式と債券の比率はほぼ一対一だった。
23 『モルガン・上』ロン・チャーナウ　日経ビジネス文庫　p149
24 White Anglo-Saxon Protestant
25 『アメリカ金融資本成立史』p190
26 『高橋是清自伝・下』p204
27 "Our Crowd" Stephen Birmingham Syracuse University Press p169
28 同　p171
29 同　p205　同書ではこの後シフとヒルが夕食を一緒にしたことになっている。
30 『アメリカ金融資本成立史』p194

第三章　日露開戦

1 砕氷船による水路確保により出入りは可能だった。
2 『江戸明治東京重ね地図』明治四十年前後復元地図より。
3 当時は東京株式取引所だったので、東証ではなく東株と呼ばれていた。
4 『兜町盛衰記　第一巻』p158
5 受渡し三ヶ月の先物取引、この時は三月限、当時は出来高の八割近くが定期取引だった。
6 「東京朝日新聞」明治三七年一月五日
7 『ベルツの日記』トク・ベルツ編　岩波文庫
8 渋沢栄一の盟友で、後を受けて東京商業会議所会頭となる財界の大物。
9 山縣有朋の側近で二〇年後に第二三代内閣総理大臣になる。
10 『兜町盛衰記　第一巻』p223

11 同　p224
12 日本が宣戦布告をしたのは二月一〇日。第二次世界大戦のパール・ハーバーの不意打ちでも引き合いに出されることになる。
13 『証券市場の真実』エルロイ・ディムソン　東洋経済新報社　p34
14 『兜町盛衰記　第一巻』p219
15 『米国経済事情と日本興業銀行』金子堅太郎述
16 『産業革命と企業経営：関説　第一次世界大戦前のロンドン金融市場と日本企業』鈴木俊夫　ミネルヴァ書房　p283
17 『日露戦争研究の新視点：日露戦時公債発行とロンドン金融市場』鈴木俊夫　成文社　p87
18 同　p89
19 「日本外交文書第三七巻第二冊」p125。読みやすいように一部書き換えてある。
20 「日本外交文書第三七巻第二冊」一月一五日「倫敦へ高級の財務官派駐の必要に関する件」p126
21 『大恐慌を駆け抜けた男　高橋是清』松本崇　中央公論新社　p36および『論語の活学』安岡正篤　プレジデント社　p217
22 明治三七年一月三〇日「時事新報」
23 例えば一九〇四年二月二日の「タイムズ」"The Jews in Russia"
24 "Jacob H. Schiff" Naomi W. Cohen Brandeis　p33
25 同　p134
26 『満洲に於ける露国の利権外交史』ベ・ア・ロマーノフ　原書房　p679
27 『帝政ロシアと外国資本』中山弘正　岩波書店　p204
28 『日本銀行沿革史』第三巻　p301-12。政府紙幣・銀行券・補助貨の合計である通貨現在高では準備率はもう少し低くなる。
29 データは『日本銀行百年史』、発行金利はクーポン÷発行価格、実質金利と調達金利は Yield 関数による計算値。
30 高いクーポンの債券を償還するために発行される低クーポンの債券。
31 『近代日本経済史要覧』東京大学出版会　p4
32 『日露戦争と国庫費額』ゲ・デ・デメンチェフ　一九一七年では戦争前後も含めて二〇億七七七七万円と示されている。
33 『帝政ロシアと外国資本』p210

第四章　高橋の手帳から見る外債募集談

1 『回顧七十年』 p73
2 The New York Times March 20, 1904 "Japan's Successful Loan"
3 『ウォール街二百年』ロバート・ソーベル　東洋経済新報社　p220
4 「日本外交文書第三七巻第二冊」 p134
5 『日露戦争研究の新視点』 p92
6 The Times April 14, 1904 には寄稿記事を含めマカロフ戦死は長文の取り扱いになっている。
7 『日米外交秘録』金子堅太郎談　長崎出版　p93
8 The New York Times April 18,1904
9 『日露戦争史』横手慎二　中公新書　p120
10 「日本外交文書第三七巻第二冊」 p135
11 『高橋是清と国際金融・上巻：日露戦争と「外債募集英文日記」』藤村欣市朗　福武書店　p111
12 『マーチャント・バンキングの興隆』スタンリイ・チャップマン　有斐閣　p106
13 "Jacob H. Schiff :His Life and Letters Part1" p12
14 日記では二十六日が月、火曜日として二回登場するので最初の二十六日が二十五日の間違いとした。
15 『高橋是清と国際金融・上巻：日露戦争と「外債募集英文日記」』 p126。この場合の兌換券とは政府紙幣・銀行券・補助貨の合計である通貨現在高。
16 『高橋是清自伝・下』 p203
17 The Times May 2,1904 "The Japanese Victory"
18 Brown,Shipley & Co.　一八〇五年創業の有力マーチャント・バンク。
19 『高橋是清』 p186
20 The New York Times May 6, 1904 "$50,000,000 JAPANESE LOAN"

21 『アメリカ金融資本成立史』 p246ではアメリカ幹事団は八九％の価格で引受け一％の手数料を徴収したと書いてある。
22 『日露戦争研究の新視点』 p96
23 『アメリカ金融資本成立史』 p246
24 『日露戦争研究の新視点』 p98
25 The New York Times May 8, 1904 "KING RECEIVES JACOB SCHIFF :Express Appreciation of Anglo-American Harmony Over Japanese Loan."
26 『帝政ロシアと外国資本』 p210
27 『高橋是清と国際金融・上巻：日露戦争と「外債募集英文日記」』 p141
28 『高橋是清自伝・下』 p209
29 The New York Times May 11, 1904 "JAPANESE LOAN NOT FOR WAR : Will Be Kept to Secure the Gold Currency System, It is Said"
30 『高橋是清自伝・下』 p204
31 The Times May 12,1904 "Money Market"
32 ロンドン荒川領事からの報告電報　機密第3号
33 The New York Times May 15,1904 "Told round the tickers"
34 『日露戦争研究の新視点』 鈴木俊夫 p95
35 同 p95
36 『O・ヘンリ短篇集』 大久保康雄訳 新潮文庫 p35
37 『人物と思想』 p56
38 『高橋是清と国際金融・上巻：日露戦争と「外債募集英文日記」』 p140、スメサーストはコミッションではなく販売シンジケートにおけるシェアを要求したと解釈している。
39 『高橋是清自伝・下』 p201
40 同 p203

41 『人物と思想』 p53
42 "Jacob H. Schiff :His Life and Letters PartI" Cyrus Adler p215
43 『高橋是清自伝・下』 p213
44 『人物と思想』 p60

第五章 戦況と公債価格

1 『日本銀行百年史 第二巻』 p160
2 『日露戦争史』 横手慎二 中公新書 p128
3 「日本外交文書第三七巻第二冊」 p173
4 「東京朝日新聞」 明治三七年一〇月二〇日
5 『高橋是清と国際金融・上巻：日露戦争と「外債募集英文日記」』 p248
6 『高橋是清』 p197
7 The Times June 30, 1904 "Russian Submarine Disaster"
8 日本海軍初の潜水艦は米国エレクトリック・ボート社から輸入したホーランド型潜水艦。竣工は明治三八年の七月三一日。
9 『ツシマ』 ノビコフ＝プリボイ 原書房 p61
10 The Times October 25,1904 "The North Sea Outrage"
11 『満洲に於ける露国の利権外交史』 p724
12 「日本外交文書第三七巻第二冊」 p191
13 「東京朝日新聞」 明治三七年一一月一一日
14 記事では「二ポンド低い」と間違っているので直しておいた。
15 『近代日本経済史要覧』 第二版 東京大学出版会 p4 および p75
16 『満洲に於ける露国の利権外交史』 p732
17 「日本外交文書第三八巻別冊日露戦争Ⅳ」 p266

18 同　p267
19 『日露戦争・日米外交秘録』　p132
20 『高橋是清自伝・下』　p223
21 『ウィッテ伯回想記』原書房　p399
22 同　p392
23 『日露戦争史』　p171
24 『坂の上の雲　第七巻』司馬遼太郎　文春文庫。p192ではロシア軍を三倍と想定し、新たに六個師団と一〇億円としているように諸説ある。
25 『満洲に於ける露国の利権外交史』　p745
26 『満洲に於ける露国の利権外交史』　p747
27 『高橋是清』　p206
28 二月一六日発電報　機密送第四号　「外務省外交文書第三八巻第二冊」　p51
29 『ウィッテ伯回想記』　p448
30 東株理事長に相当する。
31 『兜町盛衰記　第一巻』　p263
32 『相場師奇聞』鍋島高明　河出書房新社　p52
33 三笠保存会資料
34 『ツシマ』　巻末資料を参考
35 同
36 『坂の上の雲　第七巻』　p334
37 同　p325
38 『タイムズ日露戦争批評』森晋太郎　時事新報社　一九〇五年　p18では「二十四、二十五日露国艦隊馬鞍島沖に石炭の積み入れを行い、運搬船の一部を上海に留め、対馬海峡にむかう」となっている。また過剰に積込み過ぎて乾舷を低くし過ぎたとも言われている。
39 『ツシマ』その他では給炭は二三日になっている。
40 『もうひとつの日露戦争』サルキソフ　朝日選書　p256
41 『回顧七十年』　p72
42 オリジナルには撃沈滅と「沈」が入っていた。
43 『日露戦争・日米外交秘録』では二七日土曜日の夜のように記述されているが、それでは日程が合わないことになるので、ここでは二八日に変えておく。
44 この数字が何をさすのかはわからない。多分一九〇五年度分という意味であろう。
45 『日露戦争・日米外交秘録』　p176
46 『人物と思想』　p74
47 『徳富蘇峰』早川喜代次　徳富蘇峰伝記編纂会　p180
48 "E.H. Harriman's Far Eastern plan" George Kennan　p3
49 『ウィッテ伯回想記』　p466
50 同　p472
51 同　p496
52 『兜町盛衰記　第一巻』　p237
53 「東京朝日新聞」　明治三八年六月一四日「七博士一派の講和条件」
54 同　明治三八年六月一五日「講和条件と世論」
55 『ウィッテ伯回想記』　p530
56 『国士内田良平伝』黒龍倶楽部　原書房　p303
57 『徳富蘇峰』早川喜代治　大空社　p199

第六章　戦後と南満洲鉄道

1 『小村外交史』外務省編　原書房　p663
2 『国士内田良平伝』　p307 および『日露戦争　勝利の後の誤算』黒岩比佐子　文芸春秋　p129
3 『近代日本外交史』信夫清三郎　中央公論社　p167
4 “Far Eastern Plans” George Kennan　p17
5 『日露戦争に投資した男』田畑則重　新潮新書
6 “Far Eastern Plans”　p23
7 『増補　満鉄』原田勝正　p46
8 『近代日本外交史』　p169。出典は「日本モンロー主義と満洲」金子堅太郎　啓明会
9 外務省記録綴り金子堅太郎伯爵述『日露講和ニ関シ――米国ニ於ケル余ノ活動ニ就テ』。外務省編纂『小村外交史』が出典とする信夫清三郎著『近代日本外交史』では三〇万から四〇万円を年五・五％となっている。
10 『大陸に渡った円の興亡・下』多田井喜生　東洋経済新報社　p184
11 『第二次世界大戦　第一巻』W・S・チャーチル　河出文庫　p14
12 “Far Eastern Plans”　p28
13 原文では“He”となっている。
14 “Far Eastern Plans”　p29
15 The Times December 23,1905 “CHINA AND JAPAN:TREATY SIGNED”
16 The New York Times December 23, 1905 “PEKING TREATY SIGNED”
17 『後藤新平　第二巻』鶴見祐輔　勁草書房　p756
18 同　p758
19 『高橋是清』　p229
20 The New York Times February 4, 1906 “JIU-JITSU AS IN JAPAN:E.H.Harriman's Troupe of Six Clever Wrestler and Swordsman”

21 "Far Eastern Plans" p34
22 "Far Eastern Plans" p36
23 『日露戦争に投資した男』
24 データは「金融事項参考書」月中平均株価、二度の二分の一分割を修正した。
25 「東京朝日新聞」 明治三八年六月一九日 「私設鉄道法修正」
26 同 明治三八年七月一八日 「直通列車の開始」
27 「時事新報」 明治三九年三月五日 「国有反対の加藤外相辞職の理由」
28 『高橋是清』 p239
29 The New York Times March 17, 1906 "Japan votes to buy all her railways: Harriman's Hand Seen in Her Nationalization of lines"
30 『日露戦争に投資した男』 p92
31 『後藤新平 第二巻』
32 「日本興業銀行五十年史」 p103
33 『後藤新平 第二巻』 p757。口語に変換
34 『ウォール街二百年』 p270
35 『人物と思想』 p88
36 『高橋是清』 p245
37 『日露戦争研究の新視点』 p90

エピローグ 日露戦争のその後

1 名目GNPは『近代日本経済史要覧』第二版 東京大学出版会、公債残高は『明治経済政策史の研究』神山恒雄 塙書房より取得。
2 軍事費、国債費は『金融事項参考書 第八冊』大蔵省理財局

3 『近代日本経済史要覧』第二版　p86、『日本財政論　租税篇』阿部勇　改造社　p545

4 『明治経済政策史の研究』

5 国家債務データは総務省統計局サイト「日本の長期統計系列」および財務省「最近一〇カ年の国債・借入金残高の種類別内訳の推移」から。二〇一〇年は推計値。GDPデータは一八八五〜一九三八年まで大川一司氏等推計GNP。一八三九〜一九七七年まで経済企画庁データ・以上『近代日本経済史要覧』第二版。一九七八年〜一九七九年は68SNA、一九八〇年以降93SNA。これらの資料に欠落している第二次世界大戦終戦年一九四五年の名目GNPデータは四四年データにアンガス・マディソンの四四年、四五年実質GDP成長率データに日本銀行発表の卸売物価指数の比率を積算して算出。この一九四五年のデータに関しては岩本康志東京大学教授の二〇〇九年八月一一日のブログ「景気との戦争」にグラフとして別のデータが示されている。http://blogs.yahoo.co.jp/iwamotoseminar/3021037.html　参考にして頂きたい。

「日露戦争と国際金融市場」関連年表

西暦	明治	月 日	出 来 事
1882	15		日本銀行創設
1889	22		明治憲法発布
1890	23		英：ベアリング恐慌
			第1回総選挙
1892	25		高橋是清日本銀行入行
1894	27		日清戦争（～1895）
1896	29		露清密約　ロシア東清鉄道敷設権獲得
1897	30		貨幣法施行　金本位制採用
1898	31		露：遼東半島租借権及び東清鉄道南満洲支線敷設権獲得
1899	32		４％クーポン・ポンド建て日本国公債発行
			英：第二次ボーア戦争（～1902）
1900	33		義和団事件、ロシア満州に出兵占拠
1901	34		米：ノーザン・パシフィック鉄道株買占め事件、深井英五日銀入行
1902	35		日英同盟締結　露：満州撤兵協約
1904	37	2.10	対露宣戦布告
		2.25	高橋是清・深井英五横浜出航、サンフランシスコへ向かう
		4.13	マカロフ戦死
		4.30	鴨緑江の戦い
		5.11	第一回ポンド建て日本公債発行
		8.10	黄海海戦
		9.04	日本軍遼陽入城
		10.22	ハル事件
		11.14	第二回ポンド建て日本公債発行
1905	38	1.01	旅順要塞陥落
		1.22	血の日曜日事件
		3.10	日本軍奉天占領
		3.29	第三回ポンド建て日本公債発行
		5.27	日本海海戦（～28日）
		7.11	第四回ポンド建て日本公債発行
		9.05	ポーツマス条約、日比谷焼打事件
		10.12	桂・ハリマン覚書
		11.28	第五回ポンド建て日本公債発行
1906	39	1.08	ハリマンのパーティー
		1.15	桂・ハリマン覚書破棄
		3.31	鉄道国有法公布
		9.10	南満洲鉄道第一回株式募集
1907	40	3.22	第六回ポンド建て日本公債発行
		5.10	高橋是清・深井英五任務完了につき帰朝

地図図版製作　アトリエ・プラン

新潮選書

日露戦争《にちろせんそう》、資金調達《しきんちょうたつ》の戦《たたか》い——高橋是清《たかはしこれきよ》と欧米《おうべい》バンカーたち

著　者………………板谷敏彦《いたやとしひこ》

発　行………………2012年 2 月25日
8　刷………………2024年 5 月15日

発行者………………佐藤隆信
発行所………………株式会社新潮社
〒162-8711 東京都新宿区矢来町71
電話　編集部 03-3266-5611
　　　読者係 03-3266-5111
https://www.shinchosha.co.jp
印刷所………………錦明印刷株式会社
製本所………………株式会社大進堂

ISBN978-4-10-603699-6 C0333